能源环境与城市可持续发展论丛

基于动态 Kaya 模型的城市低碳化转型发展的政策模拟与路径选择

邱立新 等 著

科学出版社

北 京

内 容 简 介

本书依据能源、经济、环境理论，基于 Kaya 模型的要素组成，从能源-经济-环境（3E）的视角提出 MEM-SAM-TNM-LCM 四模块的一般分析框架，并进行低碳试点城市碳排放影响因素的时空效应分析。本书基于 Kaya 模型的要素分解，设计带有技术累积机制的动态 CGE 模型，结合 GWR 模型，可视化地模拟分析我国 7 大城市群 13 个试点城市碳排放影响因素的时空演变，动态地展示不同能源强度目标下样本城市碳达峰路径，以及对样本城市未来宏观经济、产业结构、能源环境等的倒逼影响，寻求城市"双控政策"的最佳施政周期及目标方案，为城市低碳转型发展的路由选择与政策设计提供参考依据。

审图号：GS（2020）3931 号

图书在版编目（CIP）数据

基于动态 Kaya 模型的城市低碳化转型发展的政策模拟与路径选择/邱立新等著.—北京：科学出版社，2020.9
（能源环境与城市可持续发展论丛）
ISBN 978-7-03-063475-7

Ⅰ. ①基… Ⅱ. ①邱… Ⅲ. ①城市经济－低碳经济－研究－中国 Ⅳ. ①F299.273

中国版本图书馆 CIP 数据核字（2019）第 266320 号

责任编辑：赵丽欣 王会明 / 责任校对：王万红
责任印制：吕春珉 / 封面设计：东方人华平面设计部

科学出版社 出版
北京东黄城根北街 16 号
邮政编码：100717
http://www.sciencep.com

三河市骏杰印刷有限公司 印刷
科学出版社发行 各地新华书店经销

*

2020 年 9 月第 一 版　　开本：787×1092　1/16
2020 年 9 月第一次印刷　　印张：18
字数：406 000
定价：148.00 元
（如有印装质量问题，我社负责调换〈骏杰〉）
销售部电话 010-62136230　编辑部电话 010-62134021

前　　言

随着全球人口和经济规模的不断增长，能源消费所带来的环境问题已经不再局限于局部小范围，而是发展成地区性和全球性的问题。为了应对人类活动造成的全球气候变化问题，1992 年，联合国环境与发展大会签署了《联合国全球气候变化框架公约》（United Nations Framework Convention on Climate Change，UNFCCC），要求世界各国最终将大气中温室气体的浓度稳定在可保证全球可持续发展的水平上。1997 年，《京都议定书》作为 UNFCCC 的补充条款，又进一步为发达国家规定了在减少温室气体排放起始阶段的具体减排目标。2009 年，哥本哈根世界气候大会初步达成新的国际气候协议，发达国家和发展中国家承担形式不同且程度各异的温室气体减排限排责任。2015 年，全球多个国家和地区签署《巴黎协议》，其中提出控制全球温升不超过 2℃并努力控制在 1.5℃的目标，21 世纪下半叶要实现净零排放。同年，联合国政府间气候变化专门委员会（Intergovernmental Panel on Climate Change，IPCC）第六次评估报告正式启动，2018 年发布了"全球 1.5℃增温"特别报告。

中国是世界上二氧化碳（CO_2）排放量较多的国家之一，据国际气候环境研究中心最新数据显示，中国碳排放总量已占全球排放量的 29%，正在超越欧美各国排放总和；人均二氧化碳排放量已超出世界平均水平。当前，中国正处于工业化和城镇化深入发展阶段，经济长期向好的基本面没有改变，未来一段时间我国经济社会发展对能源需求量仍然保持增长态势。但是，我国还未摆脱对化石燃料的依赖，由此产生的温室气体排放也必将增长。能源约束趋紧、生态环境恶化已逐渐成为制约我国经济中高速增长的刚性约束，给我国经济社会发展战略转型中的生态文明建设带来了严峻挑战。党的十八大报告提出将生态文明建设融入经济建设、政治建设、文化建设、社会建设的各个方面；党的十九大报告提出"绿水青山就是金山银山"，阐释了经济发展与环境保护的辩证关系，科学破解了经济发展和环境保护的"两难"悖论，为能源、经济、环境协调发展提供了强大的理论指引和思想武器。《中美气候变化联合声明》宣布我国将于 2030 年左右达到二氧化碳排放峰值并且承诺努力早日实现峰值目标，充分表明了中国政府解决经济、能源、环境协调发展问题的信心和决心。

城市是碳排放最主要的地域单元，也是落实低碳发展政策的基本单元。然而，城市是一个复杂的综合体，产业结构、发展水平、发展阶段、资源禀赋不同，城市碳排放及其影响因素也存在较大的空间差异性。中国实现 2020 年和 2030 年的减排目标，国家层面的减排措施层层分解至各个城市，城市应因地制宜，因城而异，针对不同地区的发展现状，制定不同的能源-经济-环境联合实施方案。经济发达的城市承担更多的减排义务，带动经济欠发达城市协同发展，早日实现城市低碳转型，助力中国政府如期兑现国家承诺。

本书主要围绕城市碳排放影响因素的时空差异性、碳减排成本的有效性和政策可行性，以及不同城市碳达峰路径和施政方案等核心问题展开研究。全书共分十一章。

第一章，引言。在进行现实问题观察和文献分析的基础上，确定本书研究的核心问题是基于 Kaya 模型的要素组成，从能源-经济-环境（3E）的视角分析低碳试点城市碳排放影响因素的时空差异，探讨政府干预对城市碳减排的作用机理，研究不同政策情景下典型城市的碳达峰路径和施政周期，考察区域碳减排政策的有效性和可行性。

第二章，基于 Kaya 模型的碳排放影响因子萃取与分析。基于 Kaya 模型，通过文献析出探究了人口、经济、能源、技术、贸易和城市化水平等因子与二氧化碳排放量的辩证关系，扩展 Kaya 模型，进一步通过 LMDI 模型分解得出碳排放各因子贡献量表达式，并通过实证分析测度中国工业 12 个高耗能行业的碳排放贡献量和贡献率。

第三章，中国典型城市碳排放影响因素分析。本章介绍城市主要碳源碳排放的计算方法，分析典型城市碳足迹及其特征。在此基础上，研究了中国典型城市环境状况与经济规模的 Tapio 脱钩状态，并通过 EKC 假设再验证进一步分析产业结构、贸易程度、能耗结构等影响因素对城市碳排放的影响，初步预测中国典型城市碳排放达峰时点。

第四章，政府绿色竞争力对中国典型城市碳排放的影响分析。通过引入政府绿色竞争力指数，分析典型城市环境保护政策支撑力度和变化趋势，采用系统广义矩估计方法，设定不同情景，研究政府绿色竞争力对城镇化率、能源结构、产业结构、人口规模等碳排放影响因素的传导作用，为中国城市实现碳排放峰值目标、完成路径选择提供参考依据。

第五章，政府干预对中国典型城市碳减排的时空效应分析。通过密度函数分析典型城市近十年碳排放规模及其强度的时空演变和集聚特征，借助显示性比较优势指数将政府节能环保财政支出和科学技术财政支出作为政府干预代理变量，设置三种特定情境，并分别构建无时空效应、时间效应、空间效应和时空效应四种模型，考察政府干预对典型城市碳减排的影响机制。

第六章，基于 GWR 模型的中国典型城市碳排放时空演变分析。利用 GWR 模型，从空间视角对京津冀、长三角、珠三角、环渤海、长江中游、川渝和东北地区七个城市群"十五"到"十二五"期间碳排放影响因素的时空变迁进行分析，探讨区域碳排放影响因素的作用机理和产生区域非均衡性的主要原因，考查研究不同影响因素对各城市群碳排放影响的时空演变特征及政策调控的边际效应，提出"因地制宜，因城而异"的碳减排政策建议。

第七章，基于 CGE 模型的中国典型城市碳排放情景分析与干扰方案模拟。依据一般均衡理论，在传统的 CGE 模型基础上引入带有技术累积机制的能源模块，构建适用于城市层面的能源经济环境评价模型，分析中国典型城市未来 30 年产业投资、人民币汇率、技术进步等政策变量的调整对样本城市二氧化碳排放量影响的边际效应。结合 GWR 模型预测不同政策情景下典型城市碳排放时空演变趋势，为城市低碳化转型发展的路径选择提供参考依据。

第八章，中国典型城市碳排放峰值预测及倒逼影响分析。围绕中国实现第二个百年目标的发展路径和减排目标，结合"十一五"至"十三五"三个五年规划方案，以中国 13 个低碳试点城市为样本，分析典型城市可能的能源强度目标方案和达峰路径，并基于 CGE 模型模拟了四种不同的动态化能源强度目标情景对样本城市 2017～2050 年宏观经济、产业结构、能源环境等的倒逼影响，并据此找出各城市"双控政策"的最佳施政周期及目标方案。

第九章，能源-经济-环境协调发展的最优政策设计。针对我国现阶段能源环境与经济发展的突出矛盾，构建基于 Kaya 等式和 CGE 模型的中国能源-经济-环境混合模型，模拟研究不同政策变量调整对能源经济结构变化的敏感程度及各变量对二氧化碳减排成本的有效性，设计能源-经济-环境协调发展的最优政策组合，提出因地制宜、因城而异的政策建议。

第十章，中国典型城市低碳化转型发展的路径选择。综合上述研究，以城市群协调发展的视角，从空间、经济、技术、社会四个维度规划、设计低碳发展路径，既体现差异化的政策措施，又要利用多种政策手段有效组合，在保证经济发展的前提下，实现区域内要素合理配置，促进整个区域的良性发展。

第十一章，中国城市低碳化发展的对策建议。针对典型试点城市碳排放现状和碳减排情景分析与达峰路径模拟结果，借鉴国外低碳城市的发展经验，提出我国城市低碳化发展的若干对策和建议。

本书系邱立新教授主持的国家社会科学基金项目"基于动态 Kaya 模型的城市低碳化转型发展的政策模拟与路径选择研究"（14BJY018）的研究成果，且该书获得青岛科技大学学术专著出版专项资助。邱立新教授负责全书的设计、组织与统撰工作。宋艳蕾、徐海涛、袁赛三位研究生做了大量数据收集、整理、分析和撰写工作。邓玉勇老师参与了第三章部分内容的编写。另外，青岛科技大学雷仲敏教授为本书的修改提出了很多建议，特此致谢！

本书尽管取得了一些研究成果，但并不完善。第一，由于低碳试点城市涉及范围广，数据处理工作量大，再加上资金、人力、研究水平及数据获取所限，因此，在样本选择上仅选取了我国七大城市群中具有代表性的城市，尚未囊括所有低碳试点城市；第二，本研究是基于 Kaya 模型分解的碳排放影响因素的实证分析，因此，在框架设计、变量选取、研究深度及有关观点上必然存在着多方面不足和值得商榷的地方，敬请广大读者批评指正。

邱立新

2019 年 1 月

目　　录

第一章 引　言

第一节　问题的提出

一、全球气候变暖对中国经济社会发展的挑战与日俱增

当前，能源消费所带来的环境问题已经不再局限于局部小范围，而是发展成地区性和全球性的问题，其影响也深为人们诟病，特别是无节制地能源消费产生了大量的二氧化碳等温室气体，导致大气中二氧化碳浓度升高，产生温室效应，引发全球气候变化。2013 年 IPCC（联合国政府间气候变化专门委员会）在第五次评估报告中指出，全球气候变暖已然成为客观事实，全球地表平均温度呈线性上升趋势，其中 1880～2012 年全球地表平均温度上升了 0.85℃[1]。全球地表平均温度上升对水循环、冰冻圈、生态系统、人类健康等方面产生了诸多负面影响。例如，全球变暖导致平均降水量呈显著空间差异，强降水事件和局部洪涝频发；冰冻圈面积持续缩小、变薄，以致海平面逐年增加。尤其是 20 世纪 50 年代以来，极端气候事件在全球范围内频繁发生[2]，对人类经济社会发展的威胁愈演愈烈。然而，追根溯源，人类社会生产活动对全球气候变暖和极端天气频发的影响程度高达 95%，意味着种种极端气候事件正是生态环境对人类以粗犷方式攫取并消费资源的“反馈”，经济、资源与环境之间的矛盾日益凸显。

累积效应是温室气体的典型特征，其长期存在于大气中，是全球气候变化的直接推手。根据国际能源署统计资料显示，二氧化碳排放量占全球温室气体排放总量的 76%，表明遏制二氧化碳排放总量的增长是解决全球气候变化的最有效、最直接的手段。为了降低人类活动对全球气候变化的负面影响，减少温室气体排放（特别是二氧化碳），切实解决全球气候变化问题，1992 年 6 月，联合国环境与发展大会审议通过了 UNFCCC（《联合国全球气候变化框架公约》），旨在将大气中温室气体浓度控制在人类社会生产活动对全球气候变化不存在威胁的稳定水平之上。1997 年 12 月，《京都议定书》作为 UNFCCC 的补充条款，又进一步为发达国家规定了在减少温室气体排放起始阶段的具体减排目标[3]。2007 年 12 月，“巴厘路线图”的通过标志着为应对气候变化的国际性谈判逐步进入实质性阶段。发达国家和发展中国家承担形式不同且程度各异的温室气体减排限排责任，形成全球性的制度安排[4]。2015 年 12 月，来自全球多个国家和地区的谈判代表就未来应对气候变化的全球行动签署新的协议——《巴黎协议》，其中提出控制全球温升不超过 2℃并努力控制在 1.5℃的目标，21 世纪下半叶要实现净零排放。同年，联合国政府间气候变化专门委员会第六次评估报告正式启动，其中“全球 1.5℃增温”特别报告计划于 2018 年 10 月发布[3]。

1. 中国对全球二氧化碳排放总量影响显著

中国和美国是世界上二氧化碳排放量最多的国家。中国自改革开放以来，碳排放总

量呈现明显上升趋势。2005 年中国二氧化碳排放总量 58.97 亿 t，超越美国二氧化碳排放总量（57.89 亿 t），成为世界上二氧化碳排放总量最多的国家。根据世界银行统计数据显示，中国 21 世纪（2000～2014 年）二氧化碳排放量年均增速约为 8.22%，约为 20 世纪（1960～1999 年）二氧化碳排放量年均增速（约 3.78%）的 2.17 倍。同一时期（2000～2014 年），美国、英国、日本、德国、丹麦、瑞典、荷兰七个国家均已实现二氧化碳排放量负增长，澳大利亚和俄罗斯二氧化碳排放总量增速分别以 0.66%、0.65% 的年均增速持续增长，但远低于中国二氧化碳排放量增速（图 1-1）。以上数据表明，中国二氧化碳排放量不仅高于美国、英国、日本、德国、丹麦、瑞典、荷兰等发达国家，在发展中国家行列中也处于"遥遥领先"的位置。2014～2016 年全球温室气体排放总量趋于平稳，然而《2018 年全球碳预算报告》数据显示，2017 年全球二氧化碳排放量受能源消费需求的影响同比增长了 1.6%，其中，中国（27%）、美国（15%）、欧盟 28 国（10%）和印度（7%）是全球二氧化碳排放增长的主要贡献者[1]。此外，《BP 世界能源统计年鉴 2018》显示，2018 年全球二氧化碳排放量创历史新高，使当前全球升温轨迹远远超过了 1.5℃，中国 2018 年二氧化碳排放量已达到 94.29 亿 t，分别是美国和印度的 1.83 倍和 3.80 倍[2]。

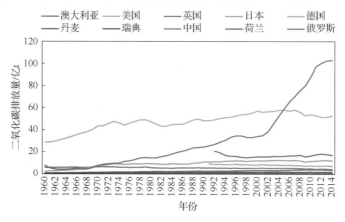

彩图 1-1   图 1-1   中国及部分国家二氧化碳排放量趋势[3]

2. 人均二氧化碳排放量相对较低优势已不复存在

统计数据显示，2017 年中国人口总数达到 13.86 亿人，占世界总人口数的 18.41%，高于美国、英国、俄罗斯等九个国家人口总和（图 1-2）。理论上，中国较大的人口基数应该具备较高的人均二氧化碳排放量优势，但事实上，中国发展水平相对偏低，能源需求基数较大，受二氧化碳排放总量等各种因素的影响，人均二氧化碳排放量呈现逐年增长的趋势。通过图 1-3 可知，1960～2014 年，美国、英国、德国、丹麦、瑞典五个国家尽管人均二氧化碳排放量高于世界平均水平，但已明显呈下降趋势；荷兰、日本、俄罗

① 资料来源：GCP 发布《2018 年全球碳预算报告》，http://blog.sciencenet.cn/home.php?mod=space&uid=1721&do=blog&id=1155369，http://m.sohu.com/a/279573788_118392。

② 资料来源：EPS 数据平台，http://olap.epsnet.com.cn/auth/platform.html?sid=715352AEB0418E03775043A8930F1BC2_ipv440234566。

③ 资料来源：二氧化碳排放量，https://data.worldbank.org.cn/indicator/EN.ATM.CO2E.KT?view=chart，经作者整理所得。

斯三个国家的人均二氧化碳排放量趋于平稳；而澳大利亚与中国整体人均二氧化碳排放量持续增长，且增幅明显。其中，中国人均二氧化碳排放量年均增长率约为 3.51%，远高于澳大利亚（1.08%）。自 2009 年始，澳大利亚人均二氧化碳排放量已开始出现下降趋势，但中国人均二氧化碳排放量始终保持增长态势。特别是 2005 年以来，工业化进程持续推进，二氧化碳排放量与人口规模持续增长，中国的年人均二氧化碳排放量达到 4.2531t，已超出世界平均水平。截至 2017 年，中国年人均二氧化碳排放量为 7.0t。与欧盟 28 国年人均二氧化碳排放量（7.1t）基本持平，是全球年人均二氧化碳排放量（4.8t）的 1.46 倍，与同为发展中国家的印度相比，印度人均二氧化碳排放量仅为中国的 1/4。中国人均二氧化碳排放量的相对较低的优势亦不复存在，面临的环境压力不断加大[5]。

彩图 1-2

图 1-2　2017 年中国及部分国家人口①

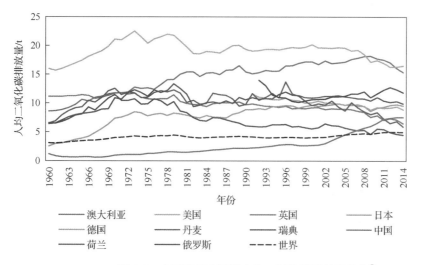

彩图 1-3

图 1-3　中国及部分国家人均二氧化碳排放量趋势①

① 资料来源：二氧化碳排放量（人均公吨数），https://data.worldbank.org.cn/indicator/EN.ATM.CO2E.PC?view=chart，经作者整理所得。

二、我国经济社会发展战略转型中的生态文明建设任务艰巨

我国当前正处于工业化和城镇化深入发展阶段，经济长期向好的基本面没有改变，未来一段时间，经济仍将以较高的增长率保持增长；人口政策深化改革，二孩政策放开，人口规模也将持续增加。人口增加与经济发展必然导致能源需求压力增大，由此产生的温室气体也必将增长，对生态系统的破坏存在加剧的风险。人口、资源、环境与经济之间的矛盾日益凸显，对我国经济社会发展战略转型中的生态文明建设带来了严峻挑战。党的十八大报告将生态文明建设摆放到突出地位，将其融入经济建设、政治建设、文化建设、社会建设的各个方面。近年来，尽管对生态环境的治理力度大大加强，但是生态破坏的危险仍未完全遏制[6]，生态系统的退化仍在继续。特别是中国目前已经步入中国特色社会主义新时代，"新时代我国社会的主要矛盾，已经转化为人民日益增长的美好生活需要和不平衡不充分的发展之间的矛盾"[7]，其中"人民日益增长的美好生活需要"对生态环境、生态文明等提出了更高的要求[8]。生态文明建设作为实现人民美好生活的重要环节，其关键在于正确处理好经济、能源、环境问题，深入了解三者之间的矛盾关系。厘清中国发展现状是实现经济、能源、环境三者之间协调发展的重要前提条件。

1. 经济社会发展对能源需求量持续增强

党的十九大报告综合分析国际环境形势和国内发展条件，提出了"两阶段"战略部署。要实现"两阶段"战略目标，能源消费和生态文明将面临巨大的考验和挑战。回顾历史，党的十五大在"三步走"战略目标的基础上进一步具体化提出"新三步走"战略，即 21 世纪第一个十年实现国民生产总值比 2000 年翻一番；再经过 10 年努力，使国民经济更加发展，各项制度更加完善；到 21 世纪中叶基本实现现代化。通过图 1-4 可见，我国第一个 GDP 翻番目标是依靠大量能源消费和牺牲生态环境来实现的。2000～2010 年，美国、英国、德国、日本四个发达国家的能源消费量分别以 0.26%、0.94%、0.38%、0.29%的速度逐年下降，而中国则保持 8.70%的年均增速持续增长，在 2009 年能源消费量达到 2.37 亿 t 石油当量，赶超美国（2.16 亿 t 石油当量），成为世界上第一大能源消费国。近年来，我国为促进经济结构转型和实现经济升级，陆续进行供给侧结构性改革、创新驱动发展、新旧动能转换等转型战略，经济发展提质增效，但经济转型升级具有长期性、系统性。各项举措局限于体量有限，尚处于初始状态，还未能摆脱对化石燃料的依赖，未来一段时间我国经济社会发展对能源需求量仍然保持增长态势。如何保证"两阶段"战略目标如期实现，同时兼顾环境、资源，成为我国经济社会发展的攻坚难题。

2. GDP 单位能源消耗与世界平均水平存在差距

由图 1-5 可知，1990～2014 年，所有国家的 GDP 单位能源消耗（按 2011 年不变价国际元）逐年增长，且增幅明显。其中，日本、丹麦、英国、德国、荷兰五个国家的 GDP 单位能源消耗领先于世界平均水平，美国、瑞典、澳大利亚三个国家与世界平均水平持平，而中国和俄罗斯与世界平均水平存在较大差距，始终低于世界平均水平[3,5]。2014 年中国平均每千克石油当量的能源消耗所产生的按购买力平价计算的 GDP 为 5.71 美元，略高于俄罗斯（5.19），但低于世界平均水平（7.903）；与领先水平的发达国家相

比，丹麦（15.68）、英国（13.77）、德国（11.52）分别是中国的 2.75 倍、2.41 倍、2.02 倍，表明中国能源效益偏低，能源利用效率不高。根据《中国能源发展报告 2017》显示，2017 年我国煤炭消费占比同期下降 1.6 百分点，清洁能源消费同比上升 1.3 百分点，其中，非化石能源消费占一次能源消费比例达到 13.8%，能源行业产能利用率明显提升。但在能源利用方面仍然存在瓶颈，以新能源为例，弃水、弃风、弃光、核电机组限出力的现象在我国仍然存在，电力系统调峰能力仍不能满足非化石电源发展的需求。如何实现能源利用效率提高，对破解经济、能源、环境之间的矛盾问题至关重要。处理得当有利于我国经济社会转型，实现经济升级；处理不当，就可能丧失发展机遇，导致经济增长徘徊。

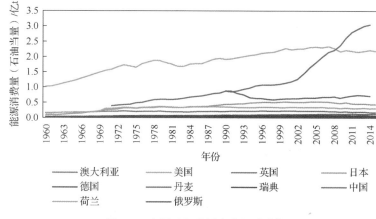

图 1-4　中国及部分国家能源消费①　　　　　　　彩图 1-4

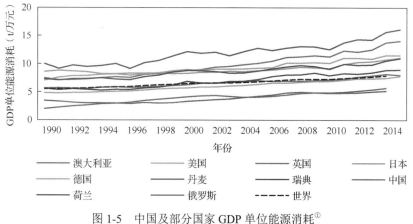

图 1-5　中国及部分国家 GDP 单位能源消耗①　　　　彩图 1-5

① 资料来源：世界银行网站，https://data.worldbank.org.cn/indicator/EG.USE.PCAP.KG.OE?view=chart，https://data.worldbank.org.cn/indicator/SP.POP.TOTL?view=chart，经作者整理计算所得。各国能源消费量=各国人均能源消费量×各国总人口数。

3. 能源消费过度依赖煤炭的局面基本没有改变

图 1-6 显示，美国、英国、瑞典、荷兰、日本、德国、丹麦等国家的二氧化碳排放强度呈明显下降态势，俄罗斯的二氧化碳排放强度也逐年下降，澳大利亚变化趋势趋于平稳，但中国二氧化碳排放强度则保持 0.95%年均速度高速增长。数据显示，全球平均二氧化碳排放强度自 1960 年至 2014 年整体呈现下降趋势，年均下降速度约为 0.26%。根据世界银行的指标解释，二氧化碳排放强度是指消耗固体燃料所产生的二氧化碳，主要是指以煤炭为能源消费所产生的排放量。其数值越大，表明固体燃料消费所释放的二氧化碳越多，说明能源结构中煤炭消费比例较高；反之，其数值越小，由固体燃料消费产生的二氧化碳越少，表明能源结构中煤炭消费比例较低，或者可再生能源、清洁能源的比例较高[3]。2014 年我国化石能源使用量为 26694.78 万 t 石油当量，位居全球化石能源消费榜首位，是美国的 1.45 倍。而俄罗斯化石能源使用量仅是中国的 24.03%（图 1-7）。统计数据显示，我国是第一大煤炭生产消费国，煤炭在一次能源消费构成的比例较世界平均水平高出近 40 个百分点[3]。中国二氧化碳排放强度持续增长与世界二氧化碳排放强度平均水平逐年下降背道而驰，化石燃料使用和煤炭发电消费远超世界平均水平，表明中国能源消费结构不尽合理，能源消费过度依赖煤炭的局面基本没有改变，环境、能源、经济等矛盾突出，瓶颈约束加剧，使得我国经济社会发展战略转型中的生态文明建设任务艰巨繁重。

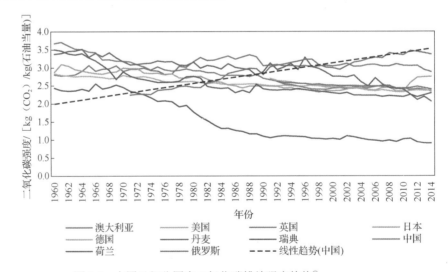

彩图 1-6

图 1-6　中国及部分国家二氧化碳排放强度趋势①

---

① 资料来源：世界银行网站，https://data.worldbank.org.cn/indicator/EN.ATM.CO2E.KT?view=chart，https://data.worldbank.org.cn/indicator/NY.GDP.MKTP.CD?view=chart，经作者整理计算所得。各国二氧化碳强度=各国二氧化碳排放量/各国国内生产总值。

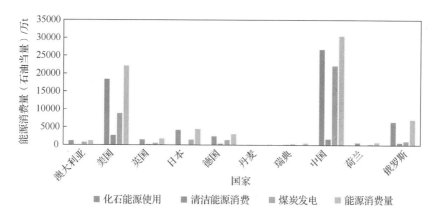

彩图 1-7

■ 化石能源使用　■ 清洁能源消费　■ 煤炭发电　■ 能源消费量

图 1-7　2014 年中国及部分国家能源消费量①

4. 快速的城镇化进程加剧了中国二氧化碳排放

当前城镇化已成为推动我国经济增长的重要动力，是实现国家现代化的必由之路。根据图 1-8 可知，中国城镇化水平目前仍然较低，2013 年中国城镇化率实现 53.17%，首次超越世界平均水平（52.91%），但与发达国家城镇化水平相差悬殊。2017 年，美国、英国、日本三个发达国家城镇化率分别达到 81.96%、83.07%、94.32%，比同时期中国城镇化率分别高出 24.06%、25.17%、36.41%。与俄罗斯相比，城镇化率相差依然较大。俄罗斯 2018 年城镇化率实现 74.43%，比中国（59.15%）高出 15.28 百分点。通过分析显示，中国城镇化率虽然低于发达国家城镇化率，但在增长速度方面，中国城镇化率增速处于首位。改革开放 40 余年来，中国城镇化水平年均增长率为 2.98%，而美国、英国、日本、俄罗斯增速较低，分别为 0.27%、0.15%、0.54%、0.19%。快速的城镇化进程带动城市基础设施建设，推动人口流动迁徙，加快工业生产活动，对能源需求与消耗快速增长，城市二氧化碳进入爆发期。步入 21 世纪以来，中国城镇化率年均增速约为 2.86%，但二氧化碳排放量增长速度却达到了 8.22%，二氧化碳呈明显增长态势。

综上所述，能源既是国民经济的命脉，是推动经济发展和维持社会稳定的重要物质基础，又是全球政治经济博弈的焦点，地区冲突、贸易壁垒等追根溯源与能源占有和使用存在着千丝万缕的联系。改革开放以来，中国经济发展取得了举世瞩目的成就，但是依靠资源的高投入、高消耗实现的粗放式增长带来的资源约束、环境恶化等矛盾日益突出，严重影响了经济的可持续发展。党的十九大报告提出的"两山"理论，为能源-经济-环境协调发展提供了理论指引[9]。2014 年，《中美气候变化联合声明》宣布"我国将于 2030 年左右实现二氧化碳排放峰值并且承诺努力早日实现峰值目标"，为《巴黎协定》如期达成做出了历史性贡献，充分表明了中国政府解决经济、能源、环境协调发展问题的信心和决心[10]。

---

① 资料来源：城镇人口（占总人口比例），https://data.worldbank.org.cn/indicator/SP.URB.TOTL.IN.ZS?view=chart，经作者整理计算所得。各国城镇化率=各国城镇人口数/各国总人口数。

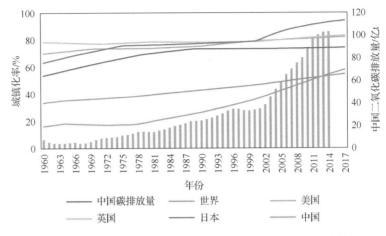

彩图 1-8 　　　　　图 1-8　2014 年中国二氧化碳排放量及部分国家城镇化率①

城市是碳排放最主要的地域单元，也是落实低碳发展政策的基本单元。同时，中国想要实现 2020 年和 2030 年的减排目标，国家层面的减排措施如果层层分解至城市，容易脱离城市自身实际发展实情。任务过重，城市无力承担，负重前行，难以实现预期目标；任务过轻，又难以实现国家整体承诺目标。因此，如何根据城市资源禀赋、发展阶段、发展水平等现实状况因地制宜地推进城市低碳发展，实现能源、经济、环境可持续发展是本书的初衷。

本书的核心内容是研究城市碳排放影响因素的时空差异性、碳减排成本的有效性和政策可行性，以及不同城市碳达峰路径和施政方案等问题。在这一系列研究中，我们将突破以下重点和难点问题。

（1）城市低碳经济转型发展的经济学分析

用 Kaya 模型分解低碳经济的内涵，分析城市经济、政策、能源、人口及结构等因子与二氧化碳排放量的辩证关系，寻找降低城市碳足迹的有效途径；用脱钩理论评价模式分析目前城市能源消耗、环境污染与经济增长的关联，阐明城市低碳转型发展的必要性和可行性，为变量设定及路径选择奠定理论基础。

（2）我国低碳试点城市碳排放特征分析

以我国低碳试点城市为样本，测算 2000～2015 年城市碳排放量，分析不同类型城市的碳足迹特征；利用动态面板模型和空间面板模型分析人口、经济、结构、技术及城镇化进程等因子与二氧化碳排放量的关联程度，探究碳排放影响因素在不同城市群区域的作用机理，分析碳排放时空演变特征及产生非均衡性的主要根源，为样本城市预测碳排放峰值目标、规划碳减排路径和优化实施方案提供参考依据。

（3）城市低碳经济转型发展的情景分析

以京津冀、长三角、珠三角、长江中游、环渤海、川渝和东北地区 7 个城市群 13 个

---

① 资料来源：城镇人口（占总人口比例），https://data.worldbank.org.cn/indicator/SP.URB.TOTL.IN.ZS?view=chart，经作者整理计算所得。各国城镇化率=各国城镇人口数/各国总人口数。

低碳试点城市为样本，依据一般均衡理论，结合 Kaya 模型碳排放影响因子分解，在传统的可计算的一般均衡（computable general equilibrium，CGE）模型基础上引入带有技术累积机制的能源模块，构建适用于城市层面的能源-经济-环境评价模型，分析预测不同政策情景下典型城市的碳排放及其影响因素的时空差异和演变趋势，考查分析样本城市不同能源强度目标情景下的碳排放路径及排放峰值，为干扰方案的模拟设计奠定基础。

（4）城市低碳经济转型发展的政策模拟

根据上述研究结果，设计干扰方案，利用 CGE 模型调节政策变量，考查产业结构、人民币汇率、技术进步等政策变量对城市二氧化碳减排的有效性，评估不同政策变量的边际效应；研究不同的动态化能源强度目标情景下的碳达峰路径，以及对样本城市 2017～2050 年宏观经济、产业结构、能源环境等的倒逼影响，并据此找出样本城市"双控政策"的最佳施政周期及目标方案，为城市低碳化转型发展的路径选择提供决策参考。

（5）城市低碳经济转型发展的路径选择

城市是一个复杂的综合体，不同城市产业结构、发展水平、发展阶段、资源禀赋不同，低碳发展的路径选择也应"因城而异"。如何根据城市特点，从城市群协调发展的角度规划、设计低碳发展路径，充分考虑政策、科技、经济、社会等各种因素，既要制定"因城而异"的差异化措施，又要多种政策手段有效组合，实现城市群要素合理配置，促进城市群区域良性发展，是城市低碳化转型发展过程中政策设计的重要内容。

第二节　国内外相关研究述评

一、低碳经济主要研究领域

1. 低碳经济的内涵

英国政府在《我们能源的未来：创建低碳经济》白皮书中首次提出了"低碳经济"的概念，指出"低碳经济是通过更少的能源消耗和环境污染，获得更多的经济产出；低碳经济是以创造更高的生活标准和更好的生活质量为目标的发展方式"[5]。

国内学者对低碳经济内涵的阐释可以归纳为三类：一是经济模式论。李佳倩等[11]认为低碳经济是秉承可持续发展理念，优化能源结构，最终实现生态系统与经济社会发展双赢的经济模式；史学飞等[12]认为低碳经济是通过创新能源与减排技术，研发可再生能源实现经济发展由高碳向低碳转变的可持续发展模式。二是经济形态论。王明喜等[13]认为低碳经济是经济产出与碳排放可实现均衡发展的经济形态，在该形态下，经济产出不会导致碳排放增长；董静等[14]认为低碳经济是将传统高碳的生产和消费方式由崭新低碳的生产和消费方式替换，以此来缓解经济发展与自然承载力矛盾的经济形态。三是温室气体论。邹浩[15]认为低碳经济就是最大限度地降低化石能源使用，减少温室气体尤其是二氧化碳排放，但经济仍然能保持中高速增长，实现碳排放与经济增长两者"脱钩"；劳燕玲[16]认为低碳经济就是通过税收和补贴等方式，增加企业污染物排放成本，提高企业技术研发力度，最终实现经济发展与温室气体呈现反向变动关系。

综上所述，相对于"高碳经济"而言，低碳经济是在全球气候变暖、极端天气频发的背景下，为减少温室气体排放，改善人类生存环境所提出的。低碳经济本质上是一种发展模式，通过变革经济发展方式、能源消费方式、人类生活方式，实现现代工业文明升级为生态文明。低碳经济以创新技术、制度和管理为核心，其实质是通过创新提高能源效率和清洁能源结构，最大限度地减少煤炭和石油等高碳能源消耗，建立以低能耗、低污染为基础的经济[3,5]。

2. 经济增长与碳排放

研究经济发展与碳排放之间的关系多采用环境库兹涅茨曲线（environment Kuznets curve，EKC）[17,18]。Shahbaz 等[19]采用自回归分布滞后（autoregressive distributed lag，ARDL）边界检验方法对非洲 19 个国家的经济增长与碳排放的环境库兹涅茨曲线进行有效性验证；Liddle[20]基于经济合作与发展组织（Organization for Economic Co-operation and Development，OECD）成员国与非 OECD 成员国的面板数据验证人口、收入与碳排放的环境库兹涅茨曲线，实证结果显示，在 OECD 成员国中收入与碳排放呈显著环境库兹涅茨曲线，但人口并不显著。Ugur[21]对土耳其 1974～2014 年经济增长、可再生能源、水消耗、城镇化等因素与碳排放进行实证研究，结果显示，经济增长是碳排放增长的主要贡献者，符合环境库兹涅茨曲线，呈现倒 U 形。Shahbaz 等[22]采用非参数协整和因果检验等方法对七国集团经济增长与碳排放的关系进行实证研究，结果显示，经济增长与碳排放具有高度相关性，但是日本并不存在环境库兹涅茨曲线。Apergis 等[23]以美国 48 个州为研究对象，运用协整检验验证环境库兹涅茨曲线的有效性，结果表明，仅有 10 个州的经济增长与碳排放的关系呈现环境库兹涅茨曲线，而其余 38 个州由于环境监管政策的干预，致使环境库兹涅茨曲线有效性未能得到有效验证。Georgiev 等[24]运用 30 个 OECD 国家的面板数据来验证环境库兹涅茨曲线，结果发现，碳排放曲线随着经济增长呈单调递增趋势。还有一些学者认为碳排放与经济增长呈 N 形关系[25-27]。

从发达国家的发展过程可以看出，工业化国家经济发展与碳排放的关系一般都需要经历碳排放强度、人均碳排放量和碳排放总量的三个倒 U 形曲线。不同的国家碳排放高峰所对应的经济发展水平存在很大差异，说明经济发展与碳排放之间不存在确定性。从那些跨越了碳排放高峰的发达国家或地区来看，碳排放强度高峰和人均碳排放量高峰之间所经历的时间平均为 55 年左右[28]。

近 50 年来，我国不同时期的碳排放具有明显的阶段性特征，影响我国碳排放的主要因素是经济总量增长和产业结构变化。进入工业化中期后，第三产业比例上升和高耗能产业比例下降是碳排放强度降低的主要原因。在碳排放的空间格局上，东部占主导地位，中部次之且稳中有降，西部比例最小但基本保持上升趋势。促成碳排放格局变化的主要因素是产业结构，产业结构演进决定一次能源消费的基本空间格局，产业多元化发展影响一次能源消费的增速[29]。刘卫东等[30]研究了碳排放强度与产业结构演化之间的倒

U 形曲线关系，认为没有发展模式的根本性转变和产业结构的实质性调整，中国无法完成 2020 年的减排目标。

3. 碳税政策

"碳税"由英国经济学家庇古最早提及，其在"庇古理论"中将"碳税"定义为基于对生态环境污染的程度，向污染者征缴一定税额，进而迫使污染者减少对生态环境的污染行为。碳税作为降低碳排放的有效手段之一，受到世界各国的重视。目前，全球共有 39 个国家和 23 个地区为延缓全球气候变暖，减少碳排放，制定并建立了碳税[31]。国外学者分别对发达国家与发展中国家受"碳税"政策的影响进行了广泛研究。对发达国家而言，政府碳税政策是导致汽油需求短期下降的主要原因，碳税政策影响汽油市场价格变动显著，由此消费者对汽油需求变化反应巨大[32,33]。考查碳税政策背景下市场趋势和技术成本对美国发电的影响，结果显示，碳税是快速降低碳排放的有效途径，而天然气和可再生能源虽然也可减少碳排放，但主要取决于运营资本，具有不确定性。而发展中国家，Calderón 等[34]通过 TIAM-ECN、GCAM、Phoenix 和 MEG4C 四个模型对哥伦比亚碳税政策背景下能源系统碳排放及减排目标进行深入研究，实证结果表明，哥伦比亚能源系统碳排放强度低于拉丁美洲其他国家，然而未来经济的快速增长和使用碳基技术的潜在增加将改变这一格局，尤其是电力部门对碳排放强度的影响最为敏感。尽管减少碳排放的途径较多，但是碳税收政策促进了清洁能源加速进入市场，并且通过提高能源利用效率实现了降低能源需求，对碳减排起到了显著作用。对行业部门来说，碳税推动电力部门通过增加水力发电、引进风能技术来优化发电方式，对减排目标具有积极作用。Rajbhandari 等[35]利用 MARKAL 模型框架构建三种不同碳税方案，分析了尼泊尔和泰国能源系统开发、相关二氧化碳排放及当地污染物情况。实验结果显示，尼泊尔能源系统以生物质能为主，预计到 2050 年仍然保持不变，受碳税影响，太阳能等其他可再生能源份额会小幅增加；而泰国能源系统以化石能源为主，在碳税作用下石油和天然气份额将会降低。另外，经过估算，核电将会从 2035 年的 3%增加到 2050 年的 9%。根据碳税方案模拟，减少碳排放主要来源于尼泊尔的住房部门和泰国的电力部门。

碳税虽然对二氧化碳排放具有约束力，但有学者研究发现碳税政策在制定及实施过程中尚存在不足之处。首先，碳税增加了家庭必要能源消费支出的成本，不同经济收入群体对碳税的反应存在差异。近年来，在许多发达国家，碳税正发生着累退效应。Farrell[36]以爱尔兰为研究对象，利用浓度指数方法对不同收入群体碳税发生率进行量化。结果显示，碳税对较贫穷的家庭负面影响要远大于其他社会经济群体，其影响主要体现在电力和汽车燃料等方面的相关碳税。Beck 等[37]基于家庭支出调查数据，通过 CGE 模型研究加拿大不列颠哥伦比亚省碳税政策对不同社会经济群体的影响。研究结果表明，碳税对低等收入家庭和中等收入家庭负面影响较为显著，其中，中等收入家庭受碳税的负面影响高于低等收入家庭。此外，碳税的福利效应是由家庭收入的来源决定的，而并不是其支出目的。其次，碳税征收额度影响分布式发电的环境效益。Descateaux 等[38]考查使用可再生能源系统分布式发电对减排的作用时，引入不同额度的碳税，分别从 0～100 美元/t 二氧化碳不等。模拟结果显示，碳税的增加显著降低了分布式发电的环境效益。最后，碳税对限制定价的作用有限。Sá 等[39]提出了在不可再生资源生产中限制定价理论，石油消费属于刚性需求，碳税政策并不会对石油定价产生太大影响，如石油税对当期石油生产没有影响，并不会引起其价格变化。研究表明，碳税对当前和长期的石油生产和碳排放的影响并不明确，作用有限。

国内学者对碳税的研究主要集中在国际碳税和国内碳税两个角度。从国际碳税的角度，顾高翔等[40]创新 CIECIA 模型，构建四种碳税收入分配模式，对全球性碳税与各国经济增长和碳减排之间的关系进行实证研究。实证结果表明，碳税政策对全球碳排放治理存在积极作用。若全球碳税达到 50 美元/t，全球 2016～2100 年碳排放累计可减少 100Gt（吉吨）；但对经济增长具有负向作用，其中对发展中国家的影响要远大于发达国家。但长期来看，碳税政策促进了低碳技术进步，提高能源利用效率，在一定程度上会促进发展中国家的经济发展。程敏[41]利用局部均衡模型就美国对中国贸易碳税和碳关税进行研究，结果表明，碳关税具有保护主义性质，征收碳税将会导致国内消费量减少，而征收碳关税则会刺激国内消费量。就短期来看，碳税的实施有利于减排目标的实现；就长期而言，征收碳税将对经济增长产生冲击，需要配套低碳技术创新的激励措施以保证经济发展与低碳转型统筹发展。李炎等[42]基于欧盟航海碳税从范围、标准和对象三个方面对中国海运出口贸易传导机制进行研究。结果显示，征税范围对中国海运运力具有负面影响，征税标准增加了中国出口成本，而征税对象削弱了中国市场份额。从国内碳税的角度，许士春等[43]采用动态 CGE 模型模拟了六种碳税返还与补贴政策情景，实证结果显示，碳税与经济增长呈负向变动关系，但长期来看，碳税对经济的负面影响将会削弱；返还政策和补贴政策均可有效降低碳税对经济的负面影响，其中补贴政策作用效果明显高于返还政策；居民享有返还政策对碳税负效应的缓解力度要优于部门享受返还政策，但存在加剧贫富差距的风险。魏朗等[44]基于面板数据模拟碳税对区域经济与减排效果的影响，结果显示，碳税政策抑制了区域经济增长呈现负作用，作用程度由东至西逐步递减，但碳税降低资本要素价格，提高劳动要素价格，逐步缩小了东部与中部的收入差距；碳税不仅调整了居民能源消费行为，而且提高了能源要素产出效率对碳减排具有的积极作用。黄蕊等[45]运用动态 CGE 模型设定不同情景探究征收碳税和硫税后的经济增长与减排成效，实验结果表明，经济增长受征收碳税和硫税负面影响较大，其中碳税和硫税对农业部门的负向冲击作用最大，其次为第三产业，反映出我国产业部门对化石能源仍然存在过度依赖的现象。而减排成效因碳税和硫税的征收得到进一步提高，在单独征收碳税的情景下，碳排放峰值下降 267Mt（兆吨），峰值年份提前一年；在碳税和硫税混合情景下，碳排放峰值下降 721Mt，峰值年份提前三年，碳税和硫税组合情景碳减排效果优于碳税单独情景。

4. 碳排放权交易

就长期而言，征收碳排放税可以加快经济增长方式转变，实现能源、经济与环境的和谐发展；但短期内，碳税致使企业生产经营成本增加，加重居民生活必需能源消费支出，尤其在国际贸易中，碳税极具保护主义色彩。碳税短期内对经济增长、生活消费、工业生产的负向冲击为应对气候变化问题增添了不确定性。因而，越来越多的学者将焦点转向碳排放权交易。碳排放权交易相比碳税提出时间较晚，1997 年《京都议定书》在规定发达国家减排义务时提及三种灵活减排机制，其中就包括碳排放权交易[3]。早期环保人士对于政府分配可交易的碳排放权存在争议，一部分人认为这类举措将破坏生态环境合法化，而另一部分人则对碳排放权交易可以治理环境污染持怀疑态度。后来经过研究，在总量管制机制下，建立碳排放配额，通过市场交易可以起到降低边际减排成本的作用，从而以最低成本实现污染控制目标[46]。碳排放权交易基于科斯理论，其目的与碳税一致，旨在有效降低温室气体排放。其内涵则与碳税存在差异，碳税是一种价格传导机制，征收碳税不但可以改善生态环境，同时也可以增加财政收入；而碳排放权交易是一种价格机制，在给定温室气体排放配额的条件下，以市场为媒介，由不同经济主体进行分配购买[47]。

国外学者 Oestreich 等[48]通过欧盟碳排放权交易机制对德国股票收益影响进行实证研究得出，短期内获得免费碳补贴公司的收益优于未获得免费碳补贴公司，而碳排放配额的自由分配导致现金流增加，使得在交易机制中存在碳溢价，高碳排放的公司具有高碳排放的风险，因而导致其股票回报产生相应变化。Oke 等[49]借鉴欧盟碳排放权交易系统原则和制度，将其引入南非建筑行业，对碳排放权交易和温室气体排放进行评估。结果显示，碳排放权交易系统可以限制和减少建筑行业温室气体排放。此外，在碳排放权交易系统内增加收入水平，既可以让弱势群体得到政府庇佑，又可以解决不平等环境福利分配问题。Pradhan 等[50]运用动态 CGE 模型，对中国和印度碳交易系统中的碳价进行估计，并在贸易背景下对碳定价政策进行比较分析。实证结果显示，由于两国碳排放强度和低碳技术应用存在差异，中国碳价格要高于印度，而碳价格的差异为两国进行碳交易提供了可能性。此外，在不同汇率机制和国际化石燃料价格假设条件下，碳定价政策对这两个经济体的影响在方向上基本一致，但规模上存在差异，中国相较于印度更依赖于对外贸易和投资，因而贸易是影响中国碳定价的重要因素。Hibbard 等[51]研究表明碳排放权交易系统不仅为联邦政府降低了碳排放，控制了污染源，同时还产生了 50 亿美元的经济收益和数万个就业岗位。

但也有学者对碳排放权交易系统的成效提出质疑，Jeffrey 等[52]利用欧盟各国1996～2009 年数据对征收能源税与参与碳排放权交易系统之间的关系及减排成效进行探讨，结果显示，在单独征收能源税或者参与碳排放权交易系统下，均可通过使用低碳含量或者每单位产出减少的燃料实现碳排放强度降低。进一步将碳排放强度分解为效果措施和效率措施，效率措施伴随着能源税率的增高而得到有效改善，而效果措施并未发生变化；在实施碳排放权交易系统后，效果措施得到有效改善，而对效率措施存在不确定性，具有损害效率的风险。Daskalakis[53]研究认为禁止碳排放配额的跨期交易会引起期货价格的正风险溢价，将导致污染者对冲成本增加，碳排放配额等同于机会成本，有可能由消费者来承担，环境政策制定者应该避免这种风险。Thompson 等[54]指出，作为解决温室气体排放的有效办法之一的碳排放限额与交易计划，由于减排成本过高并未能成为法律，而生物燃料使用授权是美国现有的最主要的温室气体减排计划。该授权实际上要求每年减少温室气体排放量，但允许受监管方购买和出售信贷以履行年度义务。虽然生物燃料授权的许多方面看起来类似于限额与交易计划，但还有其他要求，如原料资格限制和豁免。减排任务的存在可能取决于所有法律要求，但这些条件和严格的温室气体限额与交易计划背道而驰。

2011 年 10 月，北京、天津、上海、重庆、湖北、广东和深圳七个省市由中华人民共和国国家发展和改革委员会（以下简称国家发改委）批准，开展碳排放权交易试点工作。经过六年试点工作，直到 2017 年年底中国碳排放权交易体系正式启动。尽管中国碳排放权交易体系起步较晚，但众多学者已经围绕碳排放权交易从不同角度进行了广泛研究。赵明楠等[55]结合汽车生产企业的特点，在碳排放权交易的影响下系统阐释了对汽车生产企业的影响。短期内，碳排放配额分配直接造成汽车生产企业经济损失，同时企业对碳盘查、碳核查等程序缺乏认识，造成碳排放估计不准确；长期而言，碳排放权交易有利于企业创新管理和引进技术，从而降低能源消费成本，提高获利能力。贾云赟[56]采用双重差分模型对碳排放权交易与地区经济增长进行实证分析，分析结果显示，碳排放权交易与经济增长呈非线性关系，前期通过减少高耗能企业生产经营活动实现碳减排，对经济增长具有抑制作用；后期优化资源配置，提高技术水平，推动企业生产经营活动，对经济增长具有推动作用。黄志平[57]基于双重差分法实证检验了中国 30 个省市 2004～2015 年碳排放权交易与碳减排的关系。结果显示，碳排放权交易与碳减排呈显著正相关关系，且具有持续推动作用。

随着研究的不断深入，有部分学者发现中国碳排放权交易系统尚不完善。康增奎等[58]指出，我国尽管在碳排放权交易试点工作中取得显著成效，但初始分配制度缺失、市场流动性差、行政手段失灵、定价机制失效、法律不健全等问题仍然较为突出。沈洪涛等[59]采用双倍差模型，依据上市公司 2012～2015 年面板数据对企业碳排放在碳排放权交易影响下的机制进行实证检验。检验结果显示，碳排放权交易政策对企业碳排放起到了抑制作用，但从机制上来看，碳排放权交易并没有起到推动企业投入低碳技术实现清洁生产，而是迫使企业减少产量以降低二氧化碳排放，从长远来看，并不利于企业发展。朱德莉[60]研究发现，当碳排放配额划归企业时，成交价格会因市场供需关系的影响而浮动。碳排放配额富余的企业会因为价格低于初始价格而将富余配额搁置，致使碳排放配额无法在碳排放权交易系统中顺利流通；而需求企业将面临超标排放的风险，导致生产成本增加，因而碳排放权交易存在交易成本风险。

5. 碳汇

碳源和碳汇是影响温室气体排放的重要因素。碳源是造成二氧化碳气体排放增多的主要来源；而碳汇则是吸收碳源产生的二氧化碳及大气中的二氧化碳，从而降低大气中温室气体浓度的过程、活动、机制。Brunori 等[61]分别在传统农业和有机农业背景下对意大利中部两个不同地区的葡萄种植园区，基于葡萄藤和葡萄园规模两个角度考查其对碳的封存能力。经过测算，在有机农业背景下，葡萄藤固碳量占总量的 9%～26%，土壤固碳量为 73.35t/hm²；1hm² 葡萄园的碳封存范围介于 5.72（±0.07）t/（hm²·a）和 7.23（±1.11）t/（hm²·a），而葡萄园农业生态系统中二氧化碳排放量中 99%来源于土壤呼吸。经验证，葡萄种植园可以提供关键生态服务——碳封存，起到保护和调节自然资源的作用。Hadden 等[62]采用涡动协方差系统测量了瑞典北部森林 1997～2013 年二氧化碳流通量，实验结果显示，森林从净碳汇转变成了净碳源，其原因在于秋季（9～11 月底）和春季（3～5 月底）总生态系统呼吸的增加是导致碳排放增长的主要因素。Eze 等[63]以 Nidderdale 和 Ribblesdale 高地草原为研究对象，测量 2016 年 6 月至 2017 年 8 月该地区净生态系统交换（net ecosystem exchange，NEE）和生态系统呼吸（ecosystem respiration，ER），以及其他环境变量，如土壤温度和湿度、光合有效辐射（photosynthetically active radiation，PAR）。结果表明，草原生态系统为净碳汇，二氧化碳吸收量为 1822～2758g/（m²·a），由于低 ER，该地区碳封存能力高于欧洲其他草原。里伯斯谷地高地草原受缺乏氮肥影响，固碳能力为 1822g/（m²·a），低于尼德古地高地草原，对不鼓励使用无机氮肥的农业环境计划具有重要意义。

国内学者对碳汇的研究主要集中在森林或者林业碳汇。姜霞等[64]结合 GFPM（global forest products model）模型和 IPCC 碳汇估计方法，对中国森林碳储量、碳汇量进行模拟实验。实验结果显示，经济保持中高速增长可以推动森林资源和生态服务可持续利用。通过预测估算，中国森林碳储量在基准情景和高增长情景下预计 2030 年将分别达到 88.69 亿 t 碳和 86.43 亿 t 碳，其中对中国自主减排目标的贡献率约为 4.87%和 4.48%。当前森林面积偏低和改善效果较差是制约中国森林碳汇发展的主要因素。罗小锋等[65]运用 DEA（data envelopment analysis）模型对碳汇投入产出的经济效益进行分析，结果显示，就碳汇经济规模而言，西藏、黑龙江和云南排名前三，而上海碳汇经济效益最低；从碳汇经济效益来看，全国普遍偏低，投入产出效率仅为 0.331。薛龙飞等[66]基于 1988～2013 年 31 个省市面板数据，采用空间计量模型对碳汇溢出效应与影响因素进行实证研究。实证分析显示，我国森林碳汇储量逐年增长，存在显著空间溢出效应，地区差异明显。东北、西南地区碳汇储量丰富，东部地区碳汇增速较快；而影响碳汇的主要因素包括森林资源消费、地区降水量等。

近年来，越来越多的学者将碳汇的研究对象进行延伸，以丰富碳汇研究成果。何培民等[67]研究发现，海洋生态系统中大型海藻在光合作用下可将大气中二氧化碳及海水中无机碳有效吸收并进行分解，转化成为有机碳，同时产生氧气。此外，通过光合作用产生的有机物在海水中形成沉积物，转变成碳汇。因此，在海洋生态系统中养殖和增殖大型海藻对扩大海洋碳汇能力、降低碳排放、缓解气候变暖具有重要意义。胡志华等[68]采用对照实现法对有机肥种类、用量等对稻田碳排放、碳固定和净碳汇影响进行模拟研究。实验结果表明，有机肥可为稻田产生经济效益和碳汇效益。一方面，有机肥可以有效促进水稻产量增加；另一方面，稻田土壤在长期有机肥浇灌下土壤固碳能力显著提高。徐敬俊等[69]研究表明，由海洋植物和海洋环境组成的海洋生态系统是地球上最大的碳汇，可以吸收人类生产活动产生的碳排放量的 30%。张乾柱[70]研究发现中国花岗岩流域碳循环具有较高的碳吸收能力。

二、低碳城市相关研究领域

1. 城市发展与碳排放

工业革命以来，世界各国城镇化发展越来越迅速，导致城市人口在不断增多，规模也日益扩大。城市作为生产和生活单元，既是能源消费的主体，又是碳排放的主要场所。资料显示，城市的能源消耗和碳排放均占世界的 60%～80%，人类在能源消费中起到十分关键的作用。联合国人口基金会（United Nations Population Fund，UNFPA）2009 年明确指出，人口数量、城乡人口分布、家庭规模、年龄构成、人均消费等因素皆与能源消费程度或碳排放量存在关联，并且能够深远地影响气候变化[71]。Lantz 等[72]通过面板数据分析考查了加拿大部分地区的人口规模与二氧化碳排放之间的关系，发现其曲线呈现倒 U 形。一些学者纷纷对处于不同发展阶段的国家展开研究，其结果说明无论是发达国家还是发展中国家，它们的能源消费、二氧化碳排放量都与城镇化水平密切相关[73,74]。Marcotullio 等[75]以欧洲 1153 个城市为研究对象，通过分析其碳排放水平，进一步发现人口规模和人口密度是影响欧洲城市温室气体排放的主要因素。

国内学者郭郡郡等[76]通过跨国数据实证分析了大城镇化和城镇化与碳排放之间的倒 U 形关系。胡雅楠等[77]利用回归方法分析了城市人口与碳排放的影响关系，结果显示城市人口比例的增加会导致城市碳排放量的增长。许泱等[78]利用面板数据和 STIRPAT 模型对 30 个省的 1995～2008 年的数据进行了分析，表明城镇化发展导致了碳排放量上升。还有学者得出城镇化发展水平对碳排放的影响存在滞后性的结论，发展时间越长，其影响效果越明显[79]。金瑞庭等[80]还具体指出，城市人口密度与碳排放在长期上存在负相关关系。

2. 低碳城市概念

相比于低碳经济，低碳城市概念的提出相对较晚。夏堃堡[81]认为低碳城市就是城市发展低碳经济，创造一个绿色低碳的城市能源生态环境。韩坚等[82]指出低碳城市由低碳技术、低碳理念和低碳政策三部分组成，主要包括运用低碳技术实现清洁生产，秉持低碳理念构建绿色交通、绿色建筑等，管理制度绿色转型引导消费低碳化。张英[83]强调低碳城市是低碳理念的表现形式，在低碳理念下，政府、企业、居民在管理方式、生产方式、消费方式等方面做出调整，降低化石能源消费和温室气体排放。此外，碳捕捉、碳中和能力也是低碳城市的重要组成部分。刘钦普[84]从经济、技术、理念、政策等角度对低碳城市进行定义，其认为只有当城市经济增长摆脱对化石能源消费依赖，技术水平可以降低各种温室气体排放，城市居民自觉遵循低碳生活理念，城市低碳政策法规完善，这样的城市才属于低碳城市。

尽管学者们在阐述低碳城市的内涵时各有侧重，但从论述中我们不难看出，以上定义在本质上都是相同的，即低碳城市是低碳经济与低碳社会的延伸及应用。低碳经济是从政府和企业的角度去考查，注重经济发展与碳排放之间的关系，主要强调生产方式、工业技术和产业结构等低碳化；而低碳社会则基于居民的角度去考查，其注重日常生活与碳排放之间的关系，主要强调居民生活消费模式、日常交通出行等，实现人类、社会和自然的和谐相处。而低碳城市囊括了低碳经济和低碳社会，并将两者融合升华，其发展目标和发展模式具有特殊性，是城市可持续发展必经之路[5]。

本书认为低碳城市本质上是低碳经济和低碳社会在城市发展进程中的应用，但内涵比低碳经济和低碳社会更为丰富。低碳城市是在低碳理念引领下，统筹社会、经济、文化等多领域以推进低碳工作，最终实现降低温室气体排放。经济方面，以低碳产业为主导发展城市经济，整顿或淘汰"高耗能、高排放、低收益"的落后产业；技术方面，引进、创新及运用低碳技术推动生产方式向"低污染、高效率、高效益"转变，支撑城市经济发展；建设方面，合理规划城市绿化空间布局，打造绿色交通、绿色建筑等；生活方面，引导居民转变消费模式，鼓励低碳出行；管理方面，革新传统管理制度，以绿色管理为核心推进管理工作，实现城市可持续发展[5]。

3. 低碳城市规划与建设研究

城市作为人们生活和进行生产活动的基本单位，是实施低碳发展的重要载体。中国科学院可持续发展战略研究组组长、首席科学家牛文元教授指出，制定"低碳发展国家行动方案"势在必行，必须加快建立健全全国性的碳补偿制度，大力发展碳汇，将环境效益纳入绩效评估。同时，加快建设形成集低碳开发、低碳技术、低碳流通和低碳消费于一体的政策法律体系，推进中国城市在工业、交通、建筑和生活领域的低碳化发展进程[85]。

低碳城市的制度设计和建设均不能脱离当地政治、经济、文化现状。伦敦将政策继承、合作组织、技术分析、管治和法律等方面的内容增添到城市空间规划中，并且从能源、交通、建筑和市政等部门全面推动城市低碳化发展[86]。中国学者潘海啸等[87]从区域规划、城市总体规划和居住区规划三个层面，具体提出了改进城市交通和土地使用、密度控制与功能混合等规划编制的对策。

从城市生活方式规划方面的研究来看，Fong[88]指出具有紧凑型空间结构的城市更适合热电联产项目建设，减少城市供暖和冷却系统的能源消耗，还能够在一定程度上减少以小汽车为主的出行方式，节约能源，降低交通领域的二氧化碳排放量。此外，Fong[88]还发现混合型功能的土地有利于减少出行距离，降低交通运输部门的碳排放。Glaeser 等[89]研究了美国居民二氧化碳排放与城市规划之间的关系，结果表明，收入水平相当的家庭，在城市中心居住的家庭所产生的碳排放量少于在城市郊区居住的家庭。

低碳城市规划是支撑我国低碳城市发展的关键技术之一[90]。低碳城市建设主要从提高燃气普及率、废弃物资源化循环利用率、城市绿化率及开发利用清洁能源等方面入手[91]。政府的主要着力点要体现在低碳治理的制度设计方面，因地制宜地确定低碳城市发展的战略目标，制定低碳城市建设评价指标体系，加快推进城市物质循环化、城市生活低碳化、城市空间紧凑化[92]。

4. 国内外低碳城市发展实践

（1）国际低碳城市发展实践

低碳城市已成为世界各国关注的焦点，从发达国家至发展中国家均相继开展低碳城市建设工作。目前，国际上在低碳城市建设领域取得成效的城市主要是"C40 城市气候领导联盟"（C40 Cities Climate Leadship Group）成员，其中包括伦敦、纽约、哥本哈根、东京、多伦多、波特兰、阿姆斯特丹、奥斯汀、芝加哥、斯德哥尔摩、西雅图等[93]。从低碳城市建设目标来看，大多数城市对城市碳减排提出了可量化的指标。例如，日本东京提出 2020 年的碳排放比 2000 年减少 25%；哥本哈根提出 2025 年碳排放降低为零，将全市建设成为全球首个碳中性城市[94]。从低碳城市发展模式来看，这些城市大多根据所在国家低碳战略规划，并结合自身资源特色及其发展条件，探索行之有效的低碳发展模式[95]。

作为世界各国低碳城市建设的典范与低碳城市实践的国际先行者，这些城市从低碳城市的理念、规划、低碳生活和消费方式转变等方面进行了积极的创新，积累了丰富的经验，为其他城市在低碳城市建设方面提供了不可多得的参照标杆。例如，制定减少交通流量的堵车计费计划，伦敦、斯德哥尔摩和新加坡的经验值得借鉴；在可再生能源和绿色屋顶政策方面，柏林的经验值得借鉴；创新转型变革方面可借鉴德里和中国香港的经验；在人行道和自行车道升级方面可以借鉴哥本哈根的经验；万棵植树计划方面可以借鉴芝加哥和洛杉矶的经验；以转型为目标的发展政策方面，阿姆斯特丹和东京的经验值得借鉴；快速公交系统建设方面，波哥达的经验值得借鉴。不同城市在低碳转型发展进程中关注的领域有所不同（表 1-1），发展模式不尽相同（表 1-2）。

表 1-1 国际低碳城市实践典型案例概况

城市	国家	城市等级①	低碳主要规划与行动	低碳重点领域
伦敦	英国	Alpha++	规划：《伦敦能源策略》《市长气候变化行动计划》 行动：推广使用可再生能源，研发低碳技术，征收车辆税收，引进碳价格机制，提高市民低碳意识	能源、技术、交通、生活
纽约	美国	Alpha++	规划：《纽约适应计划 2030（PlaNYC2030）》 行动：增加清洁能源供应，制定产业能源站能源政策，构建严格建筑节能标准，实施快速公交系统，引导低碳消费，创新低碳技术	能源、产业、交通、建筑、生活、技术
东京	日本	Alpha+	规划：《东京气候变化战略：低碳东京十年计划的基本政策》 行动：优化能源结构，以商业为重点减排对象，提高建筑节能标准，推广新能源汽车，倡导低碳消费、低碳出行，提升水资源管理技术	能源、产业、交通、建筑、生活、技术
芝加哥	美国	Alpha	规划：《气候行动计划》 行动：提倡氢能替代汽油燃料，推广生物质能机动车，实行生态建筑，利用建筑储备太阳能	能源、建筑、交通
阿姆斯特丹	荷兰	Alpha	规划：《阿姆斯特丹 2040 年远景规划》 行动：鼓励市民骑行，推广环保交通工具，对城市基础设施进行低碳化改造	生活、交通、技术
多伦多	加拿大	Alpha	规划：《气候变化》《清洁空气和可持续能源行动计划》 行动：建筑照明更换为 LED 照明系统，推行垃圾填埋气发电替代煤电	建筑、能源

① 资料来源：http://www.lboro.ac.uk/gawc/world2016t.html。

城市	国家	城市等级	低碳主要规划与行动	低碳重点领域
斯德哥尔摩	瑞典	Alpha-	规划:《斯德哥尔摩气候计划》《斯德哥尔摩气候关于气候和能源行动计划》 行动:清洁能源开发利用,征收车辆税税收,设立慢行道路系统,鼓励居民骑行,推广绿色建筑,采用新设备、新技术处理废水	能源、交通、建筑、生活、技术
哥本哈根	丹麦	Beta+	规划:《哥本哈根气候计划》 行动:征收能源使用税,推广风能发电,制定节能建筑标准,推行电动车,倡导居民低碳出行	能源、建筑、交通、生活
西雅图	美国	Beta-	规划:《西雅图气候行动计划》 行动:推行快速公交系统,制定节能建筑奖惩政策,鼓励居民使用自行车	交通、建筑、生活
奥斯汀	美国	Gamma	规划:《奥斯汀气候保护计划》 行动:提倡利用清洁能源,推广绿色建筑应用,完善有关激励政策	能源、建筑
波特兰	美国	High Sufficiency	规划:《气候行动计划》 行动:对建筑、交通、生活分别制定减排目标和行动计划	建筑、交通、生活
弗莱堡	德国	—	规划:《气候保护计划》 行动:推广太阳能发电,建设城市有轨电车与自行车专用车道,对建筑、交通、生活分别制定减排目标和行动计划	能源、交通

注:Alpha++为特等,Alpha+为强一线,Alpha为准一线,Beta+为强二线,Beta-为弱二线,Gamma为准三线,High Sufficiency为四线。

表 1-2 国际低碳城市发展模式

分类	发展模式	特点	代表性城市
基于碳源控制的低碳发展模式	基底低碳模式	由碳基能源向氧基能源转变,由不可再生能源向可再生能源转变	德国弗莱堡、丹麦哥本哈根、葡萄牙赛尔帕
	结构低碳模式	产业转型升级,以及加大对高耗能产业的控制	英国伯明翰、美国波士顿
	形态低碳模式	紧凑的城市形态、综合的土地利用性质和健康的生态网络构建	丹麦哥本哈根、新加坡新城
	支撑低碳模式	新能源配套技术、建筑节能技术、碳捕获技术、新型交通工具开发等交通基础设施建设和绿色技术应用	澳大利亚墨尔本,美国芝加哥、旧金山
	行为低碳模式	低碳生活、低碳消费	韩国首尔、丹麦哥本哈根、法国巴黎
基于不同发展阶段的低碳发展模式	低碳综合发展模式	关注城市经济发展的多个方面,如推广应用可再生能源、推行绿色建筑、推动低碳生活等	英国伦敦、日本东京、丹麦哥本哈根
	低碳产业拉动模式	城市发展以某种或某类低碳产业发展为核心,逐渐聚合形成产业结构相对较单一的低碳发展模式	英国伯明翰、美国波士顿
	低碳示范发展模式	选择先建设城市的示范功能区,探索可借鉴可复制经验,进而以点带面带动整个城市的低碳发展	阿拉伯马斯达尔生态低碳城
	低碳交通改造模式	通过运用新能源技术,改造公共交通,倡导绿色出行理念,通过对交通出行的低碳改造来减少温室气体的排放	新加坡、瑞典斯德哥尔摩
	低碳支撑产业模式	某类行业对低碳产业发展起到支撑作用,将低碳支撑产业模式作为低碳城市发展过渡模式的一种	—

根据碳源控制的重点不同,低碳城市的发展模式可从五个方面概括总结,即基底低碳、结构低碳、形态低碳、支撑低碳和行为低碳,涉及的政策工具和措施手段包括能源优化、产业升级、清洁生产、绿色交通、生态城市、低碳行为等诸多内容[96]。在上述国

际案例中，伦敦、东京、哥本哈根等城市属于综合型发展模式，这些城市的低碳发展涉及领域广泛、内容全面，在低碳发展方式上比较成功地实现了低碳转型，是低碳城市发展的目标模式和高级阶段。在发展中国家与地区，低碳城市建设更多地是从起点较低的过渡阶段开始，仅仅选择某一个切入点或某一个领域来优先发展，属于低碳城市的过渡模式。

（2）国内低碳城市发展实践

2010 年国家发改委确定了广东、辽宁、天津、贵阳、保定等五省八市为第一批低碳试点城市；2012 年又确定了北京、上海、宁波、青岛等 29 个城市和省区为第二批低碳试点城市[5]；2017 年确定在内蒙古自治区乌海等 45 个城市（区、县）开展第三批低碳城市试点。至此，低碳城市试点已经在全国全面铺开，将成为"十三五"时期城市发展的重要导向。据赛迪投资顾问统计，目前已经有 19 个城市低碳化建设初具规模，基本达到低碳示范城市标准。上海和保定是世界自然基金会（World Wide Fund For Nature，WWF）"中国低碳城市发展项目"首批试点城市，两个城市紧抓机遇，分别确定了低碳发展重点方向和发展特色。上海建设了崇明、临港和虹桥商务区三个低碳示范区，保定建成了多个国家级低碳能源研发基地，低碳试点项目稳步推进，其对于低碳经济之路的探索具有较为普遍的借鉴性和启示性。北京借"绿色奥运"之机选择了绿色低碳城建之路[97]。

中国国土面积广袤，城市众多，不同城市在地理位置、资源禀赋、发展水平等方面存在较大差异，城市规模、碳排放状况及所处的工业化阶段也有所区别[98]。因此，各城市在低碳转型发展过程中所采取的发展模式和实现路径也有所不同，概括起来主要有五大类，即示范建设推动模式、低碳新区尝试模式、旧城低碳改造模式、低碳产业发展模式和低碳公交导向模式[99]。示范建设推动模式是指在城市经济发展的低碳转型期率先建设低碳示范区，通过对示范区低碳发展成功经验进行总结，概括出适合城市中其他地区发展的共性经验，指导其他地区低碳发展，不断提高整个城市的低碳发展水平，如北京、上海、深圳。低碳新区尝试模式是指在整个城市范围内推广低碳生活和低碳建设，以整个市区为基础，推动市区的全面转型，将原有城市打造为新的国际性低碳新区，如北京、天津、深圳。旧城低碳改造模式是指对该地区原有旧城进行再开发，以旧城区为试点进行低碳转型，如上海、无锡。低碳产业发展模式是指将"高排放、高能耗、低产出"的传统产业转向"低排放、低能耗、高产出"的新型产业，形成以某一类低碳产业为主导的低碳发展模式[100]。转型初期，这种模式在中国低碳试点城市运用较多。低碳公交导向模式是指该地区通过运用新能源技术，改造公共交通，倡导绿色出行理念，通过对交通出行的低碳改造来减少温室气体的排放，如珠海、杭州。表 1-3 归纳了转型初期中国低碳试点城市探索发展的典型案例。

表 1-3　中国低碳试点城市建设典型案例汇总

城市	人口规模/万人	发达程度排名	所处地理位置	低碳措施和规划	低碳模式
北京	1961.24	2	华北地区	应用清洁能源，构建绿色低碳交通网络，发展绿色建筑，建设国际金融文化传媒中心	低碳新区尝试、示范建设推动
上海	2301.91	1	华东地区	重大项目推动整体低碳城市建设	示范建设推动、旧城低碳改造

续表

城市	人口规模/万人	发达程度排名	所处地理位置	低碳措施和规划	低碳模式
天津	1293.82	7	华北地区	全面贯彻循环经济理念，提倡绿色健康生活和消费模式	低碳新区尝试
重庆	2884.62	21	西南地区	推进地热能利用，建设低碳研究院	低碳产业发展
珠海	156.02	19	中南地区	推动液化天然气公交车和出租车的使用	低碳公交导向
深圳	1035.79	3	中南地区	发展紧凑集约的城市空间结构，改善能源结构，构建低碳交通体系，发展绿色低碳建筑，发挥试点带动作用，研发低碳技术	低碳新区尝试、示范建设推动
厦门	353.13	13	华东地区	LED照明、太阳能建筑、能源博物馆	低碳产业发展
杭州	870.04	6	华东地区	发展公共交通和慢型交通，鼓励骑行，倡导绿色出行	低碳公交导向
苏州	1046.6	5	华东地区	加快产业转型升级，发展低碳环保产业	低碳产业发展
昆明	643.2	61	西南地区	兴建光伏发电站，发展生物质能经济	低碳产业发展
南昌	504.26	39	华东地区	推进光伏、LED等节能环保产业发展，建设低碳示范区	低碳产业发展、示范建设推动
唐山	757.73	73	华北地区	发挥知识型创新城市、低碳环保产业等方面的示范带头作用	示范建设推动
日照	280.11	77	华东地区	推广使用可再生能源，积极发展太阳能光伏发电，加快太阳能光热利用	低碳产业发展
贵阳	432.46	53	西南地区	生态低碳避暑社区	低碳产业发展
吉林	441.47	64	东北地区	探索重工业城市的结构调整战略	低碳产业发展
保定	1119.44	129	华北地区	打造以电力技术为基础的产业和企业群	低碳产业发展
无锡	637.26	14	华东地区	从可再生能源、低碳交通、绿色建筑等方面规划建设太湖新城	旧城低碳改造
德州	556.82	185	华东地区	风电装备开发、生物质能发电、"中国太阳谷"	低碳产业发展

5. 低碳城市评价指标体系

低碳城市评价是指对城市低碳经济、低碳社会等方面的发展水平进行评价，以判断其是否符合低碳城市发展要求[3]。低碳城市评价旨在寻求可操作的、定量化的方法和能力，用以分析低碳城市发展战略实施的进展和效果，以便更好地指导低碳城市建设发展的具体实践。目前，代表性的低碳城市评价指标体系有三种：一是全国低碳经济媒体联盟（China Low-carbon Economy Media Federation，CLEMF）于2011年1月发布的《中国低碳城市评价体系》（2011版）。该指标体系由10个一级指标、18个二级指标构成，如附表 1-1 所示。二是由全球低碳城市联合研究中心发布的中国城市低碳发展排位指标体系，共分 6 级 6 个板块 12 个维度 12 个指标，如附表 1-2 所示。该指标体系主要考虑可比较的一致性原则、低投入高产出的效率原则、结构优化与经济转型原则、环境友好与社会和谐原则、满足基本发展需求原则和数据稳定可靠原则。三是由中华人民共和国住房和城乡建设部（以下简称住建部）、中华人民共和国财政部、国家发改委联合制定的《绿色低碳重点小城镇建设评价指标（试行）》[101]，如附表 1-3 所示。

中国在城市低碳转型、低碳建设方面起步较晚。尽管众多学者对低碳城市评价指标进行了广泛研究，但至今仍未形成统一的认识。沈建国等[102]认为低碳城市评价体系是从定量和定性两个角度对低碳城市进展程度的测评与评估，包括政策效率、努力程度、路径选择等，是以信息统计、数据分析为基础对低碳城市建设情况进行可描述统计。杜栋等[103]认为低碳城市目标实现情况需要低碳城市评价指标来表现，低碳城市评价指标为低碳城市建设提供评判依据，过去先建设后评价的机制略显不足，因为统筹"评价"和"建设"，制定"评建结合"的机制对低碳城市建设更为有利。周枕戈[104]认为低碳城市评价是对"碳排放峰值目标""碳排放总量控制""低碳实践路径"等低碳发展进程的监测和评价，是低碳城市建设必不可少的重要组成部分，为低碳城市发展提供技术支撑。

具体指标设置方面，基于不同研究角度，不同学者选取的指标也不尽相同。朱婧等[105]对标国际标准，结合国内城市可比性，基于工业、交通、建筑及废弃物处理所消费的能源及产生的碳排放角度，以"压力-状态-响应"框架构建 30 个指标以评价低碳城市建设，注重寻找碳排放源头及提供解决方案。李云燕等[106]基于社会、经济、环境、科技四个层面对四个直辖市低碳城市发展情况构建了 18 个指标，研究结果显示，北京低碳城市发展指数最高，其次是上海，而重庆排在末尾。其中，北京和上海在研究期间始终保持低碳发展指数正增长，而天津和重庆直到 2011 年才实现低碳发展指数正增长。朱丽[107]以广州为研究对象，从经济发展、社会进步、环境质量三个方面设置城市层面和低碳城市层面 35 项评价指标来评估低碳建设在城市发展中的地位，结果显示，低碳经济发展指数、低碳社会进步指数、低碳环境质量指数偏低，其中，低碳经济发展指数与低碳环境质量指数增长缓慢，而低碳社会进步指数增长较快。

三、相关研究方法及应用

从"低碳经济"、"低碳社会"到"低碳城市"，其核心在于减少能源消费，降低二氧化碳排放，其本质就是要正确地处理好能源经济环境问题，准确把握碳排放的主要驱动因素。梳理文献，目前关于碳排放影响因素的研究方法主要包括 IPAT 模型、Kaya 模型、STIRPAT（可拓展的随机性环境影响评估）模型、环境库兹涅茨曲线、Divisia（迪氏）指数法、Laspeyres（拉氏）指数法、CGE 模型、LEAP（long-range energy alternatives planning）模型等。根据各种研究方法的用途将其归为两大类，一类为对碳排放影响因素现状分析的研究方法（因素分解法），另一类为通过对影响因素设置不同情景从而对碳排放进行预测的研究方法（情景分析法）。值得一提的是，环境库兹涅茨曲线可以通过影响因素二次项求导粗略进行预测，但其他变量仍是对现状分析，因而将其归纳为第一类。各研究方法具体分类及公式表达如表 1-4 所示。

表 1-4 有关碳排放影响因素研究方法

研究方法		计量公式		方法简述
SDA 法 (structural decomposition analysis, 结构分解法)	IPAT 模型	$I = P \times A \times T$	(1-1)	式中，I 为人类活动对环境的影响；P 为人口，A 为人均财富；T 为技术水平。影响碳排放的因素包括人口规模、人均 GDP 和技术水平
	Kaya 模型	$CO_2^E = PE \times \dfrac{GDP}{PE} \times \dfrac{E}{GDP} \times \dfrac{CO_2^E}{E}$	(1-2)	式中，E 为能源消费量；GDP 为经济产出；PE 为人口；CO_2^E 为总的二氧化碳排放量。碳排放可分解为二氧化碳排放系数、单位 GDP 能耗、人均 GDP 和人口四个因素的乘积形式[5]
	STIRPAT 模型	$I_i = a P_i^b \times A_i^c \times T_i^d$	(1-3)	式中，I_i 为环境影响；P_i 为人口数量；T_i 为技术水平；b、c、d 分别为各因素待估参数；a 为解释变量对被解释变量的系数[108]
因素分解法	环境库兹涅茨曲线	$m(CO_2) = \beta_0 + \beta_1 X + \beta_2 X^2 + \mu$	(1-4)	式中，$m(CO_2)$ 为碳排放量；β_0 为特征参数，β_1、β_2 为参数，当 $\beta_2 > 0$ 时，曲线呈 U 形，当 $\beta_2 < 0$ 时，曲线呈倒 U 形；μ 为误差项
	Divisia (迪氏) 指数法 — 简单平均 Divisia 指数法 (AMDI)	$I_t = \sum_i S_{it} I_{it}$	(1-5)	式 (1-5) 为 AMDI 乘积形式，对其两边同时微分得到式 (1-6)，而式 (1-7) 和式 (1-8) 分别表示结构效应和碳排放效应
		$\ln(I_T/I_0) = \int_0^T \left[\sum_i w_i |\mathrm{d}\ln(S_{it})/\mathrm{d}t|\right] + \int_0^T \left[\sum_i w_i |\mathrm{d}\ln(I_{it})|/\mathrm{d}t\right]$	(1-6)	
		$D_{str} = \exp\left\{\int_0^T \left[\sum_i w_i |\mathrm{d}\ln(S_{it})/\mathrm{d}t|\right]\right\}$	(1-7)	
		$D_{mt} = \exp\left\{\int_0^T \left[\sum_i w_i |\mathrm{d}\ln(I_{it})|/\mathrm{d}t\right]\right\}$	(1-8)	
	对数平均 Divisia 指数法 (LMDI)	$\Delta I_{str} = \sum_i L(E_{it}/Y_t, E_{i,0}/Y_0) \ln(S_{i,t}/S_{i,0})$	(1-9)	式 (1-9) 和式 (1-10) 分别是 LMDI 加法形式下分解所得到的结构效应与碳排放效应
		$\Delta I_{mt} = \sum_i L(E_{i,t}/Y_t, E_{i,0}/Y_0) \ln(I_{i,t}/I_{i,0})$	(1-10)	

（IDA 法 index decomposition analysis，指数分解法）

续表

研究方法		计量公式	方法简述
因素分解法	Laspeyres（拉氏）指数法	$TOW = P \times \mathrm{BOD} \times 0.001 \times I \times 365 \quad (1\text{-}11)$ $Y_{str} = \sum_i S_{i,T} I_{i,0} \Big/ \sum_i S_{i,0} I_{i,0} \quad (1\text{-}12)$ $Y_{int} = \sum_i S_{i,0} I_{i,T} \Big/ \sum_i S_{i,0} I_{i,0} \quad (1\text{-}13)$ $Y_{rsd} = Y_{tot} / Y_{str} Y_{int} \quad (1\text{-}14)$	式（1-11）为 Laspeyres 乘法分解式，在此基础上分解出式（1-12）～式（1-14），分别表示结构效应、碳排放效应和剩余项
	GFI 法（Generalized Fisher Index，广义费雪分解法）	$D = V^T / V^0 = \sum_i X_{1i}^T X_{2i}^T \Big/ \sum_i X_{1i}^0 X_{2i}^0 = D_{x_1} D_{x_2} \quad (1\text{-}15)$ $D_{x_1} = \sqrt{\left(\sum_i X_{1i}^T X_{2i}^0 \Big/ \sum_i X_{1i}^0 X_{2i}^0\right)\left(\sum_i X_{1i}^T X_{2i}^T \Big/ \sum_i X_{1i}^0 X_{2i}^T\right)} \quad (1\text{-}16)$ $D_{x_1} = \sqrt{\left(\sum_i X_{1i}^0 X_{2i}^T \Big/ \sum_i X_{1i}^0 X_{2i}^0\right)\left(\sum_i X_{1i}^T X_{2i}^T \Big/ \sum_i X_{1i}^T X_{2i}^0\right)} \quad (1\text{-}17)$	式（1-15）为 GFI 乘积形式，表示破解第 0～T 期的变化。式（1-16）和式（1-17）为影响因素的效应
情景分析法	CGE 模型	详见第七章	一个典型的 CGE 模型就是用一组方程来描述供给、需求及市场关系
	LEAP 模型	—	LEAPS（long-range energy alternatives planning system），长期能源可替代系统模型以能源需求、能源转换、资源分析及环境影响为研究对象，通过模型构建、情景设定对各部门能源消费及其环境影响进行预测

1. 因素分解法

因素分解法可以用来扩展碳排放影响因素模型，丰富碳排放影响因素理论，更为广泛地将碳排放影响因素纳入计量模型中，科学地分析碳排放影响因子。目前因素分解法主要有三大类：SDA 法、IDA 法和 GFI 法。

（1）SDA 法

SDA 法的原理是将研究对象作为被解释变量，通过变换将被解释变量分解成各解释变量加和的形式，从而得到不同解释变量对被解释变量的影响程度。国内外基于 SDA 法的研究成果较多，Michiel 等[109]利用 SDA 模型对不同国家的能源消费变动进行分解研究，结果发现了引起不同国家人均能源消费差异的原因。郭朝先[110]基于 SDA 法构建扩展（进口）竞争型的经济-能源-碳排放投入产出模型，并从整体经济、分产业、分行业三个角度进行分析，结果显示规模扩张效应和投入产出系数变动效应是造成碳排放增加的主要因素。顾阿伦等[111]通过 IO-SDA 法（input-output structural decomposition analysis）将碳排放量的变化分解为能源结构效应、能源强度效应、增加值效应、Leontief 逆矩阵效应、最终需求效应，基于投入产出表从时间维度考查经济结构变化对碳排放的影响。研究结果显示，最终需求效应与 Leontief 逆矩阵效应是导致我国能耗、碳排放增长的主要因素。

SDA 法应用较为普遍，研究方法相对成熟，主要包括 IPAT 模型、Kaya 模型、STIRPAT 模型和环境库兹涅茨曲线。鉴于环境库兹涅茨曲线在前文"经济增长与碳排放"综述中已做归纳总结，故这里不再赘述。

1）IPAT 模型。张乐勤等[112]基于安徽省 15 年能源数据，采用 IPAT 模型，通过构建规划、惯性、低碳三种情景对安徽省未来碳排放进行测度。预测结果显示，三种情景下安徽省碳排放未来呈增长趋势，其中规划、惯性高于低碳；同时，经过验证环境库兹涅茨曲线拐点并不存在；降低安徽省碳排放的有效途径是实施科技创新。胡林林等[113]利用 IPAT 模型对江西旅游业碳排放进行实证研究，结果表明，江西省旅游业碳排放年均增速为 17.56%，其中旅游交通影响系数最大，技术创新战略、新型城镇化战略有利于碳减排，而人口、GDP、产业结构与碳排放呈正相关关系。朱宇恩等[114]利用 IPAT 模型对山西省碳排放总量及其峰值进行模拟研究，模拟结果显示，GDP 年均增速和节能效率是实现山西省碳排放峰值目标的关键变量。其中，假设 GDP 年均增速分别保持低速和中速增长的情景，山西省均可在 2030 年前实现碳排放峰值；而假设 GDP 年均增速保持高速增长时，山西省未来碳排放将始终保持增长态势。王丽等[115]运用 IPAT 模型对全国城市碳排放进行实证研究，实证结果表明，人口增长、人均 GDP、能源效率与城市碳排放存在显著相关性。其中，人口规模、人均 GDP 位于环境库兹涅茨曲线左侧，而能源效率则已越过环境库兹涅茨曲线拐点。

2）Kaya 模型。Kaya 模型揭示了影响碳排放的四个主要因素：人口、经济、能源强度和能源碳排放强度。国内外基于 Kaya 等式进行碳排放相关研究的文献较多。秦军等[116]对江苏省碳排放进行研究的结果显示，江苏省碳排放主要来源于本省煤炭消费量，其次是原油消费、GDP 及人均 GDP，而人口和天然气消费的贡献比较小，因而优化能源结构对碳减排至关重要。戴小文等[117]将 Kaya 模型进行扩展修正，从一般技术、低碳技术、生活水平、间接城镇化与总人口等角度对农业碳排放的关联因素进行研究。实证结果显示，生活水平、城镇化率与总人口是碳排放增长的贡献者，而一般技术、低碳技术可以抑制碳排放增长，未来技术进步是碳减排的重点工作。Štreimikienė 等[118]采用 Kaya 模型与 Shapley 值方法对波罗的海国家二氧化碳及其驱动因素进行分解分析，结果表明，提高能源效率的政策是温室气体减排的最重要驱动因素。尽管波罗的海国家的可再生能源（renewable energy sources，RES）的份额显著增加，但其对波罗的海国家人均温室气体减排的影响微不足道，因此强调能源效率政策是必要的，因为它们是实现温室气体减排目标的最有效措施。Lima 等[119]利用 Kaya 模型对中国、葡萄牙、巴西、英国四个国家的二氧化碳排放的主要驱动因素进行研究，研究结果显示，在样本国家中能源强度和富裕程度是二氧化碳的主要驱动因素，是样本国家制定政策需要重点关注的领域。同时，考虑到政策影响，巴西和葡萄牙需要重点关注能源效率，而中国和英国则需要在能源结构中优先考虑不可再生能源的比例问题。代如锋等[120]基于 Kaya 模型分析中国碳排放与各变量协整关系，并构建基准、低碳、高碳三种情景预测碳排放未来走向。实证结果表明，能源、经济是中国碳排放增加的重点来源，在低碳情景下，中国有望在 2030 年实现碳排放峰值目标。

3）STIRPAT 模型。York 等[121]基于 IPAT 方程，将 Kaya 等式丰富拓展为非线性 STIRPAT 模型，以充分反映各因素之间的非线性关系。国内外不少学者应用 STIRPAT 模型进行碳排放影响因素的实证分析。武翠芳等[122]依托 STIRPAT 模型对甘肃省交通二氧化碳排放量及其影响因素进行岭回归分析，实证结果显示，二氧化碳排放总量及人均二氧化碳排放均逐年增长。从能源结构来看，煤炭、石油、电力影响系数较大；从影响因素来看，城镇化率、客运周转量、货运周转量与交通碳排放呈正相关关系。黄蕊等[123]基于 STIRPAT 模型采用岭回归实证分析人口、人均 GDP、能源强度、城镇化率与江苏省二氧化碳排放总量之间的关系，在此基础上，假设人口、人均 GDP 保持低速增长，能源强度保持高速增长，江苏省 2020 年可实现碳排放峰值目标。Shahbaz 等[124]基于 STIRPAT 模型采用 Bayer-Hanck 协整检验及 ARDL 边界测试方法研究了在城镇化背景下人口、经济与技术对马来西亚碳排放的影响机制。实证结果显示，经济增长是二氧化碳排放的主要因素，能源消耗提高了碳排放强度，而资本存量增加了能源消耗。贸易开放导致富裕，从而增加了二氧化碳的排放。王凯等[125]利用 STIRPAT 模型对中国各地区旅游业 1995~2014 年二氧化碳排放驱动因素进行实证分析，结果显示，旅游业二氧化碳排放总量呈增长态势。其中，旅游交通是碳排放的主要贡献者，人均旅游收入对旅游业的碳排放影响较小。Ibrahim 等[126]采用 STIRPAT 模型，通过单位根检验、协整检验和因果分析等方法重点考查能源消费与土耳其经济增长之间的关系。实证结果显示，电力生产、能源进口是土耳其碳排放增长的主要驱动力。黎孔清等[127]采用 STIRPAT 模型对南京市农业碳排放影响因素进行实证研究，结果表明，南京农业碳排放呈逐年下降态势，人口规模、经济增长、技术水平、能源效率与农业碳排放呈正比，农村居民可支配收入、林业面积、城镇化率可抑制碳排放。

（2）IDA 法

IDA 法与 SDA 法基本一致，其基本原理是将目标分解为若干影响变量，基于可获得数据，评估各影响变量对目标的贡献程度。IDA 模型很少直接使用，通常使用其扩展模型，主要有两种：Divisia（迪氏）指数法和 Laspeyres（拉氏）指数法。黄文若等[128]运用 Divisia 指数法将碳排放影响因素分解为能耗强度、能源碳排放、能源结构等，其研究结果显示在欧美发达国家碳排放呈现递减趋势，而能耗强度对碳排放的影响最显著，中国碳减排重点在能耗强度与能源结构领域。王圣等[129]基于 Divisia 指数法构建江苏省沿海地区人均碳排放量影响因素分解模型，研究结果显示经济发展对人均碳排放的贡献程度呈现指数增长趋势，是主要驱动因素。路正南等[130]基于 Laspeyres 指数法分析碳排放结构变动、低碳技术进步对碳生产率变动的影响，结果发现造成碳生产率增长的主要原因是低碳技术进步，而不合理的碳排放结构限制其增长。张永强等[131]利用 Laspeyres 指数法发现经济增长效应是造成广东省碳排放增长的主要驱动力。

随着指数分解法的广泛应用，其研究方法的表达形式逐渐丰富。在 Divisia 指数法基础上衍生出简单平均 Divisia 指数法（arithmetic mean Divisia index，AMDI）和对数平均 Divisia 指数法（log mean Divisia index，LMDI），而 LMDI 因为其可以将目标变量完全分解，无残差项，被广大学者使用。张伟等[132]综合 Kaya 模型和 LMDI 分解法，将陕西省能源消费碳排放分解为人口、经济增长、产业结构、能源强度、能源消费结构五个因素。通过研究表明，经济增长是陕西省能源消费碳排放增长的决定性因素；人口、产业结构和能源强度与碳排放呈现正相关关系，但是作用强度有限；而能源消费结构对碳排放有抑制作用。庞军等[133]利用 LMDI 模型将中欧双边贸易隐含碳排放的影响因素分为规模效应、结构效应和技术效应。通过研究发现，2004~2007 年，规模效应是造成中欧贸易隐含碳排放增加的主要原因，技术效应有明显的抑制作用，而结构效应增加作用较弱且不明显。梁大鹏等[134]基于 1992~2012 年金砖五国碳排放数据，利用 LMDI 模型分析关键影响因素。研究表明，就五国来说，单位碳排放和人均 GDP 增长增加了碳排放的成本，提升减排技术水平、优化能源结构是有效降低碳排放的途径。

（3）GFI 法

GFI 法也可以消除因素分解的残差项，但是因为其属于乘积模型分解，相对复杂，较少有学者使用。方伟成等[135]基于广东省 1990~2009 年能源消费的面板数据，运用 GFI 模型将广东碳排放影响因素分解为产业能源效率、产业结构、经济发展与人口发展等因素。其研究结果显示，经济发展、人口发展及产业结构对碳排放起推动作用，而产业能源效率起抑制作用。张清等[136]利用 GFI 法将能源强度分为技术进步、能源结构和产业结构三个因素，并通过天津 2001~2010 年工业行业能源强度数据进行实证研究。分析结果表明，产业结构对能源强度影响最大，其次是能源结构，而技术进步作用不大。

2. 情景分析法

情景分析法通过设定未来社会发展的目标情景，预测其未来发展和变化趋势。不少学者通过设定基准情景和不同政策情景研究能源需求和低碳发展路径。近年来，情景分析法与 CGE 模型、LEAP 模型结合应用较为普遍，通过设定不同情景，调整模型变量，以实现降低碳排放的总量目标。

（1）CGE 模型

CGE 模型是一种灵活和开放的模式，可以对经济系统进行建模，使从业者能够评估不同政策或外部冲击对经济系统的影响[137]。CGE 模型囊括了各个行业和部门，成为国内外学者探索碳减排路径常用的工具之一。

Farajzadeh 等[138]运用 CGE 模型，设置补贴收入再分配给家庭（完全支付）和按比例分配给家庭和生产者（一半支付）两种情景，对伊朗消除能源补贴的经济与环境之间的关系进行了研究。实验结果显示，通过资源配置消除能源补贴将导致 GDP 下降 15%，总体居民消费价格指数（consumer price index，CPI）将会上涨 10%，取消能源补贴导致大多数污染物的排放减少。考虑到经济、福利和环境方面，与完全支付选项相比，一半支付方案是首选。Hannum 等[139]构建国家级 CGE 模型，对科罗拉多州的煤、天然气、风能、太阳能和水电各方面进行综合估算，考查可再生能源组合标准的经济影响。研究成果表明，在非联邦援助的情况下，国家强制要求可再生能源发电配额制（renewable portfolio standard，RPS）政策的碳排放成本较高，由于联盟政府的援助使得天然气和风能价格适宜。Choi 等[140]采用 CGE 模型实现了 SK-ETS 的仿真，仿真结果表明，虽然 SK-ETS 具有显著的减排效果，但对 GDP 和家庭消费存在负面影响，天然气和航空运输部门受到的影响最大。出口导向型经济，排放交易系统（emissions trading system，ETS）将使出口企业处于不利地位，基于增强竞争力的贸易顺差会增加。Meng 等[141]基于 CGE 模型，构建电力供应模型以评估国家 ETS 对澳大利亚能源行业和整体经济的影响。模拟结果表明，ETS 可以有效减少排放，对整体经济产生相对较小的影响。但 ETS 对个别行业的影响各不相同，其中，风力发电预计将大大受益；褐煤电力和天然气电力预计将受到严重影响；对黑煤电力的影响是负面的，但相对较小。Duarte 等[142]以家庭消费为重点，采用动态 CGE 模型评估某些消费者导向对环境的长期影响和动态路径。预测结果显示，技术进步明显提升家庭能源的使用效率，技术进步在为环境带来积极成果方面发挥着巨大作用。最终研究结果表明，人均排放量的减少与经济增长是一致的。

李创[143]基于投入产出表构建含 11 部门 CGE 模型模拟碳税对各部门的影响。模拟结果表明，税率与宏观经济变量呈反比，碳税导致依赖化石能源部门的产品价格上涨，但碳税明显减少了化石能源消费，有利于碳减排目标的实施。碳税税率与减排效应呈正向变动关系，税率越高，减排效应越好。周晟吕[144]采用 CGE 模型兼顾碳交易影响因素模拟不同就业背景下碳交易变化及与传统污染的协同减排效应，模拟结果显示，不同背景下碳排放对 GDP 的影响机制存在差异。当劳动力被及时收纳时，碳交易促进 GDP 增长；当劳动力不能及时收纳时，碳交易抑制 GDP 增长。实施碳交易可以有效降低碳排放。任松彦等[145]基于九个工业部门构建动态 CGE 模型对广东工业行业碳排放进行情景分析。预测结果显示，技术进步对广东工业行业碳减排贡献最大，电力部门减排潜力排在首位，其次为水泥、石化、钢铁等，有色、纺织等对减排贡献度较小。同时，不同情景下碳减排对 GDP 增长均有影响，其中 S1 情景 GDP 损失最大（1.27%），其他情景均低于 1%。王锋等[146]基于江苏省投入产出表构建碳排放 CGE 模型，设置不同碳税返还方式情景对江苏省碳排放的影响进行模拟分析。模拟结果显示，实际 GDP 和社会福利受碳税政策影响逐渐下降，而名义 GDP、居民、企业、政府等收入呈上升态势；碳税抑制化石能源使用，明显降低碳排放，同时可优化产业结构，降低第二产业比例，提升第三产业比例；税收返还方式可以弥补福利下降的负面影响。

（2）LEAP 模型

LEAP 模型是由斯德哥尔摩环境研究所与波士顿大学联合研发的一款基于情景分析的自下而上的能源-环境核算工具。该模型涵盖能源需求预测、环境影响预测及费用效益分析等模块，可通过 LEAP 软件模型构建、参数设定进行各部门能源消费及环境影响预测，具有操作灵活、运算便捷等优点[147]。

杨花等[148]以山西省火电行业为研究对象构建 LEAP 模型测算未来减排潜力，实验结果显示，山西省碳排放增速较高，其主要原因在于山西省能源结构不合理。短期内，提升管理水平可以有效降低火电行业碳排放；就长期而言，低碳技术研发与引进对碳减排作用更为显著。崔和瑞等[149]基于 LEAP 模型设置基准（business-as-usual scenario，BAU）、碳交易市场（emissions trade scenario，ET）、缩减产能（cut excessive industrial capacity scenario，CEC）、技术推广（technology improvement scenario，TI）四个情景对中国钢铁行业 2015～2040 年二氧化碳排放进行分析。模拟结果显示，ET 情景下，减排成效最优，其中 2040 年能耗需求和碳排放总量分别为 49 亿 GJ 和 3.61 亿 t，较 BAU 情景减少 60.5%和 68.4%。杨顺顺[150]通过 LEAP 模型对长江经济带 2015～2030 年碳排放进行预测。预测结果显示，从空间上来看，2015 年长江经济带东部地区碳排放最高，2030 年中部地区则高于东部地区；从源头上来看，碳排放主要来源于终端能耗，其中，水泥和钢铁能耗是最大贡献者。Emodi 等[151]采用基于场景的分析方法，利用远程能源替代规划（LEAP）模型，探索 2010～2040 年尼日利亚未来的能源需求、供应和相关的温室气体排放。通过考虑四种情景［参考情景（reference scenario，REF）、低碳温和情景（low-carbon moderate scenario，LCM）、低碳高级情景（low-carbon advanced scenario，LCA）和绿色乐观情景（green optimistic scenario，GO）］，分析了不同能源政策对尼日利亚能源系统的影响。模拟结果显示，考虑从 LCM 到 LCA 的积极的能源政策和策略，以及在 GO 情景中更激进的选择，能源需求预计将达到 3075PJ，并在 2040 年达到 201.2 亿 t 的温室气体排放。例如，在 GO 方案中，将导致 2040 年的能源需求（2249PJ）和温室气体排放量（124.4 亿 t 二氧化碳）减少。赵立祥等[152]基于 LEAP 模型设置不同情景下核算碳减排技术对北京客运交通二氧化碳排放的影响。核算结果显示，短期内推行清洁能源型汽车、执行严格的耗油标准两项政策可有效缓解二氧化碳排放；但长期内，推行清洁能源型汽车政策的减排成效优于执行严格的耗油标准政策。

第三节　研究的意义与创新之处

一、研究意义

通过对我国低碳试点城市的碳足迹进行分析，探讨不同城市碳排放影响因子及特征要素，研究碳排放模型中自变量与因变量之间的关联程度，分析不同区域碳排放影响因素的作用机理和时空差异的根源；设计干扰变量，构建动态两阶段 Kaya 模型，将带有技术累积机制的能源模块嵌入一般均衡模型中，建立适用于城市层面的能源经济环境评价模型，为城市低碳发展的可行性政策模拟提供方法工具。

课题研究选取我国 7 大城市群中 13 个具有代表性的低碳试点城市进行情景模拟，预测城市未来 30 年碳排放时空演变趋势；通过设计干扰方案，调节政策变量，分析不同政策变量对城市碳排放影响的边际效应，模拟不同能源强度目标下样本城市碳排放轨迹和达峰路径，分析不同的动态化能源强度目标情景对样本城市 2017~2050 年宏观经济、产业结构、能源环境等的倒逼影响，并据此找出各城市"双控政策"的最佳施政周期及目标方案，为城市转型发展的路径选择与政策设计提供参考依据。

二、创新之处

本书的创新之处主要集中于以下三个方面：

1）项目研究突破现有低碳发展路径研究的阈限，将 Kaya 模型要素分解成若干碳排放影响因子，并扩展构建动态两阶段 Kaya 模型，运用面板数据回归分析、核密度估计分析和地理加权回归分析，可视化地探讨不同城市群典型城市碳排放规模及其强度的时空演变和集聚特征，以及各种影响因子对碳排放的贡献程度和时空差异，为政策模拟和低碳发展的路径选择提供理论依据。

2）在 CGE 模型的基础上，设计带有技术累积机制的能源模块，构造适用于城市层面的能源-经济-环境分析模型（扩展 CGE 模型），设计政策调节变量，模拟碳排放变动趋势和达峰路径，评估不同政策变量的边际效应，绘制不同政策组合的技术路线图，为城市低碳转型发展的路径选择提供了技术平台。

3）通过上述大量的理论和实证研究及政策仿真模拟，推演出样本城市"双控政策"的最佳施政周期及目标方案，结合各试点城市实际并借鉴国外经验，提出 13 个试点城市低碳转型发展的路径选择及政策建议。

第四节　研究思路和研究方法

本书在对国内外低碳经济发展现状和发展趋势研究的基础上，依据能源-经济-环境理论，基于 Kaya 模型的要素组成，从 3E 的视角提出 MEM-SAM-TNM-LCM 四模块的一般分析框架。借此分析框架，进行低碳试点城市碳排放特征要素及关联强度的实证分析。以我国 7 大城市群 13 个试点城市为例，运用密度函数和空间地理模型可视化地分析不同城市群碳排放影响因素的时空差异和聚集特征。在此基础上，依据 Kaya 模型要素分析，设计带有技术累积机制的动态 CGE 模型，预测分析未来 30 年不同经济增长模式和能源强度目标下二氧化碳达峰路径、减排成效及对经济社会的倒逼影响；通过增加干扰变量，调节系统输出，模拟碳排放变动趋势，研究政策变量的边际效应，探讨城市转型发展的最优实现路径，提出城市低碳化转型发展的政策建议。以上过程如图 1-9 所示。

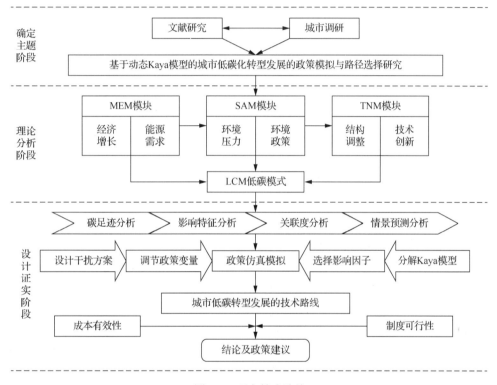

图 1-9　研究技术路线

整个研究过程将贯穿定性与定量相结合，理论探讨、模拟分析与实证研究相结合，中国国情与国外经验借鉴相结合等思想，将涉及 Kaya 模型、CGE 模型、GWR 模型、LMDI 模型、Tapio 脱钩模型、动态面板数据模型、Kernel 密度估计模型、回归分析、情景分析、仿真模拟等方法。

第二章 基于Kaya模型的碳排放影响因子萃取与分析

第一节 Kaya模型驱动因子分解

碳排放受到多种因素的影响，国内外学者给出了不同的碳排放影响因素模型，讨论了影响碳排放的各种因素及其贡献大小[5]，不同的模型表示碳排放影响因素的分解方式不同。第一章第二节已对相关碳排放影响因素的研究方法做了综合阐述，本章主要研究基于Kaya模型的碳排放影响因素的相关问题。

日本学者Kaya[153]在IPCC研讨会上提出了Kaya等式[9]。Kaya等式通过一种简单的数学关系表示了人口、经济、能源等因素对二氧化碳排放量的影响关系，是学术界普遍认可，也是目前在碳排放核算和驱动因素分解等领域应用最为广泛的一种研究模型。该模型的表达式如下：

$$CO_2^{\Sigma} = PE \times (GDP/PE) \times (E/GDP) \times (CO_2^E/E) \tag{2-1}$$

式中，CO_2^{Σ}为总的二氧化碳排放量；E为一次能源消费量；GDP为经济产出；PE为人口；CO_2^E为由能耗产生的二氧化碳排放量。

碳排放可以分解为能源碳排放强度（CO_2^E/E）、单位GDP能耗（E/GDP）、人均GDP（GDP/PE）和人口（PE）四个因素相乘的形式。Kaya模型揭示了影响碳排放的四个主要因素：①人口因素，人口越多，碳排放量越大。②经济因素，经济的快速发展导致了碳排放量的增长。③单位GDP能耗，也称为"能源强度"，单位GDP能耗越高，碳排放量就越高。由于产业不同其能源强度也不同，而在同一行业中技术水平的差异也导致了能源强度的差异，因此提高能源效率、节约能源是降低能源强度、减少二氧化碳排放的有效途径。④能源碳排放强度。发展低碳能源和可再生能源，优化能源结构，是减少碳排放的有效途径[5]。

一、人口因素

从Kaya模型可以看出，二氧化碳排放与人口因素有直接关系。UNFPA 2009年明确指出，人口数量、年龄构成、城乡人口分布、家庭规模、人均消费等因素与能源消费或碳排放之间具有内在联系，人口规模与二氧化碳排放之间呈倒U形关系[154]，温室气体排放主要受人口规模和人口密度影响[155]，人口规模对二氧化碳排放量的影响呈现明显的双向性，即人口数量的增长增加了能源消耗量，从而导致了环境恶化，对二氧化碳的排放具有直接影响；同时也促进了技术改革，提高了能源使用效率，减轻了对环境的负面影响[156]。东部发达城市人口增长是造成碳排放增长的主要原因，同时呈现正相关关系；而中西部城市人口增长与碳排放增长不显著[157]。人口结构与消费水平对碳排放存在一定的影响[158]，不同年龄组家庭能源消费存在较大差异[159]，0～14 岁及 60 岁以上年龄段人群对碳排放影响较大[160]。劳动年龄人口对碳排放的驱动最为显著，远高于单纯的人口数量[161]。居民消费对碳排放的影响正在持续增长，消费水平的提高与碳排放增长高度相关，已成为碳排放增长的主要驱动力[162,163]。此外，家庭规模变动对二氧化碳排放所产生的影响也受到越来越多学者的关注[164,165]。

二、经济因素

20 世纪 90 年代末，Bruyn 和 Opschoor 在研究环境库兹涅茨曲线的过程中发现了环境压力和经济发展重组的可能，提出了著名的重组假说[166]。我国学者在此基础上，针对中国国情提出了碳排放与经济增长的 N 形关系假说[9,170]。吴振信等[167]基于环渤海经济圈 7 省份 14 年面板数据实证分析发现，环渤海经济圈的经济增长与碳排放呈现倒 N 形关系，而产业结构对碳排放有显著的正向影响，推动产业升级可以有效减少碳排放。冷雪[168]研究认为中国人均 GDP 与碳排放量之间不存在环境库兹涅茨曲线关系，而是呈现明显的正相关关系，人均 GDP 反映了本地区消费水平、消费能力和消费模式对碳排放的影响。吴振信等[169]利用中国 30 个省市 9 年的面板数据研究，表明经济增长与碳排放关系符合环境库兹涅茨曲线，当人均 GDP 为 64585 元时，碳排放达到峰值。也有学者从省际区域或城市角度研究碳排放的影响因素，认为产业结构、产出规模及能源消费结构是影响中国碳排放的主要因素，不同影响因素对碳排放的影响程度具有空间差异性和区域不平衡性[170]。徐成龙等[171]通过 LMDI 分解法对山东省产业结构对碳排放的影响做了定量分析，结果显示，1994～2010 年产业结构的贡献率为 3.91%，第一产业占比每上升或下降一个百分点，碳排放会增加或减少 78.6 万～83.7 万 t 标准煤，而且产业结构调整与碳排放呈现负相关关系，调整产业结构有助于减少碳排放。苏方林等[172]基于西南地区 15 年面板数据，从产业结构变迁的角度，引入泰尔熵指数和经济服务指数，认为合理的产业结构可以对碳排放产生抑制作用，同时降低能源碳排放强度水平；而高级的产业结构可以加快节能减排的实现。第二产业结构变化对碳排放强度变化尤为明显[173]，且第二产业比例始终与碳排放呈现正相关关系，因此，第二产业逐步向服务业过渡会降低碳排放强度[174]。不同发展程度的国家的产业结构调整对碳排放的影响具有明显差异，发达国家的减排效率高于发展中国家，也更早实现碳排放峰值。

三、能源强度

Kaya 模型表明单位 GDP 能耗越高，二氧化碳排放量就越高，同等经济产出量，高耗能意味着高排放。因此，提高能源使用效率，节约能源投入可有效地降低二氧化碳排放量。在碳排放影响因素中，经济增长始终是主要的推动因素，能源强度的影响作用日益显现。改革开放前，新疆能源强度与碳排放增长呈现正相关关系，其主要原因是能源利用效率极低；改革开放后能源强度反而成为降低碳排放的主要驱动力[175]。而能源强度又受到产业结构和各产业能耗强度的双重影响，其中第二产业比例和能耗强度是最主要的影响因素[176]，这些因素具有时间动态性，存在长期均衡和短期波动关系[177]。

当然，能源强度也与产业类型、技术水平存在着密切的关系。胡彩梅等[178]的研究结果表明能源技术创新与碳排放存在长期动态均衡关系，对碳排放的影响程度大约为30%，但具有一定的滞后性。薛俊宁[179]通过测算中国 31 个省市 14 年碳排放数据，结果发现技术创新、能源价格与碳排放呈现明显正相关关系，1%的能源价格变动，引起0.011%的碳排放效率变动；同时高新技术产业在工业结构中的比例提高 1%，碳排放效率提高 0.12%。林善浪等[180]通过空间计量分析技术创新、产业集聚对碳排放效率的变化，结果显示技术创新的作用日益增强，对于东部城市，产业集聚的作用大于技术创新，对于中西部城市，技术创新对碳排放效率的影响较强。

四、能源碳排放强度

能源碳排放强度表示单位能源消耗的二氧化碳排放量。由 Kaya 模型可以看出，能源碳排放强度越大，二氧化碳排放量越高。国内一些学者通过实证分析也验证了这种关系[181,182]，且能源碳排放强度对二氧化碳排放量的影响存在空间异质性，主要原因来自产业结构、能源强度、能源结构和城镇化率[183]，前两个因素已在上面阐述，这里主要梳理能源结构对碳排放的影响。

我们知道，每种能源的碳排放强度是固定不变的，而能源的种类不同，会导致碳排放量的差异，因此能源结构是影响碳排放量的一个重要因素[184]。在能源消费结构中，按照对碳排放关联度高低排序，煤炭位居榜首，其次为石油、天然气[185]。碳排放增加的主要动因是能源消费结构中过度依赖煤炭消费，如果煤炭的 2%被天然气替代，或者煤炭的 1%被新能源替代，那么 2030 年江苏省的碳排放峰值将下降 1%[186]。煤炭价格下降会引起一系列连锁反应，首先是煤炭需求量和总的能源需求量巨幅提升，其次是石油、天然气、新能源的需求量下降，最终导致碳排放总量和单位 GDP 碳排放强度逐步上升[187]。可见，碳排放影响因素之间具有动态性、替代性和可控性等特点，能源消费结构和产业结构短期对碳排放影响微弱，不显著，但中长期对碳排放具有明显的、持续性的抑制作用，且能源消费结构的作用始终大于产业结构[188]，能源消费结构的变化对产业结构的低碳转型起到了推动作用[189]。因此，可以通过推广应用绿色清洁能源，降低能源碳排放强度，减少温室气体排放。

第二节　碳排放影响因子文献析出

梳理文献资料可以发现，碳排放影响因素除了 Kaya 模型分解出的人口、经济、能源强度和能源碳排放强度外，城镇化水平、对外贸易、环境规制、能源价格与技术研发等因素也是学者关注的热点。

一、城镇化水平

城镇化是中国现阶段经济社会发展的重要特征，城镇化水平持续提高对城市环境变化具有明显的作用，Perkins[74]以 43 个发展中国家为研究对象，证明了城镇化水平与城市能源消耗和碳排放量存在着密切联系。两者之间倒 U 形的非线性关系得到了众多国内学者的实证检验[190,191]。同时，城镇化水平对碳排放的影响程度还具有空间差异性和区域不平衡性[192]。对于中西部城市而言，城镇化进程有利于降低碳排放，但对东部城市的作用不明显[193]；对长三角城市群具有抑制作用，对京津冀城市群则呈现正相关关系，而对珠三角城市群则存在环境库兹涅茨曲线[194]。正是这种空间差异性，导致城镇化水平与碳排放量的关系在我国不同地区呈现一种非均衡的分布态势，这种非均衡也使得部分地区城镇化与碳排放表现出一种倒 N 形的线性关系[195]。从时间维度考虑城镇化进程对碳排放的影响，二者存在长期稳定关系，但短期内存在波动效应[196]；从居民消费的角度研究城镇化进程对碳排放的影响，结果表明，城镇化对碳排放增长的驱动力远高于人口规模的影响，同时其驱动力持续增长[197]。

此外，还有学者对城镇化进程中城市规模和城市形态对碳排放的影响因素进行了研究，认为城市规模扩张过程中产业集聚对城市碳排放具有反弹效应，不同规模的城市影响程度不同[198]，城市建筑密度、土地利用形态、就业可达性和公交可达性等城市形态均影响着城市居民的直接碳排放[199]。城市集中或紧凑到一定程度，会带来聚集不经济，交通能耗增加，生活成本及基础设施的使用成本提高等问题。但对于高密度状况下的城区，交通拥挤造成的多余能耗及碳排放与远距离汽车交通的碳排放的比较，以及城市空间紧凑与综合碳排放的降低之间的关系没有说明[200]。

二、对外贸易

改革开放 40 多年来，特别是加入世界贸易组织（World Trade Organization，WTO）之后，中国进出口贸易规模持续扩张，2017 年进出口总额比 1978 年增加了 197.86 倍，已然成为全球货物贸易大国。由对外贸易所引起的环境问题也随之受到越来越多学者的关注。由于发展中国家与发达国家贸易中的技术效应、规模效应和结构效应等因素对环境的影响存在差异，其对二氧化碳排放量的影响情况也呈现出截然不同的现象。Grossman 等[201]最早运用贸易-环境的一般均衡模型研究北美自由贸易区贸易对环境的影响，佐证了贸易自由化会对不同类型国家的环境产生截然相反的影响，贸易自由化会减少发达国家的二氧化碳排放量，加剧发展中国家的环境污染程度[9]。

目前，中国对外贸易的增长方式仍以粗放型为主，刘爱东等[202]基于 1990~2011 年中国碳排放量和出口贸易额之间的时间序列数据，用 Tapio 模型判别了二者的脱钩状态[9]。结果表明，出口贸易与碳排放之间呈正相关关系，中国的贸易开放增加了我国二氧化碳排放量[203]，进出口贸易隐含碳出口量远远大于进口量[204]，工业行业出口规模效应与结构效应恰好相反，而技术效应一致为负[205]。

三、环境规制

近年来由于资源、环境与经济的矛盾日益突出，环境问题的负外部性导致市场对环境污染无法自我调控，需要政府发挥一定的引导作用。因此，各国纷纷通过制定法律法规来约束环境问题，环境规制便成为评估政府环境政策实施效率的试金石。杨志江等[206]基于中国省际 15 年数据探究环境规制对能源效率和环境污染的影响，结果显示，环境规制可以影响技术创新，提高能源利用效率，间接改善环境问题，但仅仅只有东部地区通过显著性检验，表明环境规制改善环境需要良好的经济基础。ASICI 等[207]对 87 个国家 2004～2010 年国内生产和进口的收入与碳足迹进行研究，结果显示，未考虑环境规制的情况下，收入与碳足迹不存在环境库兹涅茨曲线；当考虑环境法规时，各国会出现碳足迹转折点。

随着研究的不断深入，部分学者就环境规制对环境污染、气候治理的作用提出质疑。Jorge 等[208]采用结构方程模型对西班牙 481 家企业环境规制与竞争绩效进行实证研究，结果表明，环境规制对中小企业竞争绩效影响显著，呈正相关关系，但没有直接证据证明环境规制可以降低企业对环境的污染。任小静等[209]对中国各省份 10 年环境污染指数与环境规制进行的研究表明，环境规制对环境改善起到了抑制作用，环境并未随环境规制的执行而有所改善，反而愈加严重，说明"绿色悖论"在中国成立。

也有学者发现，环境规制对环境污染的作用是一个动态过程。邝嫦娥等[210]采用门限面板对环境规制与污染强度进行实证研究。结果显示，环境规制与污染强度存在环境库兹涅茨曲线，前期环境规制对污染强度并未起到抑制作用，甚至还会加重污染；但后期随着技术研发，能源利用效率提高，环境规制可以有效降低污染，并实现经济与污染"脱钩"。齐绍洲等[211]通过 G20 成员国 14 年数据研究显示，环境规制对环境污染的作用是一个动态过程，短期内，企业受环境规制影响生产成本增加，减少研发投入，对环境治理的作用并不显著，甚至出现"倒退"；但长期而言，环境规制将促进技术创新，提高生产效率，对前期投入具有"补偿效应"，提高了企业治污能力。

四、能源价格

当前，一部分环境经济学家赞成并提议对能源征税，以此来减轻由化石燃料生产和使用所造成的环境污染。然而，另外一部分学者表示，能源是生产成本的重要组成部分，能源税的征收必然导致能源价格的变动，不仅会对经济生产有影响，同时，其减排成效未必能实现预期目标[212]。

国内外学者研究表明，能源价格对碳排放存在直接或间接关系。Méndez 等[213]在环境库兹涅茨曲线的框架下引入能源价格，分析碳排放与 GDP 的关系。结果表明，未考虑能源价格情况下，碳排放与 GDP 存在单调关系，而纳入能源价格有利于碳排放与 GDP 实现相对"脱钩"。何凌云等[214]以能源价格和资源税作为碳排放调节杠杆，采用岭回归法测算两个杠杆减排成效。实证结果显示，能源价格和资源税均对碳排放产生显著抑制作用，但调节系数不高，分别为 0.12 和 0.09；同时，能源价格和资源税协同调节效果较优，但两者受政策影响较为显著。江洪等[215]基于 DEA 测算能源效率，运用最小二乘法及岭回归等方法对能源价格与能源效率进行实证研究。实证结果表明，能源价格可通过能源结构与生产规模调控提高能源效率，降低碳排放；但对产业结构的传递作用不显著。邱强等[216]基于能源价格、石油价格和煤炭价格三个角度采用格兰杰因果关系检验分析三者对二氧化碳的影响，结果显示，三种价格因素为我国人均碳排放的格兰杰原因。其中能源价格和石油价格对碳排放存在显著负相关关系，而煤炭价格则呈现正相关关系但未能通过显著性检验。同时，三种价格因素对经济增长、能源强度等存在传递影响，间接影响碳排放。钟帅等[217]采用 CGE 模型模拟能源价格与碳税政策对能源使用的影响，模拟结果显示，碳税受能源价格的影响较弱，减排目标可实现约 60%。但能源价格过低，则会削弱碳税调控能源消费能力，造成能源安全隐患。Valizadeh 等[218]以柯布道格拉斯生产函数为基础，构建能源消费效率的经济学模型，测算能源效率的影响因素及程度。结果显示，能源价格是影响化石行业能源效率的主要因素，具有积极作用。

五、技术研发

技术研发是影响碳排放的主要因素，波特假说中，上到国家，下到企业，技术研发具有"成本效应"和"补偿效应"，短期技术研发对节能减排效果并不理想，同时增加了生产成本；但长期技术研发不仅可以创造经济效益，同时可以实现预期减排节能。近年来，各类低碳技术、清洁技术日益增多，成为世界各国关注的焦点。

多数国内学者将技术研发作为碳排放的影响因素，采用某一代理变量进行研究。施卫东等[219]采用 ML 方法测算中国制造业九年碳排放情况。其中，技术进步是全要素能源生产率逐年增长的主要推动力。技术进步可以显著提高全要素能源效率，减排效果明显。周银香等[220]研究发现，与发达国家相比，中国目前碳减排的主要因素在于产业结构，而并非技术创新，但同时验证美国等发达国家的技术进步对中国碳减排具有正向影响，说明中国碳减排技术仍处于起步阶段，减排效果并不理想。武晓利[221]基于 DSGE 模型对环保技术与节能减排之间的关系进行模拟实验，模拟结果显示，环保技术可在对经济不产生负向影响的情况下有效控制碳排放规模。魏玮等[222]采用 GTAP-E 模型模拟未来农业技术与农业能源消费及其碳排放之间的影响机制，模拟结果显示，未来农业碳排放将持续增长，但应用农业改进技术（全要素和能源增进）可促进农业领域碳减排，具有积极作用。

与国内学者不同，国外学者从不同领域探讨了具体的碳减排技术对碳排放产生的影响。Nduagu 等[223]对天然气脱碳技术（natural gas decarbonization，NGD）进行综合评估，天然气脱碳技术通过从天然气（nature gas，NG）燃料中去除碳来产生氢气，并产生有价值的碳黑产品，可以有效减少二氧化碳的产生。Shin 等[224]研究发现在减少温室气体（greenhouse gas，GHG）排放的各种替代方案中，碳捕获和碳储存（carbon capture and storage，CCS）既能改善经济增长，又能达到温室气体减排目标。当前美国拥有最具竞争力的 CCS 技术，其次是韩国和法国。此外，如果 CCS 技术在 2020 年后被采用，那么到 2040 年，将减少约 500 万 t 的温室气体排放。Shabbir 等[225]分析了巴基斯坦造纸行业不同热电联产技术的经济可行性。结果显示，与传统能源系统技术相比，协同发电技术具有良好的节能减排潜力，采用协同发电技术不仅可为巴基斯坦造纸行业节约总能耗 16.9%，碳排放下降 14.3%，同时也可产生经济效益，为巴基斯坦造纸行业每年节约 363 万美元。Alcalde 等[226]采用不同技术（含负碳排放技术）评估了苏格兰实施陆基网络的潜在能源和经济成本，模拟结果表明，陆基网络采用负碳排放技术可实现碳排放年均下降 90% 的理想结果，即使非理想情况下，采用负碳排放技术减排效果也明显优于传统技术。Cillis 等[227]采用 SALUS 模型模拟不同土壤的管理方法对作物产量、土壤有机碳（soil organic carbon，SOC）储存和温室气体排放的长期影响。研究结果显示，土壤有机质（soil organic matter，SOM）对地表和大气的温室气体具有直接影响，是生物圈最大的碳池；此外，同传统耕作技术（conventional tillage，CT）相比，采用保护性耕作技术可直接减少农业碳排放，精密农业（precision agriculture，PA）技术则可优化农业化石燃料的使用，两者协同使用可有效降低约 56% 的碳排放。

综上所述，碳排放影响因子很多，关系复杂，因素之间具有动态性、替代性、耦合性和可控性等特点。本书通过文献梳理，对碳排放诸多影响因子进行构建，如图 2-1 所示。

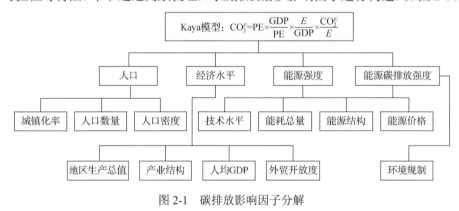

图 2-1　碳排放影响因子分解

第三节　碳排放影响因子贡献量测度

一、扩展 Kaya 模型构建

根据 Kaya 模型分解的因子，以及文献析出的城镇化、对外贸易和环境规制等影响因子，对 Kaya 基础模型进行扩展修正。扩展后的恒等式如以下两式所示：

$$\text{CO}_2^\Sigma = \sum_i \sum_j \sum_k \sum_d \text{PE} \times \frac{\text{PE}_i}{\text{PE}} \times \frac{\text{GDP}_i}{\text{PE}_i} \times \frac{\text{GDP}_{ij}}{\text{GDP}_i} \times \frac{E_{ij}}{\text{GDP}_{ij}} \times \frac{E_{ijk}}{E_{ij}} \times \frac{E_{ijkd}}{E_{ijk}} \times \frac{\text{CO}_{2ijkd}^E}{E_{ijkd}} \quad (2\text{-}2)$$

$$\text{CO}_2^\Sigma = \sum_i \sum_j \sum_k \sum_d \text{PE} \times \text{UR} \times \text{GS}_i \times \text{CS}_i \times \text{TS}_{ij} \times \text{EH}_{jk} \times \text{ES}_{jkd} \times \text{FC}_{ijkd} \quad (2\text{-}3)$$

式中，i 为地区（$i=1,2$ 分别表示城镇、农村）；j 为产业类型（$j=1,2,3$ 分别表示第一产业、第二产业、第三产业）；k 为行业类别；d 为能源消费种类（$d=1,2,3$ 分别表示煤、石油、天然气）；PE 为人口数量驱动因素；$UR = \dfrac{PE_i}{PE}$，为人口结构驱动因素，反映了城镇化水平，即城镇化率；$CS_i = \dfrac{GDP_i}{PE_i}$，为人均收入驱动因素，反映了地区经济发展水平，即人均 GDP；$CS_i = \dfrac{GDP_{ij}}{GDP_i}$，为地区产业结构驱动因素，表示 i 地区第 j 产业生产总值与本地区生产总值的比例；$TS_{ij} = \dfrac{E_{ij}}{GDP_{ij}}$，为能耗强度驱动因素，表示 i 地区第 j 产业能源消费与本地区第 j 产业生产总值的比例，反映了能源利用效率和技术水平；$EH_{jk} = \dfrac{E_{ijk}}{E_{ij}}$，为行业能源消费驱动因素，表示 i 地区第 j 产业中 k 行业与本地区第 j 产业能源消费量的比例；$ES_{jkd} = \dfrac{E_{ijkd}}{E_{ijk}}$，为地区行业的能源结构，表示 i 地区第 j 产业中 k 行业 d 种能源消费量占本地区第 j 产业 k 行业的能源消费量的比例；$FC_{ijkd} = \dfrac{CO_{2ijkd}^{E}}{E_{ijkd}}$，为碳排放系数驱动因素，即碳排放强度。

经过变化后的恒等式［式（2-3）］更直观地反映出二氧化碳排放量的变化与地区人口数量、城市发展水平、人均收入水平、地区产业结构、能耗强度、行业能耗、能源消费结构、碳排放强度因素之间的关系。

（1）人口数量驱动因素

人口数量的增长和降低与能源消费量和二氧化碳的排放有着直接的关系，无论是从 Kaya 恒等式还是修正后的恒等式都可以看出，人口数量是一个不容忽视的影响因素。

（2）城镇化率驱动因素

城镇化率也称城镇化指标，是一个国家或地区经济发展、组织程度和管理水平的综合性指标。城镇化进程与低碳化转型协调发展是中国城市发展的焦点之一。

（3）人均收入驱动因素

人均收入是反映地区经济增长和居民消费水平的重要指标，通过 Kaya 模型可知，人均 GDP 对二氧化碳有着直接的影响，一方面经济增长带来能源消耗增加，从而导致碳排放增加；另一方面，经济水平提高也会推动技术水平的提高，反而会降低碳排放。

（4）产业结构驱动因素

产业结构是指各产业的构成及各产业间的比例关系。基础 Kaya 模型未能直接体现出产业结构对碳排放的作用，而产业结构对碳排放的影响是由不同产业的特征决定的。不同发展时期，产业结构中以能源密集消耗的工业为主的第二产业和以服务为主导的第三产业的比例决定了碳排放总量。

（5）能耗强度驱动因素

能耗强度是指创造单位生产总值所消耗的能源量，反映了能源的经济效率，其值越低，说明单位 GDP 所消耗的能源数量越少，经济质量越高，也间接地反映了能源技术水平。

（6）行业能耗驱动因素

行业能源消耗也是造成碳排放增长或减少的主要驱动因素，不同行业的能耗特征对碳排放的影响机制不尽相同。梳理文献发现，现有研究成果鲜有对碳排放影响因素做行业细分，本研究为了更好地体现不同行业能源消耗对碳排放的影响，故增加此变量。

（7）能源消费结构驱动因素

每种能源的碳排放强度是固定不变的，不同能源品种所产生的二氧化碳排放量也不尽相同，所以优化能源结构，提高清洁能源应用比例可以有效控制碳排放。

（8）碳排放强度驱动因素

通常将各种能源的碳排放系数视为常量，该驱动因子通过能源结构、能源价格、技术创新等变量间接影响碳排放量。

扩展后的 Kaya 模型虽然对于各种影响因素更加直观，但是为了考查驱动因素的贡献量，还需要对其进一步分解。本研究对各种分解方法综合考量，鉴于对数平均 Divisia 指数法，即 LMDI 法可以避免其他方法分解出的无法解释部分的残差项，所以采用 LMDI 方法。通过 LMDI "加法分解"，设初始期二氧化碳排放量为 CO_2^0，T 期二氧化碳排放量为 CO_2^T，二氧化碳的相对变化为 ΔCO_2，其表达式如以下公式所示：

$$\Delta CO_2 = CO_2^T - CO_2^0 \tag{2-4}$$

$$\Delta CO_2 = \sum_{ijkd} PE^T \times \frac{PE_i^T}{PE^T} \times \frac{GDP_i^T}{PE_i^T} \times \frac{GDP_{ij}^T}{GDP_i^T} \times \frac{E_{ij}^T}{GDP_{ij}^T} \times \frac{E_{ijk}^T}{E_{ij}^T} \times \frac{E_{ijkd}^T}{E_{ijk}^T} \times \frac{CO_{2ijkd}^E}{E_{ijkd}^T}$$

$$- \sum_{ijkd} PE^0 \times \frac{PE_i^0}{PE^0} \times \frac{GDP_i^0}{PE_i^0} \times \frac{GDP_{ij}^0}{GDP_i^0} \times \frac{E_{ij}^0}{GDP_{ij}^0} \times \frac{E_{ijk}^0}{E_{ij}^0} \times \frac{E_{ijkd}^0}{E_{ijk}^0} \times \frac{CO_{2ijkd}^E}{E_{ijkd}^T} \tag{2-5}$$

$$\Delta CO_2 = \Delta PE + \Delta UR + \Delta GS_i + \Delta CS_i + \Delta TS_{ij} + \Delta EH_{jk} + \Delta ES_{jkd} + \Delta FC_{ijkd} \tag{2-6}$$

式中，ΔPE 为人口数量变动效应因素的贡献量；ΔUR 为城镇化率变动效应因素的贡献量；ΔGS_i 为经济水平变动效应因素的贡献量；ΔCS_i 为产业结构变动效应因素的贡献量；ΔTS_{ij} 为能源强度变动效应因素的贡献量；ΔEH_{jk} 为行业能耗变动效应因素的贡献量；ΔES_{jkd} 为能源结构变动效应因素的贡献量；ΔFC_{ijkd} 为碳排放强度变动效应因素的贡献量，即碳排放系数变动效应因素的贡献量。

参照历史文献，各种类型能源的碳排放系数在实际应用中一般取常量，可以理解为该因素对碳排放量的变化影响不大，因此在将二氧化碳进行分解时，ΔFC_{ijkd} 等于 0，不作为考量的影响因素。

对上述各贡献量进一步通过 LMDI 进行分解，得出各贡献量表达式如下：

1）地区人口数量变动效应因素的贡献量：

$$\Delta PE_i = \sum \frac{CO_{2ijkd}^T - CO_{2ijkd}^0}{\ln CO_{2ijkd}^T - \ln CO_{2ijkd}^0} \times \ln \frac{PE^T}{PE^0} \tag{2-7}$$

2）地区城镇化率变动效应因素的贡献量：

$$\Delta UR = \sum \frac{CO_{2ijkd}^T - CO_{2ijkd}^0}{\ln CO_{2ijkd}^T - \ln CO_{2ijkd}^0} \times \ln \frac{UR^T}{UR^0} \tag{2-8}$$

3）地区经济水平变动效应因素的贡献量：

$$\Delta GS_i = \sum \frac{CO_{2ijkd}^T - CO_{2ijkd}^0}{\ln CO_{2ijkd}^T - \ln CO_{2ijkd}^0} \times \ln \frac{GS_i^T}{GS_i^0} \tag{2-9}$$

4）地区产业结构变动效应因素的贡献量：

$$\Delta CS_i = \sum \frac{CO_{2ijkd}^T - CO_{2ijkd}^0}{\ln CO_{2ijkd}^T - \ln CO_{2ijkd}^0} \times \ln \frac{CS_i^T}{CS_i^0} \tag{2-10}$$

5）地区能源强度变动效应因素的贡献量：

$$\Delta TS_{ij} = \sum \frac{CO_{2ijkd}^T - CO_{2ijkd}^0}{\ln CO_{2ijkd}^T - \ln CO_{2ijkd}^0} \times \ln \frac{TS_{ij}^T}{TS_{ij}^0} \tag{2-11}$$

6）行业能耗变动效应因素的贡献量：

$$\Delta EH_{jk} = \sum \frac{CO_{2ijkd}^T - CO_{2ijkd}^0}{\ln CO_{2ijkd}^T - \ln CO_{2ijkd}^0} \times \ln \frac{EH_{jk}^T}{EH_{jk}^0} \tag{2-12}$$

7）地区能源结构变动效应因素的贡献量：

$$\Delta ES_{jkd} = \sum \frac{CO_{2ijkd}^T - CO_{2ijkd}^0}{\ln CO_{2ijkd}^T - \ln CO_{2ijkd}^0} \times \ln \frac{ES_{jkd}^T}{ES_{jkd}^0} \tag{2-13}$$

8）地区碳排放强度变动效应因素的贡献量：

$$\Delta FC_{ijkd} = \sum \frac{CO_{2ijkd}^T - CO_{2ijkd}^0}{\ln CO_{2ijkd}^T - \ln CO_{2ijkd}^0} \times \ln \frac{FC_{ijkd}^T}{FC_{ijkd}^0} \tag{2-14}$$

上述各因子与 ΔCO_2 的比值即为各驱动因素对二氧化碳排放量的贡献率。

二、影响因子贡献量测度

1. 碳排放量估算

本节依据国家统计局 2005～2015 年度数据，采用 IPCC 推荐的物料衡算法［式（2-15）］对煤炭、石油、天然气等一次能源的碳排放量进行计算。

二氧化碳=(消费量×能量换算系数×碳排放系数-固碳量)×氧化率×44/12 （2-15）

其中，各类能源的热量转换系数和碳排放系数参考《中国能源统计年鉴》和《2006年 IPCC 国家温室气体清单指南》给出的参数[5]。其中，一次能源煤炭、石油低位发热量、碳排放系数、碳氧化率取各类细分能源总和的平均值，如表 2-1 所示。

表 2-1　煤炭、石油能量换算系数和碳排放系数

能源名称	氧化率/%	能量换算系数	碳排放系数/（kg/GJ）
煤炭	0.94	24260kJ/(5000kcal)/kg	26.9
石油	0.98	44094kJ/(6300kcal)/kg	19.0

经计算得到中国 2005~2015 年一次能源消费量及二氧化碳排放总量，如附表 2-1 所示。根据《中国能源统计年鉴》中能源平衡表（实物量）对部门的分类，选取第一产业中的农、林、牧、渔业；第二产业中的工业和建筑业；第三产业中的交通运输、仓储和邮政业，批发、零售业和住宿、餐饮业进行统计[5]。图 2-2 和图 2-3 分别是 2005~2015 年分部门能源消费量和碳排放量。

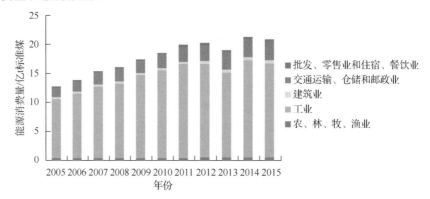

彩图 2-2　　　　　　　　　　图 2-2　2005~2015 年分部门能源消费量①

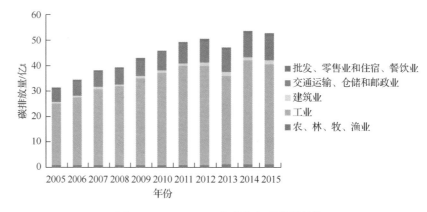

彩图 2-3　　　　　　　　　　图 2-3　2005~2015 年分部门碳排放量①

从能源消耗总量来看，以工业和建筑业为主导的第二产业始终是能源消费的主体，其中工业最为明显，所占比例最大。以 2015 年为例，工业能源消费量占三产的 77.39%，

---

① 资料来源：由 2006~2016 年《中国能源统计年鉴》和《中国统计年鉴》整理所得。

实现节能减排、绿色转型，工业领域是重点。以农、林、牧、渔业为主的第一产业和第三产业中的批发、零售业和住宿、餐饮业比例较小，分别为 2.13% 和 2.1%，且近十年来变化趋势不明显；而第三产业中的交通运输、仓储和邮政业有所增长但是涨幅不大。2005~2015 年，工业能源消费年均增长率为 4.79%，低于第三产业中交通运输、仓储和邮政业的 6.97%，批发、零售、住宿和餐饮业的 5.04%。通过图表数据可以清晰看出，近十年来工业行业的能源消耗量增速放缓。

从碳排放总量来看，2005~2015 年，工业碳排放比其他部门碳排放总和还要多，截至 2015 年，工业碳排放已达到 395374.64 万 t，占三产碳排放的 74.72%。建筑业比例较小（2.88%），但增速最快，年均增长率为 8.1%。第三产业中的交通运输、仓储和邮政业的碳排放年均增速为 6.9%，仅次于建筑业。

2. 贡献量测度

鉴于工业行业是能源消耗和碳排放的主要来源，依据《国民经济行业分类》（GB/T 4754—2017），对中国工业 41 个行业部门 2005~2015 年一次能源消费及碳排放进行统计，根据附表 2-2 和附表 2-3 各行业能源消费总量排序，选择煤炭开采和洗选业、石油和天然气开采业等 12 个行业[5]，运用前文 LMDI 分解的行业能源消费变动效应的贡献量及贡献率公式计算各行业碳排放贡献量及贡献率。计算结果如附表 2-4 和附表 2-5 所示。

上述 2005~2015 年中国工业 12 个高耗能行业的碳排放贡献量和贡献率可以清晰地反映出工业高耗能行业对碳排放的影响作用大小。数据显示，12 个高耗能行业对二氧化碳排放量的影响作用在不同时期呈现明显的波动性。煤炭开采和洗选业 2005~2012 年始终是促进碳排放增长的行业，2013~2015 年与碳排放呈现负向变动关系。石油和天然气开采业、农副食品加工业比较相似，对二氧化碳排放量的影响呈现波动性。不同的是石油和天然气开采 2012 年、2013 年为正相关，2014 年为负相关，与农副食品恰好相反。石油加工、炼焦和核燃料加工行业，化学原料和化学制品制造行业，黑色金属冶炼及压延加工行业无论是从贡献率还是贡献量来看，对碳排放的影响作用相比其他行业较大，其中黑色金属冶炼及压延加工行业自 2014 年后对碳排放的影响作用有所改善，其贡献率高达-298.375%，其余两个行业始终处于较高的贡献率 38.159%、98.141%。因此，化学原料和化学制品制造行业如何改进加工技术、提高能源使用效率、降低能源消耗是城市低碳转型发展需要关注的焦点，也为碳减排提供了更广阔的空间。纺织业、造纸和纸制品业近十年来整体对碳排放处于抑制作用，能够提供的碳减排空间有限。有色金属冶炼及压延加工业、通用设备制造业、电力、热力生产和供应业三个行业近几年对碳排放始终处于负向变动关系[5]，贡献率分别为-2.275%、-2.158%、-7.841%，未来三个行业也存在更为广阔的减排空间。

第三章　中国典型城市碳排放影响因素分析

城市作为世界人口的生产和生活中心，既是能源消费的主体，又是温室气体排放的主要场所，也是温室气体减排的重点对象。本章首先从国家第一批和第二批低碳试点城市中选取北京、天津、保定、青岛、上海、宁波、重庆、广州八座城市作为典型代表城市，通过 Tapio 脱钩指数观察典型城市近 15 年来经济发展与碳排放的关联关系，并基于扩展的 Kaya 模型分析碳排放影响因素，运用滞后期工具变量法验证典型城市环境库兹涅茨曲线假设是否成立，初步预测中国典型城市碳排放达峰时点，为后续研究奠定基础。

第一节　城市主要碳源碳排放的计算方法

《京都议定书》中列出的人类排放的温室气体主要有六种，即二氧化碳（CO_2）、甲烷（CH_4）、氧化亚氮（N_2O）、氢氟碳化物（HFCs）、全氟化碳（PFCs）和六氟化硫（SF_6）[227-231]。中国为非附件一缔约方，核心义务是提交二氧化碳、甲烷和氧化亚氮三种温室气体清单报告。

二氧化碳是地球大气中最重要的温室气体，温室效应贡献率达 77%，城市是二氧化碳排放的主要地域单元；甲烷是仅次于二氧化碳的重要温室气体，对全球温室效应的贡献率约为 14%[228,229]；氧化亚氮是大气的痕量气体成分之一，对温室效应的贡献约为 8%，城市排放的氧化亚氮主要来自移动源等。氧化亚氮百年全球增温潜势值（global warming potential，GWP）是二氧化碳的 298 倍。城市温室气体排放源类型如表 3-1 所示。

表 3-1　城市温室气体排放源类型

排放源	分类	温室气体
固定源	能源生产及加工转换	二氧化碳
	工业	二氧化碳
	商业	二氧化碳
	居民	二氧化碳
	其他（建筑业和农业）	二氧化碳
	油气逃逸排放	甲烷
移动源	道路运输	二氧化碳、甲烷、氧化亚氮
	铁路	二氧化碳、甲烷、氧化亚氮
	民航	二氧化碳、甲烷、氧化亚氮
	水泥	二氧化碳
工业生产过程	钢铁	二氧化碳
废弃物处置	垃圾处置	甲烷
	污水处理	甲烷

一、主要碳源碳排放的计算方法

温室气体排放的计算方法有多种：①按照计算的系统程度分成两种方法，一是利用生命周期评估（life cycle assessment，LCA）法，这种方法更准确也更具体；二是通过所使用的能源矿物燃料排放量计算，这种方法较一般[230]。②按照计算的技术，可分为两大类，分别是系数法和计算法，其中计算法又分为物料衡算法、实测法、模型法等[231]。

中国城市温室气体核算刚刚开始，方法尚待成熟和完善，并且考虑中国支持温室气体核算的统计数据的完备性，因而采用物料衡算法较好。不同部门、不同行业的核算可以表达如下：

$$E = \sum \left(F_{ij} \times \mathrm{EF}_{ij} \right) \tag{3-1}$$

式中，E 为温室气体排放量；F_{ij} 为不同技术 j（设备水平）的不同燃料类型 i 的使用量；EF_{ij} 为不同技术 j（设备水平）的不同燃料类型 i 的温室气体排放因子[5]。

本章主要研究城市二氧化碳排放，其他温室气体不再详述。

二、固定源二氧化碳排放

城市固定源可以分为能源加工转换和能源消费利用两大类。固定源主要是指各类电站锅炉、工业锅炉、工业窑炉、采暖锅炉及家庭采暖炉灶等，同时还包括城市中各类能源的加工处理、输送分配的固定设备。城市固定源排放的温室气体绝大部分是二氧化碳，仅有很少比例的甲烷和氧化亚氮。

城市碳排放主要来源为固定源，如能源工业、商业和工业部门，以及家庭消费等燃烧化石能源产生的排放。国内部分城市能源加工转换比例较小，直接消费以电力为主的二次能源比例较大。

影响固定源温室气体排放的主要因素是燃料类型和燃烧设备[228]。因此，固定源温室气体排放表达形式如式（3-1）所示。

这里，E 为温室气体排放量；F_{ij} 为不同锅炉 j 不同燃料类型 i 的使用量；EF_{ij} 为不同锅炉 j 不同燃料类型 i 的排放因子。

固定源活动部门与燃料如表 3-2 所示。

表 3-2 固定源活动部门与燃料

固定源类型		设备或技术类型	燃料类型
能源加工转换	公用电站	电站锅炉	烟煤、褐煤、原油、燃料油、天然气
	自备电站	电站锅炉	同公用电站
	公用热电站（热电联产）	电站锅炉	同公用电站

续表

固定源类型	设备或技术类型	燃料类型
能源加工转换 区域供热锅炉	工业锅炉	同公用电站
炼油	馏化炉（工业窑炉）	原油
炼焦	炼焦炉（工业窑炉）	原煤、洗精煤
制气	制气发生炉（工业窑炉）	烟煤、焦炭
能源终端利用 钢铁工业	工业锅炉和工业窑炉（高炉、冲天炉、转炉、炼焦炉、化铁炉）	无烟煤、烟煤、天然气、燃料油、原油、柴油、焦炭、焦炉煤气
化学工业	工业锅炉和工业窑炉（造气炉、加热炉）	无烟煤、烟煤、天然气、燃料油、原油、柴油、焦炭、焦炉煤气、石油脑、炼厂气
建材工业	水泥窑炉、石灰窑炉、砖瓦窑炉、陶瓷窑炉、玻璃窑炉	无烟煤、烟煤、天然气、燃料油、原油、柴油、焦炭、焦炉煤气、石油脑、炼厂气
建筑行业	工业锅炉、工业窑炉、内燃机和其他设备	烟煤、焦炭、原油、柴油、燃料油、天然气
有色金属	工业锅炉和工业窑炉（回转窑、制气发生炉、干燥炉等）	烟煤、无烟煤、焦炭、燃料油
机械电子制造行业	工业锅炉和工业窑炉（高炉、冲天炉、化铁炉、加热炉、干燥炉等）	烟煤、无烟煤、焦炭、燃料油、柴油、原油、天然气
造纸和印刷行业	工业锅炉	同上
食品、烟草和饮料行业	工业锅炉	同上
纺织业	工业锅炉	同上
农林牧副渔业	工业锅炉	同上
商业和公共事业	工业锅炉	同上
民用	传统灶、省柴灶、煤炉、天然气灶、煤气灶	无烟煤、煤气、天然气、型煤

在单位化石能源中，煤含碳最高，石油含碳约为 80%，天然气的含碳量约为 55%。即使燃料的基本类型相同，碳元素含量也有所不同：无烟煤含碳 95% 左右，烟煤含碳 70%~80%，褐煤含碳 50%~70%，泥煤含碳 50%~60%。

除了燃料外，燃烧设备对温室气体排放也有很大影响，主要与燃烧效率（包括锅炉热效率、管道效率、循环热效率、机械效率等）、排烟温度、过量空气系数、锅炉容量等有关。由于燃烧不充分，一部分碳未经燃烧而留在灰渣中，或形成中间形态的碳氢化合物。

活动水平：中国城市缺乏完备的基于不同锅炉的官方统计数据，因此需要进行典型行业大中型企业调研和调查。如果仍无法得到准确数据，则推荐以燃料类型计算排放水平，不考虑锅炉类型。不同燃料类型的消费一般具有官方数据，如地方统计年鉴、能源统计年鉴、官方普查和调查数据（能源平衡表）。能源活动水平数据需首先转化为标准热值单位。

三、移动源二氧化碳排放

移动源主要是指各种类型的机动车、火车和飞机。移动源温室气体排放在城市中所占比例很大，并且呈上升趋势。

国际能源总署（International Energy Agency，IEA）统计结果显示，目前全球交通运输领域二氧化碳排放量约占全球二氧化碳排放量的 25%，其中机动车所产生的二氧化碳占总量的 14%左右。

移动源二氧化碳排放量的计算可以采用燃料燃烧消耗和车辆行驶距离两种方法，后者对于活动水平数据要求更为严格，并且在中国较难获取准确的数据。因此，推荐采用下式所示的燃料消耗量作为活动水平：

$$E = \sum \left(F_i \times \mathrm{EF}_i \right) \tag{3-2}$$

式中，E 为移动源二氧化碳排放量（kg）；F_i 为燃料能耗（J）；EF_i 为二氧化碳排放因子（kg/J）；i 为燃料类型。

移动源二氧化碳排放因子如表 3-3 所示。中国分部门和燃料品种二氧化碳排放因子如表 3-4 所示。

表 3-3　移动源二氧化碳排放因子

部门	燃料类型	排放因子/（kg/TJ）
道路运输	动力汽油	69400
	汽油/柴油	74200
	液化石油气	63200
	煤油	71800
	润滑剂	73300
	压缩天然气	56100
	液化天然气	56100
铁路运输	柴油	74100
	次沥青煤	96100
航空运输	航空汽油	69300
	航空煤油	71500

四、工业过程二氧化碳排放

工业生产过程中二氧化碳排放，是指除去能源利用（化石燃料、电力等）部分后，在工业生产过程中产生的二氧化碳排放。

表3-4 中国分部门和燃料品种二氧化碳排放因子

单位：t/TJ

部门		固体燃料					液体燃料										气体燃料		
		无烟煤	烟煤	褐煤	型煤	焦炭	原油	燃料油	汽油	柴油	喷气煤油	一般煤油	NGL	LPG	炼厂干气	石油脑	天然气	焦炉煤气	其他
能源加工转换	煤炭开采	—	23.33	—	—	28.84	—	—	—	20.2	—	—	—	—	—	—	—	11.02	12.2
	油气开采	27.06	25.37	27.78	—	—	20.08	21.1	—	20.2	—	—	17.2	17.2	18.2	—	15.32	—	—
	电力与热力	27.01	26.54	28.53	—	—	20.08	21.1	—	20.2	—	—	—	17.2	—	—	15.32	—	12.2
	炼焦煤制气	—	—	—	—	—	—	21.1	—	—	—	—	—	17.2	—	—	15.32	14	—
工业	钢铁	26.4	25.51	—	—	29.5	20.08	21.1	—	—	—	—	—	—	—	—	15.32	14	12.2
	有色	27.69	25.83	—	—	29.5	20.08	21.1	—	—	—	—	—	—	—	—	15.32	14	12.2
	化工	27.06	25.83	27.78	—	29.5	20.08	21.1	—	20.2	—	—	—	—	18.2	20	15.32	14	12.2
	造纸印刷	—	25.83	—	—	28.84	20.08	21.1	—	20.2	—	—	17.2	17.2	—	—	15.32	14	12.2
	食品烟草	—	25.83	27.78	—	28.84	20.08	21.1	—	20.2	—	—	17.2	17.2	—	—	15.32	—	12.2
	纺织	—	25.83	—	—	28.84	—	—	18.9	20.2	—	—	17.2	17.2	—	—	15.32	14	12.2
	机电	27.69	25.83	—	—	28.84	20.08	21.1	18.9	20.2	—	19.6	17.2	17.2	18.2	—	15.32	14	12.2
	建材	27.82	25.83	27.78	—	28.84	20.08	21.1	—	20.2	—	—	—	—	18.2	—	15.32	14	12.2
	建筑	27.82	25.83	—	—	28.84	20.08	21.1	—	—	19.5	—	—	—	—	—	15.32	—	12.2
	其他	—	25.83	27.78	33.56	28.84	20.08	21.1	—	20.2	—	—	—	17.2	18.2	—	15.32	14	12.2
居民生活		27.82	25.83	—	33.56	28.84	—	—	19.6	17.2	—	19.6	—	17.2	18.2	—	—	11.56	12.2
服务业		27.82	25.83	—	33.56	28.84	20.08	21.1	—	—	—	—	—	—	—	—	—	11.56	12.2

1. 水泥生产

水泥生产中二氧化碳的排放主要发生在熟料这一中间产品的生产过程中（图 3-1）。

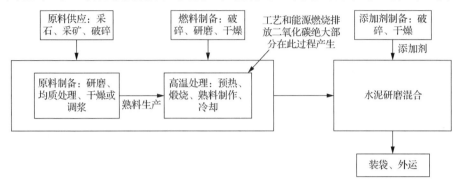

图 3-1　水泥生产过程中二氧化碳的排放

熟料的主要成分为 C_3S（$3CaO \cdot SiO_2$，硅酸三钙）、C_2S（$2CaO \cdot SiO_2$，硅酸二钙）、C_3A（$3CaO \cdot Al_2O_3$，铝酸三钙）、C_4AF（$4CaO \cdot Al_2O_3 \cdot Fe_2O_3$，铁铝酸四钙）。熟料的化学成分是 CaO（62%～67%）、SiO_2（20%～24%）、Al_2O_3（4%～7%）、Fe_2O_3（2.5%～6.0%）。除此之外，熟料中还含有少量其他氧化物，如 MgO、Na_2O、K_2O 等。

计算水泥生产过程二氧化碳排放核心是熟料产量。水泥熟料中氧化钙的含量一般为 60%～67%，并且在具体企业中，氧化钙含量的波动会保持在 1%～2%。IPCC 提供的氧化钙含量默认值为 65%。根据当前我国水泥方面的调查研究，我国水泥熟料的氧化钙含量一般在 63%～66%，取水泥熟料中氧化钙的平均值为 64.5%，该值和 IPCC 的推荐值非常接近。国家规定氧化镁含量不得大于 5%，根据已有研究数据，我国水泥熟料中的氧化镁含量在 0.70%～4.08%，取水泥熟料中氧化镁的平均值 2.4%，该值和当前国内国际水泥熟料中氧化镁含量 2% 一致。水泥生产过程二氧化碳排放公式可写为

$$E = 熟料量 \times (0.507 + 0.0246) \approx 熟料量 \times 0.532 \tag{3-3}$$

相当于每吨熟料的二氧化碳排放因子为 0.532，IPCC 不包括氧化镁的二氧化碳排放因子为 0.507。由于氧化镁是水泥熟料中的有害物质，各国都有对氧化镁含量的最低要求，企业生产也尽可能地降低其含量，因此不同技术水平和工艺条件下水泥生产的氧化镁含量可能波动较大。该核算的熟料排放因子，与澳大利亚水泥协会建议值 0.518、美国波特兰水泥协会建议值 0.522 和瑞士霍尔希姆（Holcim，全球第二大水泥生产商）的平均数 0.524 数据相似，主要差异在于是否考虑氧化镁的二氧化碳排放和氧化镁含量的取值。

2. 钢铁生产

钢铁生产过程二氧化碳的排放主要是熔剂的使用和炼钢降碳两个部分（图 3-2）。熔剂主要用作烧结矿碱度的调节剂、炼钢的造渣剂等，高温条件下，碳酸盐类熔剂分解而排放二氧化碳[232]。炼钢降碳主要是用氧化剂（纯氧）把生铁里过多的碳和其他杂质氧化而除去。炼钢一般按照冶炼方法可分为电弧炉（electric arc furnace，EAF）炼钢、转

炉（basic oxygen furnace，BOF）炼钢和平炉（open hearth furnace，OHF）炼钢。目前国内基本没有平炉炼钢，多数钢厂主要采用的技术为转炉炼钢，另有一部分为电弧炉炼钢。

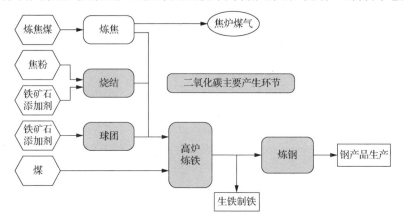

图 3-2　钢铁生产过程中二氧化碳的排放

国内城市可以按每生产 1t 烧结矿，消耗石灰石 0.139t 和白云石 0.0357t 计算。石灰石平均氧化钙成分为 51.43%，氧化镁成分为 2.3%；白云石氧化镁成分为 19.42%。石灰石二氧化碳排放因子为 0.429，白云石二氧化碳排放因子为 0.427。

炼钢降碳过程中的二氧化碳排放可以从生铁和钢材的碳含量差值中计算出来，考虑国内生铁平均含碳量为 4%，粗钢平均含碳量为 0.24%，则根据生铁和粗钢产量可以计算得到炼钢降碳过程中二氧化碳的排放量。

第二节　中国典型城市二氧化碳排放量估算

一、样本选取

2010 年国家发改委确定了广东、辽宁、贵阳、保定等五省八市为第一批低碳试点城市，2012 年确定了北京、上海、宁波、青岛等 29 个城市和省区为第二批低碳试点城市，2017 年确定了内蒙古自治区乌海等 45 个城市（区、县）作为第三批低碳试点城市。

本章案例从前两批低碳试点城市中选取，主要考虑处于不同经济发展水平、不同地理区域和不同城市特点等几个方面的因素，选取了北京、天津、上海、广州、重庆、青岛、宁波、保定 8 个城市作为研究对象。北京、天津和保定位于中部地区，广州、上海、青岛和宁波位于东部沿海地区，重庆位于西部地区[5,108]。

二、碳排放量的测算方法

目前，碳排放核算方法中，应用最广泛的是系数法和物料衡算法两种计算方法。本研究采用 IPCC 推荐使用的物料衡算法，基本公式如下式所示：

$$CO_2^\Sigma = \sum EC_i \times \gamma_i \times \sigma_i \times \delta_i \times \frac{44}{12} \tag{3-4}$$

式中，EC_i 为第 i 种能源消费量；γ_i 为第 i 种能源能量转换系数；σ_i 为第 i 种能源碳排放系数；δ_i 为第 i 种能源氧化率。

上述具体参数参照《中国能源统计年鉴》和《2006 年 IPCC 国家温室气体清单指南》[228,229]，其中能量换算系数和碳排放系数如附表 3-1 所示，能源折标准煤参考系数如附表 3-2 所示。

三、典型城市碳排放现状

1. 北京

北京已经基本进入后工业化发展阶段，第三产业发展迅猛，2017 年第三产业比例达到 80.6%，成为以金融和服务业为主要产业的城市[5]。能源消费总量呈上升趋势（附表 3-3 和附表 3-4），2016 年比 2001 年增长了 64.61%。第三产业和生活消费的比例在不断地增长，到 2016 年第三产业占能源消费总量的 49.05%，生活消费则占能源消费总量的 22.93%（图 3-3）。万元 GDP 能耗以年均 9.3% 的下降幅度持续降低。如图 3-4 所示，原煤消费量占能源消费品的比例相对较高，但呈下降趋势，2016 年下降到 9.09%；天然气消费呈高速增长趋势，2016 年达到 32.23%；煤油、柴油、热力和焦炭的消费比例较小。

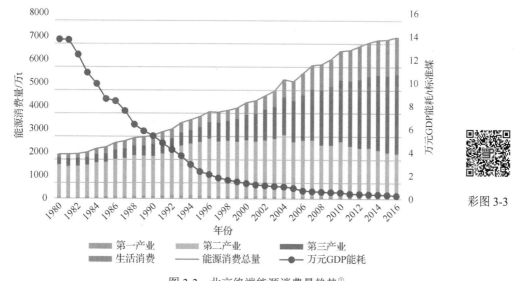

彩图 3-3

图 3-3　北京终端能源消费量趋势[①]

北京各类能源终端消费产生的二氧化碳排放量和二氧化碳排放总量如附表 3-5 所示[5]。如图 3-5 所示，北京二氧化碳排放总量在 2001～2016 年间呈现小幅度波动增长态势，年均增长率为 3.25% 左右，2016 年达到 18154.6 万 t。在主要的能源消费品种中，原煤、焦炭和其他煤气等能源所产生的碳排放量随着其消费量的降低逐渐减少，而汽油、煤油、天然气、电力和热力等能源的碳排放量呈上升趋势[5]。北京人均二氧化碳排放量

---

① 资料来源：由《北京统计年鉴》和《中国能源统计年鉴》整理得到。

在 2010 年达到最高值 12.54t，2016 年下降到 9.89t，如图 3-6 所示。二氧化碳排放强度呈下降趋势，2001 年为 2.87t/万元，2016 年下降到 0.61t/万元，年均下降率为 9.81%，这与北京能耗强度下降有关。

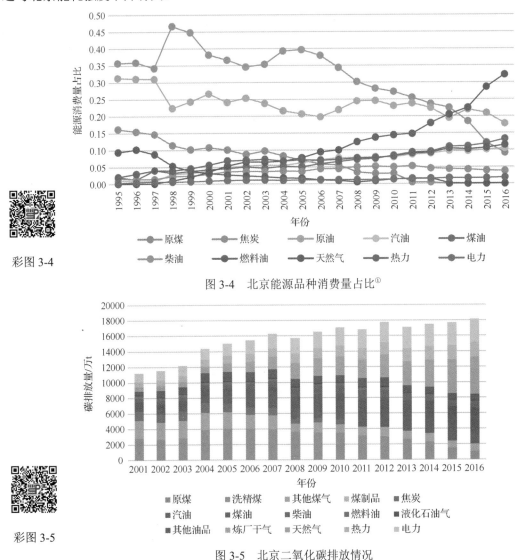

彩图 3-4

图 3-4 北京能源品种消费量占比①

彩图 3-5

图 3-5 北京二氧化碳排放情况

2. 上海

上海是我国的经济中心城市，其经济发展水平领先于其他试点城市。上海从 20 世纪 90 年代开始进入第三产业高速成长期，2017 年达到 69.2%。"十五"到"十二五"期间，能源消耗总量年均增长率为 5.38%，2016 年为 11861.72 万 t 标准煤，远高于北京市

① 资料来源：由《北京统计年鉴》和《中国能源统计年鉴》整理得到。

的能源消费总量。终端能源消费主要来自第二产业和第三产业,其中,第二产业占终端能源消费量的比例始终保持最高[5],2016 年达到 52.03%,如图 3-7 所示。在此期间,能耗强度呈下降趋势,年均下降率为 6.31%(2016 年为 0.43t/万元)。上海终端能源消费量占比如图 3-8 所示,其中,由于原煤、原油、天然气等能源消费比例较大,其二氧化碳排放量也相应较高,汽油和天然气的消费比例呈上升趋势,两者比例年均增长率分别为 7.10% 和 19.47%;热力消费占终端能源消费的比例变化平缓,其比例年均增长率为 2.99%(附表 3-6 和附表 3-7)。

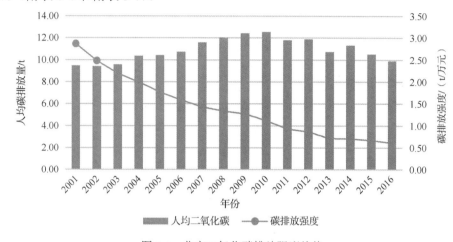

图 3-6 北京二氧化碳排放强度趋势

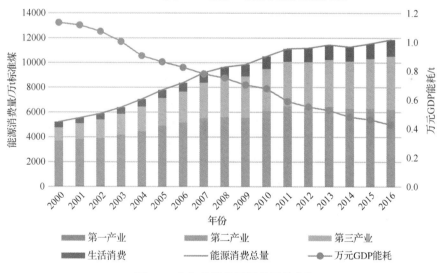

图 3-7 上海终端能源消费量趋势[①]

彩图 3-7

---

① 资料来源:由 2017 年《上海统计年鉴》和 2002~2017 年《中国能源统计年鉴》整理得到。

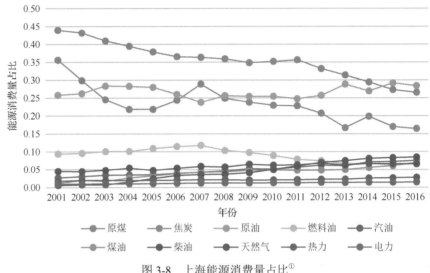

图 3-8　上海能源消费量占比①

上海各类能源终端消费产生的二氧化碳排放量和二氧化碳排放总量[5]如附表 3-8 所示。如图 3-9 所示，上海 2001～2006 年间能源消费二氧化碳排放量增长了 4.2%，2016 年达到 30246 万 t；其中，煤炭和电力的排放量位居前两位，焦炭、洗精煤的二氧化碳排放量呈下降趋势，其他多数能源，如汽油、煤油、柴油等二氧化碳排放量呈上升趋势，液化石油气、炼厂干气和热力的二氧化碳排放量所占比例较小，但增长趋势明显[5]。如图 3-10 所示，上海的人均二氧化碳排放量较高，2016 年为 14.01t，年均增长率为 5.8%，人均二氧化碳排放量高于北京（9.89t）。二氧化碳排放强度呈下降趋势[5]，"十五"到"十二五"期间年均下降率为 7.86%。

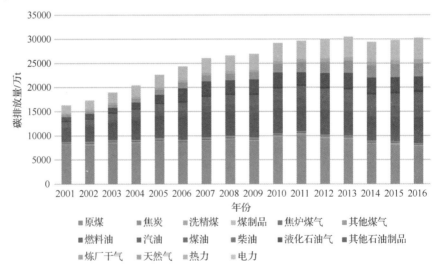

图 3-9　上海二氧化碳排放情况

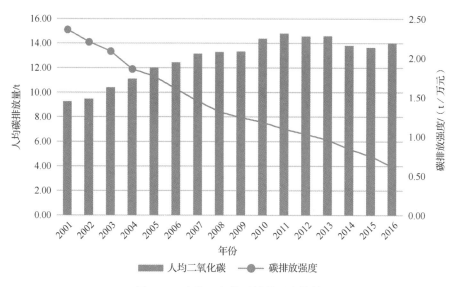

图 3-10　上海二氧化碳排放强度趋势

3. 广州

广州是全国重要的中心城市、国际商贸中心，在试点城市中具有明显的对外贸易优势，经济发展以第三产业为主导。在"十五"至"十二五"期间，广州能源消费总量呈上升趋势，年均增长率为 6.87%，2016 年增长到 5852.6 万 t 标准煤。广州的第一产业和生活消费占终端能源消费总量的比例较低，能源消费主要来自第二产业和第三产业，2016 年第一、第二、第三产业及生活消费分别占到终端能源消费总量的 0.71%、43.65%、39.51% 和 16.12%（图 3-11）[5]。广州能耗强度呈下降趋势，2016 年下降到 0.3t/万元，年均下降率为 6.25%。原煤、汽油和柴油是广州能源消费的主要来源，汽油能源消费量增长较快，年均增速 17.16%，2016 年增长到 1270.18 万 t 标准煤。广州终端能源消费量占比如图 3-12 所示，各类能源占终端能源的消费比例存在一定程度波动，但整体呈上升趋势，原煤能源消费量占比呈下降趋势，研究期内原煤能源消费绝对量年均下降率为 0.14%[5]。广州的能源消费情况如附表 3-9 和附表 3-10 所示。

广州各类能源终端消费产生的二氧化碳排放量和二氧化碳排放总量如附表 3-11 所示[5]。如图 3-13 所示，广州二氧化碳排放量呈上升趋势，且"十一五"末期增幅较大，2016 年增长到 21310.25 万 t，三个五年规划期间年均增长率为 9.72%；各类能源消耗产生的二氧化碳中，电力、柴油和汽油所占的比例相对较高，且呈上升趋势，2016 年因电力消费产生的二氧化碳量为 6017.79 万 t，占总量的 28.24%；原煤消费产生的二氧化碳有所下降，2016 年为 1435.63 万 t，占总量的 6.74%。随着汽油、柴油、燃料油和液化石油气消费量的增长，以上四种能源的二氧化碳排放量呈上升趋势[5]。

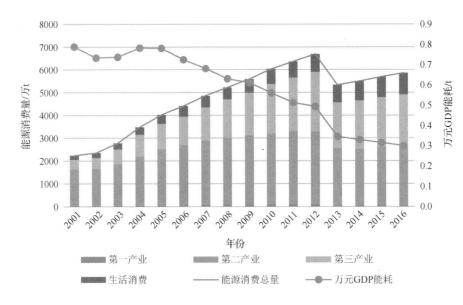

彩图 3-11

图 3-11　广州终端能源消费量趋势[①]

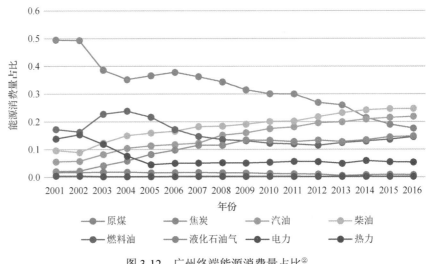

彩图 3-12

图 3-12　广州终端能源消费量占比[②]

----

① 资料来源：由 2002~2017 年《广州统计年鉴》整理得到。
② 资料来源：由 2002~2017 年《广州统计年鉴》整理得到。

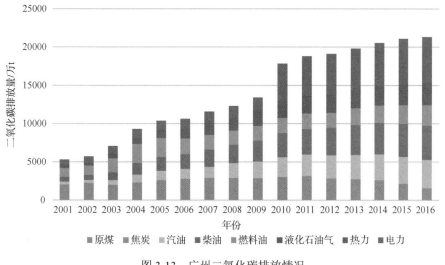

图 3-13　广州二氧化碳排放情况　　　　　　彩图 3-13

如图 3-14 所示，广州的人均二氧化碳排放量增长趋势明显，2001 年人均二氧化碳排放量为 11.02t，2016 年增长到 25.62t，年均增长率为 5.79%。"十五"到"十二五"期间，广州人均二氧化碳排放量平均值为 17.80t，高于北京和上海。在此期间，广州的二氧化碳排放强度呈明显下降趋势，年均降低率为 5.79%，2016 年降低到约 1.12t/万元[5]。

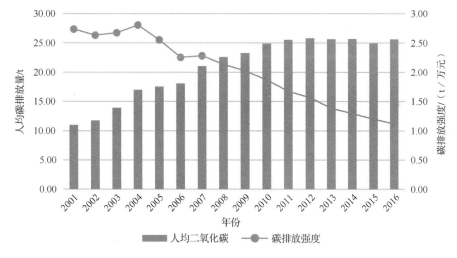

图 3-14　广州二氧化碳排放强度趋势

4. 天津

天津作为老工业城市，第二产业占比相对较大，1996 年第二产业比例为 53%，2016年为 42.33%。地区生产总值"十五"至"十二五"期间，年均增长率为 15.44%，高于北京、上海和广州三个城市。以工业为主的经济结构使得天津对能源的需求量较大，2001～2016 年年均增长率为 7.48%。如图 3-15 所示，终端能源消费总量呈上升趋势，

2016 年比 2001 年增加了 1.95 倍，达到 8041.43 万 t 标准煤。天津的终端能源消费主要来自第二产业，且比例不断增加，第一产业、第三产业和生活能耗在终端能源消费量也呈增长态势（附表 3-12）。天津地区的万元 GDP 能耗呈下降趋势，2001 年万元 GDP 能耗为 1.41t/万元，2016 年下降到 0.44t/万元。如图 3-16 所示，原煤、焦炭、原油、汽油、柴油、天然气和热力等作为天津主要消费能源，其占本地区终端能源消费的比例变化不大，反映出天津能源消费结构并未发生明显改变。2001 年天津原煤、焦炭、原油、汽油、柴油、天然气和热力七类能源消费量占终端能源消费比例为 83.40%，2016 年上升至 87.14%，增幅较低，但原煤消费量自 2012 年后呈明显下降趋势（附表 3-13）[5]。

"十五"至"十二五"期间，天津各类能源终端消费产生的二氧化碳排放量和二氧化碳排放总量如附表 3-14 所示。如图 3-17 所示，天津因能源消费产生的二氧化碳呈上升趋势，年均增长率为 6.18%，2016 年增长到 20515.5 万 t。天津各类能源消费产生的二氧化碳中，原煤、焦炭、原油、天然气、电力、热力等产生的二氧化碳绝对量相对较高，洗精煤消费产生的二氧化碳增长速度最快，年均增速为 19.27%；其次为天然气，年均增速为 16.01%；燃料油消费产生的二氧化碳排放量有所下降，年均降速为 4.29%。

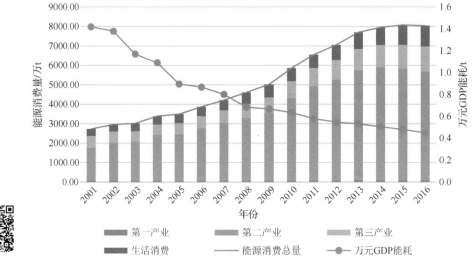

图 3-15 天津终端能源消费量趋势①

① 资料来源：由 2017 年《天津统计年鉴》和 2002～2017 年《中国能源统计年鉴》整理得到。

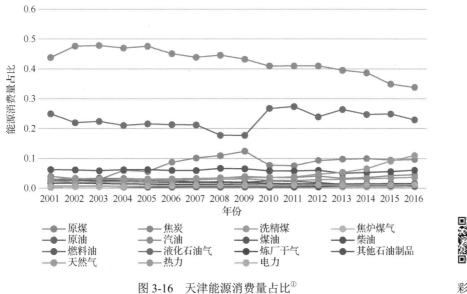

图 3-16　天津能源消费量占比[①]

彩图 3-16

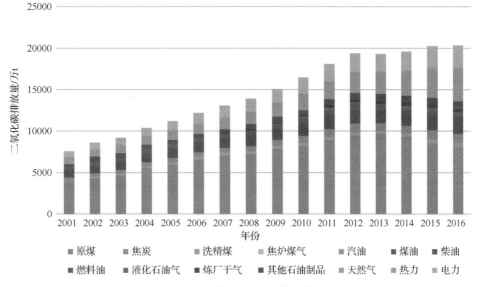

图 3-17　天津二氧化碳排放情况

如图 3-18 所示，天津人均二氧化碳排放量增长趋势较为明显，研究期内人均二氧化碳排放均值为 15.98t，高于北京和上海两个城市；天津的二氧化碳排放强度呈下降趋势，2001 年为 4.73t/万元，2016 年下降到 1.13t/万元，均值为 2.48t/万元，高于北京、上海和广州，主要原因是天津的能耗强度高于以上三个城市[5]。

彩图 3-17

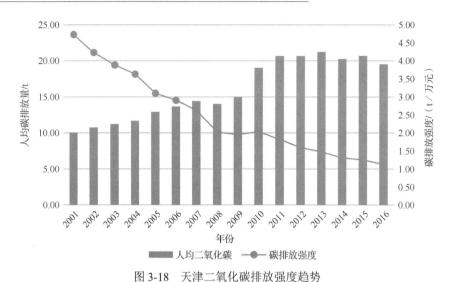

图 3-18　天津二氧化碳排放强度趋势

5. 重庆

重庆作为中国西部地区唯一直辖市和国家中心城市之一，是长江上游区域的经济、金融、科创、航运和商贸物流中心，改革开放以来，经济发展迅速，而且经济发展以第二产业为主导。2001 年重庆的能源消耗总量为 2031.34 万 t 标准煤，2016 年增长到 6943.29 万 t 标准煤，年均增长率为 8.54%。如图 3-19 所示，重庆终端能源消费总量呈上升趋势，2016 年增长到 6943.29 万 t 标准煤，相较于 2001 年增加了 2.42 倍；第一、第二、第三产业和生活能源消费占终端能源消费的比例变化相对较小，第二产业所产生的能源消费量占能源消费总量的比例最大[5]。重庆的单位 GDP 能耗呈下降趋势，2001～2016 年单位 GDP 能耗的平均值为 0.73t/万元。如图 3-20 所示，重庆的终端能源消费以原煤为主，并且原煤的比例较高，近年来呈下降趋势。各能源结构变化如附表 3-15 和附表 3-16 所示[5]。

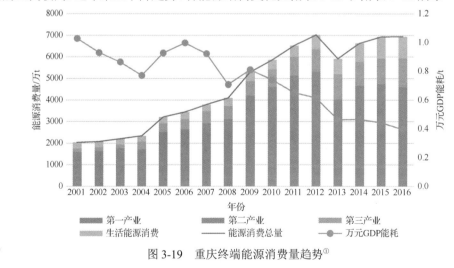

彩图 3-19

图 3-19　重庆终端能源消费量趋势①

① 资料来源：由 2002～2017 年《重庆统计年鉴》和 2002～2017 年《中国能源统计年鉴》整理得到。

如图 3-21 所示，重庆因能源消费产生的二氧化碳呈上升趋势，"十五"至"十二五"
期间年均增长率为 9.71%，2016 年增长到 19136.67 万 t；相较于其他样本城市，重庆原
煤的二氧化碳排放量比例明显偏高，2016 年增长到 6553.04 万 t，是 2001 年的 3.65 倍，
但是其占排放总量的比例有所下降；电力消费产生的二氧化碳呈增长趋势，但是增长
速度低于洗精煤；天然气的二氧化碳排放量随着其能源消费量的增长呈上升趋势，2016
年天然气消费产生的二氧化碳占排放总量的 10.68%[5]。重庆各类能源终端消费产生的
二氧化碳排放量和二氧化碳排放总量如附表 3-17 所示。

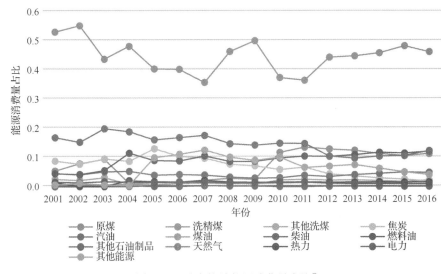

图 3-20 重庆终端能源消费量占比[①] 彩图 3-20

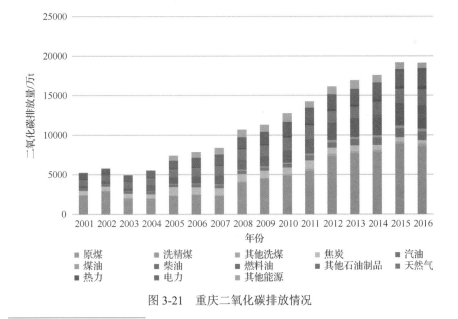

图 3-21 重庆二氧化碳排放情况 彩图 3-21

---

① 资料来源：由 2002～2017 年《重庆统计年鉴》和 2002～2017 年《中国能源统计年鉴》整理得到。

如图 3-22 所示，重庆的人均二氧化碳排放量自 2001 年 1.6t 增长到 2016 年 5.23t，由于人口规模相对较大，其人均二氧化碳排放量在样本城市中明显偏低；重庆碳排放强度在 2005～2007 年间出现短暂的上升趋势，但是总体变化趋势仍然以下降为主，2016 年其二氧化碳排放强度较 2001 年降低了 1.25t/万元[5]。

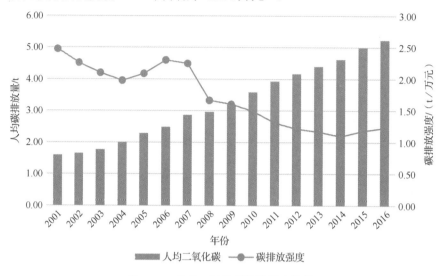

图 3-22　重庆二氧化碳排放强度趋势

6. 青岛

青岛作为我国东部地区重要的经济中心城市和国际性港口城市，改革开放以来，经济发展十分迅速。"十五"至"十二五"期间，青岛能源的消耗量逐年增长，年增长率为 4.61%。由图 3-23 可以看出，青岛终端能源消费总量呈持续增长态势，第二产业和第三产业的能源消费量远远高于其他来源，其中，第三产业的能源消费比例从 2005 年的 18.3%增长到 2016 年的 43.2%，增长速度较快；青岛万元 GDP 能耗量呈下降趋势。由图 3-24 可知，青岛终端能源消费主要依赖原煤，但原煤在终端能源消费总量的比例呈下降趋势，电力消费在终端能源消费结构中变化不大，而燃料油的下降速度最快，天然气在终端能源消费中的比例近年来在不断增加（附表 3-18 和附表 3-19）[5]。

如图 3-25 所示，青岛因能源消费产生的二氧化碳呈上升趋势，"十五"至"十二五"期间年均增长率为 4.44%；在各类能源消费产生的二氧化碳中，原油的量最高，原煤的二氧化碳排放量仅次于原油。如图 3-26 所示，青岛的人均二氧化碳排放量总体上保持增长态势，2005 年为 5.52t，2016 年增长到 15.23t；青岛的二氧化碳排放强度下降趋势明显，2005 年单位 GDP 二氧化碳排放量为 2.25t/万元，2016 年下降到 1.16t/万元，均值为 1.74t/万元，低于同时期北京、上海、广州和天津的碳排放强度[5]。青岛各类能源终端消费产生的二氧化碳排放量和二氧化碳排放总量如附表 3-20 所示。

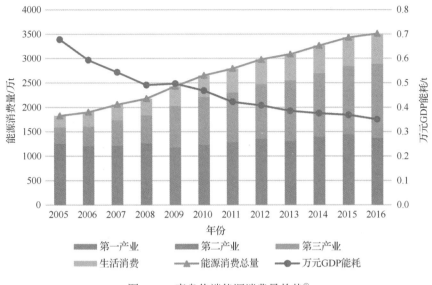

图 3-23 青岛终端能源消费量趋势[①]

彩图 3-23

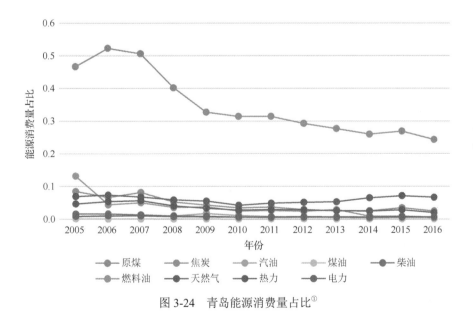

图 3-24 青岛能源消费量占比[①]

彩图 3-24

[①] 资料来源：由 2005～2017 年《青岛市能源利用状况报告》整理得到。

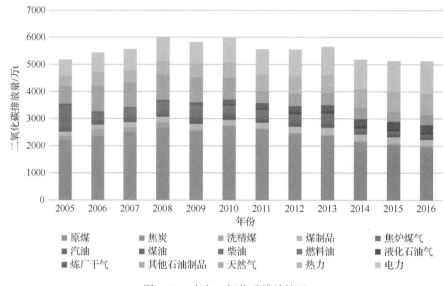

图 3-25　青岛二氧化碳排放情况

原煤　　焦炭　　洗精煤　　煤制品　　焦炉煤气
汽油　　煤油　　柴油　　燃料油　　液化石油气
炼厂干气　　其他石油制品　　天然气　　热力　　电力

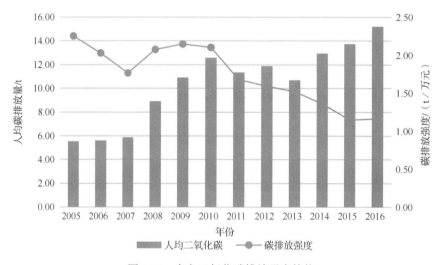

图 3-26　青岛二氧化碳排放强度趋势

人均二氧化碳　　碳排放强度

7. 宁波

宁波作为长江三角洲南翼经济中心，是我国重要的绿色石化产业基地。如图 3-27 所示，宁波能源消费总量在研究期内不断上升，"十五"至"十二五"期间增加了 4.14 倍。宁波的能源消费主要来自第二产业，2016 年占能源消费总量的 76.75%；在能耗强度上，宁波的万元 GDP 能耗近年来有所下降，2016 年为 0.60t/万元，与 2001 年相比下降 1/4。如图 3-28 所示，宁波的终端能源消费主要依赖原煤，其次是电力和热力，原煤和电力的消费量呈增长趋势，且原煤的增加速度较快；近年来，电力的消费量呈上升趋势，汽油的终端消费量基本保持平稳（附表 3-21 和附表 3-22）[5]。

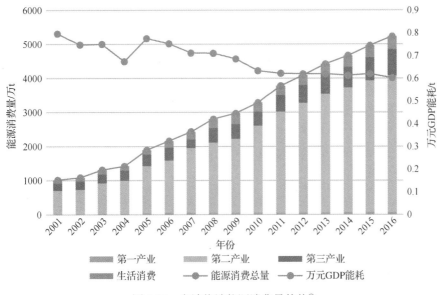

图 3-27　宁波终端能源消费量[1]　　　　彩图 3-27

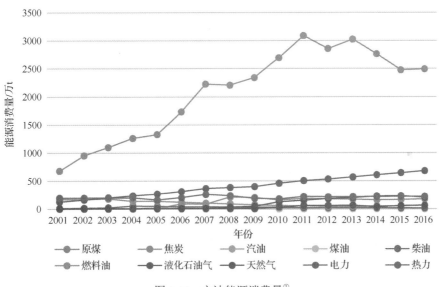

图 3-28　宁波能源消费量[1]　　　　彩图 3-28

宁波各类能源终端消费产生的二氧化碳量和二氧化碳排放总量如附表 3-23 所示。由图 3-29 可知，宁波碳排放量在 2005～2011 年间呈持续增加态势，2011 年后碳排放量稍有波动，但总体变化不大。由于原煤、电力和石油制品占二氧化碳排放总量的比例较大，其中，原煤的二氧化碳排放量呈现先增长后降低的倒 U 形趋势，电力和天然气的二氧化碳排放量近年来均呈增长趋势[5]。

―――――――――
① 资料来源：由 2004 年、2007～2017 年《宁波市能源报告》整理得到。

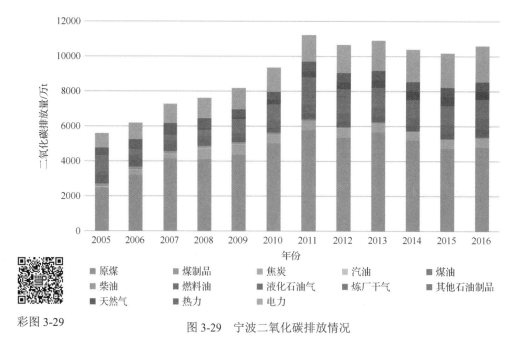

图 3-29　宁波二氧化碳排放情况

如图 3-30 所示，宁波研究期内的人均二氧化碳排放量总体呈现上升态势，2001～2016 年间人均碳排放量均值为 31.51t，高于同时期的北京、上海、天津等城市；宁波 2005 年的碳排放强度为 5.83t/万元，2016 年下降到 2.01t/万元，其碳排放强度表现出明显的下降趋势[5]。

8. 保定

保定位于"首都经济圈"中部核心功能区，紧邻雄安新区，随着城镇化进程加快，其经济结构调整步伐不断加快，经济主体支撑力由工业向服务业转移。由图 3-31 可以看出，保定以第二产业为主的能源消费量呈稳定增长态势，2016 年能源消费量为 1390.61 万 t 标准煤，比 2005 年增加了 497.76 万 t；保定的万元 GDP 能耗量呈下降趋势。如图 3-32 所示，原煤为保定最主要的能源消费品种，其能源消费量在研究期内占总量的比例皆高达一半以上；洗精煤、焦炭、汽油等能源消费量位于原煤之后，并且呈增加趋势（附表 3-24 和附表 3-25）[5]。

保定各类能源终端消费产生的二氧化碳排放量和二氧化碳排放总量如附表 3-26 所示。由图 3-33 可知，保定的碳排放量在 2005～2011 年间和 2014～2016 年间呈上升态势，2005～2016 年的年均增长率为 6.14%；保定因能源消费产生的二氧化碳主要来自原煤，其次是洗精煤、电力和焦炭，与保定的能源消费结构一致[5,108]。由图 3-34 可知，保定人均二氧化碳排放量呈波浪式变化，2005 年为 1.87t，2011 年达到峰值（3.13t），2016 年又降为 2.36t；保定的单位 GDP 二氧化碳排放量呈下降趋势，由 2005 年的 1.90t/万元下降到 2016 年的 0.56t/万元，下降速度为 10.5%[5]。

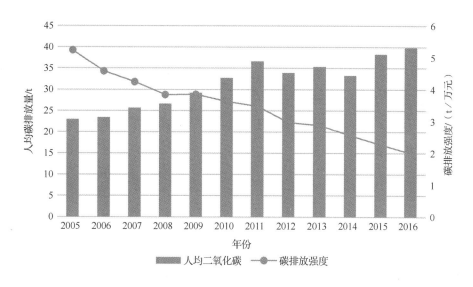

图 3-30　宁波二氧化碳排放强度趋势

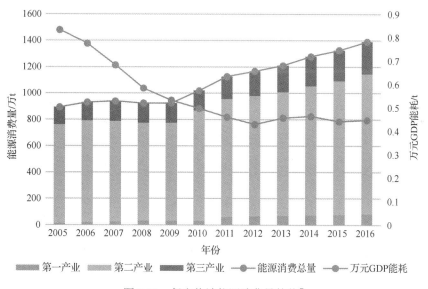

图 3-31　保定终端能源消费量趋势[①]

彩图 3-31

① 资料来源：由 2006～2017 年《保定经济统计年鉴》、2005～2017 年《保定市国民经济和社会发展统计公报》整理得到。

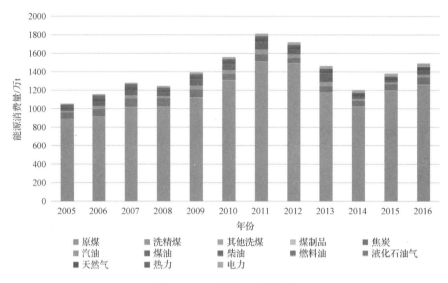

彩图 3-32

图 3-32　保定能源消费量①

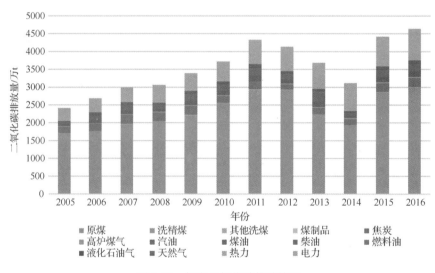

彩图 3-33

图 3-33　保定二氧化碳排放情况

---

① 资料来源：由 2006～2017 年《保定经济统计年鉴》、2005～2017 年《保定市国民经济和社会发展统计公报》整理得到。

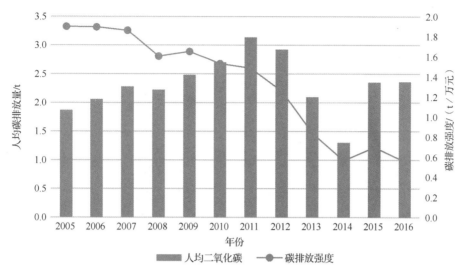

图 3-34　保定二氧化碳排放强度趋势

第三节　中国典型城市脱钩指数分析

一、脱钩理论

脱钩（decoupling）理论是描述经济增长与资源消耗或环境污染之间关系的理论，最早由 OECD 提出。目前脱钩分析的模型主要有两种：一种是 OECD 模型，一种是 Tapio 模型[5,233]。

1. OECD 模型

OECD 模型把经济增长与环境污染之间的脱钩分为绝对脱钩和相对脱钩，如图 3-35 所示。绝对脱钩又称强脱钩，伴随经济增长，二氧化碳排放零增长或负增长；相对脱钩又称弱脱钩，经济增长速度大于二氧化碳排放的增长速度[5,233]。

OECD 模型中指标值的测度方法为选定某一年为基准年，核算当年的 EP（环境压力指标）与 DF（经济驱动指标），根据与基准年 EP 和 DF 的比值，进一步计算脱钩指数（DCI）和脱钩因子（DCF）。其中，绝对脱钩的脱钩因子为正，且值接近 1；相对脱钩的脱钩因子为正，且值接近 0[5,108,233]。OECD 模型表达式如下：

$$DCI = (EP/DF)_t \big/ (EP/DF)_{t0} \qquad (3-5)$$

$$DCF = 1 - DCI \qquad (3-6)$$

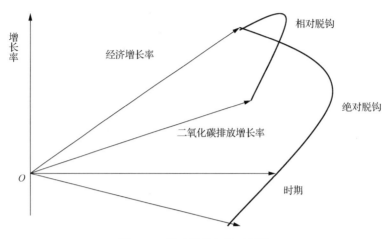

图 3-35　相对脱钩与绝对脱钩

2. Tapio 模型

Tapio 模型是基于增长弹性变化来反映变量间的脱钩关系的。Tapio 模型的计算方法是选定研究年份的前一年为基期，计算环境压力变动率与经济驱动力变动率的比值。Tapio 模型是以某一弹性值范围作为界定脱钩状态的依据，如当环境压力变动率为负，经济驱动力变动率为负，弹性值介于 0～0.8 时界定为弱负脱钩；当环境压力变动率为负，经济驱动力变动率为正，弹性值小于 0 时界定为强脱钩[234]。塔皮奥（Tapio）[235]通过比较碳排放变化率、经济动力变化率及脱钩弹性值三个变量，将脱钩状态划分为三种类型。其中，正、负脱钩状态被细分为三种具体情况，连接状态被细分为两种具体情况[5,108]。其具体参数如表 3-5 所示。

表 3-5　Tapio 脱钩模型八个等级与弹性值比照

脱钩状态		碳排放变化率	经济动力变化率	脱钩弹性值
负脱钩	扩张负脱钩	>0	>0	DE>1.2
	弱负脱钩	<0	<0	0<DE<0.8
	强负脱钩	>0	<0	DE<0
脱钩	衰退脱钩	<0	<0	DE>1.2
	弱脱钩	>0	>0	0<DE<0.8
	强脱钩	<0	>0	DE<0
连接	扩张连接	>0	>0	0.8<DE<1.2
	衰退连接	<0	<0	0.8<DE<1.2

Tapio 脱钩模型指标的计算公式如下所示：

$$\text{DE} = \left(\frac{\text{EP}_t - \text{EP}_{t-1}}{\text{EP}_{t-1}} \right) \Big/ \left(\frac{\text{ED}_t - \text{ED}_{t-1}}{\text{ED}_{t-1}} \right) \qquad （3-7）$$

式中，DE 为脱钩弹性系数；EP_t 和 EP_{t-1} 分别为 t 年和 $t-1$ 年的环境压力；ED_t 和 ED_{t-1} 分

别为 t 年和 $t-1$ 年的经济驱动力[5,108]。

本书采用碳排放总量和碳排放强度两个指标，分别计算它们与经济规模的脱钩状态，以此来全面反映碳排放与经济规模之间的关系[108]，具体计算公式如下：

$$DT = \left(\frac{CT_t - CT_{t-1}}{CT_{t-1}}\right) \bigg/ \left(\frac{GDP_t - GDP_{t-1}}{GDP_{t-1}}\right) \qquad (3\text{-}8)$$

$$DI = \left(\frac{CI_t - CI_{t-1}}{CI_{t-1}}\right) \bigg/ \left(\frac{GDP_t - GDP_{t-1}}{GDP_{t-1}}\right) \qquad (3\text{-}9)$$

式中，DT 为碳排放总量的脱钩状态；DI 为碳排放强度的脱钩状态；CT_t 和 CT_{t-1} 分别为 t 年和 $t-1$ 年的碳排放总量；CI_t 和 CI_{t-1} 分别为 t 年和 $t-1$ 年的碳排放强度；GDP_t 和 GDP_{t-1} 分别为 t 年和 $t-1$ 年的经济规模。

二、Tapio 脱钩指数分析

本节以"十五""十一五""十二五"三个阶段作为研究区间，基于 Tapio 脱钩模型计算中国八个典型城市经济规模与区域碳排放脱钩状态，得到表 3-6[108]。

表 3-6　中国典型城市经济规模与区域碳排放脱钩状态

城市	年份	ΔCT/%	ΔGDP/%	DT	碳排放总量的脱钩状态	ΔCI/%	DI	碳排放强度的脱钩状态
北京	2001～2005	30.71	87.96	0.35	弱脱钩	-30.46	-0.35	强脱钩
	2005～2010	17.36	102.50	0.17	弱脱钩	-42.05	-0.41	强脱钩
	2010～2015	-5.05	63.07	-0.08	强脱钩	-41.77	-0.66	强脱钩
天津	2001～2005	33.45	103.52	0.32	弱脱钩	-34.43	-0.33	强脱钩
	2005～2010	54.70	136.18	0.40	弱脱钩	-34.50	-0.25	强脱钩
	2010～2015	10.69	79.29	0.13	弱脱钩	-38.26	-0.48	强脱钩
保定	2001～2005	208.73	68.56	3.04	扩张负脱钩	83.15	1.21	扩张负脱钩
	2005～2010	44.2	91.23	0.48	弱脱钩	-24.59	-0.27	强脱钩
	2010～2015	-41.57	46.34	-0.90	强脱钩	-60.07	-1.30	强脱钩
青岛	2001～2005	65.78	96.37	0.68	弱脱钩	-15.58	-0.16	强脱钩
	2005～2010	136.99	110.83	1.24	扩张负脱钩	12.40	0.11	弱脱钩
	2010～2015	-16.22	64.13	-0.25	强脱钩	-48.96	-0.76	强脱钩
上海	2001～2005	47.90	77.49	0.62	弱脱钩	-16.67	-0.21	强脱钩
	2005～2010	13.22	85.63	0.15	弱脱钩	-39.01	-0.46	强脱钩
	2010～2015	12.46	46.36	0.27	弱脱钩	-23.16	-0.50	强脱钩
宁波	2001～2005	72.31	91.38	0.79	弱脱钩	-9.97	-0.11	强脱钩
	2005～2010	47.79	111.70	0.43	弱脱钩	-30.19	-0.27	强脱钩
	2010～2015	3.23	54.48	0.06	弱脱钩	-33.18	-0.61	强脱钩
广州	2001～2005	58.51	81.38	0.72	弱脱钩	-12.61	-0.15	强脱钩
	2005～2010	45.39	108.53	0.42	弱脱钩	-30.28	-0.28	强脱钩
	2010～2013	4.42	43.47	0.10	弱脱钩	-27.22	-0.63	强脱钩

续表

城市	年份	ΔCT/%	ΔGDP/%	DT	碳排放总量的脱钩状态	ΔCI/%	DI	碳排放强度的脱钩状态
重庆	2001~2005	51.74	75.39	0.69	弱脱钩	-13.48	-0.18	强脱钩
	2005~2010	83.70	128.59	0.65	弱脱钩	-19.64	-0.15	强脱钩
	2010~2014	13.07	79.99	0.16	弱脱钩	-37.18	-0.46	强脱钩

结果显示，从"十五"到"十二五"期间，中国典型城市（除保定、青岛以外）碳排放总量与经济规模脱钩状态、碳强度与经济规模脱钩状态均保持相对理想水平。其中，碳强度脱钩状态均呈现强脱钩，说明伴随着经济规模的持续扩大，碳排放强度逐步降低，两者呈现反向变动关系。而碳排放总量脱钩状态大部分城市呈现弱脱钩（北京在"十二五"期间出现强脱钩），表明在经济规模稳定增长的同时，碳排放量也在持续增长，两者虽呈现正向关系，但碳排放增速明显低于经济增速。分阶段具体情况分析如下[108]：

"十五"期间，北京、天津、青岛、上海、宁波、广州、重庆七个城市碳强度脱钩状态均为强脱钩，碳排放总量脱钩状态则均为弱脱钩，说明七个城市在此期间经济处于高速增长态势，但是碳排放总量增速放缓，经济增长方式由粗放型向集约型过渡。而保定在此时期碳强度脱钩状态与碳排放总量脱钩状态均为扩张性负脱钩，说明经济快速增长的同时也拉动了碳排放的高速增加。究其原因，主要在于保定"十五"时期正处于快速工业化进程中，第二产业特别是工业发展势头强劲，第二产业比例在此期间增加了5个百分点，加工制造业和基础设施建设规模不断扩大，能源消费以煤、石油等化石能源为主，所以二氧化碳排放量在粗放型的经济增长方式中快速增加，两种脱钩状态均出现扩张性负脱钩[108]。

"十一五"期间，北京、天津、上海、宁波、广州、重庆六个城市基于前期良好的发展基础，两种脱钩状态与"十五"时期一致，经济发展与碳排放处于较为合理的状态。保定较"十五"时期，一次能源消费年均增长率降到9.97%，其经济发展对高碳排放能源的依赖程度明显下降。在此时期，保定经济结构调整全面推进，三产比例由"十五"的18.3∶48.8∶32.9调整为14.8∶51.9∶33.3，服务业比例增加，工业高耗能领域稳步推进落后产能淘汰措施，节能减排政策效果显著，碳排放增速明显放缓，经济增长方式逐步向集约型转变。"十一五"时期，青岛的碳排放总量脱钩状态由弱脱钩转变为扩张负脱钩，碳强度脱钩状态也由强脱钩转变为弱脱钩，表明青岛在此时期内经济持续增长的同时对碳排放量的贡献不断加大，出现了脱钩状态"倒退"。究其根源，是因为青岛"十一五"时期城镇化建设速度加快，旧城改造和城区企业搬迁工作全面展开，黄岛大炼油等重大项目上马投产，城市经济建设加快，地区能源投入加大，"十一五"时期青岛一次能源消费量年均增速为19.51%，较"十五"时期提高了6.25%[108]。

"十二五"时期，各城市碳排放总量脱钩状态与碳强度脱钩状态均处于理想水平。其中青岛脱钩状态明显改善，这是因为青岛在"十二五"期间加快传统产业低碳化改造，推广应用清洁能源和可再生能源，打造分布式多能互补的清洁能源供应体系，提高建筑节能技术应用，能源结构相对优化，经济规模与碳排放的关系得到有效改善。北京在此时期碳排放总量脱钩状态出现强脱钩，经济增长与碳排放反向关系初现，这得益于北京强制性节能减排措施的实施。北京通过修订新增产业禁止和限制目录，使得 1006 家一般制造业和污染企业关停退出市场，压减燃煤约 1400 万 t。产业服务化、高端化进一步加强，服务业比例高达 80%，较"十一五"末提升了 4.5 百分点。可见，"十二五"期间，各城市在加快转变经济增长方式、调整优化产业结构方面取得了一定的突破，以化石能源为主的能源结构得到优化，为之后发展绿色低碳的城市能源生态环境创造了良好的开端。中国政府承诺到 2020 年碳强度比 2005 年下降 40%～45%，从城市层面来看，北京、天津、重庆、广州四座城市"十二五"期间（2013 年）碳强度已经较 2005 年分别下降了 63.7%、52.4%、47.5%、49.3%，均已超额完成了减排目标；上海、宁波、保定接近减排目标；唯独青岛在此时期降幅为 20.2%，如果保持当前年均下降率（3.09%）到 2020 年，青岛的碳强度将会是 0.958 万元/t，与 2005 年的碳强度相比下降 35.95%，仍未达到国家要求的减排目标。所以，青岛若想按时完成减排任务，必须加强节能减排的组织实施力度，加大改革创新力度，把绿色低碳发展理念融入城市产业、能源、交通、建筑等各个领域[108]。

碳排放总量脱钩状态与碳排放强度脱钩状态只是直观地反映了碳排放量、碳排放强度与经济规模之间非均衡的发展趋势，其内在影响因素还需要从各个城市的产业结构、贸易程度、能源结构等多个方面进行进一步回归分析[108]。

第四节 中国典型城市碳排放影响因素的面板数据分析

一、变量的选取

通过梳理文献发现，尽管学者利用的模型、研究的角度、分析的结果各不相同，但可以将众多文献的影响因素归纳概括为人口、经济、技术、能源、城镇化水平和城市环境保护几方面。通过碳排放影响因素的相关性分析[5]，显示第二产业比例与二氧化碳排放之间存在一定的相关性，同时第二产业比例与地区生产总值之间存在高度的相关性；万元 GDP 能耗、能源结构、能源价格与二氧化碳排放之间存在一定的相关性，同时万元 GDP 能耗、能源结构、能源价格与能源消费总量之间存在相关性，而万元 GDP 能耗、能源结构、能源价格之间也存在相关性。因此，为避免在面板数据回归分析过程中，变量之间多重共线性对回归结果产生影响，同时借鉴已有的影响因素模型，特别是 Kaya 模型、IPAT 模型，将人口数量、地区生产总值、能源消费总量、城镇化率作为解释变量，而将人均 GDP、产业结构（第二产业比例）、出口贸易额、能源价格、能源结构、技术水平（R&D 经费投入/GDP）、城市环境保护（环保财政支出/GDP）作为控制变量。采用 2002～2016 年的数据，通过回归分析研究解释变量对二氧化碳排放量的影响，以及控制变量对解释变量的影响[5,108]。

二、解释变量的回归分析

1. 模型构建

目前常用的碳排放影响因素模型为 Kaya 模型、IPAT 模型及在 IPAT 模型基础上建立的 STIRPAT 模型，参考上述分解模型的形式，将面板数据的回归模型确定为以下形式[5]：

$$CO_2^\Sigma = \alpha X_1^{\beta_1} X_2^{\beta_2} X_3^{\beta_3} \cdots X_i^{\beta_i} \ (i = 1, 2, \cdots, 8) \tag{3-10}$$

式中，CO_2^Σ 为城市二氧化碳排放总量；X_i 为碳排放影响因素；α 为解释变量对被解释变量的系数。

根据面板数据的基本回归模型，解释变量的回归模型构建如下：

$$CO_2^\Sigma = \alpha PE^{\beta_1} GDP^{\beta_2} E^{\beta_3} UR^{\beta_4} \tag{3-11}$$

式中，CO_2^Σ 为二氧化碳排放总量；α 为常数项；PE 为人口数量；GDP 为地区生产总值；E 为能源消费总量；UR 为城镇化率；β_1、β_2、β_3、β_4 分别为人口数量、GDP、能源消费总量和城镇化率对二氧化碳排放总量的影响系数。

为了减少数据处理的误差，消除异方差，同时更好地解释变量之间的弹性关系，在实证分析中通常将所有变量转化为对数形式，取对数后不会改变数据的性质和相关关系：

$$\ln CO_2^\Sigma = \ln\alpha + \beta_1 \ln PE + \beta_2 \ln GDP + \beta_3 \ln E + \beta_4 \ln UR + \varepsilon \tag{3-12}$$

式中，ε 表示随机扰动项。

2. 单位根检验

通过面板数据回归分析，为了保证回归分析结果的有效性，避免直接对数据进行回归分析而产生的"伪回归"问题，需要对模型中获取的变量数据进行平稳性检验，本节采用单位根检验方法，利用 EViews 8.0 软件对二氧化碳排放总量、人口数量、地区生产总值、能源消费总量和城镇化率进行 Levin-Lin-Chu（以下简称 LLC）单位根检验，其检验结果如表 3-7 所示。

表 3-7　LLC 单位根检验结果

变量	统计量	显著性（相伴概率 P）	截面单元	观测值
$\ln CO_2^\Sigma$	−4.11685	0.0000	8	96
$\ln PE$	−1.72182	0.0426	8	93
$\ln GDP$	−5.13958	0.0000	8	95
$\ln E$	−3.85920	0.0001	8	96
$\ln UR$	−7.07213	0.0000	8	94

由表 3-7 可知，所有解释变量取对数后的单位根检验的 P 值均低于 0.05，这表明在 5% 的显著性水平下，拒绝原假设存在单位根，即 LLC 认为不存在同质单位根，数据是平稳序列。

3. 协整检验

通过 LLC 单位根检验之后，为了保证回归结果的精确性，利用协整检验，检验变量之间是否存在长期均衡的关系。通过协整检验，其方程回归残差平稳。Pedroni 检验、Kao 检验、联合个体（combined individual，CI）检验是协整检验常用的三种方法，Kao 检验相较于 Pedroni 检验、联合个体检验更为优化。在检验思路上，Kao 检验与 Pedroni 检验类似，两者区别主要体现在模型中外生变量系数和数据个体数量方面。Kao 检验模型中的外生变量系数是齐性的，即不同截面外生变量系数相同，同时其有效避免了联合个体检验要求单个截面数据足够多的缺点。鉴于其优越性，本节选用 Kao 检验进行协整检验，其检验结果如表 3-8 所示。

表 3-8 Kao 协整检验结果

测试项目	统计量	显著性（相伴概率 P）
ADF	−6.092166	0.0000

由表 3-8 可知，ADF（augmented dickey-fuller）统计量的检验值为−6.092166，其相伴概率 P 值为 0.0000，即在 5%的显著性水平下存在协整关系。

4. 似然比检验

面板数据模型通常有三种形式，分别是混合 OLS 模型、固定效应模型、随机效应模型。混合 OLS 模型是指方程的截距项和斜率项都一样。固定效应模型和随机效应模型一致认为截距项和斜率项是不同的。而随机效应模型和固定效应模型的不同之处在于其认为误差项和解释变量不相关，固定效应模型与之相反。

利用 EViews 8.0 软件，通过似然比（likelihood ratio，LR）检验确定混合 OLS 模型或固定效应模型，其检验结果如表 3-9 所示。

表 3-9 似然比检验结果

变量及效果测试	统计量			自由度	显著性
截面 F	107.691657			(7,92)	0.0000
截面卡方	230.728527			7	0.0000
C	系数 1.161278	标准误差 0.167561	T-统计量 6.930476		0.0000
$\ln E$?	1.037130	0.017174	60.38781		0.0000
$\ln GDP$?	0.039932	0.017640	2.263712		0.0258
$\ln PE$?	−0.121022	0.015664	−7.726195		0.0000
$\ln UR$?	0.084523	0.025040	3.375490		0.0011
R-squared	0.993847				
调整后的 R-squared	0.993598				
F-统计量	3997.435				
F-统计量显著性（P）	0.000000				

从表 3-9 可以清晰地看出，其 P 值远低于 5%的显著性水平，所以拒绝原假设，即

固定效应模型是多余的。模型整体 R-squared 为 0.993847，调整后的 R-squared 为 0.993598，均较高，P 值为 0，说明模型拟合效果比较理想。

5. Hausman 检验

Hausman 检验是解决模拟结果偏离现实的有效方法，其原假设是随机效应与解释变量无关[236]。

从表 3-10 可知，其相伴概率 P 值远小于 0.05，说明在 5%的显著性水平下拒绝原假设，应该选用固定效应模型进行回归分析[5]。

表 3-10　Hausman 检验结果

测试项目	卡方统计量	卡方自由度	显著性
随机截面	23.446617	4	0.0001
R-squared	0.999331		
调整后的 R-squared	0.999251		
F-统计量	12487.99		
F-统计量显著性（P）	0.000000		

6. 回归方程

通过数据平稳性检验、协整检验、似然比检验及 Hausman 检验，利用 EViews 8.0 软件进行解释变量与被解释变量回归分析，结果如表 3-11 所示。

表 3-11　解释变量回归结果

变量	系数	标准误	T-统计量	显著性
C	-0.204445	0.167341	-1.221731	0.2251
$\ln E$	0.992493	0.012524	79.24790	0.0000
$\ln \mathrm{GDP}$	0.251395	0.022565	11.14112	0.0000
$\ln \mathrm{PE}$	-0.147019	0.010828	-13.57786	0.0000
$\ln \mathrm{UR}$	-0.117078	0.024936	-4.695096	0.0000
R-squared	0.997536			
调整后的 R-squared	0.997083			
F-统计量	2201.640			
F-统计量显著性（P）	0.000000			

由表 3-11 可知，模型整体 R-squared 为 0.997536，调整后的 R-squared 为 0.997083，F-统计量值为 2201.640，P 值为 0，说明该模型的整体拟合效果理想，可得如下模型方程式：

$$\begin{cases} \ln \mathrm{CO}_2^{\Sigma} = -0.204445 + 0.992493 \ln E + 0.251395 \ln \mathrm{GDP} - 0.147019 \ln \mathrm{PE} - 0.117078 \ln \mathrm{UR} \\ t = (-1.221731)(79.24790)(11.14112)(-13.57786)(-4.695096) \end{cases}$$

$$（3-13）$$

经过转化后的方程为

$$CO_2^{\Sigma} = 0.815100 \times E^{0.992493} \times GDP^{0.251395} \times PE^{-0.147019} \times UR^{-0.117078} \qquad (3-14)$$

其中，能源消费总量 $\ln E$ 对二氧化碳排放总量的回归系数为 0.992493，其 t 统计量为 79.24790，P 值为 0，说明在 5% 的显著性水平下，能源消费总量对二氧化碳排放总量呈现显著的正向影响；地区生产总值 $\ln GDP$ 的回归系数为 0.251395，其 t 统计量为 11.14112，P 值为 0，说明在 5% 的显著性水平下，地区生产总值对二氧化碳排放总量也呈现显著的正向影响；而人口数量 $\ln PE$ 的回归系数为 -0.147019，其 t 统计量为 -13.57786，P 值为 0，说明在 5% 的显著性水平下，人口数量对二氧化碳排放总量的影响呈现负相关关系；与人口变量类似，城镇化率 $\ln UR$ 的回归系数也是负值，为 -0.117078，其 t 统计量为 -4.695096，P 值为 0，说明在 5% 的显著性水平下，城镇化率对二氧化碳排放总量的影响呈现负相关关系。城镇化率和人口数量与二氧化碳排放总量呈现负相关关系不能简单地理解为呈反比，碳排放的影响因素很多，变量之间也存在一定的耦合性和函数传递效应，且不同发展阶段对碳足迹的作用方向和影响程度也不同，需要进一步通过控制变量与解释变量之间的回归分析进行研究。

三、控制变量的回归分析

为进一步分析影响二氧化碳排放的可能性因素，将人均 GDP、产业结构、出口贸易额、能源价格、能源结构、技术水平、城市环境保护作为控制变量，利用面板数据回归分析控制变量与解释变量之间的关系[5]。

面板数据的回归模型选择 STIRPAT 基础模型，公式如下：

$$Y = \alpha X^{\beta} \qquad (3-15)$$

式中，Y 为解释变量；X 为控制变量。

同样，为了减少误差，增强回归方程的准确性及合理性，对构建模型进行对数化处理，如下式所示：

$$\ln Y = \ln \alpha + \beta \ln X + \varepsilon \qquad (3-16)$$

整体回归流程与解释变量回归分析相似，为避免重复罗列，依据回归方程的拟合优度 R-squared、调整后的 R-squared、F-统计量值、相伴概率 P 值，选取理想的回归方程。

1. 地区生产总值与人均 GDP

以地区生产总值为被解释变量，人均 GDP 为解释变量，GDP 代表地区生产总值，PGDP 代表人均 GDP。在分别进行单位根检验、Hausman 检验的基础上，将变量代入式（3-16）中进行回归分析，结果如表 3-12 所示。

表 3-12 地区生产总值与人均 GDP 的回归结果

变量	系数	标准误	T-统计量	显著性
C	6.940588	0.179550	38.65552	0.0000
$\ln PGDP$	1.164094	0.013685	85.06591	0.0000
R-squared	0.983939			

续表

变量	系数	标准误	T-统计量	显著性
调整后的 R-squared		0.983803		
F-统计量		7229.214		
F-统计量显著性（P）		0.000000		

由表 3-12 可知，模型整体的 R-squared 为 0.983939，调整后的 R-squared 为 0.983803，无论是整体的 R-squared 还是调整后的 R-squared 都很高，接近于 1，拟合效果理想。而其 F-统计量值也很大，为 7229.214；P 值为 0，回归结果很好。由回归结果可得回归方程式：

$$\ln \mathrm{GDP} = 6.940588 + 1.164094 \ln \mathrm{PGDP} \tag{3-17}$$
$$t = (38.65552)(85.06591)$$
$$\mathrm{GDP} = 1033.377662 \times \mathrm{PGDP}^{1.164094} \tag{3-18}$$

由式（3-18）可知，地区生产总值与人均 GDP 呈正向指数关系。

2. 地区生产总值与产业结构

以地区生产总值为被解释变量，产业结构为解释变量，GDP 代表地区生产总值，S 为产业结构。但需要注意的是，通过对文献的梳理总结，多数学者用第二产业比例表示产业结构。而本节考虑到面板数据中不同城市的产业构成及其比例关系存在区别，如保定第二产业比例明显高于第三产业，而其他七个城市的第三产业比例较大，依托现有数据，如果按照第二产业比例作为产业结构进行回归，通过 Hausman 检验回归后的结果如表 3-13 所示。

表 3-13　地区生产总值与产业结构的回归结果

变量	系数	标准误	T-统计量	显著性
C	6.356475	0.486544	13.06455	0.0000
$\ln S$	-2.669176	0.522614	-5.107362	0.0000
R-squared		0.179393		
调整后的 R-squared		0.172439		
F-统计量		25.79607		
F-统计量显著性（P）		0.000001		

由表 3-13 可知，尽管其 F-统计量值为 25.79607，且相伴概率 P 值为 0.000001，但是无论是模型整体的 R-squared，还是调整后的 R-squared 都比较低，分别为 0.179393、0.172439。说明该模型拟合效果不是很理想，解释变量解释力度不够，遗漏了解释能力较强的变量。

为了更加客观、全面地反映产业结构与地区生产总值的变化，鉴于第一产业所占比例较低，同时结合当下在国家倡导下以服务业为主导的第三产业的迅猛发展，产业结构分别用 S_2、S_3 代表第二产业与 GDP 的比值、第三产业与 GDP 的比值，将 S_2、S_3 与 GDP

进行回归分析，探究第二产业和第三产业的变化对 GDP 的直接影响和对碳排放的间接影响。

对式（3-16）进行扩展后，得到式（3-19）：

$$\ln \text{GDP} = \ln \alpha + \beta_2 \ln S_2 + \beta_3 \ln S_3 + \varepsilon \tag{3-19}$$

首先，进行 Kao 协整检验，结果如表 3-14 所示。

表 3-14 Kao 协整检验结果

测试项目	统计量	显著性（相伴概率 P）
ADF	−4.048816	0.0000

通过表 3-14 可知，ADF 统计量的检验值为−4.048816，其相伴概率 P 值为 0，即在 5% 的显著性水平下，存在协整关系。

其次，进行 Hausman 检验，结果如表 3-15 所示。

表 3-15 Hausman 检验结果

测试项目	卡方统计量	卡方自由度	显著性
截面随机	47.681665	2	0.0000
R-squared	0.805786		
调整后的 R-squared	0.789896		
F-统计量	50.70961		
F-统计量显著性（P）	0.000000		

经过 Hausman 检验可知，其相伴概率 P 值为 0，小于 5%，说明在 5% 的显著性水平下拒绝原假设，应该选用固定效应模型进行回归分析。回归结果如表 3-16 所示。

表 3-16 地区生产总值与产业结构的回归结果

变量	系数	标准误	T-统计量	显著性
C	18.28430	1.237935	14.77000	0.0000
$\ln S_2$	2.936796	0.744045	3.947066	0.0001
$\ln S_3$	10.06396	0.952676	10.56389	0.0000
R-squared	0.805786			
调整后的 R-squared	0.789896			
F-统计量	50.70961			
F-统计量显著性（P）	0.000000			

回归结果显示，产业结构模型整体 R-squared 为 0.805786，调整后的 R-squared 为 0.789896，F-统计量值为 50.70961，均高于仅用第二产业代表产业结构的回归分析。而相伴概率 P 值除 $\ln S_2$ 之外其余均为 0，而 $\ln S_2$ 的 P 值为 0.0001，也远低于 5%，所以整体效果理想。可得如下模型方程式：

$$\ln \text{GDP} = 18.28430 + 2.936796 \ln S_2 + 10.06396 \ln S_3 \tag{3-20}$$

$$t= (14.77000)(3.947066)(10.56389)$$
$$GDP = 87251036.62 \times S_2^{2.936796} \times S_3^{10.06396} \quad\quad (3\text{-}21)$$

通过回归方程发现，第二产业和第三产业的比例与地区生产总值均存在正相关关系效应，且第三产业比例对地区生产总值的影响高于第二产业比例，这与中国目前整体的经济情况相符。当下中国经济下行持续，第二产业尽管通过"再工业化"正在复苏，但增长动力远不如第三产业，也验证了第三产业比例的提升所引起的地区生产总值的增加高于第二产业比例。

3. 地区生产总值与出口贸易额

以地区生产总值为被解释变量，出口贸易额为解释变量，GDP 代表生产总值，ET 代表出口贸易额。汇率取 2001～2016 年美元兑人民币汇率，均值约为 6.55。在分别进行单位根检验、Hausman 检验的基础上，将变量代入式（3-16）进行回归分析，结果如表 3-17 所示。

表 3-17　地区生产总值与出口贸易额的回归结果

变量	系数	标准误	T-统计量	显著性
C	3.772379	0.253241	14.89639	0.0000
lnET	0.666047	0.028935	23.01840	0.0000
R-squared	0.814393			
调整后的 R-squared	0.812820			
F-统计量	517.7514			
F-统计量显著性（P）	0.000000			

由表 3-17 可知，该模型整体的 R-squared 为 0.814393，调整后的 R-squared 为 0.812820，拟合效果比较理想，且 F-统计量值为 517.7514，P 值为 0，从而得到回归方程式：

$$\ln GDP = 3.772379 + 0.666047\ln ET \quad\quad (3\text{-}22)$$
$$t= (14.89639)(23.01840)$$
$$GDP = 43.483389 \times ET^{0.666047} \quad\quad (3\text{-}23)$$

通过回归方程可知，出口贸易额与地区生产总值呈正向影响关系，出口贸易是推动地区经济增长不可忽视的因素。

4. 地区生产总值与能源价格

以地区生产总值为被解释变量，能源价格为解释变量，GDP 代表生产总值，PR 代表能源价格。在分别进行单位根检验、Hausman 检验的基础上，将变量代入式（3-16）进行回归分析，结果如表 3-18 所示。

表 3-18　地区生产总值与能源价格的回归结果

变量	系数	标准误	T-统计量	显著性
C	7.722013	1.591284	4.852692	0.0000
lnPR	0.186344	0.333065	0.559483	0.5769
R-squared	0.002630			
调整后的 R-squared	−0.005822			
F-统计量	0.311210			
F-统计量显著性（P）	0.577995			

由表 3-18 可知，模型整体的 R-squared 为 0.002630，调整后的 R-squared 为−0.005822，说明该方程拟合度不理想。F-统计量值为 0.311210，相伴概率 P 值为 0.577995，能源价格与地区生产总值关系不显著。

5. 能源消费总量与能源价格

以能源消费总量为被解释变量，能源价格为解释变量，E 代表能源消费总量，PR 代表能源价格。在分别进行单位根检验、Hausman 检验的基础上，将变量代入式（3-16）进行回归分析，结果如表 3-19 所示。

表 3-19　能源消费总量与能源价格的回归结果

变量	系数	标准误	T-统计量	显著性
C	6.655954	1.062279	6.265733	0.0000
lnPR	0.345808	0.217959	1.586575	0.1157
R-squared	0.024214			
调整后的 R-squared	0.014648			
F-统计量	2.531124			
F-统计量显著性（P）	0.114715			

由表 3-19 可知，该模型整体的 R-squared 为 0.024214，调整后的 R-squared 为 0.014648，说明该方程拟合度不理想。F-统计量值为 2.531124，相伴概率 P 值为 0.114715，能源价格与能源消费总量之间的关系不显著。实际上，能源价格的提高与降低会造成某种能源的需求量的增加或者减少，根据供需理论，某种能源价格的变化必然导致其供需变化，如果价格偏高，需求量就会降低，替代性资源的需要量就会增加，所以能源价格变化可能引起某种或者某类资源的能源消费量发生变化，但对总的能源消费量的变化影响不大。

6. 能源消费总量与能源结构

以能源消费总量为被解释变量，能源结构为解释变量，鉴于一次能源结构中煤炭、石油对碳排放的贡献比天然气大，为了考查能源结构中煤炭结构和石油结构变化所引起能源消费总量的变化，此处能源结构分别用 V_1、V_2 表示煤炭占比和石油占比，能源消费

总量用 E 表示。对式（3-16）扩展后得到式（3-24）：

$$\ln E = \ln \alpha + \beta_1 \ln V_1 + \beta_2 \ln V_2 + \varepsilon \tag{3-24}$$

将变量代入式（3-24）进行回归分析，结果如表 3-20 所示。

表 3-20　能源消费总量与能源结构的回归结果

变量	系数	标准误	T-统计量	显著性
C	7.290959	0.416825	17.49165	0.0000
$\ln V_1$	-0.946668	0.245308	-3.859093	0.0002
$\ln V_2$	-0.246900	0.189535	-1.302661	0.1957
R-squared	0.144215			
调整后的 R-squared	0.127269			
F-统计量	8.510147			
F-统计量显著性（P）	0.000384			

由表 3-20 可知，除 $\ln V_2$ 外，其余变量在显著性水平下均通过 LLC 单位根检验，且 F-统计量值为 8.510147，P 值为 0.000384，小于 5% 的显著性水平。但是该模型整体的 R-squared 为 0.144215，调整后的 R-squared 为 0.127269，说明解释变量对被解释变量的解释力度仅仅只有 14.42%，解释力度较小，方程拟合度较低，说明能源结构与能源消费总量关系不显著。近年来，煤炭和石油的消费比例逐年下降，而作为清洁能源的可再生能源比例增加，但是能源消费总量并没有随着煤炭或石油消费结构的变化而减少，可以在一定程度上解释为何二者之间的关系不显著。

7. 能源消费总量与产业结构

以能源消费总量为被解释变量，产业结构为解释变量，E 表示能源消费总量，S_2、S_3 分别表示第二产业与 GDP 的比值、第三产业与 GDP 的比值，对式（3-16）扩展后得到式（3-25）：

$$\ln E = \ln \alpha + \beta_2 \ln S_2 + \beta_3 \ln S_3 + \varepsilon \tag{3-25}$$

在分别进行 Kao 协整检验、Hausman 检验的基础上，将变量代入式（3-25）进行回归分析，结果如表 3-21 所示。

表 3-21　能源消费总量与产业结构的回归结果

变量	系数	标准误	T-统计量	显著性
C	16.30621	0.942632	17.29861	0.0000
$\ln S_2$	3.979090	0.575229	6.917406	0.0000
$\ln S_3$	6.450363	0.692448	9.315300	0.0000
R-squared	0.455629			
调整后的 R-squared	0.444849			
F-统计量	42.26763			
F-统计量显著性（P）	0.000000			

根据回归结果构建回归方程：

$$\ln E = 16.30621 + 3.979090 \ln S_2 + 6.450363 \ln S_3 \qquad (3\text{-}26)$$

$$t = (14.77000)(3.947066)(10.56389)$$

通过回归方程发现，产业结构与能源消费总量存在正相关关系，第二产业比例对能源消费总量比例的弹性系数为 3.979090，而第三产业比例对能源消费总量比例弹性系数为 6.450363，高于第二产业，意味着第三产业结构变化对能源消费总量的影响高于第二产业。这与现实情况也相符，我国在快速城镇化进程中，第三产业发展迅速，城市人口和基础配套设施也随之增加，对能源的需求量急剧增长。但就模型的整体回归效果而言，因为 R-squared 为 0.455629，调整后的 R-squared 为 0.444849，所以产业结构对能源消费总量的解释力度尚不足 50%，还存在着影响能源消费总量变化的其他因素。

8. 能源消费总量与技术水平

以能源消费总量为被解释变量，技术水平为解释变量，技术水平用地区 R&D 经费投入与 GDP 的比值表示。E 代表能源消费总量，T 代表技术水平，在进行单位根检验、Hausman 检验的基础上，将变量代入式（3-16）进行回归分析，结果如表 3-22 所示。

表 3-22　能源消费总量与技术水平的回归结果

变量	系数	标准误	T-统计量	显著性
C	10.88364	0.313839	34.67904	0.0000
$\ln T$	0.578274	0.051248	11.28386	0.0000
R-squared	0.557170			
调整后的 R-squared	0.552829			
F-统计量	128.3368			
F-统计量显著性（P）	0.000000			

通过回归分析结果可以看出，能源消费总量与技术水平呈正相关关系，模型整体的 R-squared 为 0.557170，调整后的 R-squared 为 0.552829，解释力度超过 50%。F-统计量值为 128.3368，P 值均为 0，拟合比较理想。技术水平对能源消费总量的弹性系数为 0.578274，为正向效应。这种现象可以解释为在能源领域技术改造全生命周期的初期，由于技术不成熟，R&D 研发经费的投入并没有带来明显的节能效果，能源消费总量随着经济的发展仍然处于上升阶段。

9. 碳排放强度与城市环境保护政策

以碳排放强度为被解释变量；城市环境保护政策为解释变量；Q 代表碳排放强度，用二氧化碳与能源消费总量的比值表示；Z 代表城市环境保护政策，用环保财政支出占 GDP 的比值表示。在进行单位根检验、Hausman 检验的基础上，将变量代入式（3-16）进行回归分析，结果如表 3-23 所示。

表 3-23　碳排放强度与城市环境保护政策的回归结果

变量	系数	标准误	T-统计量	显著性
C	4.191038	1.853218	2.261493	0.0280
lnZ	0.772601	0.330797	2.335578	0.0235
R-squared	0.107964			
调整后的 R-squared	0.090473			
F-统计量	6.172592			
F-统计量显著性（P）	0.016298			

由表 3-23 可知，虽然该模型的相伴概率 P 值小于 5%的显著性水平，但是整体的 R-squared 为 0.107964，调整后的 R-squared 为 0.090473，解释力度仅为 10.8%，拟合效果不佳。F-统计量值为 6.172592，较小，因此城市碳排放强度与城市环境保护政策的回归效果不显著。

综上所述，依据面板数据分析得到的碳排放影响因素结果显示，人口、地区生产总值、能源消费总量和城镇化率均对城市二氧化碳排放产生直接影响。同时，依据控制变量的单个面板数据回归，得到人均 GDP、第二产业比例、第三产业比例、出口贸易额与地区生产总值均呈正向影响关系，且第三产业比例对地区生产总值影响程度高于第二产业；能源价格对地区生产总值和能源消费总量都不存在直接影响，但能源价格变动会影响能源结构的变动。产业结构与城市二氧化碳排放之间不存在直接关系，但是产业结构通过对地区生产总值、能源消费总量的影响，间接地影响城市碳排放量。另外，面板数据回归分析结果表明，技术水平与能源消费总量存在正相关关系，解释力度超过 50%，说明研究期内 R&D 研发经费的投入并没有带来明显的节能效果，能源消费总量随着经济的增长仍然处于上升阶段。此外，研究期内地方政府环保财政支出占 GDP 的比例对城市碳排放强度的影响不显著，环境保护政策如何有效地推动城市二氧化碳减排将在后续章节中进行深入研究。

第五节　中国典型城市环境库兹涅茨曲线假设再验证

在典型城市碳排放影响因素回归分析的基础上，本节将进一步分析样本城市经济增长与碳排放是否存在长期均衡与动态因果关系，即是否存在环境库兹涅茨曲线。尽管众多学者已经验证了环境库兹涅茨曲线的存在和有效性，但主要是基于国家层面或省级层面的数据进行研究，针对城市层面环境库兹涅茨曲线再检验的研究相对较少。本节仍以北京、天津、保定、青岛、上海、宁波、重庆、广州八个试点城市作为研究对象，运用滞后期工具变量法进行实证分析，验证中国典型城市环境库兹涅茨曲线假设是否成立，理清城市碳排放在环境库兹涅茨曲线上的位置，初步预测中国典型城市碳排放达峰的时点，为后续碳排放情景分析和峰值路径研究奠定基础。

一、变量选择及说明

在典型城市碳排放影响因素分析的基础上，本节以碳排放总量（CT）、经济规模（GDP）、产业结构（IS）、城镇化率（UR）、技术水平（RD）、人口数量（PE）、能源结构（ES）、对外贸易程度（FT）作为研究变量。其中，CT 主要由煤炭、石油、天然气的一次能源消费所产生；GDP 用地区生产总值表示；由于各城市存在产业结构差异化发展，因此为排除不同地区产业结构差异带来比较上的误差，引入第二产业与地区生产总值的比例（SIS）、第三产业与地区生产总值的比例（TIS）作为产业结构的具体研究变量；UR 用城镇人口占总人口比例表示（均按常住人口计算）；RD 通过 R&D 投入与地区生产总值之比表示；PE 用常住人口数量表示；ES 通过煤炭消费量占能源消费总量的比例表示；FT 用出口依存系数表示，即出口贸易额度占地区生产总值的比例[108]。

二、碳排放计量模型的构建

本节碳排放计量模型采用式（1-3）表达的 STIRPAT 基本模型形式，为了减少数据处理的误差，消除异方差，削弱模型共线性[237]，同时更好地解释变量之间的弹性关系，在实证分析中通常将所有变量转化为对数形式，取对数后不会改变数据的性质。取对数后的公式如下所示：

$$\ln I_i = \ln a + b\ln P_i + c\ln A_i + d\ln T_i + \mu_i + \varepsilon \qquad (3\text{-}27)$$

根据变量的选取，对式（3-27）进行修正扩展，构建计量模型，如下式所示：

$$\ln\text{CT}_{it} = \ln a + \beta_1\ln\text{GDP}_{it} + \beta_2\ln\text{IS}_{it} + \beta_3\ln\text{UR}_{it} + \beta_4\ln\text{RD}_{it} + \beta_5\ln\text{PE}_{it}$$
$$+ \beta_6\ln\text{ES}_{it} + \beta_7\ln\text{FT}_{it} + \mu_i + \varepsilon_{it} \qquad (3\text{-}28)$$

式中，i 为各样本城市，$i=1,2,3,\cdots,8$；t 为时间，$t=1,2,3,\cdots,13$；CT_{it} 为碳排放总量；GDP_{it} 为经济规模；IS_{it} 为产业结构；UR_{it} 为城镇化率；RD_{it} 为技术水平；PE_{it} 为人口数量；ES_{it} 为能源结构；FT_{it} 为对外贸易程度；β_1、β_2、β_3、β_4、β_5、β_6、β_7 分别为上述七个变量的弹性系数；μ_i 为个体效应；ε_{it} 为随机扰动项。

为了验证中国典型城市经济规模与区域碳排放是否存在环境库兹涅茨曲线，即证明两者之间是倒 U 形关系还是 U 形关系，在式（3-28）的基础上引入 GDP_{it} 的二次项 $(\ln\text{GDP}_{it})^2$，构建如下计量模型：

$$\ln\text{CT}_{it} = \ln a + \beta_{11}\ln\text{GDP}_{it} + \beta_{12}\left(\ln\text{GDP}_{it}\right)^2 + \beta_2\ln\text{IS}_{it} + \beta_3\ln\text{UR}_{it}$$
$$+ \beta_4\ln\text{RD}_{it} + \beta_5\ln\text{PE}_{it} + \beta_6\ln\text{ES}_{it} + \beta_7\ln\text{FT}_{it} + \mu_i + \varepsilon_{it} \qquad (3\text{-}29)$$

式中，β_{11}，β_{12} 分别为经济规模对数一次项、二次项的弹性系数。

通过求导可得经济规模对碳排放的弹性系数为 $\beta_{11} + 2\beta_{12}\ln\text{GDP}_{it}$。

三、数据来源及处理

CT 及 ES 通过各城市《统计年鉴 2002～2016》《中国能源统计年鉴 2002～2016》和国家统计局《分省年度数据》相关统计数据，采用物料衡算法计算所得，个别城市缺失的年份数据采用平滑法估算得到；GDP、SIS、TIS、UR、RD、PE、FT 等基于各城市《2002～2016 年统计年鉴》整理计算所得。通过 Stata 14.0 运算得各变量主要统计特征，如表 3-24 所示。

表 3-24　各变量主要统计特征

变量名称	变量描述	单位	观测数	均值	标准差	最小值	最大值
CT	碳排放总量	万 t	104	12247.57	6567.997	709.8182	26827.88
GDP	经济规模	亿元	104	6603.93	5073.939	636.05	21818.15
SIS	第二产业比例	%	104	0.4482624	0.0904981	0.2167891	0.555117
TIS	第三产业比例	%	104	0.4946674	0.1198109	0.3112484	0.77515
UR	城镇化率	%	104	0.5609954	0.2590516	0.1571913	0.904819
RD	技术水平	%	104	0.0193658	0.0155363	0.0025858	0.059848
PE	人口数量	万人	104	1432.404	705.4175	543.34	2970
ES	能源结构		104	0.5189537	0.2346408	0.1353342	0.954618
FT	贸易程度	%	104	0.2212912	0.1364311	0.020308	0.522559

四、面板数据回归分析

在进行面板数据回归分析之前，为了验证选取的变量是否合理，本节通过 Stata 14.0 对各变量进行相关性分析。检验结果表明：ES、GDP、SIS、TIS、FT、DE、UR、RD 与 CT 具有显著相关性。其中 GDP 的相关系数最高，因此将其作为核心解释变量；SIS、TIS 的相关系数隐含了城镇化发展过程中的经济现象，因此作为重点观察对象。通过相关性分析证明各变量与碳排放总量的确存在相关性，但具体的影响作用需要进一步进行面板数据回归分析[108]。各变量相关系数如表 3-25 所示。

表 3-25　各变量相关系数

变量	CT	ES	GDP	SIS	TIS	FT	PE	UR	RD
CT	1.0000	−0.6967*	0.8182*	−0.2748*	0.5499*	0.5766*	0.3716*	0.6805*	0.4473*
p		0.0000	0.0000	0.0048	0.0000	0.0000	0.0001	0.0000	0.0000

注：上述系数下方的数值为 p 值。

*$p<0.5$ 表示 5%的置信水平下显著。

1. 平稳性检验

面板数据克服了时间序列数据缺少截面之间测度及截面数据没有时间维度观测的不足，使得样本信息容量增大，大大提高了估计的精确度。但是各变量之间的趋势、截距问题依然存在，数据平稳性未曾改变，单位根是否存在也不得而知。为了避免非平稳数据可能出现伪回归或伪相关，必须对各面板数据的平稳性进行检验。LLC 检验充分考虑截面异质性与干扰项序列相关问题[238]。本节对式（3-29）中的 lnCT、lnGDP、$(\text{ln}GDP)^2$、lnSIS、lnTIS、lnUR、lnFT、lnPE、lnES、lnRD 水平值及一阶差分值分别进行 LLC 截距项检验、截距项和时间项检验，结果如表 3-26 所示。

表 3-26 各变量水平值与一阶差分值单位根检验

变量	水平值		一阶差分值	
	截距项	截距项和时间项	截距项	截距项和时间项
lnCT 的 LLC 检验	−1.0343 (0.1505)	−4.0956 (0.0000)	−5.9055 (0.0000)	−7.3305 (0.0000)
lnGDP 的 LLC 检验	0.5213 (0.6989)	−2.6483 (0.0040)	−4.2990 (0.0000)	−9.1879 (0.0000)
$(lnGDP)^2$ 的 LLC 检验	1.4001 (0.9193)	−2.3317 (0.0099)	−5.2731 (0.0000)	−10.5474 (0.0000)
lnSIS 的 LLC 检验	−0.7916 (0.2143)	−3.6265 (0.0001)	−6.8889 (0.0000)	−6.4181 (0.0000)
lnTIS 的 LLC 检验	−3.2608 (0.0006)	−3.5318 (0.0002)	−5.4492 (0.0000)	−5.7599 (0.0000)
lnUR 的 LLC 检验	0.8093 (0.7908)	−1.4272 (0.0768)	−5.3719 (0.0000)	−4.2476 (0.0000)
lnFT 的 LLC 检验	−0.1608 (0.4361)	−2.7413 (0.0031)	−5.3116 (0.0000)	−6.0051 (0.0000)
lnPE 的 LLC 检验	0.4684 (0.6803)	−1.2472 (0.1062)	−5.7961 (0.0000)	−6.7647 (0.0000)
lnES 的 LLC 检验	−2.7839 (0.0027)	−4.9672 (0.0000)	−6.3940 (0.0000)	−5.1538 (0.0000)
lnRD 的 LLC 检验	−3.2895 (0.0005)	−5.7697 (0.0000)	−7.8594 (0.0000)	−8.6819 (0.0000)

通过 LLC 检验发现,其水平值截距项检测中 lnTIS、lnES、lnRD 的 P 值分别为 0.0006、0.0027、0.0005,均小于 5% 的显著性水平,其余各变量的显著性水平均高于 5%;在截距项和时间项检验中仅有 lnUR、lnPE 的 P 值明显高于 5%,分别为 0.0768、0.1062,其余变量的显著性水平均低于 5%。而在一阶差分值单位根检验过程中发现,无论是截距项检验还是截距项和时间项检验,所有变量的 P 均通过 5% 的显著性水平,拒绝"存在单位根"的原假设,说明面板数据所有截面对应序列均为平稳序列,可以断定其数据为一阶单整,可以进行回归分析。

2. 回归结果分析

本节为了再验证环境库兹涅茨曲线在中国典型城市中是否存在,通过 Stata 14.0,首先将被解释变量碳排放总量对数项(lnCT)与核心解释变量经济规模对数项(lnGDP)及其二次项进行混合回归(OLS)、固定效应估计(FE)和随机效应估计(RE),回归结果如表 3-27 所示。混合回归模型(OLS_1)、固定效应模型(FE_1)和随机效应模型(RE_1)的解释变量的估计系数均在 5% 的置信水平下显著,通过 LM 检验与 Hausman 检验最终确定随机效应模型(RE_1)。考虑到面板数据同时兼顾了截面数据和时间序列的特征,模型估计可能存在截面异方差、截面相关性和时间序列相关。随机效应在很大程度上已经考虑了异方差问题，因此在随机效应模型（RE_1）基础上只进行序列相关检验和截面相关检验。通过检验发现，随机效应模型（RE_1）存在序列相关而不存在截面相关，因此采用 xtregar 命令进行修正估计，得到模型 RE_AR。在混合回归（OLS）、固定效应估计（FE）、随机效应估计（RE）、修正估计模型（RE_AR）中尽管其 lnGDP 和 $(lnGDP)^2$ 系数各不相同，但是明显发现 $(lnGDP)^2$ 的系数均为负值，说明样本城市的碳排放量与经济规模呈倒 U 形关系。

表 3-27　各种方法回归结果

变量	（1） OLS_1	（2） FE_1	（3） RE_1	（4） RE_AR	（5） FE_2	（6） FE_IV
$(lnGDP)^2$	−0.264***	−0.172***	−0.174***	−0.177***	−0.158***	−0.138***
	(0.0603)	(0.0254)	(0.0256)	(0.0307)	(0.0245)	(0.0324)
lnGDP	5.231***	3.501***	3.538***	3.585***	3.118***	2.835***
	(0.978)	(0.423)	(0.427)	(0.519)	(0.386)	(0.541)
lnTIS					1.475	1.589***
					(0.991)	(0.568)
lnSIS					1.291**	1.518***
					(0.528)	(0.568)
lnUR					−0.245*	−0.418**
					(0.113)	(0.191)
lnFT					0.150	0.161***
					(0.0888)	(0.0500)
lnPE					0.0321	−0.00151
					(0.464)	(0.359)
lnES					−0.429**	−0.437***
					(0.158)	(0.131)
lnRD					0.0571*	0.0707
					(0.0271)	(0.0560)
_cons	−16.01***	−7.996***	−8.173***	−8.367***	−3.884	−2.425
	(3.936)	(1.764)	(1.885)	(2.188)	(4.290)	(3.085)
N	104	104	104	104	104	96
R^2	0.812	0.885			0.913	0.8986
曲线类型	倒 U 形	倒 U 形	倒 U 形	倒 U 形	倒 U 形	倒 U 形

注：上述回归模型中（不包括模型 RE_AR），回归系数括号里的数值为稳健标准误。

*$p<0.1$、**$p<0.05$、***$p<0.01$ 分别表示 10%、5%、1%的置信水平下显著。

为了增强模型修正估计模型（RE_AR）的解释力度，引入变量第二产业比例对数项（lnSIS）、第三产业比例对数项（lnTIS）、城镇化率对数项（lnUR）等其他变量，分别进行混合回归、固定效应估计、随机效应估计，通过 LM 检验与 Hausman 检验最终确定固定效应模型（FE_2），其结果如表 3-27 所示。lnGDP 和 $(lnGDP)^2$ 的系数在 1%的显著性水平下高度显著,(lnGDP)^{2}系数为负值再次证明环境库兹涅茨曲线的存在,且呈倒U形;其余变量(除产业结构、能源结构外)均不显著,可能是因为解释变量与扰动项存在相关性,由此导致回归模型存在内生性[239],因而在固定效应模型(FE_2)的基础上采用滞后期工具变量法进行参数估计,分别以lnGDP和(lnGDP)^{2}的滞后一期作为当值期的工具变量,从而得到模型FE_IV,具体回归结果如表3-27所示。通过检验发现工具变量与当值期存在较强相关性,证明了工具变量的合理性。通过模型FE_IV的回归结果可以看出,(lnGDP)^{2}系数为-0.138,证明经济规模与碳排放总量之间存在倒U形关系。

根据模型FE_IV回归结果显示,同时剔除不显著的影响因素,得到如下回归方程:

$$\ln CT_{it} = -2.425 + 2.835\ln GDP_{it} - 0.138\left(\ln GDP_{it}\right)^2 + 1.589\ln TIS_{it}$$
$$+ 1.518\ln SIS_{it} - 0.418\ln UR_{it} - 0.437\beta_6\ln ES_{it} + 0.161\ln FT_{it} \qquad (3\text{-}30)$$

式(3-30)表明,经济规模每增加1%,碳排放总量随之增加(2.835-0.276lnGDP)%。第二产业比例、第三产业比例、对外贸易对城市碳排放具有明显的促进作用,其中第二产业比例与第三产业比例弹性系数分别为1.518和1.589,两者系数相近,表明产业结构是碳排放的重要影响因素。目前北京、上海、青岛、广州四座城市第三产业比例明显高于第二产业比例,形成明显的"三二一"格局,其他城市两者相互持平。整体来看,第二产业在整个地区生产总值中始终占有较大的比例,对城市能源需求较大;同时各城市第二产业还未实现向高端化转变,造成能源消费量仍然处于较高的增速,对区域碳排放具有明显的主导作用。第三产业以服务性行业为主导,具有低能耗、低排放的特点,理论上增加第三产业比例可极大地改善环境问题,但实际上我国目前第三产业发展仍以传统服务业为主,能源利用率不高,第三产业比例增加对碳减排的贡献未能弥补第二产业比例下降带来的碳减排幅度,因而第三产业与碳排放仍然处于正向变动关系。对外贸易的弹性系数为0.161,与区域碳排放存在正相关关系。一方面是由于中国目前贸易主要集中于加工贸易,企业碳排放效率与发达国家相比明显较低[240],资源、能源投入量与消费量较大,而目前中国各城市出口规模与进口规模呈逐年上升的趋势,整体贸易规模持续扩大,能源需求与消费进一步增大,因而导致区域碳排放有所增长;另一方面,中国进口商品的碳排放仅为出口商品碳排放的1/10[241],出口贸易的碳排放量明显高于进口贸易的碳排放量,造成了对外贸易碳排放量的净差值大于零,贸易顺差的背后隐藏着巨大的碳排放逆差,因而对外贸易潜伏着巨大的环境隐患[242]。城镇化率与能源结构在样本期内对碳排放具有明显抑制作用,其中城镇化率的弹性系数为-0.418,说明中国经过三十多年的快速城镇化发展,经济发展由粗放式逐步向集约式过渡,产业结构调整优化,城镇化质量明显提升,对区域碳排放产生积极影响。能源结构的弹性系数为-0.437,理论上,煤炭的碳排放系数大于石油、天然气,煤炭消费量比例下降,区域碳排放量也应随之降低;事实上,近年来各城市煤炭消费比例与消费总量均有所下降,但石油、天然气比例及消费量逐年增加,一次能源消费量整体仍然处于增长态势,因而区域碳排放并未随煤炭比例下降而降低[108]。

通过本节对经济规模与碳排放的回归分析,证明在中国典型城市环境库兹涅茨曲线为倒U形。对式(3-30)求极值得到$\ln GDP_{it} = 10.20$,即GDP为26930.19亿元,环境库兹涅茨曲线达到拐点，实现碳排放峰值。在达峰之前，城市经济规模对区域碳排放始终处于促进作用，碳排放总量随经济规模的增长而增加，当经济规模平均达到 26930.19 亿元时，经济与环境开始步入协调发展的轨道。平均达峰时间预计在 2023 年左右，但由于每个城市的经济发展水平不同，能源强度目标不同，政府施政策略不同，城市达峰时间和峰值变动周期也不同，这将在后续章节中进行深入研究。

第四章　政府绿色竞争力对中国典型城市碳排放的影响分析

第三章面板数据分析结果表明，研究期内地方政府环保财政支出占 GDP 的比例对城市碳排放强度的影响不显著。然而，现实中政府环境规制对地区节能减排效果起到一定的促进作用。市场存在信息外溢、协调失灵等短板，仅仅依靠市场略显捉襟见肘，在环境保护等领域，政府可以弥补市场的不足，尤其在生态文明建设过程中，政府扮演着关键角色。本章试图从另外一个角度研究环境保护政策对区域碳排放的影响作用，通过引入政府绿色竞争力指数，分析样本城市环境保护政策支撑力度和变化趋势，研究政府绿色竞争力对城镇化率、能源结构、产业结构、人口规模等碳排放影响因素的传导作用，为中国城市实现碳排放峰值目标，完成路径选择提供参考依据。

第一节　中国典型城市政府绿色竞争力测评

一、绿色竞争力文献综述

迄今为止，国内外学者对绿色竞争力进行了广泛的研究，其研究的焦点主要集中于绿色竞争力的概念、因素、指标三个方面。"绿色竞争力"一词来源于波特（1990）的《国家竞争力优势》，其认为"绿色"与竞争力不存在相悖。从微观经济环境来看，严格的环境保护似乎造成了生产成本的增加，降低了竞争力；但在宏观经济环境中，严格的环境规制反而促进了竞争力[243]。绿色竞争力是国家、地区和企业在充分考虑环境保护、可持续发展的情况下所取得的市场竞争能力[244]。从企业生产的角度来看，可将绿色竞争力理解为采用节能技术、清洁生产，贯穿于产品研发、原材料采购、生产制造、运输、产品销售到售后服务整个流程，形成高收益、低污染的企业竞争力，是企业核心竞争力的重要组成部分[245]。从企业经营的角度来看，绿色竞争力是企业为了满足环境保护的需求，将本企业产品和服务进行"绿化"，创新经营理念和模式，从而提高企业的经济收益的可持续的综合竞争能力[246]。

对绿色竞争力因素的研究主要体现在环境规制与绿色竞争力的关系上，大量研究表明环境规制具有积极意义。在微观视角下，环境规制、企业创新与可持续收益存在内在联系，依托企业资源和能力，以创新的方式应对环境法规，严格的环境规制非但没有对公司造成损失，反而使公司获得可持续发展收益，提升企业综合竞争能力[247]。通过对工业企业绿色发展绩效与环境规制政策的门限效应实证研究结果显示，环境规制政策强度小于 0.00015 时，企业加大绿色技术开发与节能技术使用，提高了企业绿色竞争力[248]。尤其在资源型城市中，环境规制对绿色竞争力的积极作用更为显著，其倒逼落后产能加速淘汰，促使效益较差的工业企业向生产性服务业转型发展，为城市经济增长创造了新的经济增长点[249]。在宏观视角下，环境规制与制造业的国际绿色竞争力呈现显著正相关关系，通过技术进步偏向性、人力资本积累和技能劳动供给增加推动制造业绿色竞争力的提升[250]。对国家整体经济而言，环境规制是经济结构向清洁转型、资源高效利用的必要手段，尽管短期内经济增长存在损失，但是在中长期内可以避免；并认为经济增长是解决环境问题的补救措施，其依据富裕国家的环境质量正在逐步改善，更容易获得清洁、高效的技术及人们对环境保护态度的积极转变[207]。

如何衡量绿色竞争力，绝大多数学者通过选取绿色指标，构建综合指标体系来实现。有学者从企业角度出发，基于企业绿色竞争力的内涵中发展度、协调度及可持续发展度3 个维度对影响企业绿色竞争力的因素进行分析，在此基础上构建企业绿色竞争力指标体系[251]。也有学者从行业角度出发，根据绿色竞争力理论研究从绿色发展表现力、绿色创新驱动力、绿色环境支撑力3 个方面，构建由 1 个目标层、3 个评价层、6 个评价项目层、27 个评价因子构成的较为系统的评价指标体系[252]。还有学者从城市角度出发，综合国家发改委《绿色发展指标体系》、倪鹏飞城市竞争力"弓箭弦模型"、郝寿义城市竞争力评价指标体系、张文忠资源型城市可持续发展能力评价指标体系等学者的研究，从绿色资源、绿色环境、绿色经济、绿色社会4 个方面遴选出 50 项可量化指标进行实证分析，最终确定适合煤炭资源型城市绿色竞争力的 47 项指标[253]。

通过文献梳理，目前对绿色竞争力的研究主要有以下特点：一是对"绿色竞争力"的概念尚未统一。绿色竞争力外延广泛，不同学者基于不同研究对象、研究角度提出的概念存在差异化。二是研究对象范围有待扩展。目前研究对象主要集中在企业、行业、城市和国家等方面，关于政府绿色竞争力研究相对较少。三是考查绿色竞争力与区域碳减排的实证文献相对较少，多数文献是从环境规制的角度来考查的，尤其是政府绿色竞争力与区域碳减排的实证研究鲜见于文献。

二、政府绿色竞争力指数构建

关于测评竞争力的研究方法较多，显示性比较优势（revealed comparative advantage，RCA）指数、净出口指数（net exports index，NX）、传统贸易竞争力（trade competitiveness，TC）指数等都是较为常见的竞争力指数。其中 RCA 指数反映的是比较优势，可以控制经济体相对规模差异[211]。其具体公式如下：

$$\text{RCA}_{ijt} = \left(\alpha_{ijt} \Big/ \sum_j \alpha_{ijt} \right) \Big/ \left(\sum_j \alpha_{ijt} \Big/ \sum_i \sum_j \alpha_{ijt} \right) \tag{4-1}$$

式中，$\alpha_{ijt} \Big/ \sum_j \alpha_{ijt}$ 为国家 i 行业 j 在 t 时期出口额占本国出口总额的比例；$\sum_j \alpha_{ijt} \Big/ \sum_i \sum_j \alpha_{ijt}$ 为全世界行业 j 在 t 时期出口额占全世界出口总额的比例[254]。

当 RCA ＞1 时，表明该国家该行业具有较强的竞争力；当 RCA ＜1 时，则表明该国家该行业在国际竞争力中表现较弱[255]。传统的 RCA 取值区间为（0，+∞），其偏斜分布会造成在回归分析中产生错误的 t 统计量[256]。实证研究表明，将传统 RCA 指数进行对称化处理可以有效降低其在实证分析中的回归误差，进而得到 RSCA（revealed symmetrical comparative advantage，对称的显示性比较优势）指数[257]，其取值区间为 $(-1,1)$，具体公式如下：

$$\text{RSCA}_{ijt} = \left(\text{RCA}_{ijt} - 1\right) / \left(\text{RCA}_{ijt} + 1\right) \tag{4-2}$$

当 $\text{RSCA} > 1$ 时，表明该国家在国际贸易竞争中具有较强的竞争力；当 $\text{RSCA} < 1$ 时，则表明该国家在国际贸易竞争中缺乏竞争力；当 $\text{RSCA} = 0$ 时，表明该国家贸易竞争力正处于世界平均水平。

本节借鉴传统 RCA 指数与对称化 RSCA 指数，以 2005～2015 年中国政府一般公共预算支出及其中的节能环保支出与地方政府一般公共预算支出及其中的节能环保支出（缺失数据利用平滑法补齐）作为基础数据，构建并测评中国典型城市政府绿色竞争力指数（government green competitiveness revealed comparative advantage index，GCRCA），公式如下：

$$\text{GCRCA}_{ijt} = \left(\text{PSE}_{ijt} / \text{PSE}_{it}\right) / \left(\text{PSE}_{kjt} / \text{PSE}_{kt}\right) \tag{4-3}$$

式中，i 为各样本城市（政府），$i = 1,2,3,\cdots,21$。t 为时间，$t = 1,2,3,\cdots,11$。j 为节能环保支出额度。k 为中国所有城市（政府）总和。GCRCA_{ijt} 为城市（政府）i 在 t 时期的绿色竞争力指数，其经济含义可以理解为地方政府节能环保投入在全国范围内是否具有绿色竞争力比较优势。如果具有绿色竞争力，说明政府在环保节能方面发挥作用较大，数值越大则说明政府作用越强；反之，则说明政府在环保节能方面的作用较弱。PSE_{ijt} 为城市（政府）i 在 t 时期环保节能支出额度。PSE_{it} 为城市（政府）i 在 t 时期一般公共预算支出总额。PSE_{kjt} 为所有城市（政府）k 在 t 时期环保节能支出额度。PSE_{kt} 为所有城市（政府）k 在 t 时期一般公共预算支出总额。

考虑到 GCRCA 与传统 RCA 指数取值区间一致，为降低在回归分析中产生偏误的风险，将 GCRA_{ijt} 指数进行对称化处理，得到 GCRSCA_{ijt} 指数，公式如下：

$$\text{GCRSCA}_{ijt} = \left(\text{GCRCA}_{ijt} - 1\right) / \left(\text{GCRCA}_{ijt} + 1\right) \tag{4-4}$$

对称化的 GCRSCA_{ijt} 的取值区间也为 $(-1,1)$，当 $\text{GCRSCA}_{ijt} \in (0,1)$ 时，表明该城市（政府）具有绿色竞争力的比较优势；当 $\text{GCRSCA}_{ijt} \in (-1,0)$ 时，表明该城市（政府）缺乏绿色竞争力的比较优势；当 $\text{GCRSCA}_{ijt} = 0$ 时，表明该城市（政府）绿色竞争力处于全国平均水平。

三、样本选取

本章研究基于国家发改委先后发布的三批低碳试点城市，选取天津、保定、重庆、南昌、贵阳（第一批试点城市），北京、青岛、苏州、镇江、上海、宁波、广州、武汉、遵义、昆明、乌鲁木齐（第二批试点城市），沈阳、大连、济南、南京、兰州（第三批试点城市）21 个城市作为研究对象。这 21 个城市区位布局基本覆盖了长三角、珠三角、京津冀、长江中游、成渝、哈长、中原等国家级城市群，山东半岛、北部湾、天山北坡、滇中、黔中等大区域城市群，其经济水平、城市规模等基本涵盖了中国各城市的特征。其特征参数如表 4-1 所示。

表 4-1　中国典型城市特征参数

类别	城市群	超大城市	特大城市	大城市	中等城市
		1000 万人以上	500 万～1000 万人	100 万～500 万人	50 万～100 万人
国家级	长三角	上海②	南京③	苏州② 宁波②	镇江②
	珠三角	广州②			
	京津冀	北京② 天津①		保定①	
	长江中游	武汉②	南昌①		
	成渝	重庆①			
	中原			兰州③	
	哈长		大连③ 沈阳③		
大区域	山东半岛		济南③ 青岛③		
	北部湾			桂林②	
	天山北坡			乌鲁木齐②	
	滇中		昆明②		
	黔中		遵义②	贵阳①	

①②③分别表示第一批、第二批、第三批低碳试点城市。

四、政府绿色竞争力测评

基于式（4-3）与式（4-4），21 个城市 2005～2015 年的 GCRCA 指数和 GCRSCA 指数的测算结果如图 4-1 和图 4-2 所示。通过对比可以看出，GCRCA 指数数值全部为正值，其中上海数值最高，其余城市差异性较小；而 GCRSCA 指数比 GCRCA 指数更为直观地反映出各研究对象在样本期间的差异，因而本节以 GCRSCA 指数为基础进行政府绿色竞争力分析。

GCRSCA 指数的测算数值如表 4-2 所示。从总体来看，大部分典型城市的绿色竞争力较为薄弱，21 个样本城市中仅有 9 个城市在 2005～2015 年 GCRSCA 均值为正，西部典型城市中具有政府绿色竞争力的城市多于东部城市。其中上海、重庆 2 个城市 GCRSCA 在研究期间虽然存在小幅波动，但始终保持正值，表明上海与重庆一直保持着政府绿色竞争力比较优势；而天津、广州、大连、武汉、南昌、青岛（2012 年和 2013 年 GCRSCA 为正值）、宁波（2010 年 GCRSCA 为正值）、沈阳（2012 年 GCRSCA 为正值）、济南（2009 年、2010 年、2014 年和 2015 年 GCRSCA 为正值）9 个城市 GCRSCA

在研究期间整体为负值，尤其是天津、广州的政府绿色竞争力最弱，均值分别是-0.26、-0.66；北京、保定、南京、苏州、镇江、遵义、贵阳、昆明、兰州、乌鲁木齐10个城市在研究期间GCRSCA由负转正，表明政府绿色竞争力比较优势逐步提高。从时间趋势来看，北京、保定、宁波、南京、苏州、沈阳、济南、昆明、乌鲁木齐、兰州、贵阳11个城市政府绿色竞争力整体处于上升状态；上海、重庆、大连、广州、武汉、天津、南昌7个城市政府绿色竞争力基本围绕其在研究期间的均值上下波动；而镇江、遵义、青岛3个城市政府绿色竞争力处于明显下降趋势。

彩图 4-1

彩图 4-2

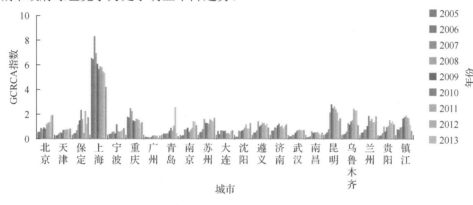

图 4-1　中国典型城市 2005～2015 年的 GCRCA 指数

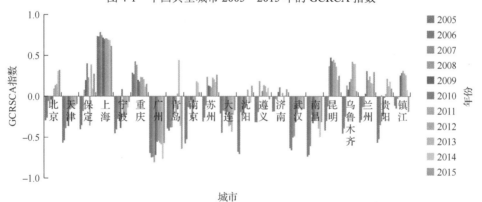

图 4-2　中国典型城市 2005～2015 年 GCRSCA 指数

表 4-2　中国典型城市 2005～2015 年 GCRSCA 指数测算数值

城市	2005 年	2006 年	2007 年	2008 年	2009 年	2010 年	2011 年	2012 年	2013 年	2014 年	2015 年
北京	-0.294	-0.262	-0.060	-0.123	-0.042	-0.096	0.093	0.134	0.149	0.305	0.319
天津	-0.567	-0.539	-0.391	-0.294	-0.362	-0.159	-0.148	-0.134	-0.126	-0.112	-0.094
保定	-0.402	-0.353	-0.179	0.079	0.197	0.402	0.231	-0.356	0.389	0.096	0.273
上海	0.736	0.732	0.785	0.749	0.717	0.699	0.710	0.706	0.691	0.686	0.615
宁波	-0.451	-0.404	-0.276	-0.256	-0.387	0.086	-0.239	-0.259	-0.217	-0.138	-0.068

续表

城市	2005 年	2006 年	2007 年	2008 年	2009 年	2010 年	2011 年	2012 年	2013 年	2014 年	2015 年
重庆	0.286	0.266	0.427	0.384	0.199	0.179	0.237	0.230	0.208	0.119	0.152
广州	-0.695	-0.747	-0.741	-0.807	-0.717	-0.557	-0.545	-0.568	-0.585	-0.765	-0.571
青岛	-0.391	-0.419	-0.379	-0.377	-0.216	-0.058	-0.209	0.031	0.442	-0.363	-0.641
南京	-0.577	-0.527	-0.131	-0.133	-0.050	-0.279	-0.149	-0.068	0.183	0.166	0.050
苏州	-0.308	-0.259	-0.113	0.239	0.130	0.123	0.107	0.229	0.208	0.173	0.263
大连	-0.209	-0.445	-0.174	-0.183	-0.228	-0.193	-0.365	-0.348	-0.432	-0.226	-0.167
沈阳	-0.678	-0.706	-0.191	-0.228	-0.201	-0.139	-0.042	0.083	-0.081	-0.077	0.130
遵义	-0.316	-0.315	-0.191	0.186	0.005	0.066	0.138	0.126	0.051	0.104	-0.035
济南	-0.186	-0.183	-0.030	-0.043	0.052	0.111	-0.001	0.041	-0.089	0.013	0.086
武汉	-0.635	-0.657	-0.505	-0.489	-0.315	-0.199	-0.152	-0.134	-0.168	-0.150	-0.153
南昌	-0.737	-0.716	-0.608	-0.226	-0.327	-0.298	-0.299	-0.267	-0.394	-0.498	-0.313
昆明	-0.415	-0.298	-0.121	0.369	0.475	0.430	0.450	0.413	0.365	0.201	0.252
乌鲁木齐	-0.453	-0.389	-0.249	0.134	0.082	0.177	0.212	0.423	0.397	0.399	0.064
兰州	-0.316	-0.285	-0.128	-0.128	0.033	0.308	0.199	0.245	0.163	0.157	0.297
贵阳	-0.565	-0.522	-0.348	0.013	-0.236	-0.013	0.030	0.217	0.125	0.184	0.097
镇江	-0.113	-0.147	-0.025	-0.007	0.254	0.285	0.313	0.279	0.256	0.079	-0.187

保定、苏州、昆明、乌鲁木齐、贵阳 5 个城市从 2008 年开始具有明显政府绿色竞争力，而兰州于 2009 年政府绿色竞争力呈现正值，这与政府在环保节能方面的举措密不可分。2008 年保定市政府加速淘汰水泥、热电等落后产业，限制钢铁、焦化等高耗能行业，关停"三高"企业，使得全年单位工业增加值能耗同比下降 16.51%；苏州市政府加强对耗能企业监测，淘汰落后用能设备 1000 台（套），通过实施重点节能技术改造项目 80 项，实现万元 GDP 能耗同比下降 4.5%；昆明市政府加强工业固体废物和工业废水排放处置力度，使其利用率与达标率分别高达 99.37% 和 99.79%；乌鲁木齐市政府实现全市规模以上工业企业万元工业增加值能耗 4.51t/万元，同比下降 6.21%，节能降耗成效显著；兰州市政府 2009 年加大对黄河水污染治理，加强生态环境建设，实现单位 GDP 能耗与上一年同比下降 12.97%，呈现出政府绿色竞争力。贵阳市政府敦促各级政府和污染源企业签订了《2008 年度主要污染物排放总量控制目标责任书》，单位 GDP 能耗下降了 17.79%。

宁波、济南和沈阳的 GCRSCA 相似，尽管在研究期间有正有负，但整体处于上升状态。2010 年，宁波市政府如期完成"十一五"减排目标，实施机动车尾气污染监控网络建设，单位 GDP 能耗与上一年相比下降 3.11%，该年 GCRSCA 为正值；而沈阳市政府 2015 年持续推进蓝天工程，针对大型燃煤锅炉进行脱硫改造，拆除 270 台供热锅炉，淘汰黄标车 3.3 万台，因而 2015 年沈阳具有明显的绿色政府竞争力；北京市政府 2011 年加大支持燃煤锅炉清洁能源改造、老旧公交车和机动车淘汰，加强推广新能源汽车，建筑节能改造，超额完成预算的 185.5%，GCRSCA 显著为正值；南京作为第三批低碳试点城市，起步较晚，直到 2013 年南京市政府推动静脉产业园建设、老旧汽车报废更新等环保专项治理后才具有绿色竞争力比较优势。

镇江和遵义 2015 年 GCRSCA 为负值，且呈现下降趋势，镇江市政府和遵义市政府 2015 年一般公共预算中环保节能支出分别是 6.52 亿元和 12.05 亿元，比上一年下降 28.98%、1.87%。之所以出现下降，究其原因可能是镇江前期为打造"镇江模式"投入较大，而到了 2015 年"镇江模式"已成效明显，并且成功举行"城市主题日·镇江"，因而降低了在环保节能方面的支出；遵义 2015 年创建国家环保模范城市成功通过验收，已完成国家生态示范区 5 个，生态镇 38 个，因而小幅降低环保节能支出。青岛市政府缺乏绿色竞争力的原因主要是历年一般公共预算中环保节能支出（均值约为 13.22 亿元）及其占政府一般公共预算的比例并不高，最高年份是 2013 年的 64.28 亿元，其中绝大部分用于海尔、海信等家电企业推广高效节能家电补贴，因而青岛市政府在环保节能支出的结构方面有待优化。

第二节 中国典型城市政府竞争力的系统 GMM 分析

在政府绿色竞争力比较优势分析的基础上，本节采用系统广义矩估计（generalized method of moments，GMM，以下简称系统 GMM）方法，设定两种情景，即考虑政府绿色竞争力和未考虑政府绿色竞争力，对人口规模、人口结构、人均收入、产业结构、能源结构、技术创新、出口贸易、能源价格等因素对碳排放的影响进行实证研究，考查政府绿色竞争力对碳减排的作用机制及区域差异性。

一、碳排放计量模型构建

本节采用 Kaya 模型和 STIRPAT 模型相结合的方式构建碳排放计量动态面板模型。通过对 Kaya 模型扩展修正以分析影响碳排放的主要因素，扩展后的恒等式如下：

$$CT = \sum_i \sum_j \sum_k PE \times \frac{PE_i}{PE} \times \frac{GDP_i}{PE_i} \times \frac{GDP_{ij}}{GDP_i} \times \frac{E_{ij}}{GDP_{ij}} \times \frac{E_{ijk}}{E_{ij}} \times \frac{CT_{ijk}}{E_{ijk}} \tag{4-5}$$

$$CT = \sum_i \sum_j \sum_k PE \times UR \times PI \times IS \times ET \times ES \times CR \tag{4-6}$$

式中，i 为地区类型（i=1,2,分别表示城镇、农村）；j 为产业类型（j=1,2,3,分别表示第一、二、三产业）；k 为能源种类（k=1,2,…,17,分别表示原煤、洗精煤、…、天然气）；CT 为碳排放量；PE 为人口规模；$UR = \frac{PE_i}{PE}$，为人口结构，即城镇化率；$PI = \frac{GDP_i}{PE_i}$，为人均收入，即人均 GDP；$IS = \frac{GDP_{ij}}{GDP_i}$，为产业结构；$ET = \frac{E_{ij}}{GDP_{ij}}$，为能源强度；$ES = \frac{E_{ijk}}{E_{ij}}$，为能源结构；$CR = \frac{CT_{ijk}}{E_{ijk}}$，为碳排放系数，即碳排放强度。

经过变化后的恒等式表明决定碳排放的影响因素是地区人口数量、城市发展水平、人均收入水平、地区产业结构、能耗强度、能源消费结构、碳排放强度等。其中城市发展水平、人均收入水平、地区产业结构、能源消费结构可以归结为结构因素，而能耗强度与碳排放强度则可归结为技术因素。

STIRPAT 非线性模型如式（4-7）所示，主要包括人口、富裕程度、技术三个方面。在修正后 Kaya 模型碳排放影响因素理论分析的基础上，除人口规模、人口结构、人均收入、产业结构、能源结构引入 STIRPAT 模型外，为了避免模型存在多重共线性，选择研究与发展投入作为代理变量，代替能耗强度与碳排放强度来反映技术因素；有学者研究发现，中国出口商品所导致的碳排放量是进口商品碳排放的 10 倍左右[240]，因而本节引入出口贸易作为碳排放影响因素之一；能源价格作为调节能源资源配置最重要的市场机制，受到能源资源的特性、市场结构等一系列错综复杂的因素的影响，一直以来受到众多学者的关注[19,20]，本节也将能源价格引入，以期探究其对碳排放量的影响。最终对 STIRPAT 非线性模型进行扩展修正，得到以下公式：

$$I_i = a P_i^b A_i^c T_i^d \tag{4-7}$$

$$\mathrm{CT}_{it} = \alpha \mathrm{PE}_{it}^{\beta_1} \mathrm{UR}_{it}^{\beta_2} \mathrm{PI}_{it}^{\beta_3} \mathrm{IS}_{it}^{\beta_4} \mathrm{ES}_{it}^{\beta_5} \mathrm{RD}_{it}^{\beta_6} \mathrm{FS}_{it}^{\beta_7} \mathrm{PRI}_{it}^{\beta_8} \tag{4-8}$$

式中，i 为研究城市，$i=1,2,3,\cdots,21$；t 为时间，$i=1,2,3,\cdots,11$；CT_{it} 为碳排放总量；PE_{it} 为人口规模；UR_{it} 为人口结构（城镇化率）；PI_{it} 为人均收入；IS_{it} 为产业结构；ES_{it} 为能源结构；RD_{it} 为技术创新；FS_{it} 为贸易程度；PRI_{it} 为能源价格。

为了更好地阐述各影响因素对碳排放的影响，取对数形式避免多重共线性，消除异方差[237]，降低回归分析中产生的偏误。考虑到模型中涉及经济因素，而研究碳排放与经济增长之间关系时多采用环境库兹涅茨曲线[258,259]，因而引入人均收入二次项作为解释变量；同时大量实证研究表明碳排放具有滞后效应，即上一期碳排放对本期碳排放具有一定的影响，具有路径依赖的特性[260]，而传统静态模型未能考虑到个体动态行为，因此本节引入碳排放滞后一期作为解释变量。以此构建的动态面板计量模型如下：

$$\ln \mathrm{CT}_{i,t} = \ln\alpha + \beta\ln\mathrm{CT}_{i,t-1} + \beta_1\ln\mathrm{PE}_{i,t} + \beta_2\ln\mathrm{UR}_{i,t} + \beta_3\ln\mathrm{PI}_{i,t} + \beta_3'\ln\left(\mathrm{PI}_{i,t}\right)^2 + \beta_4\ln\mathrm{IS}_{i,t}$$
$$+ \beta_5\ln\mathrm{ES}_{it} + \beta_6\ln\mathrm{RD}_{i,t} + \beta_7\ln\mathrm{FS}_{i,t} + \beta_8\ln\mathrm{PRI}_{i,t} + \mu_i + \varepsilon_{i,t} \tag{4-9}$$

本节重点考查中国典型城市政府绿色竞争力对碳排放的影响机制，因而以构建 GCRSCA 指数作为解释变量，引入式（4-9）中，得到式（4-10）：

$$\ln \mathrm{CT}_{i,t} = \ln\alpha + \beta\ln\mathrm{CT}_{i,t-1} + \beta_0\ln\mathrm{GCRSCA}_{i,t} + \beta_1\ln\mathrm{PE}_{i,t} + \beta_2\ln\mathrm{UR}_{i,t} + \beta_3\ln\mathrm{PI}_{i,t} + \beta_3'\ln\left(\mathrm{PI}_{i,t}\right)^2$$
$$+ \beta_4\ln\mathrm{IS}_{i,t} + \beta_5\ln\mathrm{ES}_{it} + \beta_6\ln\mathrm{RD}_{i,t} + \beta_7\ln\mathrm{FS}_{i,t} + \beta_8\ln\mathrm{PRI}_{i,t} + \mu_i + \varepsilon_{i,t} \tag{4-10}$$

二、变量说明

基于 Kaya 模型碳排放影响因素分析及文献梳理，本节选取碳排放总量（CT）、对称化的政府绿色竞争力（GCRSCA）、人口规模（PE）、人口结构（城镇化率）（UR）、人均收入（PI）、产业结构（IS）、能源结构（ES）、技术创新（RD）、贸易程度（FS）、能源价格（PRI）等作为研究变量[8]。其中 CT 主要为煤炭、石油、天然气等一次能源消费所产生；GCRSCA 通过测算的对称化政府绿色竞争力指数表示；PE 为城市常住人口数量；UR 为城市城镇人口与常住人口比值，即常住人口城镇化率；PI 用地区生产总值与地区常住人口的比值表示[250]；由于各城市产业结构具有差异性，而碳排放与第二产业、第三产业存在不同程度的耦合关系[261]，为充分反映产业结构对碳排放的影响机理，引入第二产业与生产总值的比例（SPS）、第三产业与生产总值的比例（TPS）作为产业结构的代理变量。ES 通过煤炭消费量占能源消费总量的比例（MS）、石油消费量占能源消费的比例（OS）来表示；RD 为 R&D 投入与地区生产总值之比；FS 用出口依存系数表示，即出口贸易额占地区生产总值的比例[8]；目前国内尚无统一的能源价格指数，本节基于前人研究[262]，以各城市燃料、动力购进价格指数表示能源价格（PRI）。

三、数据来源

碳排放的核算方法采用 IPCC 推荐的物料衡算法［式（3-4）］。CT、MS 与 OS 通过各城市《统计年鉴 2006～2016》《中国能源统计年鉴 2006～2016》和国家统计局《分省年度数据》有关数据计算所得，缺失数据采用指数平滑法补齐；PE、UR、PI、IS、FS、PRI 来源于各城市《统计年鉴 2006～2016》；而 RD 通过各城市《统计年鉴 2006～2016》和各城市《第二次科学研究与试验发展（R&D）资源清查主要数据公报》整理所得。通过 Stata 14.0 运算得各变量主要统计特征，如表 4-3 所示[250]。

表 4-3　各变量的统计特征

变量名称	变量描述	单位	观测数	均值	标准差	最小值	最大值
CT	碳排放总量	万 t	231	9624.6920	6893.9660	840.5169	26827.8800
GCRSCA	绿色竞争力		231	−0.0668	0.3428	−0.8067	0.7852
PE	人口数量	万人	231	955.4887	653.8848	212.9503	3016.5500
UR	城镇化率	%	231	0.6558	0.1506	0.2327	0.8960
PI	人均收入	亿元	231	58503.70	30945.37	5228.0430	136624.60
SPS	第二产业比例	%	231	0.4598	0.0799	0.1974	0.6480
TPS	第三产业比例	%	231	0.4902	0.0959	0.3112	0.7965
OS	石油占比	%	231	0.3212	0.2704	0.0036	0.7891
MS	煤炭占比	%	231	0.6417	0.2774	0.1273	0.9864
RD	技术创新	%	231	0.0187	0.0115	0.0033	0.0601
FS	贸易程度	%	231	0.2699	0.2562	0.0094	1.3311
PRI	能源价格		231	111.5838	32.0851	69.90	307.10

四、系统 GMM 分析

动态面板模型最大的优点就是考虑了被解释变量的个体动态行为[239]，在回归模型中包含了被解释变量的滞后项，但同时也造成了回归模型存在内生性问题，导致回归结果与实际情况偏误较大。目前，解决内生性问题最常用的方法就是一阶差分广义矩估计（一阶差分 GMM）和系统广义矩估计（系统 GMM）。系统 GMM 相较于一阶差分 GMM，克服了后者可能出现弱工具变量的不足，提高了估计效率，降低了回归偏误的风险，而且通过系统 GMM 可以估计出不随时间变化的变量的系数，因而本节所有回归分析皆采用系统 GMM。为了探讨不同区位布局的城市政府绿色竞争力对碳减排的影响机理，本节首先将研究对象设定为四个样本，分别是典型城市总样本（本章第一节所选取的 21 个城市）、东部城市样本（大连、沈阳、北京、天津、保定、上海、青岛、济南、南京、苏州、镇江、宁波、广州 13 个城市）、中部城市样本（武汉、南昌 2 个城市）、西部城市样本（重庆、遵义、贵阳、昆明、乌鲁木齐、兰州 6 个城市）；其次，为了考查政府绿色竞争力对碳排放的治理作用，设定两种情景：无 GCRSCA 和有 GCRSCA，基于式（4-8）和式（4-9）分别进行回归。最终得到所有回归结果，如表 4-4 所示。无论是系统 GMM 还是一阶差分 GMM，其成立最重要的前提假设就是 $\varepsilon_{i,t}$ 扰动项不存在序列相关，因而需要对扰动项进行序列相关检验 [AR（1）和 AR（2）]。从表 4-4 可知，尽管 SGMM_1、SGMM_2、SGMM_3、SGMM_7、SGMM_8 中 AR(1) 在 5% 的显著性水平下拒绝"$\varepsilon_{i,t}$ 无自相关"的原假设，但所有回归结果的 AR（2）均无法拒绝原假设，表明所有回归结果 $\varepsilon_{i,t}$ 扰动项不存在序列相关。系统 GMM 克服了弱工具变量的风险，但依然存在过度识别检验的问题，通常情况下采用工具变量过度识别检验（Sargan 检验）以证明模型的合理性。表 4-4 表明，所有回归结果 Sargan 检验的 P 值均在 5% 的显著性水平下无法拒绝"所有工具变量都有效"的原假设，证明所有模型设定合理且有效。

表4-4　动态面板回归结果

变量	典型城市总样本		东部城市样本		中部城市样本		西部城市样本	
	SGMM_1	SGMM_2	SGMM_3	SGMM_4	SGMM_5	SGMM_6	SGMM_7	SGMM_8
L. lnct	0.959***	0.954***	1.127***	1.102***	−0.199	−0.301	0.729***	0.731***
	(0.052)	(0.051)	(0.111)	(0.108)	(0.316)	(0.206)	(0.129)	(0.130)
GCRSCA		−0.105*		−0.150**		−0.447***		−0.020
		(0.055)		(0.061)		(0.104)		(0.142)
lnPE	0.059	0.117	0.177	0.285*	5.629***	5.895***	0.443**	0.438**
	(0.166)	(0.168)	(0.148)	(0.150)	(1.096)	(0.743)	(0.197)	(0.200)
lnUR	−0.785***	−0.805***	−0.827***	−0.784***	−0.046	0.238*	−0.546	−0.596
	(0.240)	(0.235)	(0.219)	(0.208)	(0.179)	(0.125)	(0.453)	(0.521)
lnPI	1.155	1.553**	3.734**	4.536***	−0.580	3.801	0.121	0.216
	(0.748)	(0.777)	(1.530)	(1.514)	(1.959)	(2.983)	(1.426)	(1.537)
$(\mathrm{lnPI})^2$	−0.056	−0.073**	−0.179**	−0.215***	0.001	−0.196	−0.004	−0.008
	(0.036)	(0.037)	(0.071)	(0.070)	(0.086)	(0.133)	(0.069)	(0.073)
lnSPS	2.024***	2.140***	2.434***	2.496***	3.779***	3.261***	2.493***	2.515***
	(0.442)	(0.445)	(0.478)	(0.463)	(0.983)	(0.752)	(0.914)	(0.935)

续表

变量	典型城市总样本		东部城市样本		中部城市样本		西部城市样本	
	SGMM_1	SGMM_2	SGMM_3	SGMM_4	SGMM_5	SGMM_6	SGMM_7	SGMM_8
lnTPS	2.483***	2.574***	2.711***	2.674***	2.007***	1.155**	3.133***	3.168***
	(0.486)	(0.487)	(0.574)	(0.550)	(0.765)	(0.564)	(1.161)	(1.183)
lnOS	0.020	0.015	−0.101	−0.142**	0.199**	0.147***	0.004	0.005
	(0.036)	(0.036)	(0.066)	(0.066)	(0.092)	(0.005)	(0.043)	(0.045)
lnMS	−0.221*	−0.244**	−0.417***	−0.500***	−1.413***	−1.536***	−0.611**	−0.596**
	(0.122)	(0.122)	(0.142)	(0.142)	(0.157)	(0.011)	(0.275)	(0.287)
lnRDS	−0.046	−0.033	−0.062	−0.061	−1.634***	−1.451***	−0.198	−0.191
	(0.071)	(0.071)	(0.090)	(0.087)	(0.295)	(0.066)	(0.124)	(0.138)
lnCKS	−0.034	−0.047	−0.075	−0.091	0.435*	0.336	−0.0399	−0.038
	(0.038)	(0.038)	(0.070)	(0.068)	(0.233)	(0.212)	(0.0626)	(0.063)
lnPRI	−0.014*	−0.012	−0.002	0.001	−0.547***	−0.453***	0.152	0.155
	(0.008)	(0.008)	(0.010)	(0.010)	(0.131)	(0.042)	(0.176)	(0.180)
_cons	−3.192	−5.629	−18.880**	−24.01***	−19.44**	−45.87***	0.663	0.193
	(4.328)	(4.512)	(9.085)	(9.037)	(9.721)	(15.343)	(7.554)	(8.107)
AR(1)	[0.002]	[0.003]	[0.021]	[0.166]	[0.205]	[0.158]	[0.032]	[0.034]
AR(2)	[0.485]	[0.526]	[0.253]	[0.250]	[0.181]	[0.388]	[0.277]	[0.215]
Sargan_P	[0.065]	[0.140]	[0.180]	[0.419]	[0.968]	[0.992]	[0.789]	[0.800]
曲线		倒 U 形	倒 U 形	倒 U 形				
No.city	21	21	13	13	2	2	6	6

注：圆括号内为系数标准误差，中括号内为检验显著性 P 值。

***$P<0.01$、**$P<0.05$、* $P<0.1$ 分别表示 1%、5%、10%的置信水平下显著。

1. 典型城市总样本分析

典型城市总样本 SGMM_1 回归结果显示，仅有碳排放滞后一期、产业结构（第二产业比例、第三产业比例）在 1%的置信水平下显著，而煤炭占比和能源价格在 10%的显著性水平才通过检验。在将政府绿色竞争力作为变量的回归结果 SGMM_2 中，政府绿色竞争力通过 10%的显著性检验，系数为−0.105，政府绿色竞争力与碳排放呈现反向变动关系，政府绿色竞争力的增强可以有效抑制碳排放，表明在碳治理过程中政府起到了积极作用；其余各解释变量对被解释变量的影响系数符号并未发生变化，但显著性明显改变。碳排放滞后一期、城镇化率、产业结构（第二产业比例、第三产业比例）通过 1%的显著性检验，其中城镇化率与碳排放存在显著负相关关系，碳排放滞后一期、产业结构（第二产业比例、第三产业比例）则呈现正相关关系，表明碳排放具有路径依赖性，提升第三产业水平、优化产业结构、提高城镇化质量可以有效控制碳排放；而人均收入、人均收入二次项与煤炭占比通过了 5%的显著性检验，其中人均收入与碳排放存在正向变动行为，二次项系数为负，表明在中国典型城市中存在环境库兹涅茨曲线（呈倒 U 形），且未越过碳排放峰值的拐点，未来一段时间内碳排放依然会随着经济增长而增加。理论上，煤炭是碳排放的主要来源之一，碳排放会随着煤炭消费量的增加而增长。事实上，近年来各城市，尤其是低碳试点城市，对煤炭消费量进行严格的控制，煤炭能源消费及其在一次能源消费量中的比例均有所下降，但是石油、天然气比例及各自消费量逐年上升，整体能源消费总量并未下降，因而区域碳排放并未随煤炭比例下降而降低；能源价格与其余变量并未通过显著性检验，但其与碳排放呈现负相关关系，符合经济事实，即随着能源价格的上升，能源消费量的需求下降，进而消耗的能源降低，碳排放随之降低。

2. 东部城市样本分析

在东部城市样本中，SGMM_3 和 SGMM_4 回归结果显示，除了碳排放滞后一期、城镇化率、人均收入、人均收入二次项、第二产业比例、第三产业比例、煤炭占比均通过了显著性水平检验外，与典型城市总样本中各解释变量对碳排放的影响机理一致，在考虑政府绿色竞争力的情况下，各解释变量弹性系数符号未发生变化。通过 SGMM_4 可知，东部城市群存在环境库兹涅茨曲线（呈倒 U 形），未来经济增长将持续带动碳排放增加；在政府绿色竞争力作用下，石油占比不仅通过了 5% 的显著性检验，而且降低碳排放的作用明显增强，弹性系数由-0.101 变为-0.142；第三产业比例对碳排放的推动作用减弱，弹性系数由 2.711 变为 2.674。说明在政府引领作用下，东部城市能源结构与产业结构进一步优化，对碳排放治理效果显著。目前山东已成立页岩油气装备技术创新联盟，研发油气产业高端技术与工艺；同时，各地政府积极推动传统性服务业转型升级，深化实施创新驱动战略，开展新旧动能转换工作，第三产业正从中低端向中高端过渡。人口规模在 10% 的显著性水平下与碳排放呈现正相关关系，人口数量的增长加剧了地区碳排放，事实上东部城市的"人口迁徙"现象始终存在，由原先的"人口迁徙"转变为"劳动力迁徙"，而且由原先单一化的劳动密集型迁徙转变为现在多元化的资本密集型和技术密集型迁徙。一方面，随着东部城市经济的快速发展，工资水平不断提高，就业岗位逐年增多，越来越多的人口数量从不同地区涌入东部城市，各地政府在"十三五"规划中都提及对人口规模的控制，如北京欲将人口规模控制在 2300 万人之内；另一方面，东部城市加大人才引进力度，以青岛为例，预计 2020 年，全市人才总量超过 200 万人，约占人口规模的 20%。未来一段时期内，东部城市人口数量仍然处于上升趋势，因而形成了与碳排放的正向变动关系。而技术创新、贸易程度与能源价格未能通过显著性检验。

3. 中部城市样本分析

在中部城市样本中，SGMM_5 和 SGMM_6 回归结果表明，被解释变量碳排放的滞后一期未能通过 1% 的显著性水平检验，且系数为负，因而在中部城市碳排放的路径依赖性有待进一步验证；同时人均收入的一次项与二次项均未通过显著性检验，表明在中部城市中环境库兹涅茨曲线的有效性同样有待验证。相比于 SGMM_5，在考虑政府绿色竞争力的回归结果 SGMM_6 中，人口规模、第二产业比例、第三产业比例、石油占比、煤炭占比、技术创新、能源价格与碳排放均高度显著。其中人口规模、城镇化率、第二产业比例、第三产业比例和石油占比与碳排放存在正相关关系，且人口规模的影响系数在所有解释变量中最大，表明在中部城市中城市常住人口数量是导致碳排放增加的主要驱动力。统计数据显示，2006～2015 年，中部地区整体城镇化率由 36.5%提高到51.2%，新增 5000 万人到城市居住生活，城市用能大幅提升，因而对碳排放产生了直接的推动作用。第二产业比例的系数明显高于第三产业比例，说明在中部城市产业结构中，第二产业是造成碳排放增长的主导产业。而城镇化率仅通过 1%的显著性检验，与碳排放也为正相关关系，究其原因，可能是随着国家中部崛起战略实施力度逐步加大，国内外产业开始向中部城市转移，而产业结构不优，其中以第二产业为主，在带动经济增长的同时，加剧了地区资源环境承载力，资源约束趋紧，经济发展方式较为粗放，城镇化发展相对滞后，因而造成碳排放随着产业结构、城镇化的推进而增长。但在政府绿色竞争力的影响下，第二产业比例与第三产业比例的弹性系数分别降低了 0.518、0.852，意味着第二产业与第三产业在生产经营过程中对碳排放增长的贡献作用明显降低，表明在中部城市政府可以通过提高绿色竞争力实现产业结构优化，从而降低碳排放。技术创新与碳排放呈显著负相关关系，从系数来看，与国内学者研究结果一致，我国中西部城市的技术创新对碳治理的效果要优于东部城市[263]。以武汉为例，2015 年武汉 R&D 投入327.19 亿元，占地区生产总值的 3%，仅次于北京（6%）、上海（3.6%）和天津（3.1%），高出平均水平 39.42%，在低碳技术研发与低耗能设备采购方面具有比较优势。能源价格变动可改变碳排放符合新古典经济学需求理论，期初消费者根据需要购买能源，导致能源价格上涨，但随着价格的持续上升，其"边际效应"递减，当数量增加到一定程度后"边际效应"非常小，消费者只愿意通过低价购买，因为能源价格的持续上涨会导致能源消费量的逐步下降，最终造成碳排放随能源价格上涨而逐年下降的局面。贸易程度在 SGMM_5 中仅通过 10%的显著性检验，而在 SGMM_6 中未能通过检验，说明在中部城市中出口贸易并不是碳排放的决定性因素。

4. 西部城市样本分析

在西部城市样本中，SGMM_7 和 SGMM_8 回归结果显示，政府绿色竞争力对碳排放的影响并不显著，且在引入政府绿色竞争力和不引入的情况下，各解释变量对碳排放的作用机制并未发生明显变化，表明政府在降低碳排放过程中的作用还未能充分发挥。碳排放滞后一期高度显著，西部城市碳排放路径依赖性得到有效验证。人口规模、第二产业比例、第三产业比例、煤炭占比通过了 5%的显著性检验。其中第三产业比例对碳排放的影响巨大，与西部地区第三产业起步较晚，多为传统服务业为主有很大关联，能源利用效率不高直接导致碳排放增长。相较于第三产业比例，第二产业比例和人口规模对碳排放增长的影响较小。煤炭占比与典型城市总样本、东部城市样本和中部城市样本解释一致，归因于煤炭是碳排放的主要来源，因而各地政府对煤炭都进行严格的控制消费，但是石油和天然气还未采取强制措施，总体能源消费总量还未得到有效控制。

第三节 结论与建议

本章通过构建 GCRCA 指数模型，对样本城市政府绿色竞争力进行测评，并在此基础上，将政府绿色竞争力作为解释变量纳入碳排放计量模型，基于系统 GMM 方法，对政府绿色竞争力等因素与区域碳排放进行实证分析，得出以下结论与建议：

1）根据 GCRCA 指数和对 GCRSCA 指数的测算结果，GCRSCA 更能直观地反映出各政府间绿色竞争力的差异性。从整体来看，研究样本城市的政府绿色竞争力整体较为薄弱，仅有 9 个城市在 2005～2015 年 GCRSCA 均值为正。从时间趋势来看，北京、保定、宁波、南京、苏州、沈阳、济南、昆明、乌鲁木齐、兰州、贵阳 11 个城市政府绿色竞争力在研究时期内整体处于上升状态，表明政府在环境保护方面的干预正在逐步加大；而镇江、遵义 2 个城市的政府绿色竞争力呈现小幅下降，青岛的政府绿色竞争力则呈明显下降，说明政府在一般公共预算财政支出中节能减排支出结构有待进一步优化；其余城市政府绿色竞争力在研究期间变化相对平稳。提升政府绿色竞争力并不是指盲目提高环保节能支出的额度，而是一方面结合政府自身的经济实力，适当提高环保节能支出额度，增加对高污染设备、新能源汽车及充电设备补贴、污水处理、垃圾分类处理的专项资金；另一方面，重点优化一般公共预算中环保节能支出的结构，围绕污染防治、环境保护管理事务，增强支出与政策的匹配性。

2）实证结果表明，政府绿色竞争力可以有效降低碳排放。一方面，政府绿色竞争力表现出治理碳减排的积极作用，有助于城市碳减排方案的实施；另一方面，政府绿色竞争力通过影响其他碳排放因素间接对碳排放增长起到了削弱作用，有利于提高碳治理效率。从典型城市总样本来看，政府绿色竞争力对碳减排的正向作用主要体现在城镇化率和能源结构上；从分区域样本来看，在东中部样本城市中政府绿色竞争力提高了产业结构和能源结构对碳减排的贡献作用，而西部城市人口规模受政府绿色竞争力的影响，弹性系数明显下降，中部城市技术创新在政府绿色竞争力作用下，其显著性和弹性系数优于东西部地区。未来随着政府绿色竞争力的增强，其对碳排放的抑制作用逐渐增强，充分说明在碳减排治理过程中，政府扮演着不可或缺的角色，提升政府绿色竞争力有利于加快城市低碳转型进程。在环保节能方面，合理税收比增加政府补贴更为有效[264]，是提升政府绿色竞争力的有力举措之一。一方面可加强消费税、企业所得税的节能减排、绿色环保功能，构建科学合理的多维度以绿色为导向税收体系；另一方面，加快税制改革，整合现行税收政策，减税降费[265]。

3）基于政府绿色竞争力各实证结果显示，目前经济因素仍是导致碳排放增长的主要贡献者之一。环境库兹涅茨曲线的有效性在典型城市总样本与东部城市样本中得到有效验证，呈现倒 U 形，且未能越过碳排放峰值拐点，表明未来一段时间内，碳排放依然会随着经济增长而增加。产业结构（第二产业比例与第三产业比例）对碳排放增长起到了推动作用，产业结构亟待优化，产业水平急需提升。从分区域样本来看，中部城市第二产业对碳排放增长的贡献度高于东西部城市，而西部城市第三产业对碳排放增长的贡献度高于东中部城市。可见，优化产业结构，推动产业转型升级，可实现经济增长与碳排放呈脱钩关系，即经济增长以集约高效的方式发展，不会造成碳排放的持续增长。经济结构转型和实现经济升级的内在动力来源于新旧动能换挡。在新旧动能进程中，政府应该发挥主导作用。首先，优化创业环境，实现科技与产业的有效对接；其次，构建创新平台，优化科技要素服务供给；最后，瞄准前瞻技术、关键领域，稳步推进技术创新转化。

　　4）在政府绿色竞争力作用下，尽管在典型城市总样本中人口数量未能通过显著性检验，但分区域样本回归结果显示，人口规模与前人研究结果一致[266]，人口数量的增长带动了区域碳排放的增加，但本节发现中部城市人口规模对区域碳排放贡献最为突出。城镇化率就典型城市总样本与东部城市样本来看，已经实现对碳排放的抑制作用，但中西部城市还未能实现，因而合理调整人口规模，优化人口结构（教育、年龄、城乡等）是未来一段时期内中西部城市治理碳排放的主攻方向之一。能源消费结构中煤炭占比逐年下降已于碳排放呈现反向变动关系，而石油占比与碳排放呈正相关关系（除东部城市样本外），整体逐步上升，总体化石能源消费总量并未产生明显下降趋势。东部城市由于可再生能源的投入使用，煤炭与石油占比都已呈现下降趋势。贸易程度整体未能通过显著性检验，仅中部城市样本在 10% 的置信水平下显著，表明在样本研究期间，出口贸易并不是造成碳排放增长的决定性因素；能源价格符合边际递减效应，能源消费量随能源价格的增长而减少，与之产生的碳排放也随之降低。因此，制定碳减排政策可在充分考虑区域差异的基础上，构建政府间协同减排机制。仿效"飞地经济"模式[267]，不同政府间可尝试建立毗邻式、嵌入式、对接式等多种方式的工业园区或者开发地区，在政府引领作用下共同管理，实施产业转移，合力研发低碳技术，实现人才、信息、技术、资金等互利共享，实现 1+1>2，为本地区转型发展提供借鉴。在能源结构方面，加大天然气、风电、太阳能等低碳清洁能源在能源消费中的比例。多渠道增加天然气供应，加大燃气管道、应急储配等设施建设，因地制宜地积极推广使用光伏、风电、太阳能、地热能等可再生能源，构建以天然气和水电为主体，风电、太阳能等低碳清洁能源为补充的清洁能源体系，提高优质能源消费占比，增加可再生能源消费总量。

第五章　政府干预对中国典型城市碳减排的
时空效应分析

　　典型城市的政府绿色竞争力整体较为薄弱，但仍可以通过对城镇化率、能源结构、产业结构等碳排放影响因素产生一定的作用而有效地降低碳排放。本章进一步通过密度函数分析 2005~2016 年典型城市碳排放规模及其强度的时空演变和集聚特征，借助显示性比较优势指数将政府节能环保财政支出和科学技术财政支出作为政府干预代理变量，设置三种特定情景，并分别构建无时空效应、时间效应、空间效应和时空效应四种模型，考察政府干预对典型城市碳减排的影响机制。

第一节　政府干预文献综述

　　"政府干预"一词始见于凯恩斯理论。凯恩斯（1936）在《就业利息和货币通论》一书中指出，仅仅依靠市场机制的自发调节，宏观经济不能保持均衡状态，需要政府干预来弥补市场机制的缺陷，以提高社会的有效需求[268]。美国著名经济学家约瑟夫·斯蒂格利茨[269]认为，政府干预的主要作用是弥补市场失灵。随着研究的不断深入，学者们对政府干预的认识产生了分歧，主要体现为四种观点：其一是新结构经济学的"有为政府"。林毅夫[270]认为市场存在功能障碍，很难充分发挥市场作用，而政府通过税收、贷款及资本管制等举措可以弥补市场不足，政府干预可以实现资源配置最优化，为经济增长提供保障。其二是新古典经济学的"有限政府"。只要市场能做的，就应让市场发挥作用；只有当市场不能做或失灵时，政府才应发挥作用[271]，同时要正确判断什么情况下才是市场真的出现了失灵[272]。其三是米塞斯-哈耶克范式下的政府职能。对于新古典经济学意义上的市场失灵，张维迎[273]认为是"市场理论的失灵"，而不是"市场本身的失灵"。企业家可以通过创新等途径有效调整市场秩序，而政府官员在市场环境中缺乏企业家敏锐的判断力，并不能发挥预期作用。其四是新产业政策理论下的政府职能。顾昕[274]认为市场机制可以对资源配置起到决定性作用，同时不可否认，市场运行需要政府干预以矫正市场失灵，政府对市场发挥有效服务的关键问题在于何种制度与激励机制。

　　综上，无论是新结构经济学的"有为政府"，还是新古典经济学的"有限政府"，抑或是米塞斯-哈耶克范式的政府职能，其研究的出发点主要是政府与市场的关系，体现在产业政策方面。近年来，越来越多的学者聚焦于政府在环境治理进程中的作用，主要研究内容体现在环境规制、财政分权和财政投入等方面。严格的环境规制非但没有对公司造成损失，反而使公司获得可持续发展收益，提升企业绿色竞争力[247,250]。尤其在资源型城市中，环境规制倒逼产业转型升级，为城市经济增长创造了新的经济增长点[275]。适当财政分权对城市碳排放强度具有明显的抑制作用，更益于城市低碳转型[276]，邻近地区的财政分权与环境财政政策会通过空间"模仿效应"和"示范效应"对本地区的环境污染产生较为显著的空间外溢性[277]，环境支出不能有效遏制环境污染，并存在污染治理的"搭便车"倾向[278]，但财政分权可以通过影响产业结构合理化、产业结构高级化的进程而显著改善本地区和相邻地区的环境状况[279]。财政投入方面，姜楠（2018）和臧传琴的实证结果表明，财政环境保护支出不仅对环境质量产生了积极的直接影响，而且通过引致社会资本、刺激技术创新促进地区污染减排[280,281]。

可见，政府干预环境治理产生了积极作用，已有研究成果为本章的研究奠定了良好基础。值得一提的是，现有文献多是通过分析财政环境保护支出对环境质量的影响来评价其环境效应，鲜少评价科学技术支出的环境效应。而创新驱动和绿色发展是我国经济社会可持续发展一个问题的两个方面：绿色低碳可持续发展必须依赖创新驱动，创新驱动发展必须围绕绿色低碳方向展开。政府作为推动科技创新、绿色发展的重要供给主体，持续稳定的财政投入显得尤为必要和关键[282]。那么，科学技术支出和环境保护支出作为政府干预经济和环境的重要手段，是如何通过其他变量的传导机制作用于城市二氧化碳减排的呢？二者的辩证关系和影响效果如何？鉴于此，本章选择财政支出中节能环保支出与科学技术支出两个干预变量，借助显示性比较优势指数将政府节能环保财政支出和科学技术财政支出对称化处理为政府干预代理变量；运用密度函数对 2005～2016 年典型城市的碳排放规模、碳排放强度的时空演变和集聚特征进行测算分析；设置三种特定情景，并分别构建无时空效应、时间效应、空间效应和时空效应四种模型，以此考查政府干预对典型城市碳减排的影响机制。

第二节　政府干预时空测度研究方法

一、研究方法

1. Kernel 密度估计方法

参数估计方法过度依赖模型设定，存在设定误差的风险[283]。而非参数估计方法不受模型预设的影响，可以有效避免模型设定所引起的实际值与估计值之间的统计推断偏差[284,285]，其中 Kernel 密度估计方法应用较为广泛。因此，本节采用 Kernel 密度估计方法分析中国城市群碳排放的动态演进过程，其函数形式如下：

$$\hat{f}(x_0) = \frac{1}{nh}\sum_{i=1}^{n} K\left(\frac{x_i - x_0}{h}\right) \tag{5-1}$$

式中，$\hat{f}(x_0)$ 为中国城市群碳排放的密度函数；n 为观察样本个数；h 为带宽；$K\left(\dfrac{x_i - x_0}{h}\right)$ 为核函数，本质为权重函数，其表达形式较多，主要包括 uniform、triangular、

Epanechnikov、Gaussian 等。

本节选取 Gaussian 核函数估算中国城市群碳排放的动态分布，其形式如下：

$$K(z) = \frac{1}{\sqrt{2\pi}} \exp\left(-\frac{z^2}{2}\right) \qquad (5-2)$$

2. 空间自相关检验

（1）空间权重矩阵

空间权重矩阵是空间计量分析的重要组成部分，其设定是否适当直接影响回归结果。空间权重矩阵主要有邻接、地理和经济三种。其中，邻接空间权重矩阵虽然易于设定，但其仅考虑相邻地区空间溢出效应，并未考虑不相邻但相近地区的联系与影响；地理空间权重矩阵在一定程度上克服了邻接空间权重矩阵"孤岛"问题，但未能兼顾不同地区"非地理距离因素"的互相影响，如地区经济、资源禀赋、产业特点等因素；而经济空间权重矩阵既可解决"孤岛"难题，又可涵盖"非地理距离因素"[286]。考虑到本节研究对象主要是典型城市，多数城市并未邻接，且相距较远，使用经济空间权重矩阵可弥补邻接空间权重矩阵、地理空间权重矩阵所存在的不足，因此本节借鉴林光平[287]经济空间权重矩阵构建方法，在此基础上，以城市 GDP 作为经济距离的测度指标，构建经济空间权重矩阵，如下：

$$w^* = w_1 \mathrm{diag}\left(\frac{\overline{x_1}}{\overline{x}}, \frac{\overline{x_2}}{\overline{x}}, \cdots, \frac{\overline{x_i}}{\overline{x}}\right) \qquad (5-3)$$

式中，w^* 为经济空间权重矩阵；w_1 为地理空间权重矩阵；$\overline{x_i}$ 为样本 i 地区 GDP 的加权均值（其中 $i=1,2,\cdots,n$），$\overline{x_i} = \dfrac{1}{(t_1 - t_0 + 1)\sum_{t_0}^{t_1} x_{it}}$，其中 t_0、t_1 分别表示研究期间的初始年份与结束年份；$\overline{x} = \dfrac{\sum_{i=1}^{n}\sum_{t_0}^{t_1} x_{it}}{n(t_1 - t_0 + 1)}$，为所有样本地区 GDP 的加权均值。

为了避免经济空间权重矩阵内数值差距较大引起回归偏误，因而在后续实证研究过程中将其进行标准化处理。

（2）Moran's I 指数

运用空间计量方法的重要前提是变量具有空间依赖性，因而空间相关性检验是空间计量方法中必不可少的步骤。空间自相关的检验方法较多，如 Moran's I 指数、Geary's I 指数、Getis & Ord's I 指数，其中 Moran's I 指数较为流行[239]。本节采用 Moran's I 指数验证不同地区碳排放是否存在空间依赖性，具体公式如下：

$$\mathrm{Moran's}\ I = \frac{\sum_{i=1}^{n}\sum_{j=1}^{n} w_{ij}\left(\mathrm{CT}_i - \overline{\mathrm{CT}}\right)\left(\mathrm{CT}_j - \overline{\mathrm{CT}}\right)}{s^2 \sum_{i=1}^{n}\sum_{j=1}^{n} w_{ij}} \qquad (5-4)$$

式中，CT_i 为第 i 空间单元的二氧化碳排放总量，$i=1,2,\cdots,n$；CT_j 为第 j 空间单元的二

氧化碳排放总量，$j=1,2,\cdots,n$；w_{ij} 为空间权重矩阵的（i,j）元素；$\overline{\mathrm{CT}}$ 为全部空间单元二氧化碳总量的均值，其具体算法为 $\overline{\mathrm{CT}}=\dfrac{\sum_{i=1}^{n}\mathrm{CT}_i}{n}$；$s^2=\dfrac{1}{n}\sum_{i=1}^{n}\left(\mathrm{CT}_i-\overline{\mathrm{CT}}\right)^2$。

Moran's I 指数的具体数值介于-1～+1，而空间相关性的强弱则取决于 Moran's I 指数绝对值的大小。当 Moran's I 指数 $\in(0,1]$ 时，表明存在空间正相关关系，且 Moran's I 指数越接近于 1，空间正相关性越强；当 Moran's I 指数 $\in[-1,0)$ 时，表明存在空间负相关关系，且 Moran's I 指数越接近于-1，空间负相关性越强；而当 Moran's I 指数=0 时，表明不存在任何空间相关性。

二、计量模型构建与变量说明

1. 政府干预指数模型

政府财政支出是政府干预经济和环境的重要政策手段，通过政府各项财政支出用途对比，节能环保支出和科学技术支出最能反映出政府对环境治理的政策引导，为避免地方政府财政支出规模差异，同时防止在后续回归过程中存在多重共线性问题，本节借鉴 Balassa[254]提出的显示性比较优势（RCA）指数测算环保支出（energy-saving comparative advantage index，ECA）指数与科学支出（technology comparative advantage index，TCA）指数，具体表达公式如下：

$$\mathrm{RCA}_{ijt}=\left(\alpha_{ijt}\Big/\sum_{j}\alpha_{ijt}\right)\Big/\left(\sum_{j}\alpha_{ijt}\Big/\sum_{i}\sum_{j}\alpha_{ijt}\right) \tag{5-5}$$

$$\mathrm{JCA}_{ikt}=\left(\beta_{ikt}\Big/\sum_{k}\beta_{ikt}\right)\Big/\left(\sum_{k}\beta_{ikt}\Big/\sum_{i}\sum_{k}\beta_{ikt}\right) \tag{5-6}$$

$$\mathrm{TCA}_{ilt}=\left(\gamma_{ilt}\Big/\sum_{j}\gamma_{ilt}\right)\Big/\left(\sum_{l}\gamma_{ilt}\Big/\sum_{i}\sum_{l}\gamma_{ilt}\right) \tag{5-7}$$

其中，式（5-5）为 RCA 指数模型，$\alpha_{ijt}\big/\sum_{i}\alpha_{ijt}$ 为国家 i 行业 j 在 t 时期出口额占本国出口总额的比例；$\sum_{i}\alpha_{ijt}\big/\sum_{i}\sum_{j}\alpha_{ijt}$ 为全世界行业 j 在 t 时期出口额占全世界出口总额的比例。式（5-6）为 JCA 指数模型，$\beta_{ikt}\big/\sum_{k}\beta_{ikt}$ 为 t 时期 i 城市节能环保支出额占 i 城市一般公共预算财政支出额的比例；$\sum_{k}\beta_{ikt}\big/\sum_{i}\sum_{k}\beta_{ikt}$ 为 t 时期所有城市节能环保支出额占所有城市一般公共预算财政支出额的比例。式（5-7）为 TCA 指数模型，$\gamma_{ilt}\big/\sum_{j}\gamma_{ilt}$ 为 t 时期 i 城市科学技术支出额占 i 城市一般公共预算财政支出额的比例；$\sum_{l}\gamma_{ilt}\big/\sum_{i}\sum_{l}\gamma_{ilt}$ 为 t 时期所有城市科学技术支出额占所有城市一般公共预算财政支出额的比例。

而在实证研究中，RCA 指数由于其取值范围介于（0，+∞），其偏斜分布会造成在回归分析中产生错误的 t 统计量，因此在实证研究中需要进行对称化处理[256,257]，如式（5-8）所示。为保证本节回归分析的准确性，将 JCA 和 TCA 也进行对称化处理，如下：

$$\mathrm{RSCA}_{ijt} = \left(\mathrm{RCA}_{ijt} - 1\right) \big/ \left(\mathrm{RCA}_{ijt} + 1\right) \tag{5-8}$$

$$\mathrm{JSCA}_{ijt} = \left(\mathrm{JCA}_{ijt} - 1\right) \big/ \left(\mathrm{JCA}_{ijt} + 1\right) \tag{5-9}$$

$$\mathrm{TSCA}_{ijt} = \left(\mathrm{TCA}_{ijt} - 1\right) \big/ \left(\mathrm{TCA}_{ijt} + 1\right) \tag{5-10}$$

2. 碳排放计量模型

本节以 York 提出的非线性碳排放影响因素模型 STIRPAT 为基础，选取碳排放总量（CT）作为被解释变量，将政府干预（GI）作为核心解释变量，而经济增长（PI）、能源结构（MS）、人口规模（PE）、城镇化率（UR）、产业结构（IS）、对外贸易（FD）、技术创新（RD）作为控制变量。其中，核心解释变量 GI 用 ESCA 和 TSCA 表示，PI 用地区生产总值与地区常住人口的比值表示；PE 选取地区常住人口数量；UR 则用地区城镇人口数量与常住人口数量的比值表示；由于各地区产业特点存在差异性，且碳排放与第二产业、第三产业存在不同程度的耦合关系[261]，因此同时引入第二产业与生产总值的比例（SP）、第三产业与生产总值的比例（TP）作为产业结构的代理变量；ES 用煤炭消费量与能源消费总量的比值表示；FD 用出口依存度表示，即出口贸易额占地区生产总值的比例；RD 选取地区 R&D 投入占地区生产总值的比例表示。在实证研究中，为消除异方差，削弱模型共线性，通常进行对数处理。碳排放计量模型如下：

$$\ln \mathrm{CT}_{i,t} = \beta_0 + \beta_1 \ln \mathrm{GI}_{i,t} + \beta_2 \ln \mathrm{PI}_{i,t} + \beta_3 \ln \mathrm{MS}_{i,t} + \beta_4 \ln \mathrm{SP}_{i,t} + \beta_5 \ln \mathrm{TP}_{i,t} + \beta_6 \ln \mathrm{PE}_{i,t}$$
$$+ \beta_7 \ln \mathrm{UR}_{i,t} + \beta_8 \ln \mathrm{FD}_{i,t} + \beta_9 \ln \mathrm{RD}_{i,t} + \varepsilon_{i,t} \tag{5-11}$$

大量实证研究表明，区域碳排放不仅存在时间累积循环效应，同时也存在空间溢出效应[288-290]，因而基于式（5-11）引入时间和空间因素，分别构建碳排放动态非空间模型、碳排放静态空间模型、碳排放动态空间模型。

$$\ln \mathrm{CT}_{i,t} = \beta_0 + \alpha \ln \mathrm{CT}_{i,t-1} + \beta_1 \ln \mathrm{GI}_{i,t} + \beta_2 \ln \mathrm{PI}_{i,t} + \beta_3 \ln \mathrm{MS}_{i,t} + \beta_4 \ln \mathrm{SP}_{i,t} + \beta_5 \ln \mathrm{TP}_{i,t}$$
$$+ \beta_6 \ln \mathrm{PE}_{i,t} + \beta_7 \ln \mathrm{UR}_{i,t} + \beta_8 \ln \mathrm{FD}_{i,t} + \beta_9 \ln \mathrm{RD}_{i,t} + \varepsilon_{i,t} + \omega_i \tag{5-12}$$

$$\ln \mathrm{CT}_{i,t} = \beta_0 + \rho\omega \ln \mathrm{CT}_{i,t} + \beta_1 \ln \mathrm{GI}_{i,t} + \beta_2 \ln \mathrm{PI}_{i,t} + \beta_3 \ln \mathrm{MS}_{i,t} + \beta_4 \ln \mathrm{SP}_{i,t} + \beta_5 \ln \mathrm{TP}_{i,t}$$
$$+ \beta_6 \ln \mathrm{PE}_{i,t} + \beta_7 \ln \mathrm{UR}_{i,t} + \beta_8 \ln \mathrm{FD}_{i,t} + \beta_9 \ln \mathrm{RD}_{i,t} + \beta_{10}\omega \ln \mathrm{GI}_{i,t} + \beta_{11}\omega \ln \mathrm{PI}_{i,t}$$
$$+ \beta_{12}\omega \ln \mathrm{MS}_{i,t} + \beta_{13}\omega \ln \mathrm{SP}_{i,t} + \beta_{14}\omega \ln \mathrm{TP}_{i,t} + \beta_{15}\omega \ln \mathrm{PE}_{i,t} + \beta_{16}\omega \ln \mathrm{UR}_{i,t}$$
$$+ \beta_{17}\omega \ln \mathrm{FD}_{i,t} + \beta_{18}\omega \ln \mathrm{RD}_{i,t} + \mu_{it} + \lambda\omega\varepsilon_{i,t} \tag{5-13}$$

$$\ln \mathrm{CT}_{i,t} = \beta_0 + \alpha \ln \mathrm{CT}_{i,t-1} + \rho\omega \ln \mathrm{CT}_{i,t} + \eta\omega \ln \mathrm{CT}_{i,t-1} + \beta_1 \ln \mathrm{GI}_{i,t} + \beta_2 \ln \mathrm{PI}_{i,t} + \beta_3 \ln \mathrm{MS}_{i,t}$$
$$+ \beta_4 \ln \mathrm{SP}_{i,t} + \beta_5 \ln \mathrm{TP}_{i,t} + \beta_6 \ln \mathrm{PE}_{i,t} + \beta_7 \ln \mathrm{UR}_{i,t} + \beta_8 \ln \mathrm{FD}_{i,t} + \beta_9 \ln \mathrm{RD}_{i,t}$$
$$+ \beta_{10}\omega \ln \mathrm{GI}_{i,t} + \beta_{11}\omega \ln \mathrm{PI}_{i,t} + \beta_{12}\omega \ln \mathrm{MS}_{i,t} + \beta_{13}\omega \ln \mathrm{SP}_{i,t} + \beta_{14}\omega \ln \mathrm{TP}_{i,t}$$
$$+ \beta_{15}\omega \ln \mathrm{PE}_{i,t} + \beta_{16}\omega \ln \mathrm{UR}_{i,t} + \beta_{17}\omega \ln \mathrm{FD}_{i,t} + \beta_{18}\omega \ln \mathrm{RD}_{i,t} + \omega_i + \mu_{it} + \lambda\omega\varepsilon_{i,t}$$
$$\tag{5-14}$$

式（5-12）为碳排放动态非空间模型，为了验证碳排放在时间上是否存在累积循环效应，因而引入碳排放时间滞后项 $\ln \mathrm{CT}_{i,t-1}$，反映上一期碳排放对当期碳排放的影响；α 为碳排放的时间依赖程度；$\varepsilon_{i,t}$ 反映个体固定效应。式（5-13）为碳排放静态空间模型，为验证空间溢出效应的有效性，因而基于式（5-11）引入空间项 $\omega\ln CT_{i,t}$，表示不同地区碳排放之间空间交互影响。ρ 反映的是不同地区碳排放空间影响程度，其中当 ρ 显著为正时，表明不同地区碳排放呈显著正向空间溢出效应；而当 ρ 显著为负时，则表明不同地区碳排放呈显著负向空间溢出效应。ω 为空间权重矩阵，凡是加有 ω 的解释变量均表示解释变量的空间项。$\omega\varepsilon_{i,t}$ 为误差空间项，λ 为其弹性系数。μ_{it} 为个体和时间的固定效应。式（5-14）为碳排放动态空间模型，基于式（5-12）和式（5-13）同时包含碳排放的时间滞后项 $\ln CT_{i,t-1}$ 和空间项 $\omega\ln CT_{i,t}$，以同时考查碳排放的累积循环效应和空间溢出效应。

空间计量模型与传统计量模型有所不同，当空间项系数 $\rho\neq0$ 时，解释变量的相关系数并不能直接反映其对被解释变量的影响，因而需要进一步分解。本节借鉴 Elhorst[291] 的偏微分方法进行时空效应分解，将式（5-14）进一步转换为式（5-15），并在此基础上进行偏微分，得到式（5-16）和式（5-17）：

$$
\begin{aligned}
\ln CT_{i,t} = & (I-\rho\omega)^{-1}(\alpha+\eta\omega)\ln CT_{i,t-1} + (I-\rho\omega)^{-1}(\beta_1\ln GI_{i,t}+\beta_2\ln PI_{i,t}+\beta_3\ln MS_{i,t} \\
& +\beta_4\ln SP_{i,t}+\beta_5\ln TP_{i,t}+\beta_6\ln PE_{i,t}+\beta_7\ln UR_{i,t}+\beta_8\ln FD_{i,t}+\beta_9\ln RD_{i,t} \\
& +\beta_{10}\omega\ln GI_{i,t}+\beta_{11}\omega\ln PI_{i,t}+\beta_{12}\omega\ln MS_{i,t}+\beta_{13}\omega\ln SP_{i,t}+\beta_{14}\omega\ln TP_{i,t} \\
& +\beta_{15}\omega\ln PE_{i,t}+\beta_{16}\omega\ln UR_{i,t}+\beta_{17}\omega\ln FD_{i,t}+\beta_{18}\omega\ln RD_{i,t}) \\
& +(I-\rho\omega)^{-1}(\beta_0+\omega_i+\mu_{it}+\lambda\omega\varepsilon_{i,t})
\end{aligned}
\tag{5-15}
$$

$$
\left[\frac{\partial Y}{\partial X_{1b}}\cdots\frac{\partial Y}{\partial X_{nb}}\right]_t = (I-\rho\omega)^{-1}[\beta_{1b}I+\beta_{2b}\omega]
\tag{5-16}
$$

$$
\left[\frac{\partial Y}{\partial X_{1b}}\cdots\frac{\partial Y}{\partial X_{nb}}\right] = \left[(1-\alpha)I-(\rho+\eta)\omega\right]^{-1}[\beta_{1b}I+\beta_{2b}\omega]
\tag{5-17}
$$

式中，Y 为被解释变量，即各地区碳排放总量；X 为解释变量，包括 GI、PI、PE、UR、SP、TP、MS、FD、RD；I 为空间单元个数，即研究对象个数；β_{1b}、β_{2b} 分别为被解释变量对第 b 个解释变量和第 b 个解释变量空间项的偏微分系数。

3. 对象选取

本节分别从国家级城市群和大区域城市群中（共 12 个城市群）选取 21 个典型城市作为研究对象，分别是天津、保定、重庆、南昌、贵阳、北京、青岛、苏州、镇江、上海、宁波、广州、桂林、遵义、昆明、乌鲁木齐、沈阳、大连、济南、南京、兰州。该21 个城市覆盖了国家发改委先后发布的三批低碳试点城市，其经济水平、城市规模等基本囊括了中国城市特征。其特征参数如表 5-1 所示。

表 5-1 中国典型城市特征参数

类别	城市群	超大城市	特大城市	大城市	中等城市
		1000 万人以上	500 万～1000 万人	100 万～500 万人	50 万～100 万人
国家级	长三角	上海②	南京③	苏州②、宁波②	镇江②
	珠三角	广州②			
	京津冀	北京②、天津①		保定①	
	长江中游	武汉②	南昌①		
	成渝	重庆①			
	中原			兰州③	
	哈长		大连③、沈阳③		
大区域	山东半岛		济南③、青岛②		
	北部湾			桂林②	
	天山北坡			乌鲁木齐②	
	滇中		昆明②		
	黔中		遵义②	贵阳①	

①②③分别表示第一批、第二批、第三批低碳试点城市。

4. 数据说明

本节 CT 及 MS 通过各城市《2006～2017 统计年鉴》《国家统计局分省年度数据》采用物料衡算法计算所得，PE、UR、PI、IS、FD 等数据来源于各城市《2006～2017 统计年鉴》，JSCA、TSCA 基于各城市《2006～2017 统计年鉴》《2006～2017 中国城市统计年鉴》《预算执行情况和预算草案》等资料采用竞争力指数模型测算所得，而 RD 分别从各城市《2006～2017 统计年鉴》、各城市《第二次科学研究与试验发展（R&D）资源清查主要数据公报》《青岛市蓝皮书 2017》《昆明市"十三五"科技创新发展规划》等资料筛选整理所得，个别缺失数据采用指数平滑法补齐，凡是受价格因素影响的数据均以 2005 年为基期作不变价处理。利用 Stata 14.0 得到各变量统计特征，如表 5-2 所示。

表 5-2 各变量的统计特征

变量名	变量描述	单位	观测数	均值	标准差	最小值	最大值
CT	碳排放总量	万 t	252	9569.623	6907.457	840.517	27021.590
JSCA	环保支出		252	−0.108	0.298	−0.807	0.475
TSCA	科学支出		252	−0.222	0.299	−0.952	0.334
PE	人口数量	万人	252	962.051	659.046	212.950	3048.430
UR	城镇化率	%	252	0.662	0.149	0.233	0.896
PI	经济增长	人/万元	252	61540.840	32591.040	5228.043	145341.500
SP	第二产业比例	%	252	0.455	0.082	0.193	0.648
TP	第三产业比例	%	252	0.495	0.098	0.311	0.802
MS	煤炭占比	%	252	0.635	0.282	0.096	0.986
RD	技术创新	%	252	0.019	0.011	0.003	0.058
FD	对外贸易	%	252	0.262	0.251	0.008	1.331

第三节　典型城市碳排放政府干预实证分析

一、碳排放动态演进分析

为了充分反映关于典型城市碳排放的空间收敛与动态演进，本节基于式（5-1），采用 Stata 14.0 对典型城市 2005 年、2008 年、2012 年和 2016 年四个时间节点的碳排放总量、碳排放强度进行测算，其测算结果分别如图 5-1 和图 5-2 所示。选择上述时间节点的理由如下。

1）2005 年中国二氧化碳排放总量 58.97 亿 t，超越美国二氧化碳排放量（57.89 亿 t），成为世界上二氧化碳排放总量最多的国家，尔后中国分别在《国家应对气候变化规划（2014—2020 年）》《中美气候变化联合声明》等文件中所承诺的减排目标皆以 2005 年为基准。

2）2008 年世界自然基金会与中华人民共和国住建部联合推出"低碳城市"示范项目，是我国低碳城市建设的起点[292]。

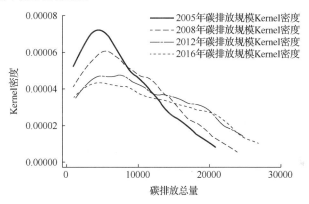

图 5-1　典型城市碳排放总量 Kernel 密度估计分布

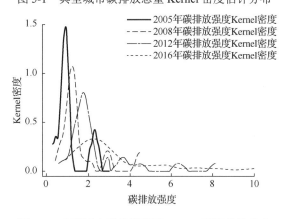

图 5-2　典型城市碳排放强度 Kernel 密度估计分布

3）2012 年党的十八大将生态文明建设上升到国家战略，将其融入经济建设、政治建设、文化建设、社会建设的各个方面。

4）"十三五"期间，发展与环保的矛盾更为凸显，"十三五"既是经济发展的攻坚期，也是环境治理的关键期，而 2016 年为"十三五"开局之年。

1. 典型城市碳排放总量 Kernel 密度估计分析

图 5-1 为典型城市碳排放总量 Kernel 密度估计分布，典型城市碳排放总量动态演进呈如下特征：

1）从曲线位置平移来看，曲线经历了"右偏"到"左偏"的过程。期初，曲线整体向右侧偏移，而 2016 年曲线呈现向左偏移趋势。这表明典型城市碳排放水平呈"低-高-低"发展趋势，典型城市中高排放城市数量逐年降低。

2）从曲线波峰形态来看，曲线波峰均呈现单波峰形态，且峰值右侧存在多处微弱"凸点"。这表明典型城市在碳排放总量方面出现两极分化现象，但当前该现象并不明显。

3）从曲线波峰变化来看，曲线波峰正由陡峭转向扁平，且微微右倾。这表明典型城市碳排放总量在空间上的差距逐步扩大，与此同时，典型城市碳排放总量仍然在不断增长，城市碳排放暂时未能实现峰值，但其增速已明显放缓，增长幅度降低。

2. 典型城市碳排放强度 Kernel 密度估计分析

与碳排放总量 Kernel 密度曲线（图 5-1）相比，碳排放强度 Kernel 密度曲线（图 5-2）存在明显差异，具有如下特征：

1）从曲线位置平移来看，城市群碳排放强度 Kernel 密度曲线偏移方向是由右侧向左侧发生转移。这表明典型城市碳排放强度正逐年降低，其中保持较低碳排放强度的城市不断增多。

2）从曲线波峰形态来看，波峰形态由单波峰形态转变为双波峰形态。自 2012 年开始，曲线波峰由"单峰"模式变为"双峰"模式。这表明自党的十八大以来，部分城市的碳排放强度正向低水平集中，但也存在一部分城市的碳排放强度反而向高水平靠拢，典型城市碳排放强度两极分化现象明显。

3）从曲线波峰变化来看，波峰由扁平转为陡峭，高度明显上升。这表明高碳排放强度的城市比例正在逐步减少，低碳排放强度的城市比例不断增加。而 2016 年碳排放强度曲线"双峰"高度明显高于 2012 年，说明典型城市碳强度水平两极分化速度加快，区域碳强度发展不协调问题日益突出。由于目前区域碳排放总量两极分化并未呈明显态势，而区域碳强度分化趋势明显，间接表明当前典型城市经济环境发展不协调问题较为突出，两极分化趋势日益增强。

二、碳排放空间集聚分析

本节利用 Stata 14.0 以经济空间权重矩阵测算典型城市 2005～2016 年碳排放总量的 Moran's I 指数，其测算结果如表 5-3 所示，并分别绘制 2005 年和 2016 年 Moran 散点图以反映典型城市碳排放总量空间集聚特征，如图 5-3 和图 5-4 所示。

表 5-3　典型城市碳排放总量 Moran's I 指数数值

年份	Moran's I	Z 值	P 值
2005	0.336	2.906	0.004
2006	0.364	3.106	0.002
2007	0.321	2.801	0.005
2008	0.357	3.084	0.002
2009	0.363	3.143	0.002
2010	0.392	3.336	0.001
2011	0.378	3.236	0.001
2012	0.367	3.158	0.002
2013	0.404	3.409	0.001
2014	0.411	3.472	0.001
2015	0.389	3.311	0.001
2016	0.416	3.509	0.000

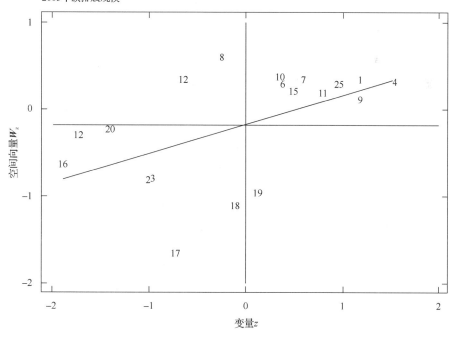

图 5-3　典型城市碳排放总量 2005 年 Moran 散点图

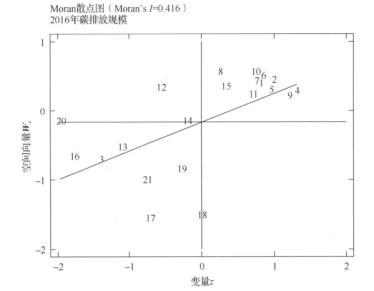

图 5-4　典型城市碳排放总量 2016 年 Moran 散点图

通过表 5-3 可知，典型城市在研究期内的 Moran's I 指数均通过了 1% 的显著性检验，且数值均为正，这说明典型城市碳排放总量空间分布非均质，存在空间溢出效应。研究期内 Moran's I 指数的发展趋势虽存在小幅波动，但整体呈现增长态势，其中 2016 年典型城市碳排放总量的 Moran's I 指数为 0.416，与 2005 年相比增长了 23.81%，增幅较大。这表明典型城市碳排放总量空间集聚特征呈波动上升态势，空间相关性不断增强。Moran 散点图通过高高（HH 类型）、低高（LH 类型）、低低（LL 类型）及高低（HL 类型）四个象限展现了典型城市碳排放总量局部空间自相关特征。由图 5-3 可知，2005 年典型城市碳排放总量空间集聚特征如下：①北京、天津、上海、宁波、重庆、广州、南京、苏州、大连、济南、武汉 11 个城市呈高排放水平-高空间滞后的正相关集群关系（第 I 象限 HH 类型）；②青岛、沈阳呈低碳排放水平-高空间滞后的负相关集群关系（第 II 象限 LH 类型）；③保定、遵义、南昌、昆明、乌鲁木齐、贵阳、镇江 7 个城市呈低排放水平-低空间滞后的负相关集群关系（第 III 象限 LL 类型）；④兰州则呈高排放水平-低空间滞后的正相关集群关系（第 IV 象限 HL 类型）。与 2005 年相比，2016 年典型城市碳排放总量空间集聚特征的变化（图 5-4）主要体现在青岛、济南和兰州 3 个城市跃迁分布。其中，青岛由第 II 象限跃迁至第 I 象限，济南和兰州则分别由原先的第 I 象限和第 IV 象限跃迁至第 III 象限，而其他典型城市碳排放总量空间集聚特征基本未发生改变。综上所述，典型城市碳排放总量空间分化特征明显。其中，位于第 I 象限的典型城市从区位布局来看，东部沿海城市居多；从城市规模来看，均属于超大城市或特大城市。而位于第 III 象限的多为西南和西北的城市。究其原因，东部城市与西南、西北城市相比，经济基础雄厚，工业体量较大，能源消费较高；同时，优越的经济条件创造了更多的就业岗位，加速了东部城市人口规模的扩大，对能源需求提出了更高的要求，但从政府干预的角度探究典型城市碳排放呈现空间集聚特征的具体原因还有待进一步回归分析。

三、政府干预情景分析

为进一步分析典型城市碳排放空间聚集差异性特征的根源，研究政府干预对碳减排的作用机制，本节设置了三种情景：节能环保支出政策情景（情景Ⅰ）、科学技术支出政策情景（情景Ⅱ）、节能环保支出与科学技术支出组合政策情景（情景Ⅲ）。分别基于式（5-11）～式（5-14），通过 Stata 14.0 得到无时空效应、时间效应、空间效应及时空效应等回归结果进行比对选择最优模型（表5-4、表5-6、表5-8），并采用偏微分法将时空效应进一步分解为短期直接效应、短期间接效应、短期总效应、长期直接效应、长期间接效应和长期总效应六项解释分量（表5-5、表5-7、表5-9），分别考查不同政策情景下的政府干预碳减排的实施效应。

1. 政府节能环保支出政策对碳减排时空效应（情景Ⅰ）

由表5-4可知，无时空效应模型 Hausman 检验拒绝原假设，采用固定效应回归得模型 OLS_FE，其 R^2 约为0.58，即在无时空效应模型中，解释变量对被解释变量的解释力度为58%，但该模型忽略了时空因素，因而可能存在内生性问题，削弱了模型说服力。在时间效应模型（SYS_GMM）中，考虑到碳排放存在累积循环效应，进而引入碳排放滞后一期，采用系统 GMM 克服模型内生性问题，碳排放滞后一期通过1%的显著性检验，序列相关检验和过渡识别检验也处于理想水平，证明了模型的合理性和稳健性，但多数解释变量显著性较差，且模型缺乏空间因素。空间滞后模型（SLM_RE）、空间误差模型（SEM_RE）和空间杜宾模型（SDM_FE）（空间面板模型的回归效应以 Hausman 检验为依据）仅验证了空间效应，而忽视了时间因素；综合衡量空间面板模型 R^2、$\lg L$、AIC 和 BIC 等指标，动态空间杜宾模型（SDM_FE）既包含时间项 $\ln CT_{i,t-1}$，又囊括空间项 $\omega \ln CT_{i,t}$，进而使得模型估计结果更符合客观事实。在模型 DSDM_FE 中，典型城市碳排放时间项 $\ln CT_{i,t-1}$ 与空间项 $\omega \ln CT_{i,t}$ 的系数均为正值（0.717、0.246），且在1%的显著性水平下高度显著。这表明中国典型城市碳排放存在显著的累积循环效应和空间溢出效应，即典型城市碳排放当期碳排放不仅受到上期碳排放的影响，而且受到周边城市碳排放的影响。从时间角度来看，政府节能环保支出政策、能源结构和城镇化率对碳排放产生了负向影响，而经济增长和产业结构对城市碳排放产生了正向影响；从空间角度来看，政府节能环保支出政策、能源结构和城镇化率对碳减排具有积极作用，而产业结构和对外贸易对碳减排具有抑制作用。

表5-4　政府节能环保支出政策对碳减排时空效应

变量	无时空效应	时间效应	空间效应			时空效应
	OLS_FE	SYS_GMM	SLM_RE	SEM_RE	SDM_FE	DSDM_FE
$\ln CT_{t-1}$		0.926***				0.717***
$w\ln CT$			−0.117	−0.327	−0.396***	0.246***
$w\ln CT_{t-1}$						−0.109

续表

变量	无时空效应	时间效应	空间效应			时空效应
	OLS_FE	SYS_GMM	SLM_RE	SEM_RE	SDM_FE	DSDM_FE
JSCA	−0.078	0.014	−0.090	−0.101*	−0.174**	−0.088**
lnPI	0.389***	−0.006	0.375***	0.357***	0.617***	0.268***
lnMS	−0.307	−0.270**	−0.327	−0.280	−0.335***	−0.156***
lnSP	1.828***	1.252*	2.012***	2.051***	1.462***	0.846***
lnTP	1.607*	1.323	1.780**	1.960***	1.314**	0.906***
lnPE	0.156	−0.133	0.422**	0.444***	0.743*	0.160
lnUR	−0.987*	−0.425	−0.882*	−1.097**	−0.709*	−0.612***
lnFD	0.030	−0.026	−0.057	0.057	0.091	0.022
lnRD	0.102*	−0.009	0.098**	0.105	0.101*	0.046
wJSCA					−0.238*	−0.285***
wlnPI					−0.294	0.038
wlnMS					0.660***	−0.201*
wlnSP					−1.116	1.839**
wlnTP					−0.305	1.805**
wlnPE					−0.495	0.180
wlnUR					−0.957	−0.780***
wlnFD					0.050	0.138**
wlnRD					0.084	0.016
R^2	0.582		0.634	0.576	0.513	0.966
AIC			−189.890	−198.469	−415.900	−509.778
BIC			−144.008	−152.586	−345.312	−434.045
Log L			107.945	112.234	227.950	225.469
Hausman	28.340***		2.670	−187.890	31.500***	
AR(1)		[0.827]				
AR(2)		[0.878]				
Sargan_P		1.000				

***$P<0.01$、**$P<0.05$、*$P<0.1$ 分别表示 1%、5%、10% 的显著性水平下显著，中括号内为序列相关性检验 P 值。

由表 5-5 可知：

1）政府节能环保支出政策对碳排放的短期直接效应、短期间接效应、短期总效应和长期总效应的影响系数均显著为负，分别为−0.072、−0.219、−0.292 和−0.578，其系数绝对值逐渐增大，表明政府节能环保支出政策短期内对碳排放具有抑制作用，长期来看抑制作用逐渐增强，但空间溢出负效应仅在短期内存在。

2）经济增长仅短期直接效应通过 1% 的显著性检验，系数为 0.268，表明短期内城市经济发展对碳排放具有直接推动作用，而经济增长对碳排放的空间溢出作用并不显著。

3）产业结构中第二产业比例与第三产业比例短期直接效应、短期间接效应和短期总效应系数均通过显著性检验，均为正值，且第三产业比例对碳排放的影响系数略高于第二产业比例，但在长期总效应中第三产业比例对碳排放的推动作用消失，而第二产业比例系数较其短期总效应显著变大。这表明短期内第二产业和第三产业低碳转型并未取得预期目标，甚至第三产业对碳排放增长的时间累积作用和空间溢出作用略高于第二产业；长期来看，第三产业对碳排放的推动作用会从时间和空间维度逐渐消失，但第二产业对碳排放的主导作用会逐步增强。

4）能源结构对碳排放的影响机理与经济增长相似，仅短期直接效应通过 1% 的显著性检验。这表明能源结构短期内每优化 1% 碳排放随之降低 0.148%，但并不存在空间溢出效应；长期来看，能源结构优化对碳减排的支撑作用会逐渐消失。

5）城镇化率短期直接效应、短期间接效应、短期总效应和长期总效应均在 5% 的显著性水平下显著，且系数为负值，并逐渐减小。这说明城镇化率对碳减排的贡献存在时间连续性和空间相关性，贡献程度逐渐增大。

6）对外贸易短期总效应与长期总效应分别为 0.127 和 0.252，并通过 5% 的显著性检验，表明对外贸易对碳排放的增长具有连续推动作用；同时短期间接效应通过 10% 的显著性检验，其他地区对外贸易每提高 1%，将会引起本地区碳排放增长 0.111%，说明对外贸易具有一定的空间传递效应。

7）人口规模与技术创新并未能通过显著性检验，意味着人口规模与技术创新可能并不是研究期内碳排放增长的决定因素。

表 5-5　政府节能环保支出政策的碳减排时空效应分解结果

变量	DSDM_FE 短期（SR）			DSDM_FE 长期（LR）		
	直接效应	间接效应	总效应	直接效应	间接效应	总效应
RSCA	−0.072**	−0.219**	−0.292***	1.011	−1.589	−0.578***
lnPI	0.268***	−0.034	0.235	3.621	−3.156	0.465
lnMS	−0.148***	−0.123	−0.271	−1.059	0.522	−0.537
lnSP	0.777***	1.351**	2.128***	−2.202	6.413	4.212***
lnTP	0.842***	1.306**	2.148***	−1.103	5.360	4.257
lnPE	0.146	0.131	0.277	1.095	−0.545	0.550
lnUR	−0.577***	−0.523**	−1.100***	−1.761	−0.416	−2.177***
lnFD	0.0165	0.111*	0.127**	−0.856	1.109	0.252**
lnRD	0.0457	0.00203	0.0477	0.594	−0.500	0.0945

***$P<0.01$、**$P<0.05$、*$P<0.1$ 分别表示 1%、5%、10% 的显著性水平下显著。

2. 政府科学技术支出政策对碳减排直接效应（情景 II）

在情景 II 中也分别进行了无时空效应、时间效应、空间效应等回归，以此保证时空效应模型（DSDM_FE）（动态空间杜宾模型）的合理性。各模型选择依据与情景 I 一致，故此处不再赘述。如表 5-6 所示，由模型 DSDM_FE 可知，碳排放时间项 $\ln CT_{i,t-1}$ 与空间项 $\omega \ln CT_{i,t}$ 的弹性系数均高度显著，分别为 0.723 和 0.190，说明仅考虑科学技术支出政策时，典型城市碳排放的累积循环效应与空间溢出效应也均成立。从时间上来看，经济增长、产业结构、人口规模是本地区碳排放的主要驱动因素，而政府科学技术支出政策、能源结构与城镇化率则是碳减排的重要贡献因素；从空间上来看，仅有城镇化率对本地区碳排放起到抑制作用，而产业结构则具有显著空间溢出作用，其他因素均不显著。

表 5-6　政府科学技术支出政策对碳减排时空效应

变量	无时空效应	时间效应	空间效应			时空效应
	OLS_FE	SYS_GMM	SLM_RE	SEM_RE	SDM_FE	DSDM_FE
$\ln CT_{t-1}$		0.944***				0.723***
$w\ln CT$			−0.127	−0.285	−0.312**	0.190***
$w\ln CT_{t-1}$						−0.023
TSCA	0.097	−0.061	0.101	0.052	−0.170*	−0.186***
$\ln PI$	0.352***	0.037	0.330***	0.315***	0.749***	0.379***
$\ln MS$	−0.312	−0.269**	−0.327	−0.282	−0.229*	−0.152***
$\ln SP$	1.668***	1.252***	1.857***	1.885***	1.526***	0.915***
$\ln TP$	1.462	1.220*	1.630**	1.798***	1.618***	1.070***
$\ln PE$	0.020	−0.203	0.332*	0.346**	1.042**	0.446**
$\ln UR$	−0.946	−0.457*	−0.818	−0.999*	−0.721*	−0.596***
$\ln FD$	0.040	−0.029*	0.069	0.063	0.073	0.003
$\ln RD$	0.102	−0.012	0.093	0.096	0.120**	0.041
wJSCA					−0.320	−0.004
$w\ln PI$					0.053	0.147
$w\ln MS$					0.935***	−0.003
$w\ln SP$					−1.210	1.382*
$w\ln TP$					−0.135	1.558**
$w\ln PE$					0.062	0.426
$w\ln UR$					−0.103*	−0.820***
$w\ln FD$					−0.082	0.043
$w\ln RD$					0.094	−0.026
R^2	0.582		0.664	0.606	0.500	0.933
AIC			−188.883	−194.453	−409.335	−510.769
BIC			−143.004	−148.571	−338.746	−438.478
Log L			107.442	110.227	224.668	−86.035
Hausman	103.150***		8.880	−3.700	31.26***	
AR(1)		[0.792]				
AR(2)		[0.861]				
Sargan_P		1.000				

注：同表 5-4。

由表 5-7 可知：

1）政府科学技术支出政策仅短期直接效应通过显著性检验，其弹性系数为-0.181，而短期间接效应并未通过显著性检验，说明短期内本地区政府财政支出政策每优化 1%，碳排放将减少 0.181%，但并不存在空间溢出效应；长期直接效应、间接效应和总效应并不显著，表明政府科学技术支出政策对碳减排的积极作用会随时间推移而消失。

2）经济增长短期直接效应、短期总效应和长期总效应均高度显著，但无论是短期间接效应还是长期间接效应均不显著，说明经济增长对碳排放存在正向影响，但仅存在时间连续性，空间溢出效应有效性并未通过检验。

3）产业结构中第二产业比例与第三产业比例对碳排放的影响机理存在差异。其中，第二产业比例短期直接效应、短期总效应和长期总效应均显著，系数分别为 0.874、1.895 和 4.692，说明第二产业比例对碳排放的贡献将逐步扩大，同时也证明第二产业比例并不存在空间溢出效应；而第三产业比例与其有所不同，短期直接效应、短期间接效应和短期总效应均通过显著性检验（短期间接效应在 10% 的显著性水平下显著），说明第三产业比例短期内对碳排放推动作用明显，同时存在空间溢出效应，表明本地区第三产业比例对碳排放具有时间和空间双重正向影响，但长期内第三产业比例对碳排放的推动作用逐渐消失。

4）人口规模短期直接效应在 1% 的显著性水平下高度显著，但短期总效应和长期总效应也通过 10% 的显著性检验，弹性系数分别为 0.713 和 1.775，而短期间接效应与长期间接效应均不显著，说明人口规模对碳排放的增长不存在空间溢出效应，但对本地区碳排放增长产生一定的正向推动作用。

5）城镇化率短期直接效应、短期间接效应、短期总效应和长期总效应均高度显著，弹性系数绝对值由短期总效应−1.166 增加到−2.890，表明城镇化率的提升对碳减排的贡献作用逐步增强，同时短期间接效应证明了短期内城镇化率存在显著的空间溢出效应，但作用强度逐渐减弱至消失。

表 5-7　政府科学技术支出政策对碳减排时空效应分解结果

变量	DSDM_FE 短期（SR）			DSDM_FE 长期（LR）		
	直接效应	间接效应	总效应	直接效应	间接效应	总效应
TSCA	−0.181***	0.038	−0.142	−0.844	0.491	−0.353
lnPI	0.372***	0.0457	0.418**	1.371	−0.333	1.038**
lnMS	−0.153***	0.0302	−0.123	−0.620	0.312	−0.308
lnSP	0.874***	1.020	1.895***	1.812	2.880	4.692***
lnTP	1.024***	1.135*	2.159***	2.421	2.944	5.366
lnPE	0.418**	0.295	0.713*	1.085	0.689	1.775*
lnUR	−0.564***	−0.602***	−1.166***	−1.623	−1.267	−2.890***
lnFD	0.002	0.0385	0.0407	−0.098	0.200	0.103
lnRD	0.0414	−0.0317	0.009	0.245	−0.221	0.0240

注：同表 5-5。

3. 政府节能环保支出政策与科学技术支出政策对碳减排联合效应（情景 Ⅲ）

情景 Ⅰ 和情景 Ⅱ 仅考虑政府干预的某单一变量，而在实践中，政府干预往往是多项政策同步实施，因而情景 III 将政府节能环保支出政策和科学技术支出政策同时作为政府干预变量纳入模型进行时空效应研究（表 5-8）。无时空效应模型 Hausman 检验拒绝原假设，采用固定效应回归后的判决系数 R^2（0.588）优于政府干预单一变量模型，但核心解释变量政府干预（政府节能环保支出政策和科学技术支出政策）并不显著；时间效应模型（SYS_GMM）尽管通过序列相关检验和过渡识别检验，但并未改变核心解释变量的显著性；空间误差模型（SEM_RE）和空间杜宾模型（SDM_FE）中核心解释变量仅有政府节能环保支出政策通过显著性检验。综上所述，无时空效应、时间效应和空间效应等单一效应模型回归可能存在偏误，并非理想模型，但也是时空效应回归的重要论证基础和参考依据。由时空效应模型（DSDM_FE）可知，碳排放时间滞后项与空间滞后项系数分别为 0.716 和 0.238，均在 1%的显著性水平下高度显著。这表明典型城市碳排放存在显著的时间连续性和空间相关性特征，某地区当期碳排放受到本地区上一期碳排放正向影响和周边地区碳排放的正向溢出效应。具体两个政策变量的作用关系需要结合表 5-9 进行分析。

表 5-8　政府节能环保支出与科学技术支出组合政策对碳减排时空效应

变量	无时空效应	时间效应	空间效应			时空效应
	OLS_FE	SYS_GMM	SLM_FE	SEM_RE	SDM_FE	DSDM_FE
$\ln CT_{t-1}$		0.884***				0.716***
$w\ln CT$			−0.278*	−0.304	−0.369***	0.238***
$w\ln CT_{t-1}$						−0.056
RSCA	−0.097	0.018	−0.174*	−0.114*	−0.179**	−0.069*
TSCA	0.124	−0.033	0.184*	0.084	−0.135	−0.182***
lnPI	0.372***	−0.003	0.299	0.343***	0.704***	0.350***
lnMS	−0.322	−0.294**	−0.286	−0.296	−0.290*	−0.144***
lnSP	1.713**	1.636**	1.453**	1.972***	1.586***	0.972***
lnTP	1.462*	1.740*	1.378*	1.837***	1.604***	1.081***
lnPE	0.077	0.034	−0.093	0.395**	1.053**	0.411*
lnUR	−0.957*	−0.548*	−0.977*	−1.042***	−0.723*	−0.593***
lnFD	0.038	−0.024	0.061	0.059	0.0757	0.003
lnRD	0.103	−0.015	0.099*	0.103	0.112**	0.0452
wRSCA					−0.231*	−0.301***
wTSCA					−0.384	0.0124
wlnPI					−0.009	0.128
wlnMS					0.878***	−0.143
wlnSP					−0.805	1.922**
wlnTP					0.273	2.091***
wlnPE					0.181	0.466
wlnUR					−0.996	−0.748***
wlnFD					−0.028	0.129**

续表

变量	无时空效应	时间效应	空间效应			时空效应
	OLS_FE	SYS_GMM	SLM_FE	SEM_RE	SDM_FE	DSDM_FE
*w*lnRD					0.094	0.017
R^2	0.588		0.350	0.597	0.512	0.939
AIC			−364.840	−198.172	−422.383	−513.721
BIC			−322.487	−148.759	−348.265	−431.103
Log *L*			194.420	113.086	232.191	89.922
Hausman	27.11***		20.440**	−36.480	354.18***	
AR(1)		[0.883]				
AR(2)		[0.879]				
Sargan_P		1.000				

注：同表 5-4。

表 5-9　政府节能环保支出与科学技术支出组合政策的碳减排时空效应分解结果

变量	DSDM_FE 短期（SR）			DSDM_FE 长期（LR）		
	直接效应	间接效应	总效应	直接效应	间接效应	总效应
JSCA	−0.052*	−0.248***	−0.300***	−2.105	1.451	−0.654***
TSCA	−0.186***	0.0538	−0.132	1.538	−1.823	−0.285
lnPI	0.348***	0.0300	0.378**	−0.176	0.996	0.819**
lnMS	−0.137***	−0.0886	−0.225	−0.255	−0.236	−0.491
lnSP	0.880***	1.494**	2.374***	13.59	−8.460	5.132***
lnTP	0.982***	1.597***	2.579***	14.04	−8.456*	5.586
lnPE	0.408**	0.320	0.729*	2.974	−1.392	1.582*
lnUR	−0.552***	−0.522***	−1.073***	−3.688	1.366	−2.322***
lnFD	−0.003	0.111*	0.108*	1.021	−0.786	0.235*
lnRD	0.047	0.003	0.050	0.156	−0.047*	0.109

注：同表 5-5。

由表 5-9 可知：

1）政府干预对碳减排具有积极作用，但是节能环保支出和科学技术支出两种政策干预对碳减排的作用机制存在显著差异。节能环保支出政策对碳排放的短期直接效应、短期间接效应、短期总效应和长期总效应的弹性系数分别为−0.052、−0.248、−0.300 和−0.654，均高度显著，表明政府节能环保支出政策对碳排放的抑制作用逐渐增强，且短期内存在负向空间溢出效应，但长期存在边际效应递减规律，这与政策制定者在不同发展阶段因时制略、因城而异有一定的关系。科学技术支出政策对碳排放仅仅存在短期直接效应，弹性系数为−0.186，表明科学技术支出每提高 1%，碳排放相应降低 0.186%。二者关系是，短期内科学技术支出政策对碳减排的贡献优于节能环保支出政策；长期来看，节能环保支出政策对碳排放的治理效果更具有可持续性。究其原因，科学技术支出政策直接作用于新兴、绿色、高端产业发展和创新平台建设，促进能源效率提升和碳排放强度降低，短期效应较为明显；而节能环保支出政策主要侧重于节能改造、污染治理和生态补偿等领域，其减排效果需要较长时间方能呈现。以重庆为例，2016 年重庆市政府科学技术支出鼓励国家自主创新示范区产业技术创新和科技服务平台建设，而节能环保支出主要用于污水处理厂建设、环境整治项目等。

2）经济是碳排放增长的主要驱动因素。首先，产业结构中第二产业比例的短期直接效应、短期间接效应、短期总效应和长期总效应均通过 1% 的显著性检验，弹性系数高度显著并呈增长态势，分别为 0.880、1.494、2.374 和 5.132，说明时间上第二产业比例对碳排放始终保持正向推动作用，且作用程度逐步增强，空间上第二产业比例正向溢出效应短期内存在，长期内并不存在。主要原因是我国当前第二产业比例较大，实现高端化发展仍需要时间，因而未来一段时期内第二产业发展所需能源需求仍较大，必将导致碳排放持续增长。但随着政策不断调整，第二产业比例碳排放的空间溢出效应也会逐渐削弱。其次，第三产业比例短期直接效应、短期间接效应和短期总效应的弹性系数也均通过显著性检验，弹性系数略大于第二产业比例且呈增长趋势，表明第三产业比例短期内与碳排放存在正相关关系，也存在正向空间溢出效应，对碳排放贡献要高于第二产业比例，说明短期内第三产业低碳转型并未取得预期目标，而长期第三产业对碳排放的推动作用会从时间和空间维度逐渐消失。原因在于目前我国第三产业仍以传统服务业为主，第三产业比例增加对碳减排的贡献未能弥补第二产业比例下降带来的碳减排幅度，因而第三产业与碳排放仍然处于正向变动关系[108]。与第二产业比例不同，第三产业比例长期间接效应在 10% 的显著性水平下显著，其弹性系数为 -8.456，表明第三产业比例从长期来看对碳排放存在负向空间溢出效应，原因主要是短期内地方政府受经济辐射影响，引入第三产业主要以低端为主，存在重复引进、重复建设等问题，因而短期内空间溢出效应显著为正。长期通过外部调整，经济转方式调结构，产业转型向高端迈进，因而其对碳排放的影响则由短期正向溢出效应转变为长期负向溢出效应[293]。最后，经济增长短期直接效应、短期总效应和长期总效应弹性系数为 0.348、0.378 和 0.819，在 1% 的显著性水平下高度显著，间接效应均未能通过显著性检验，表明经济增长对碳排放的影响仅存在时间连续性，并呈增长态势。总体来说，产业结构对碳减排的贡献要低于经济增长。经济增长对碳排放的影响表现为经济规模效应，而产业结构则表现为经济结构效应。对外贸易短期间接效应、短期总效应和长期总效应均通过 10% 的显著性检验，弹性系数为正，说明对外贸易与碳排放存在正向变动，在城市层面验证了对外贸易碳排放逆差的存在。

3）能源结构仅短期直接效应通过 1% 的显著性检验，弹性系数为 -0.137，表明短期内能源结构优化会减少碳排放，但并不存在空间溢出效应。长期来看，能源结构优化对碳减排的支撑作用会逐渐消失。本节研究以煤炭占比反映能源结构，煤炭受去产能影响其产量正逐年下降，而且各地政府对煤炭消费进行了严格把控，并设定相应的控制目标，如《上海市 2018～2020 年煤炭消费总量控制工作方案》明确提出 2020 年本市煤炭消费量较 2015 年下降 5%，因而煤炭消费量在一次能源消费总量的比例逐步降低，但其他类型能源消费量的比例逐年增长，一次能源消费总量并未减少。上海 2005～2016 年煤炭消费量占一次能源消费总量的比例以年均 4.09% 的速度下降，而一次能源消费总量在该期间却保持着 2.39%的年均速度增长，说明煤炭占比虽然逐年下降，但石油和天然气等占比逐年上升，一次能源消费总量并未随着煤炭占比的降低而下降。中国"富煤少油"的资源禀赋决定了煤炭消费占比仍会维持较长时间[294]，结构优化对碳排放的抑制作用是逐步消失的。

4）人口规模效应与人口结构效应（城镇化率）呈明显差异。其中，人口规模的短期直接效应、短期总效应和长期总效应均在 10%的显著性水平显著，其弹性系数分别为0.408、0.729、1.582，而其他效应并不显著。可见人口规模对碳排放的影响具有时间连续性，但并不存在空间溢出效应，且人口规模对碳排放的影响会越来越强，主要原因在于当人口规模持续扩大至超越城市承载力时，必将迫使城市进行扩张，而城市扩张需要进行各类基础设施建设，如交通、生活等，带动了工业、建筑业等行业快速发展，能源需求急剧增加，因而人口规模效应无论短期或是长期均对碳排放增长产生了拉动作用[295]。而城镇化率对碳排放具有显著抑制作用，其短期直接效应、短期间接效应、短期总效应和长期总效应高度显著，弹性系数分别是-0.552、-0.522、-1.073 和-2.322。可见短期内城镇化不仅对本地区碳排放具有显著抑制作用，同时也存在显著的负向空间溢出效应；就长期而言，城镇化率对碳排放的抑制作用日益增强，但负向空间溢出效应消失。尽管中国城镇化进程起步相对较晚，但发展速度较快，尤其是 2017 年城镇化进程不断向纵深推进[296]。节能建筑推广、循环基地建设、城市污水整治、生活垃圾分类等举措推进城市在快速城镇化进程中实现绿色发展，城镇化质量明显提升，未来新型城镇化建设稳步推进，因而对碳减排具有正向作用，且作用程度逐渐增强。

5）技术创新仅长期间接效应通过 10%的显著性检验，其弹性系数为-0.047。这表明技术创新在长期内存在负向空间溢出效应，短期内并不能激发波特假说的"创新补偿"效应[297]，对碳减排没有贡献。但长期来看，技术创新可以降低能耗，减少碳排放[298,299]。技术创新负向空间溢出显著的主要原因是技术创新辐射带动效应强、传播速度快，未来一定会成为城市低碳转型发展不可或缺的重要因素。

第四节　结论与建议

采用密度函数对典型城市 2005~2016 年的碳排放规模和碳排放强度的动态演变进行测度，借鉴显示性比较优势指数（RCA）及其对称化处理指数（RSCA），构造政府节能环保支出指数（energy symmetrical comparative advantage，ESCA）和科学技术支出指数（TSCA）作为政府干预变量，设置三种情景，分别构建无时空效应、时间效应、空间效应及时空效应四种模型，并基于最优的动态空间杜宾模型进行时空效应分解，得出以下结论与建议：

1）2005~2016 年典型城市碳排放规模仍保持增长态势，但增速放缓，增幅下降；碳排放规模"高水平集聚、低水平靠拢"现象较弱，但城市之间空间差距逐年扩大。研究期内典型城市碳排放强度呈下降态势，城市低碳转型步伐明显加快，但两极分化现象较为突出。主要因为城市自然条件、资源禀赋、产业结构、发展阶段和发展水平不同，城市碳排放及其影响因素也存在较大的空间差异性。因此，政府干预碳减排也应因地制宜，因城而异。经济发达地区承担更多的减排义务，在政策选择上更倾向于积极发挥科技财政支出对社会资本的引致作用，释放区位优势和资源禀赋对环境治理的"倍数效应"。经济欠发达地区兼顾经济发展及环境改善，纠正"重经济发展，轻环境治理"的财政支出偏好，明确环保财政支出政策目标，确定支出方向，发挥财政环保支出对环境治理的规制导向作用。同时，调整和优化财政科技支出结构，转变经济发展方式，提高财政科技支出结构的效率，实现经济发展和环境保护"双赢"。

2）政府干预在城市低碳转型中发挥了重要作用，但不同政策手段的政府干预对碳减排的传导作用存在差异。节能环保支出和科学技术支出作为政府干预的代理变量，无论是在单一变量情景还是组合变量情景下对碳排放始终保持负向变动关系，说明两种政策干预对城市碳排放均起到抑制作用。短期内科学技术支出政策手段的碳减排效果优于节能环保支出政策手段；长远来看，政府节能环保支出政策干预对碳排放的抑制作用更强。因此，根据地区经济发展水平和发展阶段，应合理分配地方财政支出比例和结构，科学制定环保支出和科技支出预算。城市低碳转型初期，以科学技术支出政策干预为主，节能环保支出政策干预为辅；当城市低碳转型步入中后期后，政策干预则以节能环保支出为主，科学技术支出为辅。当然，环境治理效应并非财政支出一家之功，社会资本的投入、人们环保观念的增强等是环境改善的重要因素。因此，多种政策的联动实施，可以在保证减排成本有效性的前提下实现碳排放量的有效控制。同时，地区间构建相应的联动合作机制，摒弃不同地区间的恶性竞争，通过资源共享、错位发展，实现区域内要素合理配置，促进整个区域的良性发展。

3）经济是碳排放增长的主要驱动因素，且结构效应大于规模效应。第二、三产业比例短期内均存在显著正向时空效应，长期内第三产业比例对碳排放增长的推动作用消失，而第二产业比例的推动作用则小幅提升；经济增长与碳排放的正向变动主要表现为时间连续性，并且呈现逐渐增强态势，但边际效应低于产业结构；对外贸易受贸易隐含碳排放逆差的影响，短期内呈现出正向空间溢出效应，碳排放并未减少。人口因素对碳排放存在时空差异，但规模和结构效应有所不同。人口规模与碳排放增长存在时间上的正向变动关系，且推动作用日益增强；而人口结构（城镇化率）无论短期还是长期对碳排放始终起到抑制作用。技术创新与能源结构仅存在单一效应。优化能源结构对碳排放的抑制作用短期内效果显著；而技术创新对碳减排的积极作用则需要较长一段时期方能有效，因而技术创新具有"过程性"，而碳排放问题的解决根本依赖于技术进步。因此，应不断加强绿色低碳技术的研发投入，优化产业结构，降低贸易碳"逆差"，实现碳生产率的不断提升。同时，地方政府应下决心突破体制机制藩篱，围绕政府服务功能、行政管理机制、科技创新体系、财政投入机制等方面进行深化改革，搭建创新平台，激发创新活力，尽快显现技术创新对碳减排的积极作用。

第六章 基于 GWR 模型的中国典型城市碳排放时空演变分析

由于城市的自然条件、资源禀赋、能源结构、产业结构和经济发展水平等存在区域差异性和非均衡性，低碳城市发展路径也应"因城而异"。本章从城市群协调发展的角度，利用地理加权回归模型（geographical weighted regression，GWR）从空间视角对京津冀、长三角、珠三角、环渤海、长江中游、川渝和东北地区七个城市群"十五"到"十二五"期间碳排放影响因素的时空变迁进行分析，探讨区域碳排放影响因素的作用机理和产生区域非均衡性的主要原因，考查研究不同影响因素对各城市群碳排放影响的时空演变特征及政策调控的边际效应，提出"因地制宜，因城而异"的碳减排政策建议[9,170]。

第一节 地理加权回归模型及估计

一、地理加权回归模型简介

在碳排放影响因素的研究中，研究方法多集中于线性回归模型。这些模型构建的共同特点是把样本区域看作同质的，即空间因素在这些模型中被看作外生给定的，它们是在假设空间趋同的条件下进行回归分析。然而不同地区地理条件及发展状况都有明显的差别，这种空间差异的存在使得不同样本区域内变量与自变量之间不会完全对等，要想在回归分析中涉及这种空间非平稳性，地理空间统计分析就是比较好的方法[9,170]。

为了能够反映回归参数的空间变化情况，国外学者提出了空间变参数模型，即将样本数据地理位置坐标嵌入回归模型中，使回归参数变为样本数据地位置的函数。在此基础上，Fotheringham 等提出了 GWR 模型。

GWR 模型是对传统回归模型的扩展，其中心思想就是通过将地理位置加入传统回归参数中，以相邻观测值的子样本数据信息来对局部进行参数回归估计，这样一来，估计得到的回归参数会随着样本空间的变化而不同，会在一定程度上反映出样本数据的空间差异。

一般的全局回归模型为

$$y = \beta_0 + \sum_k \beta_k X_{ik} + \varepsilon_i \tag{6-1}$$

GWR 模型是在传统回归模型的基础上，容许局部而不是全局的参数估计，扩展后的模型如下：

$$y_i = \beta_0(\mu_i, \theta_i) + \sum_k \beta_k(\mu_i, \theta_i) X_{ik} + \varepsilon_i \tag{6-2}$$

式中，y_i 为 $n \times 1$ 维解释变量；X_{ik} 为 $n \times k$ 维解释变量矩阵；$\beta_k(\mu_i, \theta_i)(k = 1, 2, 3, \cdots)$ 为 i 个样本点上的第 k 个回归参数；(μ_i, θ_i) 为第 i 个样本点的经度纬度坐标；ε_i 为独立同分布的随机误差项。

大部分学者在利用 GWR 模型进行研究分析时，遇到的最显著的问题是未知变量较多，从而限制了式（6-2）在实际分析中的应用。Fotheringham、Charlton 等曾在研究中假设有其他一些变量（如空间坐标）对 GWR 模型中的系数具有决定作用，这些变量的存在，使得 GWR 模型中的系数并不是随机的。例如，GWR 等模型的处理，由于空间差异的存在及数据获取的难易程度，很难实现局部参数的无偏估计，因此小偏差误差项的存在是被允许的。这种误差项的存在，可以简化对局部参数的估计，使研究者更容易发现样本数据之间的物理相关性及相应的函数参数。若所获得的参数具有某种程度上的空间一致性，则相应空间位置的估计值就会趋于相近。式（6-2）假设接近某一特定位置的样本数据对 $\beta_k(\mu_i, \theta_i)$ 估计的影响要比远离该位置的样本数更大。GWR 模型通过加权最小二乘法对邻近特定位置的数据进行加权，这样该数据点就会随着位置的不同而产生不同的观测值[9,170]，公式说明如下：

$$\hat{\beta}_0(\mu_i, v_i) = \left[X^\mathrm{T} W(\mu_i, v_i) X \right]^{-1} X^\mathrm{T} W(\mu_i, v_i) Y \tag{6-3}$$

式中：

$$X = \begin{bmatrix} 1 & x_{11} & \cdots & x_{1k} \\ 1 & x_{21} & \cdots & x_{2k} \\ \vdots & \vdots & & \vdots \\ 1 & x_{n1} & \cdots & x_{nk} \end{bmatrix} \tag{6-4}$$

$$W(\mu_i, \theta_i) = W(i) = \begin{bmatrix} w_{i1} & 0 & \cdots & 0 \\ 0 & w_{i2} & \cdots & 0 \\ \vdots & \vdots & & \vdots \\ 0 & 0 & \cdots & w_{in} \end{bmatrix} \tag{6-5}$$

$$\hat{\beta} = \begin{bmatrix} \beta_0(\mu_1, \theta_1) & \beta_1(\mu_1, \theta_1) & \cdots & \beta_k(\mu_1, \theta_1) \\ \beta_0(\mu_2, \theta_2) & \beta_1(\mu_2, \theta_2) & \cdots & \beta_k(\mu_2, \theta_2) \\ \vdots & \vdots & & \vdots \\ \beta_0(\mu_n, \theta_n) & \beta_1(\mu_n, \theta_n) & \cdots & \beta_k(\mu_n, \theta_n) \end{bmatrix} \tag{6-6}$$

$$Y = \begin{bmatrix} y_1 \\ y_2 \\ \vdots \\ y_n \end{bmatrix} \tag{6-7}$$

式中，$\hat{\beta}$ 为 β 的估计值；n 为空间样本数；k 为自变量的个数；w_{in} 为对位置 i 刻画模型时赋予数据点 n 的权重[300-302]。

二、空间权函数的选择方法

在 GWR 模型中，权重函数的确定一般有三种常用的方法，分别是距离阈值法、高斯函数法及 bi-square 函数法。

1. 距离阈值法

三种方法中，距离阈值法最为简单，计算也相对比较容易，但其缺点是采用分段函数形式，导致最终确定的空间权函数呈现出不连续性[300-302]。其具体公式如下：

$$w_{ij} = \begin{cases} 1 & d_{ij} \leqslant D \\ 0 & d_{ij} > D \end{cases}$$ （6-8）

式中，D 为距离阈值；d_{ij} 为数据点 j 与回归点 i 之间的距离；w_{ij} 为权重。

2. 高斯函数法

$$w_{ij} = \exp\left[-\left(d_{ij}/b\right)^2\right]$$ （6-9）

高斯函数法是三种方法中最常用的空间权函数确定方法。式（6-9）中的 d_{ij} 是样本 i 和样本 j 之间的距离，当其中一个样本被发现时，另一个样本点的权重会随着 d_{ij} 的增加而减小。b 是带宽，是 GWR 模型中的关键因素，对 GWR 模型计算的准确度有较大影响。带宽 b 可以看作样本数据所处空间区域大小的参数，带宽 b 越大，样本所处的空间范围越大。同一空间范围内样本点的参数相同，如 b 足够大，那么将会使研究区域大到囊括所有样本点，这样一来样本数据之间将不存在差异性。所以如何确定最优带宽，是保证最终研究成果准确性的重要前提[300-302]。

3. bi-square 函数法

bi-square 函数法是对高斯函数法的改进，由于在实际研究中会存在没有影响的样本数据点，那么通过高斯函数法确定的空间权函数势必会有误差，bi-square 函数法的本质就是将不受影响的数据点截取掉，以提高最终空间权函数的准确性[9,170]。其具体公式如下：

$$w_{ij} = \begin{cases} \left[1-\left(d_{ij}/b\right)^2\right]^2 & d_{ij} \leqslant b \\ 0 & d_{ij} > b \end{cases}$$ （6-10）

三、权函数带宽的确定及优化方法

空间权函数的带宽对 GWR 模型的精度具有很大影响，如何确定最优带宽，是保证最终研究成果准确性的重要前提[9,170,300-302]。带宽范围设置过大，将使全局预测参数相近；若设置过小，会使不同空间区域间不存在任何影响。带宽的确定是地理加权回归中的核心部分，目前的研究中多采用 AIC（akaike information criterion）值最小法和 CV（coefficient of variance）值最小法确定带宽[300-302]。本节采用 AIC 值最小法，公式如下：

$$AIC = -2n\ln L\left(\hat{\theta}_L, x\right) + 2q \tag{6-11}$$

式中，q 为未知参数个数的极大似然估计。

似然函数越大，估计量越准确，因此得到最优模型的条件是使 AIC 值最小。Fotheringham[303]首先将 AIC 方法应用在 GWR 模型中的权函数带宽选择上，修改后的 AIC 法公式为

$$AIC_c = -2n\ln L(\hat{\sigma}) + n\ln(2\pi) + n\left[\frac{n + \text{tr}(s)}{n - 2 - \text{tr}(s)}\right] \tag{6-12}$$

可简单表示为

$$AIC_c = -2n\ln L(\hat{\sigma}) + n\ln(2\pi) + n + \text{tr}(s) \tag{6-13}$$

式中，AIC_c 为修正的 AIC 值；n 为样本点的大小；带宽 b 的函数是帽子矩阵 S 的迹 $\text{tr}(s)$；$\hat{\sigma}$ 为随机误差项方差的极大似然估计。

第二节　城市群碳排放量核算及碳足迹分析

一、样本城市选择

从国家确定的前两批低碳试点城市中选取北京、天津、保定、上海、宁波、广州、青岛、武汉、南昌、重庆、昆明、大连、沈阳 13 个城市作为研究对象，这 13 个城市分别属于京津冀、长三角、珠三角、山东半岛、长江中游、川渝、滇中城市群和东北地区的不同经济发展水平、不同规模（超大城市、特大城市、大城市）和不同特点（发展类型、产业特点）的代表性城市[9,170]。

二、碳排放量核算及碳足迹分析

采用各城市一次能源数据，运用物料衡算法计算各城市碳排放量。计算碳排放量的相关数据均来自各城市统计年鉴，样本城市 1995～2015 年碳排放量数据如附录 4 所示。

1. 京津冀城市群

图 6-1 为京津冀城市群样本城市二氧化碳排放情况。从图 6-1 中可以看出，京津冀城市群二氧化碳排放总量整体呈上升趋势，其中天津增幅最快，并在 2010 年左右超过北京，成为三个地区中排放量最大的城市；保定碳排放量最低，增幅最小；北京碳排放量在初期较高，但增速远低于天津。

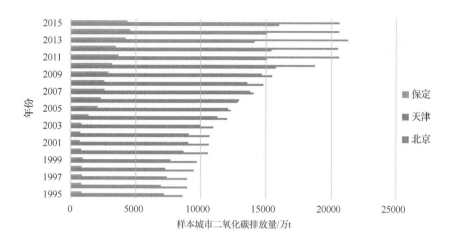

图 6-1 京津冀城市群样本城市二氧化碳排放量 　　　　　彩图 6-1

分城市来看，北京相较于其他两个城市发展起步较早，城市发展水平高，产业结构在 1995～2015 年期间已逐渐完成从第二产业向第三产业的转移。在最初城市发展阶段，北京碳排放量增幅显著，到 2010 年，北京二氧化碳排放量约为 15772.59 万 t，较 1995 年增加 10114.75 万 t，年均增长率约为 7.8%。在产业结构不断优化下，北京城镇化发展逐渐进入成熟阶段，碳排放量开始趋于稳定，到 2015 年，北京二氧化碳排放量约为 16013.43 万 t。2010～2015 年间，北京二氧化碳排放量年均增长率下降到 0.31%，下降较为明显。

天津方面，作为传统的工业大市，其碳排放量始终处于较高水平且呈逐年增长状态。在天津产业占比中，第二产业占比最高，约为 52%，以工业化助推城镇化的发展模式为天津的能源环境带来了不小的压力。1995 年，天津二氧化碳排放量约为 7185.63 万 t，小于同期北京碳排放总量；到 2010 年，天津碳排放总量已超越北京，达到 18729.32 万 t，年均增长率约为 10.7%，高出北京 2.9 个百分点。虽然 2010 年后天津碳排放总量开始趋于稳定，但是总量依旧过高。

保定方面，从数据上看，该地区二氧化碳排放量远低于其他两个地区。与北京、天津相比，保定城市发展相对缓慢，经济发展水平较低。由于经济产出总量较少，其生产要素包括能源要素的投入方面要远小于其他两个地区，能源消费总量较少是其低排放总量的主要原因。此外，由于城镇化水平不高，地区人口压力较小，生活能源消费及交通排放都远低于其他两个地区，这也是造成该地区碳排放量较低的重要原因。从时间上来看，保定二氧化碳排放量也保持逐年增长态势，同其他地区一样，随着城市的不断发展，二氧化碳排放量的增多将是不可避免的[9,170,304]。

2. 长三角城市群

图 6-2 为长三角城市群样本城市二氧化碳排放情况。图 6-2 显示，在 1995～2015 年

间，长三角地区二氧化碳排放量同样呈逐年增加态势。其中上海初期碳排放量较高，但增幅小于宁波，2011 年左右，宁波二氧化碳排放总量与上海开始逐渐持平。

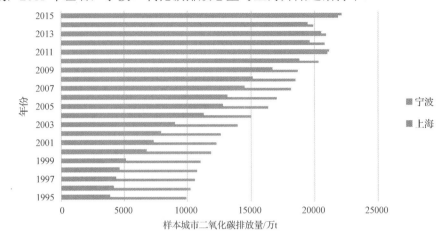

彩图 6-2   图 6-2   长三角城市群样本城市二氧化碳排放量

上海方面，其与北京情况基本相似，由于城镇化发展起步较早，该地区初期二氧化碳排放量水平较高，在 1995 年，上海二氧化碳排放量约为 9920.45 万 t，高出宁波一倍有余。在城镇化进程不断推进的情况下，上海二氧化碳排放量趋于平稳，2011 年后开始呈现下降态势。2015 年，上海二氧化碳排放总量约为 21830.61 万 t，较 1995 年增长 11910.16 万 t，年均增长率约为 6%。

作为长三角的重要地区之一，宁波在近几年也迎来了较快的发展。从图 6-2 来看，由于发展起步较晚，宁波初期能源要素投入较低，二氧化碳排放量相较于上海而言并没有非常显著。在 1995～2015 年间，宁波发展速度逐渐加快，伴随城镇化加快的自然是能源消费量的大量增加。从图 6-2 中可以明显看出，宁波二氧化碳排放量的增幅远高于上海地区，1995 年，宁波二氧化碳排放量仅约为 3880.99 万 t；到 2015 年，宁波二氧化碳排放总量已上升至约 22116.99 万 t，超过同期上海排放水平，排放总量较 1995 年增加 18236 万 t[9,170]。

3. 东北地区城市群

图 6-3 为东北地区城市群样本城市二氧化碳排放情况，可以非常明显地看出大连二氧化碳排放水平要远高于沈阳。与沈阳相比，大连发展起步早，地区经济水平高，城市发展速度较快，有着远高于沈阳生产投入要素的使用量，加之地区生活能源消费及交通排放的增加，大连整体排放水平高于沈阳是必然的。

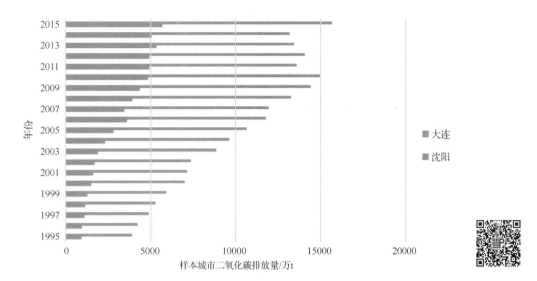

图 6-3　东北地区城市群样本城市二氧化碳排放量　　　　彩图 6-3

　　具体来看，1995 年，大连二氧化碳排放总量约为 3891.28 万 t，在城市发展增速、城镇化建设加快的作用下，用于产出的生产要素投入量大幅增加，使得大连二氧化碳排放量在 1995～2015 年间经历了较大的增幅，至 2015 年，大连二氧化碳排放量约为 15664.2 万 t，较 1995 年增长 11772.92 万 t，年均增长率达 7.2%。

　　沈阳是东北地区重要的工业基地，同时也是东北地区城市群的主要组成部分。从城市发展角度看，其发展水平较大连具有一定的差距，城镇化发展速度也相对较为缓慢。相对于大连需要大量的生产要素投入以支持地区较高的经济发展速度而言，沈阳要素投入量少，能源消费总量低，排放总量少。与大连不同的是，虽然沈阳地区碳排放总量少，但是其排放来源主要为工业产业产出；而大连不仅包含工业产出，生活能源及交通排放较沈阳而言占比也较大。在 1995～2015 年间，虽然沈阳二氧化碳排放量也保持增加态势，但整体要远低于大连水平[9,170]。

　　4. 长江中游城市群

　　图 6-4 为长江中游城市群样本城市二氧化碳排放情况，不难发现，该城市群两样本地区情况与东北地区非常相似，发展程度较高的武汉排放水平要远高于经济水平较低的南昌。与东北地区不同的是，该地区两城市碳排放趋势具有较大差异，其中武汉呈现两段式分布特征；南昌虽有增长，但增幅较不显著，碳排放水平基本不变。

　　武汉方面，从图 6-4 中可以清晰地看出，以 2005 年为分界点，2005 年前后武汉碳排放量呈现出差异化发展趋势。2004 年及以前，武汉碳排放总量较为稳定，波动幅度不大，每年基本保持相同水平；2004 年之后，碳排放量增幅明显，并在 2005～2015 年间，武汉碳排放总量整体保持逐年增加态势，这与其 2005 年之后城镇化发展速度增快密切相关。

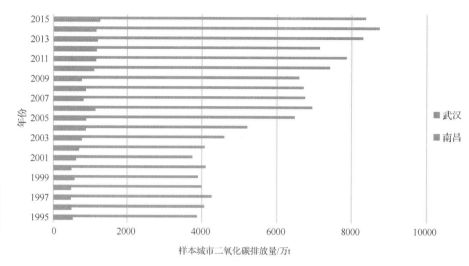

彩图 6-4

图 6-4　长江中游城市群样本城市二氧化碳排放量

南昌由于城市发展水平较武汉有一定差距，因此其在生产投入水平上远不及武汉地区，较低的能源要素使用量使其碳排放总量要显著低于武汉。在 1995～2015 年期间，南昌碳排放量变化趋势较为平稳，涨幅不大。1995 年，武汉二氧化碳排放总量约为 3875.58 万 t，2015 年上升至 8377.25 万 t，增长约 4501.67 万 t[9,170]。

5. 川渝城市群

图 6-5 为川渝城市群样本城市二氧化碳排放情况。从图 6-5 中看，重庆二氧化碳排放量远高于昆明，且增速较快；相比而言，昆明碳排放总量较低，这和昆明以服务业为主的产业结构有较大关系。

具体来看，重庆二氧化碳排放量在 2005 年左右发生了比较大的趋势转变。2005 年之前，重庆碳排放趋势相对稳定，稍有增长但变化幅度不大；2005 年之后，重庆碳排放量急剧上升，增幅较 2005 年之前明显提升。1995 年，重庆二氧化碳排放量约为 3657.07 万 t；2004 年，重庆二氧化碳排放量为 6006.35 万 t，在此期间碳排放量年均增长率约为 6.4%；到 2015 年，重庆二氧化碳排放量达到 14565.91 万 t。2004～2015 年期间，其二氧化碳排放量年均增长率达到了 14.3%，增幅上升显著。从城市发展分析来看，在 2005 年之前，重庆发展速度相对较为平缓，生产要素投入使用量没有过多增加；2005 年之后，重庆发展增速加快，生产要素需求量大增，能源消费量提高，使得二氧化碳排放量大量增加。

昆明方面，其二氧化碳排放水平虽然保持增长态势，但是总量及增幅都远低于重庆水平。从城市发展特点来看，昆明旅游业较为发达，在产业结构中占据比较重要的位置，由于旅游业对能源要素投入需求减少，因此该地区能源消费总量要显著低于重庆地区，这为其保持低排放水平有非常直接的贡献[9,170]。

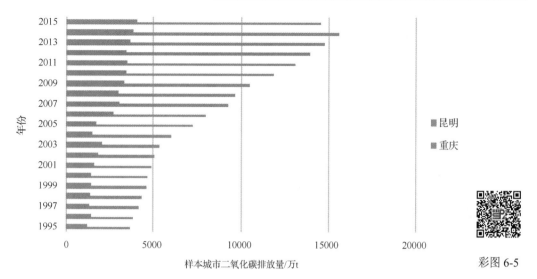

彩图 6-5

图 6-5　川渝城市群样本城市二氧化碳排放量

6. 环渤海及珠三角城市群

图 6-6 为环渤海及珠三角城市群样本城市二氧化碳排放情况。其中环渤海城市群代表性城市青岛二氧化碳排放量保持逐年增加态势且增幅较大；与青岛地区基本情况相同，珠三角城市群代表性城市广州碳排放总量也在逐年增加，且增速较高。

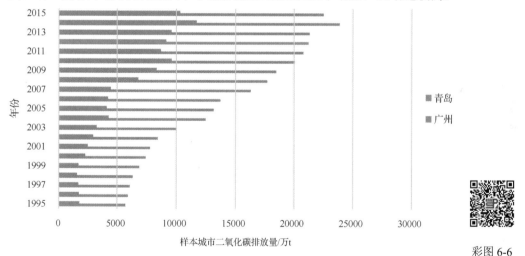

彩图 6-6

图 6-6　环渤海及珠三角城市群样本城市二氧化碳排放量

青岛方面，进入 21 世纪以来，青岛地区经济一直保持较高速度增长，城镇化进程也在稳步推进。作为环渤海城市群的核心城市，青岛优越的地理条件，较为坚实的经济基础，为其跻身发达城市行列提供了保障。在 1995～2015 年间，为满足城镇化高速发展的需要，青岛能源消费总量与日俱增，加上生活能源消费及交通排放的增多，青岛二氧化碳排放总量相较 20 世纪末增长明显，这在一定程度上成为限制青岛发展的重要因素。

广州是传统的经济大市，城市发展起步早，经济产出总量位居中国各市前列。优越的经济条件吸引了大量的企业聚集，生产要素的大量投入为其高经济产出回报创造了条件。1995～2015 年间，随着城市经济的不断发展，大量能源要素在投入端的使用及人口的大量增加也为广州带来了严峻的排放问题。从图 6-6 中可以看出，2014 年之前广州二氧化碳排放量始终保持着增加态势，2009 年之后趋于放缓，这意味着随着城市的不断发展，产业结构已逐渐优化，能源消费量得以下降，二氧化碳排放量得以有效控制[9,170]。

第三节 典型城市碳排放时空演变分析

一、变量选取

梳理相关文献，结合实证分析，将城市碳排放影响因素概括为人口、经济、技术、能源、城镇化水平、环境保护和外贸程度等。有些变量直接影响城市碳排放，如人口、地区生产总值；有些变量通过其他变量间接地影响城市碳排放，如技术、环境保护等[9]。为避免变量之间多重共线性对回归结果产生影响，着重体现城镇化发展进程中结构调整、技术进步和对外贸易对不同区域城市群碳排放影响的空间差异，本节选取工业结构、能源强度、城市化水平及外贸程度作为解释变量，考查和分析四个变量对碳排放影响的时序特征和空间差异。

在本研究中，城镇化水平用城市非农人口与户籍人口总数之比表示，数值越大，说明城镇化水平越高；工业结构用城市第二产业 GDP 产值占当年城市 GDP 总产值比例表示；能源强度用城市能源消耗总量与当年城市 GDP 总产值之比表示，这一指标考查技术水平对碳排放的影响；外贸程度则通过城市出口总额占当年城市 GDP 总产值比例表示，该指标考查对外贸易非均衡性对碳排放的影响[9,201]。

二、GWR 模型构建

本研究采用 GWR 模型进行碳排放影响因素的时空分析。由于所选变量之间的单位不具有一致性，因此首先采用对数法对数据进行无量纲化处理，然后根据式（6-2）构建碳排放地理空间模型，如下：

$$\ln C_i = \beta_0(\mu_i, \theta_i) + \beta_1(\mu_i, \theta_i)\ln U_i + \beta_2(\mu_i, \theta_i)\ln S_i + \beta_3(\mu_i, \theta_i)\ln E_i + \beta_4(\mu_i, \theta_i)\ln P_i + \varepsilon_i$$

（6-14）

式中，C_i 为 i 城市碳排放总量；U_i、S_i、E_i、P_i 分别为 i 城市的城镇化水平、工业结构、能源强度及外贸程度；$\beta_{n(n=1,2,3,4)}(u_i, \theta_i)$ 分别为城镇化水平、工业结构、能源强度和外贸程度四个解释变量的空间权重函数；ε_i 为残差项。

GWR 模型的空间权重函数用高斯函数来表述，采取 AIC 值最小法确定带宽，相应的计算方法前面已经明确阐述，本节不做过多解释。

三、实证结果与分析

以 2000～2015 年的数据作为研究区间,选取 2000 年、2005 年、2010 年及 2015 年四个年份截面数据进行碳排放影响因素的空间差异分析。受价格影响的数据均以 2015 年为不变价计算得到。将整理后的 13 个样本城市数据运用 Arcgis 10.1 软件进行地理加权回归,整体回归结果如表 6-1 所示,可以看出,整体拟合程度较好,R^2 均达到 60% 以上。表 6-2 是 2015 年 GWR 模型回归结果,调整后的 R^2 均达到 86% 以上。其他年份回归结果相似,由于篇幅所限,不再一一列出。下面就四个年份的回归结果分析不同变量对城市群碳排放时空变迁的影响[9,170]。

表 6-1 GWR 模型整体回归结果

指标	2015 年	2010 年	2005 年	2000 年
Bandwidth	25866264.17	25866264.2	25866264	25866264.17
Residual Squares	1.937153	3.741383	3.271495	3.745251
Effective Number	5.011876	5.012871	5.012381	5.012958
Sigma	0.492447	0.684417	0.639977	0.684774
AICc	38.19547	46.75687	45.01003	46.77067
R^2	0.864281	0.616398	0.689008	0.675205
R^2Adjusted	0.796119	0.42367	0.532789	0.512018

表 6-2 2015 年 GWR 模型回归结果

城市	条件数	局部 R^2	已预测	系数截距	城镇化水平	工业结构	能源强度	贸易程度	残差	标准误差
广州	18.990	0.86396	9.572	10.282	0.857	−1.212	1.796	0.215	0.396	0.431
重庆	18.984	0.86395	9.087	10.282	0.856	−1.212	1.797	0.215	0.568	0.441
南昌	18.984	0.86406	6.945	10.282	0.857	−1.212	1.796	0.215	0.105	0.282
武汉	18.982	0.86405	9.143	10.282	0.857	−1.212	1.797	0.215	−0.067	0.382
保定	18.973	0.86416	7.321	10.283	0.857	−1.211	1.797	0.215	0.031	0.320
天津	18.972	0.86419	9.421	10.283	0.857	−1.211	1.797	0.215	0.511	0.447
北京	18.971	0.86418	9.585	10.283	0.857	−1.211	1.797	0.215	0.037	0.198
沈阳	18.967	0.86429	8.411	10.283	0.858	−1.211	1.796	0.215	0.119	0.375
宁波	18.981	0.86415	10.386	10.282	0.858	−1.211	1.796	0.215	−0.512	0.334
上海	18.979	0.86417	10.013	10.282	0.858	−1.211	1.796	0.215	−0.169	0.356
青岛	18.974	0.86420	9.413	10.283	0.858	−1.211	1.796	0.215	−0.044	0.459
昆明	18.991	0.86381	8.185	10.282	0.856	−1.213	1.797	0.216	−0.933	0.442
大连	18.970	0.86426	9.529	10.283	0.858	−1.211	1.796	0.215	−0.042	0.454

1. 工业结构

由图 6-7 可知,在 2000～2015 年间,京津冀和东北地区城市群碳排放相较于成渝等南方地区城市群受工业结构的影响更大。这是因为天津、保定、沈阳和大连等城市发展多以工业为主，以 2015 年数据为例，天津、保定、沈阳等城市其第二产业产值占当年 GDP 总产值均达到 50% 以上，大连和青岛超过 45%，重庆占到了 44%，其余城市占比均低于 40%。由此可见，长三角、珠三角、成渝和滇中城市群逐渐以第三产业作为经济发展的支柱，而京津冀及东北城市群发展依旧以工业为主。工业作为高耗能产业，对城市碳排放的贡献高于以服务业为主的第三产业，因此，以工业为主导的城市中，工业结构对碳排放的影响也会更为显著。

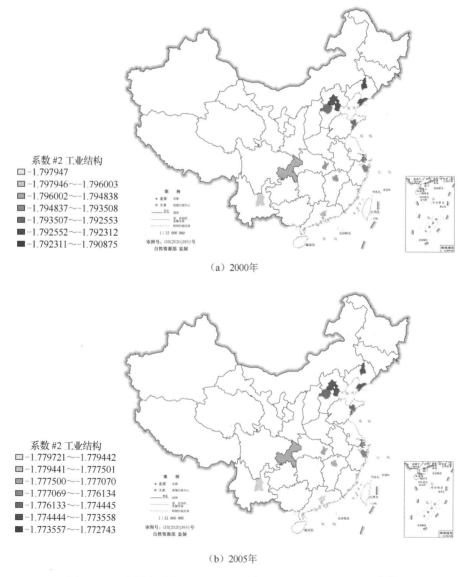

（a）2000年

（b）2005年

图 6-7　13 个样本城市工业结构对碳排放影响程度的空间分布[170]

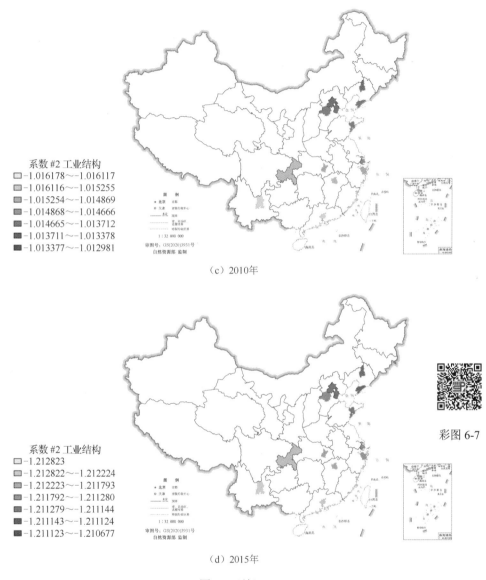

（c）2010年

彩图 6-7

（d）2015年

图 6-7（续）

　　从弹性系数来看，在 2000～2015 年间工业结构与城市碳排放量呈负相关关系，即碳排放量随着第二产业比例的减少会不降反升。理论上来说，第二产业所占比例越小，碳排放量应该越少，即工业结构应该与碳排放量呈明显的正相关关系；但实际上，在快速推进的城镇化进程中，城市基础设施建设和居民住房增加都会对钢铁、水泥等高能耗工业产品有大量需求，虽然工业结构调整和升级使得碳排放逐年下降，但在城镇化发展初期，城镇人口骤增，生活消费增大，工业结构还没有得到充分的转型升级，当人口增多而造成的生活用能大于工业结构降低所减少的碳排放总量时，工业结构与城市碳排放量就会呈现负相关关系；随着城镇化进程的进一步推进，工业结构得到充分的转型升级，第三产业占据经济主导地位，城镇居民消费观念提高，此时才会使城市碳排放量逐渐降低。研究期内，工业结构弹性系数总体上逐年下降，"十二五"末期小幅反弹，这是城镇化初期的典型特征，可以理解为城镇化发展的迟滞性。总地来说，工业结构对碳排放的影响程度在减弱，但城市间的弹性系数差异较小，说明存在明显的空间依赖效应，工业化的快速发展仍然是影响碳排放不断增加的主要因素。

2. 能源强度

能源强度表示单位 GDP 能耗，在一定程度上反映了技术水平对碳排放的影响。从图 6-8 来看，能源强度对碳排放影响程度的空间分布在 2000～2015 年间发生了两次显著性位移。在 2005 年之前，以上海、广州为代表的南方城市群发展相对较早，工业技术水平在国内处于领先地位，节能技术对碳减排起到积极作用，因此，能源强度对碳排放的影响较为显著。反观北方城市群，特别是东北地区，这个时期技术水平相对落后，城市经济主要依赖传统工业，技术创新带来的碳减排成效不显著。从计算数据来看，2005 年天津、保定能源强度分别为 0.99 和 0.94，大连高达 1.82，而广州、上海分别为 0.82 和 0.86，总体上南方城市群明显低于京津冀及东北地区城市群。

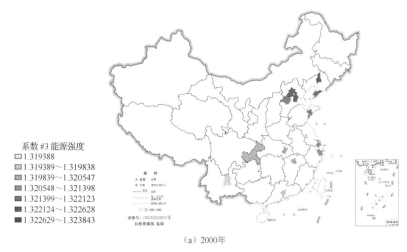

（a）2000 年

图 6-8　13 个试点城市能源强度影响程度的空间分布

彩图 6-8

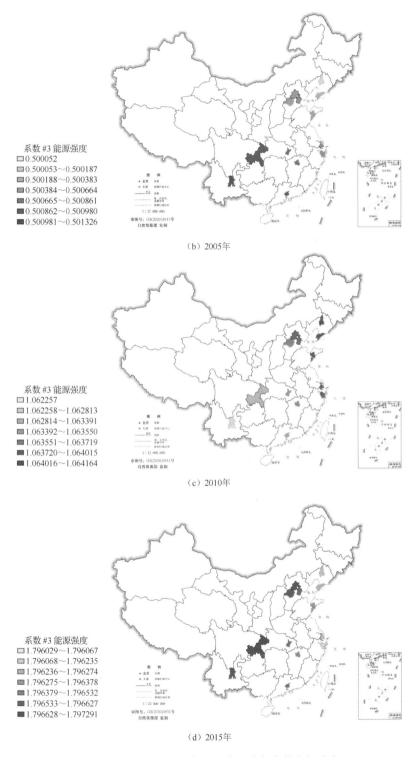

系数 #3 能源强度
- 0.500052
- 0.500053~0.500187
- 0.500188~0.500383
- 0.500384~0.500664
- 0.500665~0.500861
- 0.500862~0.500980
- 0.500981~0.501326

（b）2005年

系数 #3 能源强度
- 1.062257
- 1.062258~1.062813
- 1.062814~1.063391
- 1.063392~1.063550
- 1.063551~1.063719
- 1.063720~1.064015
- 1.064016~1.064164

（c）2010年

系数 #3 能源强度
- 1.796029~1.796067
- 1.796068~1.796235
- 1.796236~1.796274
- 1.796275~1.796378
- 1.796379~1.796532
- 1.796533~1.796627
- 1.796628~1.797291

（d）2015年

图 6-8　13 个试点城市能源强度影响程度的空间分布

到 2010 年，能源强度对碳排放影响程度的空间分布逐渐向东北、京津冀及东部沿海地区过渡。这是因为"十一五"期间北方及沿海城市发展增速，城镇化进程加快，产业结构开始调整，发展重点逐渐转向现代服务业和高新技术产业，这在很大程度上促进了能源强度下降。其中，北京、天津、大连等地能源强度降幅高于 25%，远大于同时期的武汉、重庆、昆明等中西部城市群。此外，"十一五"国家提出节能减排目标和实施方案，颁布了《煤炭工业"十一五"规划》，提出煤炭开发要由"新建为主，整合为辅"转变为"整合为主，新建为辅"，推进煤炭行业集约化发展，这在一定程度上促进了北方煤炭产业大幅度改进，节能减排技术创新及应用对主要煤炭输出地的碳减排起到了积极作用，这也在一定程度上促使了这次位移的发生。

"十二五"末期，能源强度对碳排放影响程度的空间分布又从东北及沿海地区向京津冀和成渝、滇中城市群过渡，这次位移一是南方城市能源技术得到进一步提升带来的技术效应所致，二是与 2010 年国家颁布的首批低碳试点城市有关。

3. 城镇化水平

图 6-9 显示，京津冀及东北城市群碳排放受城镇化水平影响更为显著，这与工业结构对城市碳排放影响分布特征一致，也在一定程度上解释了城镇化与工业化之间的逻辑关系，印证了中国工业化对城镇化起到了巨大的推动作用。当然，在城镇化发展初期，由于产业结构调整，城镇化发展会对碳排放产生一定的抑制作用，但随着城镇化进程的不断推进，城镇人口的急剧膨胀会极大地增加生活及交通消费，促使碳排放量持续上升。这在一定程度上解释了弹性系数在 2000～2015 年间呈现出由正到负，再由负变正的 V 形变化趋势。具体分析，中国在"十五"规划首次提出实施城镇化发展的战略部署，各大城市相继制定了城镇化发展战略，到"十五"末期初见成效，城镇化水平的提高对碳排放的影响产生了积极作用。但是随着城镇化的快速推进，弹性系数在 2010 年开始反弹，这是因为快速的城镇化进程导致了生活、交通、建筑等行业的碳排放量的大幅增长，且影响程度逐年增强。以青岛为例（图 6-10），在城镇化水平螺旋上升的十年间，"十一五"期间对碳排放量的影响并不显著，到"十二五"初期开始反弹，碳排放量随着城镇化水平的提高而快速上升，处于倒 N 形曲线的第一个拐点处。本节所选样本城市目前大多处于城镇化快速推进期，唯有持续进行技术创新和产业变革，发展低碳生态城市，促使城镇化进程进入成熟期，才能使碳排放量随着城镇化水平的提高而降低（倒 N 形曲线的第二个拐点）[9,170]。

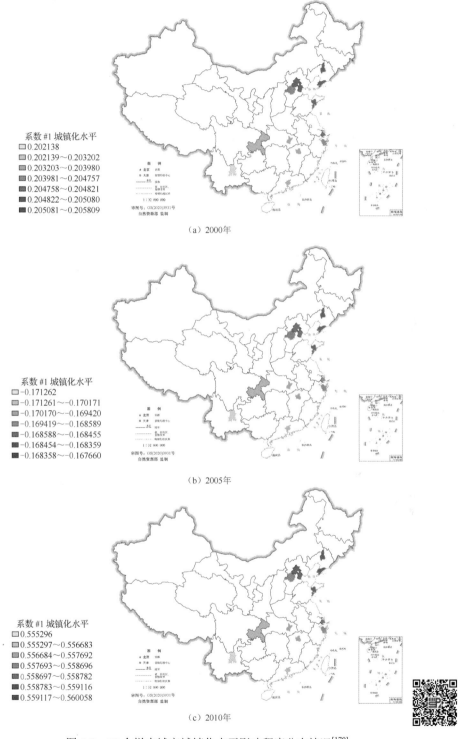

系数 #1 城镇化水平
☐ 0.202138
☐ 0.202139～0.203202
☐ 0.203203～0.203980
☐ 0.203981～0.204757
■ 0.204758～0.204821
■ 0.204822～0.205080
■ 0.205081～0.205809

（a）2000年

系数 #1 城镇化水平
☐ -0.171262
☐ -0.171261～-0.170171
☐ -0.170170～-0.169420
☐ -0.169419～-0.168589
■ -0.168588～-0.168455
■ -0.168454～-0.168359
■ -0.168358～-0.167660

（b）2005年

系数 #1 城镇化水平
☐ 0.555296
■ 0.555297～0.556683
☐ 0.556684～0.557692
☐ 0.557693～0.558696
■ 0.558697～0.558782
■ 0.558783～0.559116
■ 0.559117～0.560058

（c）2010年

图 6-9　13 个样本城市城镇化水平影响程度分布情况[170]

彩图 6-9

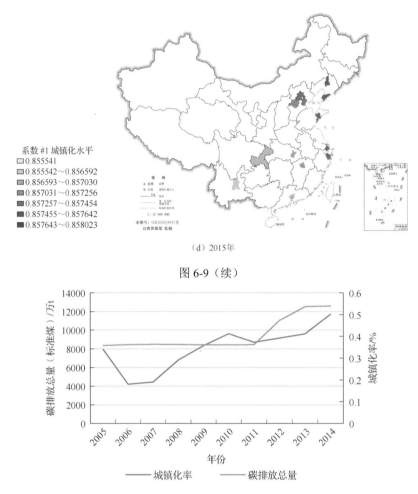

（d）2015 年

图 6-9（续）

图 6-10　青岛 2005～2014 年碳排放总量与城市化水平变化趋势[170]

4. 外贸程度

目前中国已成为世界第一大出口贸易国与第二大进口贸易国，特别是出口贸易始终保持着高速增长趋势，这势必会对中国碳排放总量带来一定程度上的影响[9,170]。从图 6-11 可以看出，以广州和重庆为代表的南方城市群外贸程度对碳排放影响程度较北方城市群更为显著。据统计，2015 年南方城市群的上海、宁波、重庆及广州四个城市外贸总额共占据 13 个样本城市出口总额的 64.5%，而中国对外贸易是以加工贸易为主，2015 年上海、重庆及广州三个城市加工贸易额分别占出口贸易总额的 43.75%、63.62% 和 39.85%（图 6-12）。加工贸易在全球产业价值链中处于低端，主要承担能源、资源消耗量最大的生产制造环节[304]，对能源环境造成巨大压力，因而碳排放量会随着外贸程度的提升而增加，这就是外贸程度高的城市比外贸程度低的城市对碳排放的影响程度更为显著，且城市外贸程度与碳排放量呈正相关关系的理论阐释[9,170]。

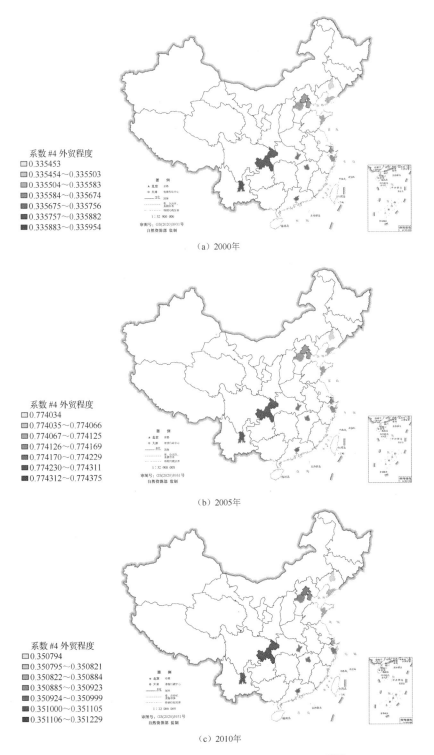

系数 #4 外贸程度
□ 0.335453
□ 0.335454~0.335503
■ 0.335504~0.335583
■ 0.335584~0.335674
■ 0.335675~0.335756
■ 0.335757~0.335882
■ 0.335883~0.335954

（a）2000年

系数 #4 外贸程度
□ 0.774034
□ 0.774035~0.774066
■ 0.774067~0.774125
■ 0.774126~0.774169
■ 0.774170~0.774229
■ 0.774230~0.774311
■ 0.774312~0.774375

（b）2005年

系数 #4 外贸程度
□ 0.350794
□ 0.350795~0.350821
■ 0.350822~0.350884
■ 0.350885~0.350923
■ 0.350924~0.350999
■ 0.351000~0.351105
■ 0.351106~0.351229

（c）2010年

图 6-11 13 个样本城市外贸程度空间分布情况[170]

彩图 6-11

（d）2015年

图 6-11（续）

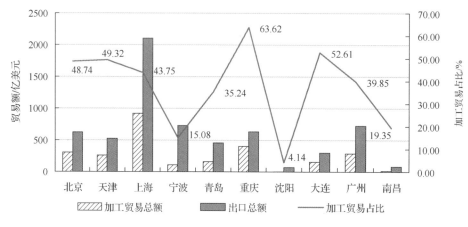

图 6-12　10 个样本城市 2014 年加工类出口额占出口总额比例情况[170]

第四节　结论与建议

本章从人口、经济、技术三个方面入手，选取工业结构、能源强度、城镇化水平及外贸程度作为解释变量，通过 GWR 模型对八个城市群中的 13 个低碳试点城市，分别在"十五""十一五""十二五"三个五年规划期的碳排放影响因素的时序特征和空间差异进行实证研究，据此得出以下结论与建议：

1）工业结构、能源强度、城镇化水平和外贸程度对不同城市的影响不同，同一城市群内的相邻城市差异较小，不同区域的城市群间的差异相对较大，说明碳排放具有明显的空间效应。因此，在制定碳减排政策时应当因地制宜，因城而异。首先，划分区域，根据不同地区经济发展水平和发展类型制定合理的减排目标，经济发达的城市承担更多的减排义务，带动经济欠发达城市协同发展；其次，要充分发挥低碳试点城市的示范作用，承担起所处城市群的节能减排义务，在保证经济发展的前提下，促进整个区域的良性发展；最后，从城市群协调发展的角度规划、设计低碳发展路径，在区域内合理配置要素，扬长避短，优势互补，需要转移的要素要充分考虑接收地的生态环境承载力，实现低碳化流动、转移[305]。

2）工业结构和城镇化水平对城市碳排放影响在空间分布特征上相一致，但时序演变过程各有特点。从碳排放影响的空间差异来看，天津、保定、大连和沈阳应加快产业结构升级，积极推进循环经济，构建城市群协调发展的低碳发展模式，促进工业集约化和低碳化发展；从弹性系数的变化来看，工业化对城镇化起到了巨大的推动作用，产业结构的优化在城镇化发展初期对碳排放产生了一定的抑制作用，但随着城镇化进程的不断加快，急剧增长的城市人口伴随的生活、交通、建筑等方面所产生的碳排放量大幅增长。因此，在城镇化发展进程中，通过构建低碳综合交通体系，减少交通需求，降低交通尾气排放；倡导绿色消费，推行低碳建筑，构建低能耗、零碳排放、再生能源、零废弃物的永续发展社区和循环经济产业区，逐渐形成由低碳"区块链"连接而成的低碳城市群生态圈。

3）能源强度对城市碳排放影响的空间分布在研究期内发生两次显著位移。第一次位移充分体现了国家"十一五"时期节能减排政策效应的空间差异性。由于经济发展的不平衡性，各区域节能效果存在一定的差异，东部地区能源效率整体最高，东北地区节能成效最为显著，西部地区虽然节能显著，但能耗指标绝对值依然较高，因此能源强度对东北地区城市群和东部沿海城市碳排放影响程度更为显著[296]。第二次位移与 2010 年国家颁布的首批低碳试点城市有关，说明试点城市的先行先试推动了产业结构调整和低碳技术创新，提高了能源使用效率。因此，制定碳减排政策应充分考虑区域差异，合理有效地配置政策资源，促进节能减排政策高效运行；积极发挥低碳试点城市的先锋作用，大力发展太阳能、风能等可再生能源，推进能效技术、低碳管理技术及碳吸收和固定技术研发和应用。

4）外贸程度对成渝及珠三角等南方城市群碳排放的影响更为显著，且研究期内两者呈正相关关系，说明外贸程度越高，对碳排放的影响越大。其原因是，中国出口产品的平均资源消耗污染强度大，而进口产品的平均资源消耗污染强度小，虽然对外贸易价值量为顺差，但资源环境却在产生"逆差"。因此，在对外贸易中一是对进口商品征收"碳关税"；二是优化外贸结构，提高外贸质量，减少对外贸易对中国二氧化碳排放的影响[9,170]。

第七章 基于CGE模型的中国典型城市碳排放情景分析与干扰方案模拟

党的十九大提出的"两山"理论,科学破解了经济发展和环境保护的"两难"悖论,为能源、经济、环境协调发展提供了强大的理论指引和思想武器。要正确处理好能源、经济、环境的矛盾问题,就需要兼顾三者利益及其矛盾的各种对立面,根据不同地区的发展现状,制定不同的施政方案。本章研究依据一般均衡理论,在传统的 CGE 模型基础上引入带有技术累积机制的能源模块,构建适用于城市层面的能源经济环境评价模型,分析未来 30 年产业投资、人民币汇率、技术进步等政策变量的调整对样本城市二氧化碳排放量影响的敏感程度。结合 GWR 模型预测不同政策情景下样本城市碳排放时空演变趋势,为城市低碳化转型发展的路径选择提供参考依据[9,108,306,307]。

第一节 研究背景与国内外研究回顾

近年来,随着中国城镇化进程的快速推进及人口规模的不断扩大,能源、环境与经济发展之间的矛盾日渐凸显,据国家应对气候变化战略研究和国际合作中心数据显示,中国碳排放总量已占全球排放量的 29%,正在超越欧美排放总和。能源约束趋紧、生态环境恶化已逐渐成为制约我国经济高速增长的刚性约束,如何在经济、能源、环境三者之间寻求最佳平衡点,是中国现阶段经济结构全面转型必然面临的问题。中国政府提出2020 年碳排放强度比 2005 年下降 40%~45%,这一减排目标的提出势必给我国节能减排任务带来更大的挑战。自"十一五"国民经济发展规划开始,节能减排就一直被列为国家重点战略部署。低碳试点城市的设立,标志着我国开始探索低碳化绿色发展的道路。我国"十三五"规划明确指出要"坚持绿色发展、着力改善生态环境",资源环境问题已然成为政府及社会各界的关注焦点。目前,我国大部分地区仍处于城镇化初期阶段,能源与环境的相协调仍是现阶段城市发展的核心所在;反观西方发达国家,其已经基本度过能源环境与城市发展的瓶颈期。部分学者在总结西方发达国家的成功经验时发现,城市发展与城市碳排放会表现出某些规律性。事实上,由于国情与体制的不同,这些特定的规律性并不完全符合我国碳排放的整体特点,由于我国地域辽阔,城市结构及发展模式等的差异使得碳排放量在不同地区表现为空间非平稳性,这种离散差异的存在对我国碳排放的发展趋势产生了非常大的影响,从空间统计角度探讨我国二氧化碳排放的时空分异特征将对中国解决社会主义新时期下能源经济环境问题具有重要的参考意义[9,306-308]。

曹洪刚等[309]在对中国三大经济区域的研究中曾指出,人口因素和经济发展水平是造成碳排放区域差异的主要原因。其中，人口因素对碳排放空间差异的影响主要体现在生活消费方面，琼斯和卡门曾从交通、居住、食品等领域对美国居民生活碳足迹进行分析，发现了在生活消费影响下的碳排放空间差异特征[310,311]；刘莉娜等[312]以中国 HCEs 量为测度指标对 2012 年中国人均 HCEs 的空间格局分布及影响因素进行分析时发现，2012年中国人均居民生活碳排放呈现从东到西递减的趋势，而这种递减趋势与我国人口分布情况基本吻合；岳婷等[313]也同样验证了这种生活能源碳排放的空间相关性的存在。经济因素主要表现为城镇化及产业结构等，郭文等[314]在对中国能源消费碳排放的研究中指出人口城镇化已成为影响中国碳排放量变动的主要因素，并且受城乡结构及区域经济水平等的影响，城镇化对碳排放量的规模效应在中、东、西部呈现明显的差异化格局。但这一研究结果并不绝对，颜艳梅等[315]就认为产业结构和能源结构对碳排放差异的影响要明显高于城镇化水平，城镇化仅在一定程度上能够降低碳排放的这种空间差异性。

不可否认的是，在中国城镇化快速推进的同时，由于城市偏向政策、移民政策性歧视、半城镇化等现象的存在，致使城乡差距、东西差距及南北差距逐渐扩大，不同区域的空间非平稳性在经济不断发展下成为某种程度的必然，而这也成为众多学者在研究碳排放量时主要关注的问题之一。胡艳兴等[316]在搜集整理 1997～2012 年中国省域数据的基础上，运用 ESDA-GWR 分析能源消费的碳排放时空演变特征。王秋贤等[317]则认为碳排放的区域差异不应只体现在其绝对排放数量上，更要体现在其与社会、经济和生态的兼容度差异上，这也为碳排放的空间差异分析提供了新的视角。

总体来看，从空间区域视角研究碳排放的分布特征已经成为相关领域的研究热点之一，围绕碳排放空间差异分析展开的研究成果也并不少见，然而少有文献会从城市群角度对未来碳排放的空间分布趋势展开预测，不同情景方案下的空间趋势变动情况更未涉及。事实上，无论经济、人口、技术还是能源因素，都会对未来碳排放的空间分布格局带来重要影响，碳排放的空间差异不会一成不变，研究未来碳排放的时空分异特征对我们及时应对能源环境问题有非常重要的实际意义。除此之外，政策约束会对地区能源经济环境有一定的干预作用，而不同的政策情景会对碳排放空间趋势造成何种水平的变动也同样值得深入研究。基于此，本章的主要工作如下：①选取 13 个具有代表性的样本城市，以城市群为研究单位考查碳排放的时空分异特征；②将 CGE 模型与 GWR 模型相结合，预测分析样本地区 2017～2050 年碳排放的空间分布趋势；③设定不同的政策情景，考查不同政策约束下样本城市碳排放的空间变动情况[9,306-308]。

第二节　CGE 模型构建及参数估计

在目前政策分析的相关研究领域中，CGE 模型应用最为广泛。CGE 模型以瓦尔拉斯一般均衡理论为基础，通过对经济系统进行数字表示，考查外生变量对该系统内部的影响情况。在 CGE 模型中，企业以利润最大化为原则进行生产，消费者以效用最大化为原则进行消费，并实现商品和要素的市场出清。为了模拟能源消费量及碳排放量的演变趋势，本研究在传统的 CGE 模型基础上引入带有技术累积机制的能源模块，构建适用于城市层面的能源经济环境评价模型，并利用 GAMS 软件对模型进行求解[9,306-308]。

本章构建的 CGE 模型中，模型主体为第七章确定的 13 个样本城市，由于城市投入产出数据的获取难度大，可操作性小，因此本章对模型进行相应的调整，将生产部门整合为以第一产业、第二产业及第三产业为主的三大产业部门，使其能够完成对地区生产、投入、消费、投资、贸易、排放等行为的分析。由于本研究针对我国多个城市，因此模型中相应参数会随着城市的变化而有所改变，但函数形式不做变化，本章不做区分，部分主要函数设计如下。

一、基础模型设计

1. 生产行为设计

在该模块中，模型采用 Leontief 生产函数，以两层嵌套形式构建各部门的生产函数，即部门总产出由增加值和中间投入决定。其中，部门增加值由劳动力和固定资本构成，增加值函数采用 Cobb-Douglas 生产函数形式。函数设定如下：

$$Q_{1,t} = \min\left\{\frac{M_{2,1,t}}{a_{2,n,t}}, \frac{M_{3,1,t}}{a_{3,n,t}}, \frac{X_{1,t}}{x_1}\right\} \tag{7-1}$$

$$Q_{2,t} = \min\left\{\frac{M_{1,2,t}}{a_{1,2,t}}, \frac{M_{3,2,t}}{a_{3,2,t}}, \frac{X_{2,t}}{x_2}\right\} \tag{7-2}$$

$$Q_{3,t} = \min\left\{\frac{M_{1,3,t}}{a_{1,3,t}}, \frac{M_{2,3,t}}{a_{2,3,t}}, \frac{X_{3,t}}{x_3}\right\} \tag{7-3}$$

$$X_{i,t} = \left(K_{i,t}\right)^{\alpha_i}\left(A_t L_{i,t}\right)^{1-\alpha_i} \tag{7-4}$$

式中，$Q_{i,t}$ 为部门在第 t 期的总产出，其中 $i=1, 2, 3$，表示第一产业、第二产业和第三产业；$X_{i,t}$ 为其增加值；$M_{k,i,t}$ 为部门 i 对部门 k 产品的中间需求，其中 $k=1, 2, 3$，且 $k \neq 1$；$a_{k,i,t}$ 为对各部门的中间需求系数；x_i 为增加值比例系数；$K_{i,t}$ 和 $L_{i,t}$ 为部门在 t 时期的固定资本存量和劳动力投入量；A_t 为全要素生产率，即生产技术水平；α_i 为部门 i 的要素产出弹性。

2. 动态规则设计

（1）资本累积

在动态递归方程中，资本累积形式采用 Cobb-Douglas 生产函数：

$$K_{i,t+1} = \alpha\left(I_{i,t}\right)^{\beta_i}\left(K_{i,t}\right)^{1-\beta_i} \tag{7-5}$$

式中，$I_{i,t}$ 为第 t 期部门 i 得到的投资量；α 为全要素生产率；β_i 为资本生产的产出弹性系数。

（2）劳动力增长

劳动力数量增长方式采用一般形式：

$$L_{t+1} = \eta_p \left(1 + r_{p,t} \right) \mathrm{Pop}_t \tag{7-6}$$

式中，$r_{p,t}$ 为 t 时期的人口自然增长率；η_p 为劳动力数量占总人口的比例；Pop_t 为 t 时期的总人口。

（3）城市人口增长

本章城市人口增长按照人口增长长波理论，假定城市人口增长与经济增长存在倒 U 形关系，受资本及劳动力的影响，基本函数形式为

$$U_t = -\varphi_k K_t^2 + \varphi_l L_t + \varepsilon \tag{7-7}$$

式中，U_t 为 t 时期城市人口规模；φ_k 和 φ_l 分别为资本和劳动力对城市人口的影响系数；ε 为常数项[9,306-308]。

3. 外贸结构设计

本章 CGE 模型中，各部门生产活动需要的中间投入商品不仅来自国内产出，也有一部分来自国外进口。同样，部门产出不仅用于满足国内需求，同时也用于出口创汇。针对开放经济结构，在 CGE 模型中通常将生产活动与商品区分开来，其中商品被分为国内生产用于出口部分 QE，国内生产用于国内销售部分 QD 及市场上销售的进口商品 QM[9,306-308]。外贸结构如图 7-1 所示。

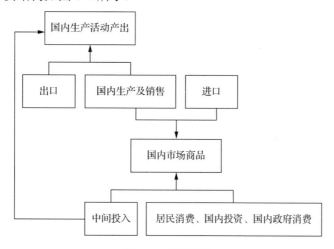

图 7-1 外贸结构

（1）出口市场与国内市场

在出口市场中，总产出 Q 如何在出口及国内供给之间分配，取决于国际价格及国内价格的相对水平，即受汇率的影响。本章采用 CET（constant elasticity of transformation）函数对各部门产出的分配情况予以描述。

$$Q_{i,t} = \alpha_{a,i,t}\left[\delta_{a,i,t}\text{QD}_{i,t}^{\rho_{a,i}} + \left(1-\delta_{a,i,t}\right)\text{QE}_{i,t}^{\rho_{a,i}}\right]^{\frac{1}{\rho_{a,i}}}, \rho_{a,i} > 1 \qquad (7\text{-}8)$$

式中，$\alpha_{a,i,t}$ 为 CET 函数的全要素生产率；$\delta_{a,i,t}$ 为 $\text{QD}_{i,t}$ 和 $\text{QE}_{i,t}$ 的分配参数；$\rho_{a,i}$ 与 $\text{QD}_{i,t}$ 和 $\text{QE}_{i,t}$ 之间的替代弹性有关。

QD 和 QE 为不完全替代品，部门产出用于国内销售的部分 QD 价格记为 PD，出口部分 QE 价格记为 PE。给定产量 QA 后，各部门会根据该函数分配 QD 和 QE 以实现效用最大化，国内价格 PD 和出口价格 PE 相对值的变化会影响产出在国内销售和出口分配上的相对值，函数表示为

$$\frac{\text{PD}_{i,t}}{\text{PE}_{i,t}} = \frac{\delta_{a,i,t}}{1-\delta_{a,i,t}}\left(\frac{\text{QE}_{i,t}}{\text{QD}_{i,t}}\right)^{1-\rho_{a,i}} \qquad (7\text{-}9)$$

（2）进口市场与国内市场

国内市场销售的商品 QQ 分为进口商品 QM 及国内产出部分 QD。由于 QD 和 QM 的不完全替代性，本章用"阿明顿条件"表示它们之间的 CES 函数关系。

$$QQ_{i,t} = \alpha_{e,i,t}\left[\delta_{e,i,t}\text{QD}_{i,t}^{\rho_{e,i}} + \left(1-\delta_{e,i,t}\right)\text{QM}_{i,t}^{\rho_{e,i}}\right]^{\frac{1}{\rho_{e,i}}} \qquad (7\text{-}10)$$

式中，$\alpha_{e,i,t}$ 为 CES 生产函数的全要素生产率；$\delta_{e,i,t}$ 为 $\text{QD}_{i,t}$ 和 $\text{QM}_{i,t}$ 的分配参数；$\rho_{e,i}$ 与 $\text{QD}_{i,t}$ 和 $\text{QM}_{i,t}$ 的替代弹性有关，且由于同类商品之间的替代性较强，$\rho_{e,i}$ 应介于 0～1。

同比于 CET 函数，国内产出商品价格 PD 与进口商品价格 PE 的相对值也会影响到国内商品与进口商品的分配情况，函数表示为

$$\frac{\text{PD}_{i,t}}{\text{PE}_{i,t}} = \frac{\delta_{e,i,t}}{1-\delta_{e,i,t}}\left(\frac{\text{QM}_{i,t}}{\text{QD}_{i,t}}\right)^{1-\rho_{e,i}} \qquad (7\text{-}11)$$

4. 价格体系设计

（1）产品市场价格设计

劳动人员的工资率等于劳动力的边际产出：

$$\omega_{i,t} = \frac{\partial Q_{i,t}}{\partial L_{i,t}}\text{PA}_{i,t} \qquad (7\text{-}12)$$

式中，$\text{PA}_{i,t}$ 为部门生产价格。

产品的复合价格表示为

$$P_t = \left[\sum_{i=1}^{I}\gamma_i\left(\overline{p_{i,t}}\right)^{1-\theta}\right]^{\frac{1}{1-\theta}} = 1 \qquad (7\text{-}13)$$

式中，γ_i 为产品产出的份额参数。

（2）外贸价格体系设计

部门生产价格 $\text{PA}_{i,t}$ 由国内销售和出口价格决定：

$$PA_{i,t} = PD_{i,t} \frac{QD_{i,t}}{Q_{i,t}} + PE_{i,t} \frac{QE_{i,t}}{Q_{i,t}} \qquad (7-14)$$

其中出口价格受汇率 EXR 的影响：

$$PE_{i,t} = PE_{i,t} \times EXR \qquad (7-15)$$

市场上销售商品的价格由国内销售和进口价格决定：

$$PQ_{i,t} = PD_{i,t} \frac{QD_{i,t}}{QQ_{i,t}} + PM_{i,t} \frac{QM_{i,t}}{QQ_{i,t}} \qquad (7-16)$$

其中进口价格也同样受汇率影响：

$$PM_{i,t} = PM_{i,t} \times EXR \qquad (7-17)$$

5. 储蓄、消费及投资行为设计

各部门生产的产品满足三方面需求：中间投入、投资和消费。其中社会福利以消费效用表征，模型的优化目标为

$$\max W = \sum_{t=0}^{T} U\left(C_1, C_2, C_3\right)\left(1+\rho\right)^{1-t} \qquad (7-18)$$

$$U\left(C_i\right) = \sum_{i=1}^{n} w_i \log C_i, i=1,2,3 \qquad (7-19)$$

式中，$U\left(C_i\right)$ 为即期效用；C_i 为部门 i 的消费量，$i=1,2,3$，分别表示第一产业、第二产业和第三产业；ρ 和 w_i 为时间贴现率和消费偏好权重。

上述函数中，优化目标是使社会福利 W 最大化。由于本章研究对象为 13 个市级单位，相关参数计算量较大，计算难度较高，且考虑到数据获取的可行性问题，因此在投资及储蓄函数设计中，本章拟采用一般线性函数形式，具体函数表示如下[9,306-308]。

最终使用部分：

$$F_{i,t} = Q_{i,t} - \sum_{k=1}^{n} M_{k,i,t} \qquad (7-20)$$

为简化计算，假设地区最终使用部分只包括投资与消费（社会总消费与出口），因此储蓄水平等于最终使用部分扣除消费部分：

$$S_{i,t} = F_{i,t} - C_{i,t} \qquad (7-21)$$

根据均衡条件，一个地区的投资水平应与储蓄相等，即

$$\sum_{i=1}^{n} I_{i,t} = \sum_{i=1}^{n} S_{i,t} \qquad (7-22)$$

6. 均衡模块设计

首先，均衡状态要求产品市场出清，即保证产量与其消费和投资的总和相等。那么，t 时期的中间投入价值总量与增加值的价值总量之和应等于该期总产出的价值总量，函数表示为

$$Q_{i,t}PA_{i,t} = \sum_k M_{k,i,t}PQ_{i,t} + \sum_i x_{k,i,t}PD_{i,t} \qquad (7\text{-}23)$$

式中，$M_{k,i,t}$ 为部门 i 对产品 k 的中间使用部分（此处产品 k 代表三大产业的消费量，且 $i \neq k$）。

其次，外贸市场出清表示为

$$Q_{i,t} = \sum_k M_{k,i,t}PQ_{i,t} + X_{i,t}PD_{i,t} \qquad (7\text{-}24)$$

劳动市场出清表示为

$$\sum_i L_{i,t} = L_t \qquad (7\text{-}25)$$

价格市场出清表示为

$$\overline{p_{i,t}} = \frac{\gamma_i}{X_{i,t}}X_t \qquad (7\text{-}26)$$

7. 能源模块设计

该模块为本模型核心部分，为了模拟能源强度目标的倒逼机制，引入带有能源技术累积机制的能源消费系数，考虑到各变量之间的相关性，本章将各部门能源使用量外生定义，即

$$E_{i,t} = \sum_e \mu_{e,i}Q_{i,t}, e = \text{coal,oil,gas} \qquad (7\text{-}27)$$

式中，$E_{i,t}$ 为部门 i 的能源消费量（$i=1, 2, 3$）；$\mu_{e,i}$ 为该方程的核心参数，表示部门 i 对各能源的消费系数。

借鉴科布道格拉斯生产函数，本章假设其与地区技术水平投入有直接关系，$\mu_{e,i}$ 公式表示为

$$\mu_{e,i} = \tau_e I_{e,t}^{\phi} K_{i,t}^{1-\phi}, \phi < 1 \qquad (7\text{-}28)$$

式中，$I_{e,t}$ 为对能源 e 技术水平的投入强度；ϕ 为投入弹性系数，且 $\phi < 1$；τ_e 为技术水平投入与社会技术进步之间的转化率。

式（7-28）表明，能源消耗系数取决于当期技术研发的投入强度、社会当前时期整体的技术水平及该期部门的总资本存量，投入强度及部门资本存量越大，社会技术水平越高，能源消耗系数越小[9,306-308]。

据此，能源强度表示为

$$\text{EI}_{i,t} = \frac{E_{i,t}}{X_{i,t}} \qquad (7\text{-}29)$$

部门 i 碳排放总量可表示为

$$\text{CO}_{2i} = \sum_e \theta_{e,i}E_{i,t} \qquad (7\text{-}30)$$

式中，CO_{2i} 为各部门 t 时期二氧化碳排放量；$\theta_{e,i}$ 为各能源碳排放系数。

二、数据来源及参数处理

本章的基础数据大部分来源于各城市的统计年鉴、经济统计年鉴及城市统计公报，少部分数据来自知网大数据统计平台。部分参数估计结果如下。

1. 各部门固定资本产出弹性估计

根据胡敏[318]的研究，由各生产部门的增加值和劳动者收入可以计算得到生产部门的固定资本产出弹性，计算公式如下：

$$\frac{W_{i,t}L_{i,t}}{X_{i,t}P_{i,t}} = (1-\alpha_n)\frac{X_{i,t}P_{i,t}}{X_{i,t}P_{i,t}} \Rightarrow \alpha_n = 1 - \frac{W_{i,t}}{X_{i,t}P_{i,t}} \tag{7-31}$$

根据中国经济统计年鉴数据计算得到我国三大产业固定资本产出弹性，如表 7-1 所示。

表 7-1　我国三大产业固定资本产出弹性

产业部门	固定资本产出弹性
第一产业	0.2512
第二产业	0.4548
第三产业	0.5174

2. 其他参数估计

其他参数估计包括直接消耗系数、增加值比例系数、初期全要素生产率及消费偏好权重等。本章采用朱永彬等[319]的研究，对上述参数进行估算，现给出部分估算结果，如表 7-2 和表 7-3 所示。

表 7-2　直接消耗系数矩阵

产业	第一产业	第二产业	第三产业
第一产业	0.1181	0.0313	0.0153
第二产业	0.18	0.6372	0.4374
第三产业	0.0562	0.5258	0.3974

表 7-3　其他参数核算结果

参数	第一产业	第二产业	第三产业
增加值比例系数	0.6208	0.5508	0.51735
初期全要素生产率	0.1204	2.72432	1.02005
消费偏好权重	0.0605	0.11076	0.1928

第三节 一般均衡下典型城市碳排放及其影响因素的平稳增长路径

依据前面所构建的 CGE 模型,对无政策情景即基准情景下样本城市 2017~2050 年城镇化水平、工业结构、外贸程度、能源强度及二氧化碳排放量变动趋势进行预测,本节模拟结果将作为后续空间趋势预测的数据基础。

一、城镇化水平变化趋势预测

图 7-2 为基准情景下,样本地区 2017~2050 年城镇化水平变化趋势预测。从图 7-2 中我们可以明显看出,不同地区在模拟期内城镇化进程有非常明显的差异,发达地区初期城镇化水平较高,城镇化进程趋缓。以北京为例,2017 年北京城镇化率约为 83.9%,由于工业化起步较早,随着农业人口非农化转变的初步实现,城镇劳动力资源储量大幅增加,在生产要素合理分配及投资结构成功转型的双重作用下,北京城镇化进程已近成熟,城镇化进程开始放缓,到 2045 年左右,北京城镇化率将达到 95.5%,初步完成城镇化进程,此时期城镇化水平将赶上甚至超过发达国家水平。

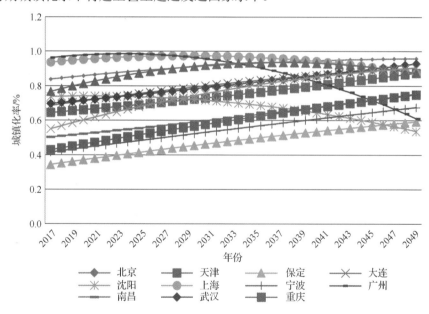

彩图 7-2   图 7-2 基准情景下,样本地区 2017~2050 年城镇化水平变化趋势预测

相比而言,欠发达地区虽然在初期城镇化水平较低,但是在产业转型升级及经济结构不断优化下,城镇化进程将逐步推进。其中,南昌 2016 年城镇化率仅为 49.7%;到 2050 年,在无政策干预的条件下,南昌城镇化水平将达到 75.6%,进入初级城市型社会[9,306-308]。

值得注意的是,在 2017~2050 年间,部分地区城镇化率呈现下降趋势,逆城镇化倾向开始显现。以广州为例，2024 年广州城镇化水平将达到最大值，约为 98.6%，随后逐年降低，这意味着逆城镇化现象开始出现。由于城镇化进程进入成熟期后，城市就业机会及生活环境开始饱和，在剩余资本及劳动要素开始向周边地区转移流动的作用下，劳动力及人口开始向周边地区迁移，并在 2024 年之后，广州开始步入逆城镇化发展阶段[9,306-308]。

二、工业结构变化趋势预测

图 7-3 为基准情景下，样本地区 2017～2050 年工业结构变化趋势预测。整体来看，在模拟期内样本地区第二产业占比呈较明显的下降趋势，地区工业结构优化将取得显著进展，产业结构逐渐转型升级。其中，天津地区工业比例下降最快，截至 2050 年，天津工业结构已接近北京同期水平，第二产业占比不足 10%，相比 2016 年的 42.3%，降幅超过 30%。沈阳、重庆等地区第二产业占比较大，且在模拟期内降幅降低。以沈阳为例，2017 年沈阳第二产业的 GDP 占比约为 45.5%，到 2050 占比仅下降至 32.6%，在样本城市中占比最高。作为传统的工业化城市，沈阳的经济发展很大程度上依赖于第二产业经济产出，工业依赖型的城镇化发展模式为地区产业结构的调整带来了一定的阻力[9,297,298]。

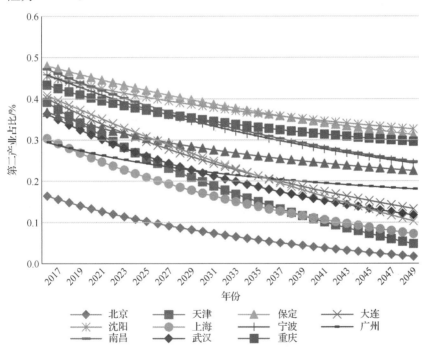

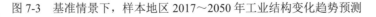

图 7-3　基准情景下，样本地区 2017～2050 年工业结构变化趋势预测　　彩图 7-3

三、外贸程度变化趋势预测

图 7-4 为基准情景下，样本地区 2017～2050 年外贸程度变化趋势预测。由于城市发展模式的差异性，外贸程度在不同地区表现为截然不同的发展趋势。其中，北京、青岛等地出口贸易总额呈逐年上升趋势。北京方面，2017 年北京实现外贸总额 789.39 亿元，占全市 GDP 总额的 20.5%；到 2050 年，北京外贸占比已接近 40%，达到 39.2%，较初始模拟期增长近 20%。青岛方面，2017 年青岛对外贸易总量约为 558.69 亿元，占 GDP 比例约为 6%；至 2050 年，青岛将实现对外贸易总额 12288.01 亿元，占同期 GDP 总量比例约 28%，超过 2016 年 22 个百分点。

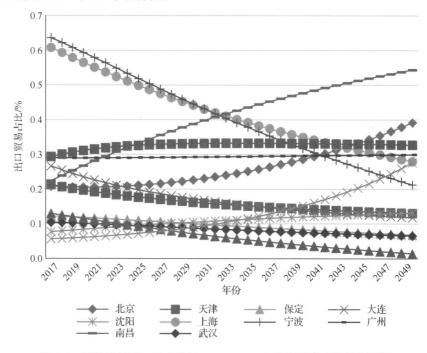

彩图 7-4   图 7-4   基准情景下，样本地区 2017～2050 年外贸程度变化趋势预测

相比于北京、青岛等地，天津、武汉等地区外贸程度逐年下降。其中，2017 年武汉出口贸易总量占 GDP 总额比例约为 10.44%，到 2050 年占比已下降至 6.53%。天津在模拟期初期外贸水平与北京基本持平，2018 年后，天津外贸水平开始呈现下降趋势，截至 2050 年，天津外贸水平已下降到 13.02%，较初期下降近 10 个百分点，远低于同期北京水平[9,306-308]。

四、能源强度变化趋势预测

图 7-5 为基准情景下，样本地区 2017～2050 年能源强度变化趋势预测。与工业结构的情形相同，能源强度在模拟期内也呈现持续下降的趋势。由于工业结构的下降，地区产出总额中依赖能源要素投入的比例减少，使得各地区能源强度水平有较为明显的降

低。其中，北京、广州等地区能源强度最低，下降趋势明显。2017 年北京能源消费总量为 7340.14 万 t 标准煤，能源强度为 0.286，虽然模拟期内北京经济发展的能源依赖性逐渐降低，但北京能源消费量呈现出先增长后下降的倒 U 形趋势；能源消费总量在 2033 年左右达到峰值，消费总量为 8553.21 万 t 标准煤；到 2050 年，北京能源消费总量为 7575.36 万 t 标准煤，能源强度将降低至 0.0573，不足 0.1。大连能源强度降幅最大，2017 年大连能源强度高达 0.696，高出样本地区平均水平；到 2050 年，大连能源强度降为 0.185，比 2017 年降低 0.511。

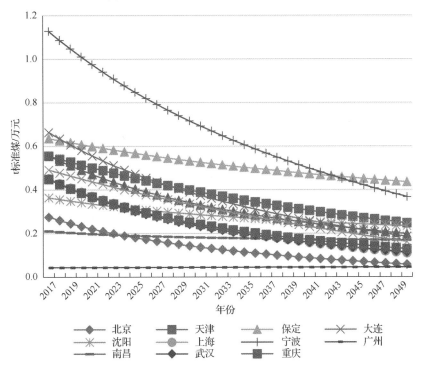

图 7-5　基准情景下，样本地区 2017～2050 年能源强度变化趋势预测　　　彩图 7-5

值得注意的是，受逆城镇化现象影响，广州地区 2017～2050 年能源强度呈现出一种先略微下降后上升的变化趋势。但是从数据方面看，广州能源强度始终保持在很低的水平，增长到 2050 年，能源强度最大值仅为 0.045，经济发展的能源依赖性很低[9,306-308]。

五、二氧化碳排放量变化趋势预测

图 7-6 为基准情景下，样本地区 2017～2050 年二氧化碳排放量变化趋势预测。模拟期内，各地区碳排放趋势差异较为明显。部分发达地区碳排放总量在模拟期内呈现一种先增长后降低的倒 U 形趋势，其中北京、青岛等地倒 U 形发展趋势较为明显。从青岛地区来看，青岛二氧化碳排放总量将在 2035 年左右达到峰值，峰值水平约为 14171.16 万 t；随后直到 2050 年，青岛二氧化碳排放总量将持续下降，并有望低于初期排放水平。北京将在 2033 年左右达到排放峰值；且到 2050 年，北京地区碳排放总量将基本降至 2017

年排放水平。

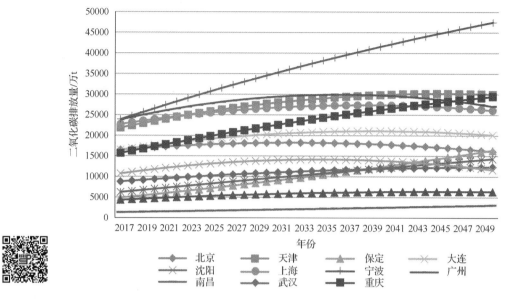

彩图 7-6   图 7-6 基准情景下，样本地区 2017～2050 年二氧化碳排放量变化趋势预测

从图 7-6 中来看，还有少部分地区碳排放总量保持持续上升态势，且增幅较高。举例来看，沈阳地区增长趋势较为明显，截至 2050 年，沈阳二氧化碳排放量将达到 14318.6 万 t，高出 2017 年 5950.1 万 t 的排放水平约 8368.5 万 t，年平均增长率约为 4.14%，并且在 2050 年之后有继续增加的态势。再以保定地区为例，2017 年保定二氧化碳排放量仅为 4611.71 万 t 标准煤，低于京津冀城市群样本城市平均水平；到 2050 年，保定碳排放总量已增长到 16374.14 万 t 标准煤，达到北京同期排放水平，且依旧呈现继续增长态势[9,306-308]。

第四节　基准情景下典型城市碳排放影响因素分析

基于前面预测的数据，本节以城镇化水平、工业结构、能源强度、外贸程度四个指标作为样本城市二氧化碳排放量的解释变量，借助地理信息统计系统（Arcgis），利用 GWR 模型，实现对样本地区碳排放量影响因素的空间分布趋势预测。由于预测年份较长，本节将以 15 年为跨度，选取 2020 年、2035 年、2050 年三个时段的空间统计数据，分析城市群碳排放影响因素的空间演变趋势。

一、城镇化水平对碳排放影响的时空演变趋势分析

图 7-7 为 2020 年、2035 年及 2050 年城市化水平对样本城市群碳排放量影响程度的空间分布趋势预测。从图 7-7 中的分析结果来看，2016～2050 年间，城镇化水平影响因素的空间分布并没有发生显著位移。从地区影响程度来看，受空间相关性影响，东部沿

海地区及东北地区二氧化碳排放量相较于南方地区受城镇化影响的程度明显更高。相对于南方地区而言，北方城市如沈阳、天津、保定等地，其城镇化发展依靠工业作为主要推动力，随着城镇化的推进，这部分地区在工业产业的影响下，二氧化碳排放量也会更高[9,306-308]。仔细来看，长三角地区二氧化碳排放量在模拟期内受城镇化水平的影响程度经历了一个先小幅升高后下降的演变趋势，这主要是由上海等地逆城镇化现象所导致。2035～2050 年是上海等地在无政策干预下，城镇化进程逐渐完成并开始过渡为"逆城镇化"发展的时期，当城镇化发展基本完成时，城镇化的"倒退性"发展使碳排放量受城镇化的影响程度逐渐变小。

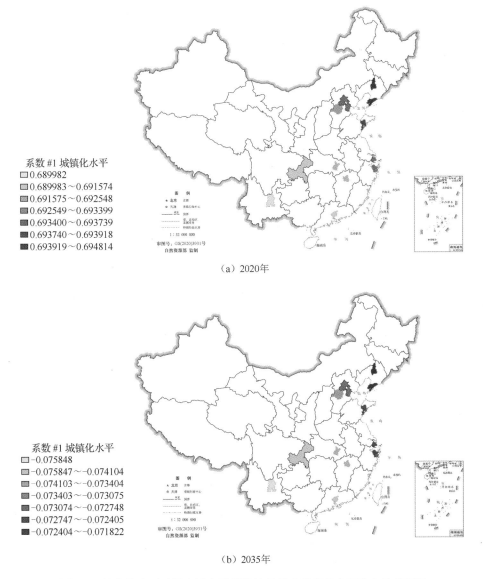

图 7-7 城市化水平对样本城市群碳排放量影响程度的空间分布趋势预测

彩图 7-7

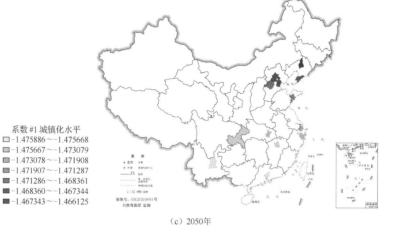

系数 #1 城镇化水平
☐ -1.475886～-1.475668
☐ -1.475667～-1.473079
☐ -1.473078～-1.471908
☐ -1.471907～-1.471287
☐ -1.471286～-1.468361
☐ -1.468360～-1.467344
☐ -1.467343～-1.466125

（c）2050 年

图 7-7（续）

从影响系数上来看，2017～2050 年间，城镇化水平对碳排放的影响系数由正变负。这意味着二氧化碳排放总量与城镇化发展水平由最初的正相关关系逐渐转变为负相关关系，这基本符合库兹涅茨关于环境与经济发展的倒 U 形假说。随着城镇化的不断推进，地区碳排放总量将经历一个先升高后降低的过程[9,306-308]。

二、工业结构对碳排放影响的时空演变趋势分析

图 7-8 为 2020 年、2035 年及 2050 年工业结构对样本城市群碳排放量影响程度的空间分布趋势预测。从分布趋势的预测结果看，工业结构对碳排放量的影响程度在模拟期间的空间分布特征基本趋同。其中，在空间相关性影响下，东北地区城市群及京津冀城市群二氧化碳排放量受工业结构的影响比较大，在这两个城市群中，沈阳、天津、保定等地都是重要的工业生产基地，高额的工业产出带来了大量的温室气体排放，因此该地二氧化碳排放量受工业结构的影响也会比较大。

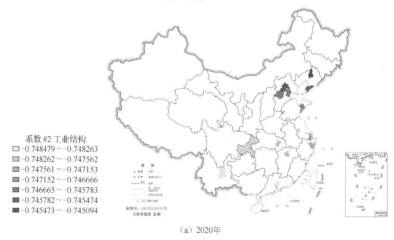

系数 #2 工业结构
☐ -0.748479～-0.748263
☐ -0.748262～-0.747562
☐ -0.747561～-0.747153
☐ -0.747152～-0.746666
☐ -0.746665～-0.745783
☐ -0.745782～-0.745474
☐ -0.745473～-0.745094

（a）2020 年

图 7-8　工业结构对样本城市群碳排放影响程度的空间分布趋势预测

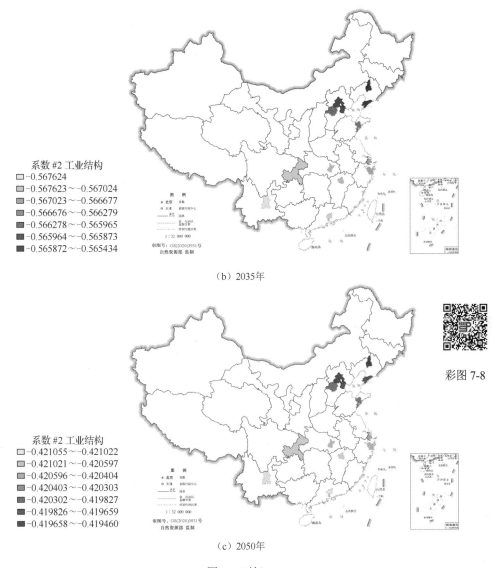

图 7-8（续）

从影响系数来看，工业结构对二氧化碳排放量的影响依然为负值，且随着时间的推移，负值将逐渐变小，在无政策干预下，预计 2050 年后，工业结构与二氧化碳排放量的关系将转变为正相关关系。工业结构对二氧化碳排放量的影响之所以为负，主要归因于城镇化发展的滞后性，城镇化发展前期，产业结构的转型并没有改变高产出高能耗产业的基本结构，由于对经济产出的需求，高能耗产业依旧建在，"重经济，轻能耗"的产业结构调整，在城镇化推进前期已成为普遍存在的现象。随着经济的不断发展，图 7-8 显示，这种负值关系在逐渐减弱，这表明在地区的长期发展下，地区城镇化水平逐渐升高，产业结构转型升级逐渐步入正轨，"高能耗、高产出"的工业体系逐渐被"低能耗、高产出"的新兴工业结构所取代，工业比例的下调将在真正意义上实现碳排放量的有效控制[9,306-308]。

三、能源强度对碳排放影响的时空演变趋势分析

图 7-9 为 2020 年、2035 年及 2050 年能源强度对样本城市群碳排放量影响程度的空间分布趋势预测。从图 7-9 来看，能源强度对碳排放量的影响程度在模拟期内并没有发生显著位移。从空间分布上来看，东北地区城市群及京津冀城市群二氧化碳排放量受能源强度的影响明显较高。这些地区大部分城市经济产出主要以工业产出为主，高能耗、高排放是这些地区产业的主要特点。改善这些地区的生产技术水平及能源强度水平，对温室气体排放的抑制作用将会更加明显。

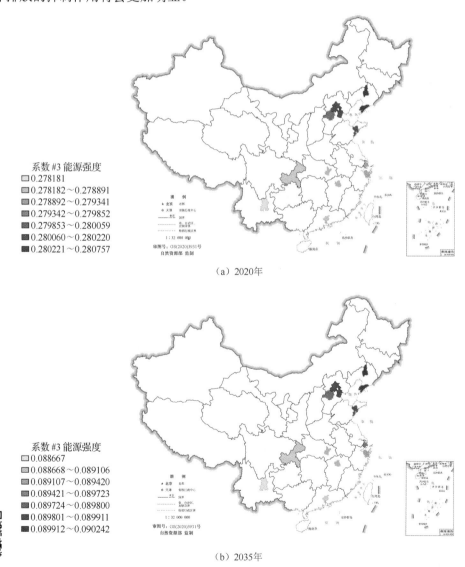

（a）2020年

（b）2035年

彩图 7-9　　　　图 7-9　能源强度对样本城市群碳排放影响程度的空间分布趋势预测

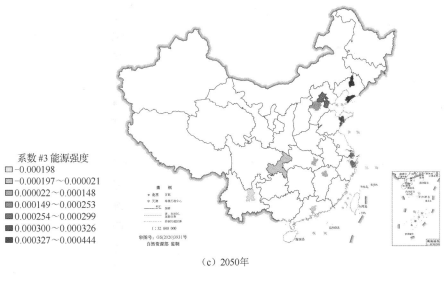

（c）2050年

图 7-9（续）

从影响系数上来看，能源强度对二氧化碳排放的影响始终为正，且在模拟期内呈逐渐减小的趋势。能源强度的降低，意味着生产技术水平的提高，这将会改善生产要素的使用效率，节约能源资源使用量，进而对二氧化碳排放总量的减少产生显著的积极影响。从时间角度分析，在地区不断发展下，技术水平逐渐成熟，此时能源强度已经达到同期最佳水平，在现有资源的限制下，技术水平再提升的可能性较小，因而能源强度对二氧化碳排放量的影响变弱，这就是模拟期内二氧化碳排放量对能源强度的敏感性逐渐减弱的主要原因[9,306-308]。

四、外贸程度对碳排放影响的时空演变趋势分析

图 7-10 为 2020 年、2035 年及 2050 年外贸程度对样本城市群碳排放量影响程度的空间分布趋势预测。从图 7-10 来看，外贸程度对碳排放量的影响程度在 2017～2050 年间发生了一次显著的位移，在 2035～2050 年间影响程度逐渐从南方地区向北方地区过渡，发生这次空间位移的主要原因是贸易中心的转移。自改革开放以来，我国南方城市发展时间较北方城市早，发展速度较快，吸引了大量的外资引入，一时间成为我国进出口贸易的主要聚集地。对外贸易出口的增多，依赖于国内生产规模的扩大，大量生产要素的使用，带来了较大的能源消耗。从出口贸易程度看，外贸程度高的地区对二氧化碳排放量的影响势必将高于外贸程度低的地区，因此在较长时期里我国南方城市二氧化碳排放量对外贸程度的敏感性会较为显著。2035 年之后，随着经济的不断发展，南方地区国际贸易产业将逐渐饱和，在北方部分地区经济结构实现优化、技术进步及人力资本的外溢效应开始逐渐显现时，国际贸易企业将开始逐渐北移，并吸引大量外资引入，这将在一定程度上推动我国贸易中心的部分迁移，使得北方贸易水平得到提高，这就是造成模拟期内外贸结构影响程度的分布趋势发生位移的主要原因[9,306-308]。

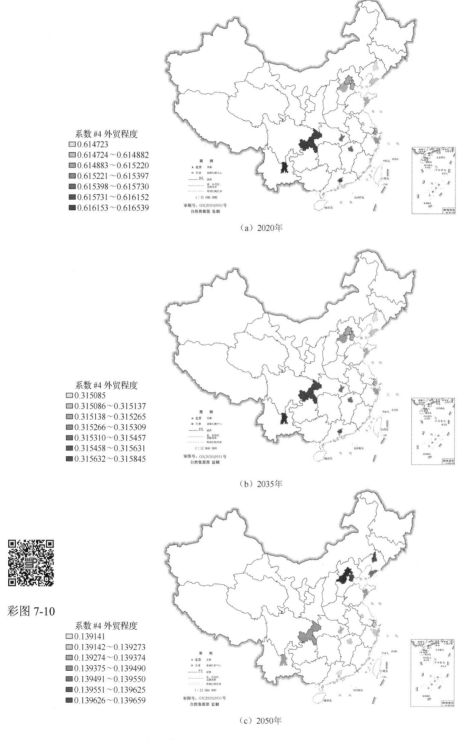

彩图 7-10

图 7-10　外贸程度对样本城市群碳排放影响程序的空间分布趋势预测

第五节　政策情景下典型城市碳排放时空演变趋势预测

根据上述研究结果，设计干扰方案，利用 CGE 模型调节政策变量，模拟碳排放变动趋势；评估不同政策变量的边际效应，并将预测结果导入 GWR 模型中，可视化地展现不同政策情景下碳排放时空演变趋势[9,297,298]。

一、干扰方案一：调整产业结构政策变量

第二产业是一个国家实现经济发展的支柱型产业，中华人民共和国成立以来，工业一直是我国经济发展的重点，作为制造业大国，第二产业的发展不仅为我国各大产业的发展奠定了基础，同时也为缓解我国就业压力做出了巨大贡献。在国际产业分工细化、国际合作关系日益紧密的新时代下，如何对第二产业进行转型升级应成为新时代下发展第二产业的新出路。

相比于第二产业，第三产业能够保证在较低的能源依赖度下实现较高的经济产出。在全球治理的新时代下，限制温室气体排放、建立资源节约型国家已成为各国发展国际合作关系的首要共识，以服务业为代表的第三产业的发展正适应当下绿色发展的主流，因此第三产业势必将成为各国各地区进行产业结构转型的主要方向。

方案一情景旨在设定不同的资金分配制度，通过改变第二、三产业的投资规模，实现对第二、三产业结构的变动和调整，并以基准情景为依据，分析样本城市碳排放的时空变动趋势。此处共设定两个情景：情景 I1，对样本城市第三产业增加 10%投资。情景 I2，对样本城市第二产业减少 10%投资[9,306-308]。

1. I1 政策下碳排放时空演变趋势分析

图 7-11 为在 I1 政策干预下，2020 年、2035 年及 2050 年城镇化水平对样本城市群碳排放量影响程度的空间分布趋势预测。I1 政策的实施，将主要对地区城镇化发展模式产生重要影响。图 7-11 显示，相较于基准情景，在 I1 政策下城镇化水平对碳排放量影响程度的空间分布在模拟期内发生了两次位移。在 2020 年以前，其分布趋势与基准情景基本相同；2020～2035 年，分布趋势从我国北方地区转移到南方地区。同前文分析结果一致，由于以沈阳、保定等为代表的北方地区主要以第二产业为城镇化进程的主要推动力，工业是该地区二氧化碳排放的主要来源，对该地区增加第三产业投资将会限制第二产业的发展空间，优化城镇化进程中的产业结构。因此，随着城镇化进程的不断推进，在初期该地区二氧化碳排放总量的抑制效果将会比南方城市更为明显。2035～2050 年，城镇化水平对二氧化碳排放量的影响趋势又逐渐回移。这是由于在城镇化不断推进下，各地区城市发展已近成熟，城镇化进程已基本完成或即将完成，此时期对样本地区增加第三产业投资对城镇化的推进作用已经不明显，当各地城市发展基本定型时，我国二氧化碳排放量对城镇化的敏感程度又会回到正常分布趋势[9,306-308]。

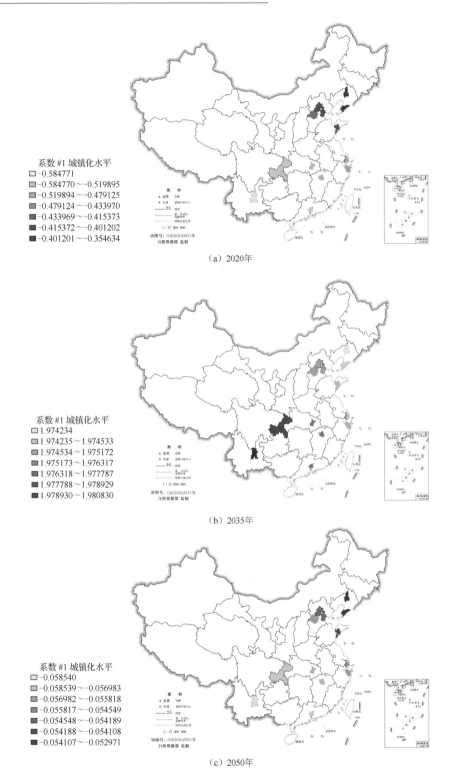

（a）2020年

（b）2035年

（c）2050年

彩图 7-11　　图 7-11　I1 政策下城镇化水平对样本城市群碳排放量影响程度的空间分布趋势预测

168

2. I2 政策下碳排放时空演变趋势分析

I2 政策下，由于对第二产业投资的减少，将会对基准情景下的工业结构产生最为主要的影响。图 7-12 为 I2 政策下，2020 年、2035 年及 2050 年工业结构对样本城市群碳排放量影响程度的空间分布趋势预测。

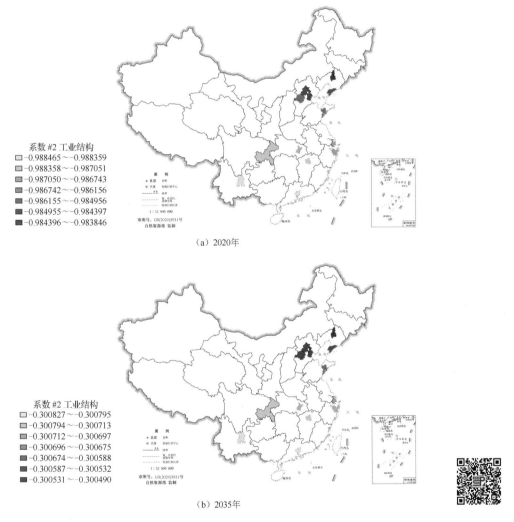

图 7-12 I2 政策下工业结构对样本城市群碳排放量影响程度的空间分布趋势预测 彩图 7-12

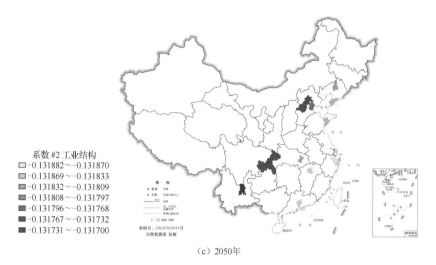

（c）2050年

图 7-12（续）

从图 7-12 中可以看出，在 I2 政策的干预下，样本地区碳排放分布趋势发生了明显的位移。其中，2020~2035 年间，分布趋势与基本情景基本一致，政策效果并未完全显现；到 2035~2050 年间，碳排放量受工业结构的影响趋势整体由我国东北部向西南部转移。以沈阳、天津为代表的北部地区工业产出占比较大，工业二氧化碳排放量较多。在 I2 政策的不断干预下，这些北方城市工业占比逐渐下降，工业资本逐渐外流，致使第二产业生产规模降低。当工业产出水平下降到一定水平时，二氧化碳排放量开始大量减少，因此在 2035~2050 年间，相较于南方城市而言，I2 政策对北方城市工业结构的调整将对二氧化碳排放量的抑制作用更为明显[9,306-308]。

二、干扰方案二：调整人民币汇率政策变量

在经济全球化下，国际经贸往来日益频繁，国内贸易已成为地区内部经济产出及生产要素的主要来源。中国自改革开放以来，在加入世界贸易组织后，市场化经济体制逐渐成熟，2005 年 7 月 21 日，中国政府对人民币汇率制度实行"参考一篮子货币调节"，自此，人民币汇率已由计划经济体制时期政府管控下的固定汇率转变为现行市场体制下的浮动汇率制度，这意味着人民币将在国际市场中发挥举足轻重的作用。作为出口贸易大国，人民币汇率将对我国进出口结构产生巨大影响。

我国是制造业大国，廉价的劳动力吸引了大批企业的聚集，在我国出口贸易中制造业占比超过 50%。据不完全统计，2015 年，我国制造业约占全球市场份额的 20.8%，居世界各国之首。在频繁的贸易往来背后，制造业产业的大量积聚同样也为我国资源环境带来了不小的问题。改变进出口贸易结构，限制或放开经贸往来将在不同程度上改变我国产业发展形态，进而影响我国资源能源环境。

自 2005 年起，除 2009 年金融危机影响外，人民币汇率一直保持单边升值状态，2014 年首次贬值，贬值幅度达 2.4%。基于此，本节设置了两种情景，旨在模拟不同人民币汇率下对我国进出口贸易的影响情况，进而分析在外贸结构改变的情况下，样本城市碳

排放空间趋势的变动情况。情景 E1：2017～2050 年人民币对美元汇率升值 15%。情景 E2：2017～2050 年人民币对美元汇率贬值 15%。

1. E1 政策下碳排放时空演变趋势分析

E1 政策下，地区外贸程度将发生比较深远的影响。图 7-13 为 E1 政策下，2020 年、2035 年及 2050 年外贸程度对样本城市群碳排放量影响程度的空间分布趋势预测。

基准情景下，外贸程度对二氧化碳排放量影响程度的空间分布在 2035～2050 年间发生过一次位移（图 7-10），而从图 7-13 中的模拟结果来看，在 E1 政策的干预下，这次位移并没有发生。分析原因，在人民币汇率提升下，我国出口产品竞争力下降。由于南方贸易水平更为发达，因此在 E1 政策下，南方地区对外贸易发展将受到更大限制，会较基准情景下更晚达到饱和，因此相对于基准情景而言，这次贸易中心的转移并不会很快发生。就整体而言，E1 政策对外贸程度的干预将会对南方城市群二氧化碳排放量产生更为显著的影响[9,306-308]。

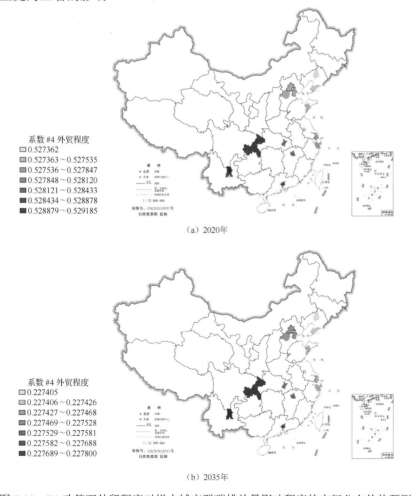

（a）2020 年

（b）2035 年

图 7-13　E1 政策下外贸程度对样本城市群碳排放量影响程度的空间分布趋势预测　　彩图 7-13

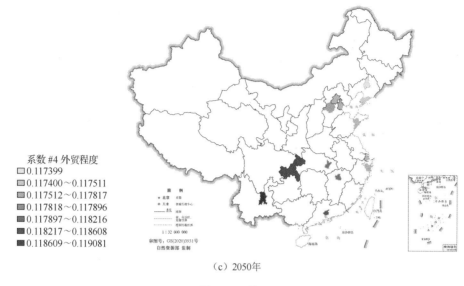

系数 #4 外贸程度
- ☐ 0.117399
- ☐ 0.117400～0.117511
- ☐ 0.117512～0.117817
- ☐ 0.117818～0.117896
- ☐ 0.117897～0.118216
- ☐ 0.118217～0.118608
- ■ 0.118609～0.119081

（c）2050 年

图 7-13（续）

2. E2 政策下碳排放时空演变趋势分析

与 E1 政策相反，E2 政策下人民币汇率下降，这将在一定程度上提高我国整体的外贸程度。图 7-14 为 E2 政策下，2020 年、2035 年及 2050 年外贸程度对样本城市群碳排放量影响程度的空间分布趋势预测。

从图 7-14 的分析结果来看，较基准情景而言，E2 政策的实施使外贸程度影响程度的空间位移有提前发生的趋势。2020～2035 年，外贸程度对二氧化碳排放量影响程度的空间分布有向北方地区过渡的倾向；随后在 2035～2050 年间，过渡倾向消失，空间分布逐渐回到最初情况。E2 政策下，人民币贬值使得我国出口贸易额增加，较基准情景下，我国对外贸易将得到更快发展。因此 E2 政策下，我国南方地区外贸发展将比基准情景下更快达到饱和，而北方城市的对外贸易在 E2 政策的干预下将得到更快发展。在南方地区外贸饱和的推力与北方地区外贸发展的拉力共同作用下，贸易中心将更快地向北方迁移，同时北方也会承受更多由对外贸易产生的温室气体排放，因此在 2020～2035 年间，外贸程度对碳排放量影响程度的空间分布发生了一次迁移倾向。在 E2 政策连续干预下，我国北方城市对外贸易市场的饱和也会更快到来，当南北两地对外贸易市场都发展到足够成熟时，我国对外贸易的空间分布又会回到最初正常水平，因此 2035～2050 年间，外贸程度对二氧化碳排放量影响程度的空间分布又逐渐回移[9,306-308]。

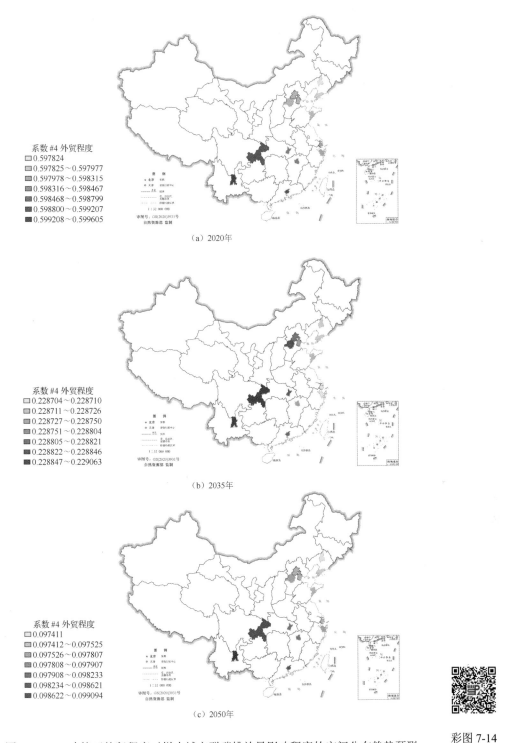

图 7-14　E2 政策下外贸程度对样本城市群碳排放量影响程度的空间分布趋势预测

彩图 7-14

三、干扰方案三：调整技术进步政策变量

技术进步是一个地区生产力提升及经济发展的重要方式，采用更先进的科学技术将会使地区生产效率大幅提升，在短期内带动地区经济发展产生质的飞跃。技术水平的进步，将会减少生产要素的投入使用量，这在很大程度上会减少企业生产过程中的能源消耗，改善能源使用效率。能源强度是衡量一个地区能源技术水平的重要指标，地区能源强度越低，意味着能源消耗量占总产出水平的比值越小，则能源技术水平越发达，能效也越高。高水平的能源技术能在保证同样产出水平的前提下，产生大量的资源节约，这将对地区能源资源环境产生积极的作用。

技术进步依赖于对科技的投入及在教育和人才方面的支出。增加科技领域资金投入，有利于科技产业的创新，提升技术水平；对教育及人才方面的投入有利于高水平人才的培养和引进，进而对技术创新产生推动作用。基于此，本节设置两种政策情景，旨在模拟不同技术水平下，样本地区能源消费总量及二氧化碳排放量的变化情况。情景T1：对样本城市增加 10%技术投入（包括对科技产业及教育的投入）。情景 T2：对样本城市增加 15%技术投入。

1. T1 政策下碳排放时空演变趋势分析

T1 政策的实施，将会提高社会生产技术水平，从而对能源强度产生最为重要的影响。图 7-15 为 T1 政策下，2020 年、2035 年及 2050 年能源强度对样本城市群碳排放量影响程度的空间分布趋势预测。

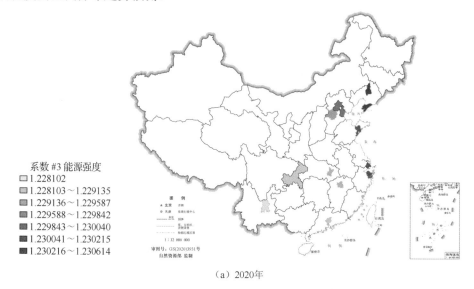

（a）2020年

图 7-15　T1 政策下能源强度对样本城市群碳排放量影响程度的空间分布趋势预测

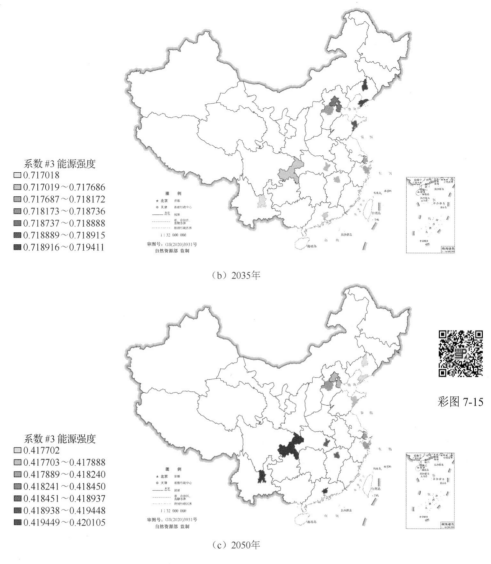

彩图 7-15

图 7-15（续）

　　从图 7-15 中展示的结果看，较基准情景而言，T1 政策的干预使能源强度对二氧化碳排放量影响程度的空间分布在 2035～2050 年间发生了一次位移，影响程度由北部城市群过渡到南方城市群。T1 政策下，地区生产技术水平将提高，使得生产过程中的能源消费更少，这对以工业产出为主的地区来说，会节约更多的能源资源，减少二氧化碳排放量。东北地区城市群及京津冀城市群中，沈阳、保定、天津等城市工业产业占比都比较高，这些地区能源效率的改善将节约更多的能源消耗，因此较南方地区而言，T1 政策在北方地区的实施对二氧化碳排放的抑制作用也会更为明显。从图 7-15 来看，直到 2035～2050 年期间，北方地区二氧化碳排放量受能源强度的影响程度才开始明显小于南方地区，这意味着北方地区碳减排已得到更大程度的改善，T1 政策的实施作用出现了边际效应递减，其实施效果逐渐转移到南方地区[9,306-308]。

2. T2 政策下碳排放时空演变趋势分析

T2 政策下，地区社会生产技术水平将进一步提升，能源强度将进一步降低。图 7-16 为 T2 政策下，2020 年、2035 年及 2050 年能源强度对样本城市群碳排放量影响程度的空间分布趋势预测。

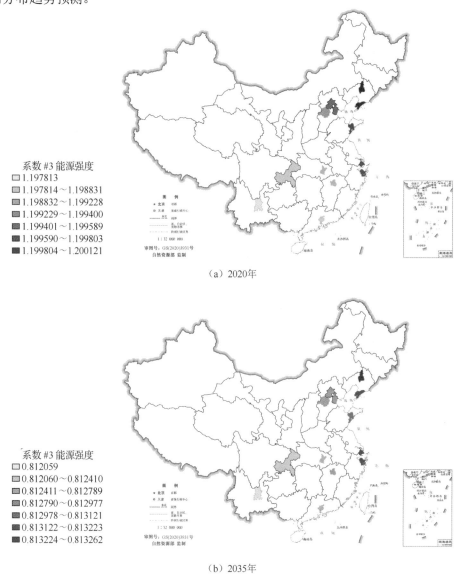

（a）2020年

（b）2035年

图 7-16　T2 政策下能源强度对样本城市群碳排放量影响程度的空间分布趋势预测

彩图 7-16

系数 #3 能源强度
☐ 0.460250
☐ 0.460251～0.460706
▨ 0.460707～0.461282
▨ 0.461283～0.461397
▨ 0.461398～0.461530
▧ 0.461531～0.461769
■ 0.461770～0.462021

（c）2050 年

图 7-16（续）

图 7-16 显示，在技术投入水平进一步提高下，能源强度对碳排放量影响程度的空间分布情况与基准情景又保持了一致。在增加技术投入的情况下，T1 政策的位移并没有发生，这意味着在 T2 政策下，北方地区能源强度对二氧化碳排放量的影响程度一直要高于南方地区。实际分析来看，由于边际收益递减趋势的存在，继续追加技术投入可能并不一定实现预期的减排效果。过量的技术投入对能源消费量的改善并不一定会带来持续的积极作用，由于技术水平的提升存在帕累托成本曲线，因此，技术投入的持续增加，虽然会使社会生产技术水平及能源效率得到更大改善，但同时也会增加社会的投入成本，当边际社会成本大于因为技术水平投入而带来的边际效益时，就会给社会带来一定的无谓损失，使社会生产活动在无效率环境下运行。在本章所构建的技术创新函数中，部门能源消费系数一部分取决于部门总资本存量，存量越低，能源消耗系数会越高。从图 7-16 来看，北方地区技术水平的过多投入，虽然会使社会整体碳排放量显著降低，但是当其边际收益超出了边际投入成本时，将给北方地区的经济环境带来巨大压力，企业资本存量逐渐降低，能源消费量将较之前有一定程度的上升，使得对碳排放量的控制并不能达到预期效果。与 T1 政策相比，T2 政策的实际政策效用要低很多[9,306-308]。

第六节 结论与建议

利用 CGE 模型对基准情景下样本城市 2017～2050 年工业结构、城镇化水平、外贸程度、能源强度及二氧化碳排放量变动趋势进行了预测，通过 GWR 模型可视化地展示了基准情景和不同政策情景下样本城市碳排放时空演变趋势。整体来看，第二产业比例下调将减少社会整体的能源依赖，带动经济环境向集约型发展，但是单纯地去工业化发展同样会带来严重的经济负增长问题；第三产业比例增加将拉动社会全要素生产率提升，促使经济产生"聚集效应"，经济增长态势显著，与此同时，其对传统工业行业发展空间的挤压也会对社会能源环境改善带来积极影响；外贸程度下调会减少由于粗放式加工贸易带来的二氧化碳排放量，但是过度的外贸限制将对社会整体资本及投资水平产生负面影响；能源效率的改进体现了能源技术的进步，显著降低了社会总能源消费量，能源环境问题改善明显，技术的进步提高了企业的生产效率，对社会产出值的增加具有一定贡献。从城市群模拟的空间效应来看，主要有以下几点结论与建议：

1）在 GWR 模型下，2017～2050 年间样本地区将呈现出不同的发展趋势。其中，以第二产业为主的沈阳、保定等地区工业产出将不断增多，工业占比保持持续上升状态，二氧化碳排放量处于持续增加态势，峰值水平并没有到来。相较于这些地区，北京、上海、广州等地城镇化水平较高，未来工业产出将保持下降，能源消费总量及二氧化碳排放量在模拟期内均出现了峰值水平，峰值到来时间随城市发展水平各异。从空间分布趋势上来看，2020～2050 年间，二氧化碳影响因素的空间分布情况与 2000～2015 年间基本一致，并未发生显著改变[9,306-308]。

2）在经济不断发展下，部分城市将出现逆城镇化现象。上海、广州等地由于城镇化水平较高，在模拟期内该地区基本完成了城镇化。由于企业市场及生活空间的逐渐饱和，劳动力及生产资料开始逐渐外移，推动城镇化进程向周边地区发展，城市内部逆城镇化倾向开始显现[9,306-308]。

3）不同政策干预下，对不同地区未来发展情况的影响不同。其中，对第二产业的调整将对以工业产出为主的地区经济发展及碳排放量带来比较显著的影响；第三产业投资的增加将使北京、上海等以第三产业为主的地区经济总量提升较大，碳排放量减少较多；以汇率为主要手段的外贸程度调整，将对南方地区出口贸易占比较大的城市产生较为明显的影响；能源技术水平的提高对北方以工业产出为主的地区带来的积极作用比较显著[9,306-308]。

4）在空间分布上，受政策干预的影响，在 2020～2050 年间二氧化碳排放量影响因素的空间分布将发生不同程度的位移情况。其中，以产业结构为主的投资政策将使得城镇化水平及工业结构的影响程度向南方地区转移，这意味着投资政策对北方地区碳排放量的改善产生了积极影响。以外贸程度调整为主的汇率政策，使在基准情景下发生的位移趋于消失，其中 E1 政策限制了外贸发展，使得位移时间推迟；而 E2 政策加速了对外贸易的发展，加快了正常外贸结构分布趋势的形成。以提高技术水平为主的技术创新政策使能源强度的影响程度逐渐南移，北方碳排放问题得到了缓解，但是过度的技术投入并不会带来相应比例的预期效果。以提高技术水平为主的技术创新政策使能源强度的影响程度逐渐南移，北方碳排放问题得到了缓解，但是过度的技术投入并不会带来相应比例的预期效果[9,306-308]。

第八章　中国典型城市碳排放峰值预测及倒逼影响分析

面对中国突出的社会、环境矛盾问题，中国曾在"十一五"规划中首次提出"双控目标"，意图通过对能源强度及能源消费总量的调控，达成社会生产及发展的低碳化转变。本章围绕中国实现第二个百年目标的发展路径和减排目标，结合"十一五""十二五""十三五"三个五年规划方案，以中国13个低碳试点城市为样本，分析各城市可能的能源强度目标方案和达峰路径，并基于 CGE 模型模拟四种不同的动态化能源强度目标情景对样本城市 2017～2050 年宏观经济、产业结构、能源环境等的倒逼影响，并据此找出各城市"双控政策"的最佳施政周期及目标方案，为各城市的相关政策制定提供参考依据。

第一节　中国长期发展战略与能源"双控"目标综述

根据中国长期发展战略，我国长期目标将更加多元化。但是从现实角度来看，中国正面临"中等收入陷阱"，经济结构不合理，发展模式不平衡，增长方式不可持续等都是亟待解决的问题。在快速城镇化后，中国即将面临"刘易斯拐点"期，此时中国经济发展急需新的方向和动力。在此期间，中国将不可避免地重蹈发达国家覆辙，大气、能源等环境污染将会成为经济转型的主要阻碍。就目前而言，我国环境承载能力已濒临上限，自"十一五"计划开始，生态环境问题就一直被视为政府施政的主要方向。习近平总书记在十九大报告中提到的两步走，绝不仅仅是经济总量上的绝对增长，能源环境在当下的发展命题中同样重要。作为"公共物品"，环境问题需要政府的积极引导和治理，当前中国的经济增长方式、居民消费行为、产业投资结构、碳排放量、社会福利水平等都存在着一定的连锁效应，如果当下不对我国能源依赖型的经济驱动方式做出改变，那么未来将会产生不可估计的连锁效应损失。

为了改变能源消耗现状，促进绿色生产方式普及，社会各界开始从能源效率入手，期望通过降低社会整体能源强度来缓解能源环境问题。在对工业行业的数据分析下，陈诗一[320]和 Long 等[321]分别证实了能源效率是影响碳排放强度的主要诱因之一，这为探讨环境约束与能源效率之间的相互制约作用奠定了理论基础。Valeria 等[322]的研究中证实了环境规制与全要素能源效率的"波特效应"。这些研究为我国相关政策的制定提供了良好的理论借鉴。"十一五"规划中，中国明确提出要求单位国内生产总值的能耗比 2005 年降低 20%；"十二五"与"十三五"规划中再次提出能耗总量与强度的"双控"目标，并根据不同地区施行不同的目标方案。能源强度控制目标的实施，对我国能源环境及经济增长产生了非常深远的影响。对于中国而言,由于经济连锁效应的存在,能源强度目标不仅影响我国排放路径及达峰水平,对经济的冲击作用也不容忽视。由于我国地域辽阔,不同地区的城市结构及发展模式呈现出明显的空间非平稳性[9],这使中国政府认识到分区域实现能源控制目标的必要性。针对这一问题,"十三五"规划中,我国各地区都制定了不同的能源强度目标,但是这些目标将对各地区排放水平、经济和能源系统等产生怎样的相互影响,都是有待证实的问题[323]。除此之外,面对未来中国的发展,"十三五"规划之后,各地区制定何种能源强度目标才会在保证能耗的前提下实现社会福利水平最大化,也是一个值得深思的问题。

不可否认的是,经济质量和社会治理之间的倒逼机制的确存在,不少学者也开始深入这种倒逼机制的研究中,包括节能减排对企业的倒逼机制、碳税对国家能源结构及经济结构的倒逼影响、政策手段对能源产业的倒逼机制。不难看出,这些都是从环境约束层面探讨对经济发展产生的倒逼影响,而从能源强度角度探讨对中国不同地区经济环境的倒逼机制并不多见[323-325]。在此背景下,本章仍以中国 13 个低碳试点城市为研究样本,利用前面所构建的 CGE 模型,模拟评估包括基准情景、"十三五"能源强度目标情景、2030 能源强度目标情景在内的多种目标情景下对地区排放路径、峰值水平、经济水平及社会福利水平的影响,并根据模拟结果,找出各地区在未来直到 2050 年最优的能源强度目标方案,为各地区应对能源环境问题提供前瞻性参考。

第二节　无目标约束下的能源经济环境预测

一、城市碳排放路径及排放峰值

利用前面所构建的 CGE 模型预测样本城市 2017～2050 年基准情景下二氧化碳排放路径,如图 8-1 所示。可以看出,模拟期内,各地区碳排放趋势差异较为明显。部分发达地区碳排放总量在模拟期内呈现一种先增长后降低的倒 U 形趋势,其中北京、青岛等地倒 U 形发展趋势较为明显。从青岛地区来看,青岛二氧化碳排放总量将在 2035 年左右达到峰值,峰值水平约为 14171.16 万 t;随后直到 2050 年,青岛二氧化碳排放总量将持续下降,并有望低于初期排放水平。北京将在 2033 年左右达到排放峰值;且到 2050年,北京地区碳排放总量将基本降至 2017 年排放水平[9]。

从图 8-1 来看,并不是所有样本城市碳排放量都会在模拟期内达到峰值,还有少部分地区碳排放总量保持持续上升态势,且增幅较高。举例来看,沈阳地区增长趋势较为明显,截至 2050 年,沈阳二氧化碳排放量将达到 14318.6 万 t,高出 2017 年 5950.1 万 t 的排放水平约 8368.5 万 t,年平均增长率约为 4.14%;并且在 2050 年之后,有继续增加的态势。再以保定地区为例,2017 年保定二氧化碳排放量仅为 4611.71 万 t,低于京津冀城市群样本城市平均水平;到 2050 年,保定碳排放总量已增长到 16374.14 万 t,达到北京同期排放水平,且依旧呈现继续增长态势[9]。

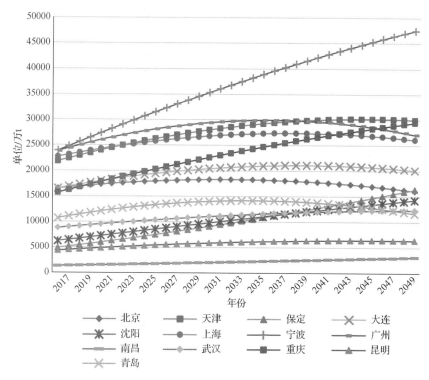

图 8-1　基准情景下样本城市二氧化碳排放路径预测情况　　　彩图 8-1

二、城市产业结构及劳动人口数量

表 8-1 是利用 CGE 模型预测的样本城市各主要年份产业结构及劳动力数量的情况。就产业结构而言，各城市第二产业占比均有不同程度下降，其下降幅度与各城市资源禀赋及发展模式有极大关系；各城市第三产业占比都保持不同程度的增长状态，其中青岛、大连、天津等北方城市增幅最为显著，南方城市增幅相对有所减缓。

表 8-1　基准情景下样本城市各主要年份产业结构及劳动力数量预测情况

城市	指标	2020 年	2030 年	2040 年	2050 年
北京	第二产业占比/%	14.1	8.2	4.4	1.8
	第三产业占比/%	85.5	91.5	95.4	98.2
	劳动力人口数量/万人	1386.175997	1484.175997	1575.175997	1661.175997
天津	第二产业占比/%	34.1	20.9	11.6	4.8
	第三产业占比/%	65	78.5	88	95
	劳动力人口数量/万人	1188.582404	1260.582404	1329.582404	1392.582404
保定	第二产业占比/%	45.9	39.8	35	31.2
	第三产业占比/%	40.2	45.6	49.6	52.7
	劳动力人口数量/万人	74.3976608	122.3976608	164.3976608	202.3976608

续表

城市	指标	2020 年	2030 年	2040 年	2050 年
上海	第二产业占比/%	26.8	17.8	11.6	7.2
	第三产业占比/%	72.8	81.9	88.2	92.6
	劳动力人口数量/万人	1769.400278	1867.400278	1959.400278	2040.400278
宁波	第二产业占比/%	42.8	34.6	28.8	24.3
	第三产业占比/%	54.5	63.6	70	74.9
	劳动力人口数量/万人	609.729352	672.729352	730.729352	782.729352
青岛	第二产业占比/%	37.3	26.8	17.9	10.3
	第三产业占比/%	59.5	71.1	80.8	89.1
	劳动力人口数量/万人	664.133677	735.133677	799.133677	855.133677
广州	第二产业占比/%	27.4	22.7	19.9	18.1
	第三产业占比/%	71.3	76.1	79	80.9
	劳动力人口数量/万人	942.4498436	1024.449844	1100.449844	1171.449844
武汉	第二产业占比/%	32.4	22.7	16.3	11.8
	第三产业占比/%	63.2	72.3	78.3	82.5
	劳动力人口数量/万人	645.1269028	712.1269028	774.1269028	830.1269028
南昌	第二产业占比/%	44	35.4	29.2	24.7
	第三产业占比/%	50.8	59	64.9	69.2
	劳动力人口数量/万人	395.9841652	446.9841652	492.9841652	534.9841652
昆明	第二产业占比/%	34.22	28.4	24.9	22.5
	第三产业占比/%	60.6	66.4	70	72.3
	劳动力人口数量/万人	591.5001376	640.5001376	682.5001376	720.5001376
重庆	第二产业占比/%	40.9	35.3	31.9	29.6
	第三产业占比/%	50.7	56.1	59.3	61.4
	劳动力人口数量/万人	2068.724996	2133.724996	2193.724996	2246.724996
沈阳	第二产业占比/%	43.6	38.6	35.1	32.6
	第三产业占比/%	51.2	55.8	58.9	61.3
	劳动力人口数量/万人	515.0332108	576.0332108	630.0332108	679.0332108
大连	第二产业占比/%	36.2	26	18.7	13.3
	第三产业占比/%	56.9	66.8	73.7	78.8
	劳动力人口数量/万人	708.95811	772.95811	830.95811	881.95811

劳动力方面，模拟期内，各城市劳动力数量保持持续增长态势，总体就业情况比较可观。相比而言，快速发展中的大中型城市，其劳动力年增长量明显高于其他城市，如青岛、大连等地区。保定、南昌等地区由于受先天资源禀赋及地缘经济条件所限，其劳动力数量增长较为平缓。另外，大部分城市劳动力数量增幅呈逐年下降趋势，这在一定程度上反映出城市竞争压力增大，生活空间有逐渐饱和趋势。

三、平稳增长路径下经济发展指标预测

宏观经济指标方面，本章预测了各城市人均 GDP、居民消费水平、人均收入水平及出口占比四个指标的运行情况（表 8-2）。从模拟结果来看，整体经济形式比较乐观，除

了出口占比部分有所下降以外，其他指标均保持增加态势。北京、上海等地区由于先天的经济优势，模拟期内各指标均位于样本城市前列，但是指标增速已开始趋缓。昆明、青岛、天津等地区借助经济结构转型的战略机遇，各指标均保持较高速度增长，与北京、上海等特大型城市之间的差距在逐渐缩小。

表 8-2　基准情景下样本城市宏观经济指标预测情况

城市	指标	2020 年	2030 年	2040 年	2050 年
北京	人均 GDP/（元/人）	141250	183251	224303	264829
	居民消费水平/元	72032.56742	98553.56742	123696.5674	147348.5674
	人均收入水平/元	77152.48409	100603.4841	122739.4841	143805.4841
	出口占比/%	20.5	22.6	28.6	39.2
天津	人均 GDP/（元/人）	132503	170559	207611	244064
	居民消费水平/元	54511.32524	76664.32524	97917.32524	118604.3252
	人均收入水平/元	49862.77554	71494.77554	92146.77554	112022.7755
	出口占比/%	19.6	16.2	14.3	13
保定	人均 GDP/（元/人）	40156	66484	91900	117263
	居民消费水平/元	26748.79094	43073.79094	58525.79094	73648.79094
	人均收入水平/元	34947.66225	53507.66225	71160.66225	88361.66225
	出口占比/%	11.8	10	8.3	6.8
上海	人均 GDP/（元/人）	143851	186976	229174	269327
	居民消费水平/元	71351.90441	99507.90441	126859.9044	152004.9044
	人均收入水平/元	78755.63281	103387.6328	126840.6328	148293.6328
	出口占比/%	56.5	44.1	34.9	28
宁波	人均 GDP/（元/人）	139510	177492	213943	249784
	居民消费水平/元	43086.48406	61599.48406	79140.48406	95385.48406
	人均收入水平/元	71090.30625	90613.30625	109265.3062	127217.3062
	出口占比/%	59.4	44.5	31.7	21.3
青岛	人均 GDP/（元/人）	135958	175481	213937	251585
	居民消费水平/元	37745.47419	61370.47419	83515.47419	105028.4742
	人均收入水平/元	62295.07658	86827.07658	110611.0766	133246.0766
	出口占比/%	6.1	9	15.2	27.6
广州	人均 GDP/（元/人）	140523	181548	221584	259596
	居民消费水平/元	49438.26508	75764.26508	100777.2651	123763.2651
	人均收入水平/元	69750.94661	91855.94661	112836.9466	130899.9466
	出口占比/%	28.9	29.2	29.6	29.9
武汉	人均 GDP/（元/人）	124500	162123	198248	233390
	居民消费水平/元	36843.29602	58088.29602	78224.29602	96793.29602
	人均收入水平/元	56976.6291	79452.6291	100888.6291	120324.6291
	出口占比/%	10.1	8.7	7.5	6.5
南昌	人均 GDP/（元/人）	52627	83955	115283	146252
	居民消费水平/元	28620.98904	50745.98904	71434.98904	91397.98904
	人均收入水平/元	49262.80207	72923.80207	95057.80207	117046.8021
	出口占比/%	26.7	38.8	47.7	54.4

续表

城市	指标	2020 年	2030 年	2040 年	2050 年
昆明	人均 GDP/（元/人）	71856	105184	137310	169156
	居民消费水平/元	35644.78747	59206.78747	81242.78747	102896.7875
	人均收入水平/元	54570.87127	79806.87127	103969.8713	127184.8713
	出口占比/%	11.5	7.1	3.8	1.4
重庆	人均 GDP/（元/人）	110905	148161	183954	218169
	居民消费水平/元	40416.52071	63572.52071	85714.52071	106927.5207
	人均收入水平/元	40660.31926	63814.31926	85777.31926	106589.3193
	出口占比/%	31.1	33.1	33.2	32.7
沈阳	人均 GDP/（元/人）	102182	137595	171715	204701
	居民消费水平/元	36905.6621	57230.6621	76884.6621	95427.6621
	人均收入水平/元	55872.01686	76798.01686	96250.01686	114923.0169
	出口占比/%	8.4	10.5	12	13.1
大连	人均 GDP/（元/人）	128902	167625	205258	241610
	居民消费水平/元	37998.94692	60133.94692	81149.94692	101245.9469
	人均收入水平/元	54320.21216	76783.21216	97819.21216	118270.2122
	出口占比/%	23.5	17.2	13.8	11.8

从预测结果上来看，上海、广州、重庆等地为外贸出口中心型城市，其对外贸易总额占 GDP 产出比例均接近或超过 30%，外贸依托型的经济发展模式较为凸显。另外，值得注意的是，青岛在 2020～2050 年间外贸出口占比由最初的 6.1%上升到 2050 年的 27.6%，增幅较大，对外贸易发展速度在样本城市中位列首位。

第三节　能源强度目标对典型城市的倒逼影响分析

一、情景设定

能源强度目标的设定是本节研究的基础，能源强度目标的设定与我国未来经济发展、产业结构转型等密切相关。本节以"十一五"规划中提出的双控目标为依据，贯彻"十二五"及"十三五"规划中分区域管理办法，根据每个城市发展模式及发展程度的不同，设定不同的能源强度目标情景，考查不同能源强度目标对样本城市的影响情况。为了寻找双控目标在每个地区的最佳施政强度及最佳施政周期，本节采取动态情景目标设定法，具体目标情景如表 8-3 所示。其中，基准情景为无能源强度目标约束下，各城市能源经济情况的平稳增长路径；2020 情景根据各市在"十三五"规划期内实际目标而设定；2030 情景、2040 情景及 2050 情景是在满足各城市基本福利效用前提下，基于各样本城市的平稳增长路径所设定的合理取值。

表 8-3 能源强度目标情景（%）

城市	基准情景	2020 情景	2030 情景	2040 情景	2050 情景
北京	0	17	28	41	52
天津	0	17	28	41	52
保定	0	17	28	41	52
上海	0	17	28	41	52
宁波	0	17	28	41	52
青岛	0	16	25	38	48
广州	0	17	28	41	52
武汉	0	16	25	38	48
南昌	0	16	25	38	48
昆明	0	14	22	33	44
重庆	0	16	25	38	48
沈阳	0	15	23	35	45
大连	0	15	23	35	45

注：表中各数值表示不同年份下，各市能源强度较 2015 年的下降比例。

二、不同情景下的碳排放路径及峰值影响分析

图 8-2 为四个能源强度目标情景对样本城市碳排放路径及峰值水平的倒逼影响情况。从模拟结果来看，在能源强度目标情景下，各城市二氧化碳排放路径均发生偏移，达峰周期将不同程度缩减。总体而言，能源强度目标规制水平越高，碳排放峰值就会越早到来。

从北京、上海、广州等发达城市来看，碳排放路径偏移程度较小。以北京为例，2020 情景下北京碳排放路径较基准情景偏移程度约为-0.15，峰值水平提前至 2029 年，峰值周期较基准情景缩短四年；2030 情景下，北京碳排放路径偏移程度约为-0.23，达峰时间提前至 2027 年，峰值周期缩短六年；2040 年情景下，北京碳排放水平将会产生回弹效应，排放总量较 2030 情景下有所提升，其中碳排放路径偏移程度缩小为-0.14，达峰时间与 2020 情景一致，稍晚于 2030 情景；2050 情景下，北京碳排放总量下降最为显著，碳排放路径偏移程度达-0.34，达峰时间提前至 2025 年，峰值周期缩短幅度长达八年。

中等发达城市，如青岛、大连、武汉等地区在能源强度目标情景下，碳排放路径偏移情况及能源环境改善方面要稍小于发达城市。以青岛为例，2020 情景下，青岛碳排放路径偏移程度约为-0.14，达峰时间提前至 2033 年，峰值周期较基准情景缩短两年；2030 情景下，青岛碳排放路径偏移程度约为-0.22，达峰时间提前至 2032 年，与 2020 情景达峰时间基本相同；2040 情景中，青岛碳排放路径偏移程度约为-0.23，达峰时间与 2030 情景一致，此情景下，青岛已出现"触底回弹"倾向，能源改善效率开始降低，但是"回弹效应"并没有真正发生。

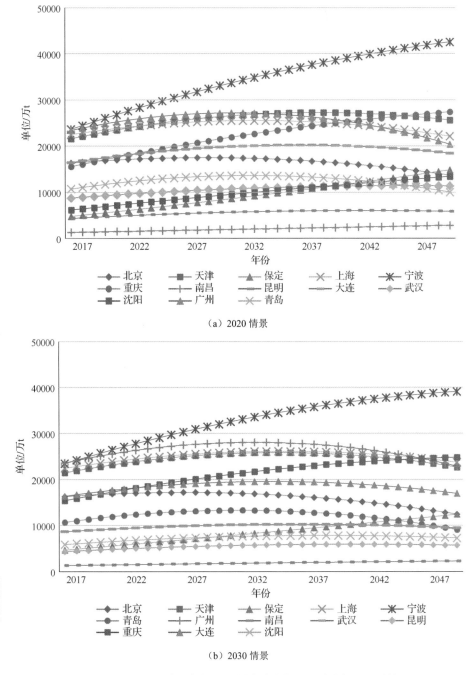

（a）2020 情景

彩图 8-2

（b）2030 情景

图 8-2　不同能源强度目标情景对样本城市能源环境的倒逼影响情况

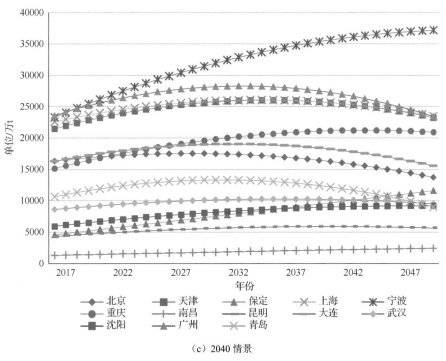

（c）2040 情景

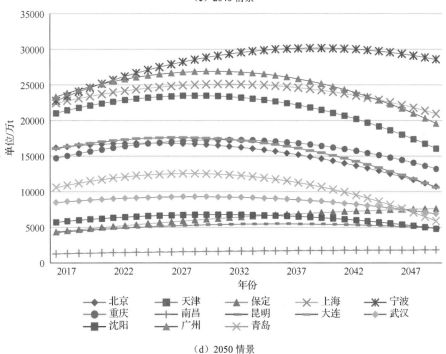

（d）2050 情景

图 8-2（续）

欠发达地区，如保定、南昌等城市碳排放路径在不同目标情景下，表现出较大的变动幅度。以南昌为例，2020 情景下南昌碳排放路径偏移程度约为-0.09，远小于其他地区，模拟期内该地区碳排放量始终保持上升趋势，并没有产生峰值周期；2030 情景中，南昌碳排放路径偏移程度陡升至-0.28，但峰值期依旧没有到来；2040 情景，南昌排放路径偏移程度达-0.22，较 2030 情景衰减 0.06，其模拟期内仍未达到排放峰值；2050 情景下，南昌碳排放路径偏移度高达-0.42，能源强度目标的倒逼影响非常显著，但是由于城市本身发展起步较晚，经济水平较低，因此排放峰值依旧没有出现。

三、不同情景下的产业结构及劳动力影响分析

表 8-4 中的模拟结果显示，各目标情景对不同地区皆有不同程度的影响。从产业结构来看，总体而言，目标情景将使样本城市第二产业占比下降，第三产业占比上升。能源强度目标约束下，各地区能源消费总量将会受到较大抑制，以高能耗驱动为主的产业部门必将受到最大程度影响。本节中，能源消费系数由技术投入水平及部门资本存量决定，第三产业部门相较于第二产业而言，部门资本存量大，技术投入水平高，低能源依赖型的产出特点使其成为能源强度约束下经济增长的主要支柱点。

表 8-4 能源强度目标对样本城市产业结构及劳动力的倒逼影响

城市	指标	2020 年				2030 年				2040 年				2050 年			
		2020情景	2030情景	2040情景	2050情景	2020情景	2030情景	2040情景	2050情景	2020情景	2030情景	2040情景	2050情景	2020情景	2030情景	2040情景	2050情景
北京	第二产业占比	-0.23	-0.12	-0.21	-0.09	-0.26	-0.28	-0.28	-0.12	-0.32	-0.35	-0.38	-0.21	-0.39	-0.43	-0.48	-0.28
	第三产业占比	0.16	0.24	0.21	0.30	0.18	0.27	0.26	0.32	0.23	0.38	0.35	0.39	0.29	0.48	0.39	0.47
	劳动力人口数量	0.14	-0.06	-0.11	0.04	0.16	-0.14	-0.18	0.09	0.20	-0.23	-0.29	0.18	0.26	-0.29	-0.35	0.25
天津	第二产业占比	-0.35	-0.28	-0.26	-0.12	-0.38	-0.32	-0.33	-0.25	-0.49	-0.38	-0.41	-0.36	-0.56	-0.49	-0.48	-0.41
	第三产业占比	0.13	0.26	0.24	0.35	0.16	0.32	0.28	0.37	0.21	0.38	0.36	0.42	0.29	0.46	0.48	0.49
	劳动力人口数量	-0.21	-0.32	-0.24	-0.21	-0.25	-0.38	-0.27	-0.26	-0.28	-0.43	-0.32	-0.35	-0.35	-0.49	-0.39	-0.41
保定	第二产业占比	-0.34	-0.31	-0.41	-0.23	-0.41	-0.42	-0.46	-0.35	-0.52	-0.48	-0.51	-0.42	-0.59	-0.56	-0.59	-0.52
	第三产业占比	1.13	1.25	0.93	1.01	1.21	1.36	1.09	1.23	1.25	1.41	1.25	1.32	1.29	1.48	1.36	1.41
	劳动力人口数量	-1.20	-0.87	-1.32	-0.51	-1.28	-0.95	-1.43	-0.53	-1.32	-1.16	-1.53	-0.68	-1.36	-1.25	-1.62	-0.72

续表

城市	指标	2020年				2030年				2040年				2050年			
		2020情景	2030情景	2040情景	2050情景	2020情景	2030情景	2040情景	2050情景	2020情景	2030情景	2040情景	2050情景	2020情景	2030情景	2040情景	2050情景
上海	第二产业占比	-0.08	-0.24	-0.20	-0.36	-0.12	-0.30	-0.31	-0.44	-0.18	-0.36	-0.39	-0.50	-0.23	-0.48	-0.42	-0.58
	第三产业占比	1.02	0.75	0.63	1.24	1.23	0.81	0.72	1.38	1.32	1.11	0.98	1.42	1.39	1.21	1.08	1.51
	劳动力人口数量	0.05	0.13	-0.07	-0.21	0.09	0.16	-0.15	-0.29	0.15	0.23	-0.24	-0.32	0.19	0.28	-0.28	-0.39
宁波	第二产业占比	-0.51	-0.63	-0.58	-0.62	-0.59	-0.71	-0.66	-0.68	-0.63	-0.79	-0.71	-0.74	-0.71	-0.83	-0.79	-0.81
	第三产业占比	1.32	1.41	1.35	1.43	1.38	1.46	1.37	1.49	1.48	1.56	1.42	1.53	1.56	1.62	1.49	1.59
	劳动力人口数量	-0.16	-0.32	-0.40	-0.38	-0.26	-0.43	-0.48	-0.49	-0.33	-0.52	-0.59	-0.55	-0.36	-0.59	-0.68	-0.63
青岛	第二产业占比	-0.31	-0.13	-0.24	-0.26	-0.42	-0.21	-0.32	-0.31	-0.48	-0.32	-0.41	-0.39	-0.53	-0.48	-0.46	-0.45
	第三产业占比	0.31	0.25	0.18	0.26	0.36	0.28	0.29	0.35	0.41	0.32	0.45	0.51	0.46	0.38	0.49	0.59
	劳动力人口数量	-0.03	-0.10	0.08	-0.06	-0.13	-0.16	0.18	-0.15	-0.26	-0.31	0.28	-0.17	-0.32	-0.39	0.35	-0.28
广州	第二产业占比	-0.03	-0.18	-0.12	-0.26	-0.11	-0.25	-0.20	-0.37	-0.18	-0.32	-0.33	-0.43	-0.25	-0.39	-0.41	-0.53
	第三产业占比	0.10	0.21	0.16	0.14	0.21	0.33	0.25	0.22	0.29	0.41	0.32	0.38	0.36	0.51	0.40	0.46
	劳动力人口数量	-0.06	0.12	-0.13	0.22	-0.12	0.16	-0.21	0.29	-0.21	0.23	-0.28	0.35	-0.29	0.28	-0.35	0.41
武汉	第二产业占比	-0.21	-0.40	-0.13	-0.23	-0.29	-0.45	-0.19	-0.36	-0.35	-0.48	-0.23	-0.41	-0.41	-0.58	-0.32	-0.49
	第三产业占比	0.14	0.31	0.24	0.28	0.23	0.47	0.35	0.36	0.31	0.52	0.40	0.45	0.39	0.59	0.46	0.49
	劳动力人口数量	-0.24	-0.13	-0.28	-0.08	-0.32	-0.26	-0.38	-0.12	-0.41	-0.32	-0.43	-0.23	-0.48	-0.39	-0.48	-0.29
南昌	第二产业占比	-0.71	-0.62	-1.03	-0.83	-0.79	-0.73	-1.12	-0.95	-0.83	-0.79	-1.21	-1.03	-0.92	-0.86	-1.25	-1.12
	第三产业占比	0.66	0.51	0.89	0.70	0.76	0.58	0.93	0.82	0.90	0.63	1.05	0.91	0.99	0.72	1.12	1.02
	劳动力人口数量	-0.34	-0.25	-0.41	-0.38	-0.41	-0.36	-0.49	-0.46	-0.46	-0.43	-0.57	-0.53	-0.53	-0.49	-0.68	-0.59
昆明	第二产业占比	-0.11	-0.23	-0.18	-0.30	-0.21	-0.29	-0.26	-0.41	-0.29	-0.38	-0.31	-0.48	-0.41	-0.44	-0.43	-0.53
	第三产业占比	0.21	0.16	0.08	0.28	0.36	0.25	0.18	0.37	0.41	0.36	0.29	0.42	0.49	0.41	0.38	0.49
	劳动力人口数量	-0.21	0.05	0.12	-0.09	-0.29	0.13	0.21	-0.19	-0.32	0.23	0.29	-0.25	-0.43	0.31	0.35	-0.32

续表

城市	指标	2020 年				2030 年				2040 年				2050 年			
		2020 情景	2030 情景	2040 情景	2050 情景	2020 情景	2030 情景	2040 情景	2050 情景	2020 情景	2030 情景	2040 情景	2050 情景	2020 情景	2030 情景	2040 情景	2050 情景
重庆	第二产业占比	-0.21	-0.25	-0.15	-0.19	-0.29	-0.31	-0.22	-0.28	-0.39	-0.38	-0.29	-0.36	-0.49	-0.42	-0.38	-0.45
	第三产业占比	0.31	0.28	0.25	0.18	0.39	0.37	0.31	0.25	0.49	0.42	0.39	0.31	0.53	0.52	0.46	0.39
	劳动力人口数量	-0.24	-0.15	0.09	0.15	-0.36	-0.22	0.18	0.31	-0.48	-0.36	0.29	0.35	-0.53	-0.48	0.32	0.42
沈阳	第二产业占比	-0.43	-0.62	-0.51	-0.45	-0.53	-0.71	-0.58	-0.53	-0.62	-0.81	-0.63	-0.59	-0.73	-0.89	-0.69	-0.66
	第三产业占比	0.32	0.52	0.41	0.33	0.40	0.62	0.49	0.39	0.49	0.69	0.58	0.43	0.56	0.76	0.63	0.49
	劳动力人口数量	-0.23	-0.31	-0.18	-0.25	-0.31	-0.37	-0.26	-0.31	-0.39	-0.48	-0.31	-0.39	-0.48	-0.54	-0.38	-0.46
大连	第二产业占比	-0.21	-0.24	-0.32	-0.18	-0.28	-0.32	-0.36	-0.28	-0.35	-0.39	-0.44	-0.36	-0.44	-0.46	-0.51	-0.42
	第三产业占比	0.24	0.21	0.36	0.12	0.31	0.35	0.48	0.32	0.39	0.42	0.53	0.39	0.47	0.49	0.59	0.44
	劳动力人口数量	-0.21	-0.13	0.08	-0.18	-0.29	-0.24	0.16	-0.25	-0.32	-0.59	0.25	-0.35	-0.39	0.71	0.31	-0.42

劳动力方面，能源强度目标约束下，多数样本城市将出现劳动力下降的情况，这在以工业产出为主的城市中显得尤为严重。2020 情景下，除北京、上海两地外，其余地区劳动力总数都有不同程度下降，各地区劳动力下降比例基本在 0.2%～0.6% 范围之内，且呈逐年递增态势；到 2030 情景，部分城市就业形势开始好转，除个别工业型城市外，大部分地区劳动力下降比例较 2020 情景都有所减缓，下降比例已维持在 0.05%～0.3% 的可控范围之内；2040 情景下，就业形势较 2030 情景进一步恶化，大部分地区劳动力人口进一步下降，失业率上涨了近 0.1 个百分点；2050 情景下，就业问题得到控制，就业人口较 2040 情景有所增长。

从地区层面来看，受产业结构的影响，北京、上海两地成为能源强度约束下的最大受益者，以第三产业为主导的经济产出格局迎合了能源强度目标下的经济增长需求，劳动力资本的三产聚集，是该地区在能源强度目标影响下劳动力数量不减反增的主要诱因。另外，青岛、广州、大连等地在能源强度的倒逼影响下，产业结构开始进一步转变，第三产业逐渐成为经济增长的主要驱动力，当产业结构转型逐渐完成时，地区就业形势开始趋于平稳，就业量开始呈现增长态势。相比而言，沈阳、保定等地区整体形势并没有这么乐观，虽然在 2050 情景下，该地区各年份的就业形势有一定的缓解，但是整体而言，就业人口相比基准情景始终处于下降趋势。

四、不同情景下的宏观经济指标的变动分析

1. 2020 情景

如附录 5 所示，从人均 GDP 方面来看，北京、天津、昆明、武汉、广州五个地区在 2020 情景下，人均 GDP 相较基准情景略有上升，其余地区均呈现不同程度的下降态势，其中南昌下降幅度最大，为 0.43%，其余地区基本维持在 0.05%～0.2%。除少部分地区外，居民消费水平与人均 GDP 基本保持同方向变动，且两者之间存在某种程度的协同效应，能源强度目标将对地区人均消费水平产生间接影响。在人均收入方面，受地区产业结构影响，各地区人均收入水平较基准情景呈现不同方向变动，其中北京、上海、广州等以第三产业为主的城市在 2020 情景下，人均收入水平较基准情景有明显增加，变动比例为 0.5%～0.7%。保定、沈阳等地受能源强度约束，第二产业比例降低，劳动力资源外流，致使整体收入水平下降，从模拟结果看，较基准情景，人均收入水平下降比例基本为 0.3%～0.6%。相比前三项指标而言，出口占比情况受能源强度目标的倒逼影响最小，上下变动比例基本不超过 2%，多数城市变动幅度保持在 0.1% 之内。

2. 2030 情景

2030 情景中，上海、青岛、南昌、重庆、大连五地人均 GDP 情况较 2020 情景开始出现好转，除青岛、南昌外，其余三个地区人均 GDP 较基准情景都有增加。北京、广州等地区人均 GDP 增幅相较 2020 情景有所下降。天津人均 GDP 在 2030 情景中较基准情景有所降低，与 2020 情景相比，变动率达 0.11%。收入方面，相较于 2020 情景，各地区人均收入水平均有明显改善，这意味着能源强度约束下的产业结构转型逐渐向合理化过渡，劳动力人口开始向第三产业聚集，高投入产出回报使劳动力报酬产生递增效应。消费方面，受收入水平及人均 GDP 总量的双重影响，除北京、天津等地外，大部分地区人均消费水平较 2020 情景有所增加，居民生活水平明显提升。在反应最不敏感的出口方面，大部分地区出口总额较 2020 情景都有所增加，但整体变动幅度依然维持在 2% 以内。

3. 2040 情景

2040 情景下，部分地区如青岛、天津等地区人均 GDP 较基准情景开始有所升高，能源强度约束下的新型经济结构开始逐渐成熟。但是受产业结构影响，北京、上海等以第三产业为主的地区，人均 GDP 开始出现明显的回弹倾向，在第二产业占比下降到无法满足能源强度目标要求后，第三产业开始受到波及，人均 GDP 的下降趋势开始显现。收入方面，除青岛、重庆、沈阳三个地区外，其余地区人均收入水平较 2030 情景均有不同程度的下滑，下降比例为 0.1%～0.2%。消费水平方面，昆明、南昌、北京、上海四个地区在 2040 情景下居民人均消费水平较 2030 情景出现下降倾向，其中北京地区变动比例变为负值，为 -0.05%，意味着其居民消费水平在 2040 情景下较基准情景有所降

低。外贸出口方面，南方地区如上海、广州等地出口总额较 2030 情景有所下降，过度的能源强度目标对外贸发达的南方城市的贸易结构影响更为明显。

4. 2050 情景

当能源强度目标进一步加大，施政周期进一步延长，各地区总体宏观环境情况相较 2040 情景有所回升。在人均 GDP 方面，除保定、沈阳两地外，其余地区人均 GDP 增减幅度都在可控范围之内，保定及沈阳地区受工业密集型的区位影响，人均 GDP 较基准情景下降比例较大，分别为 0.53% 和 4%。收入方面，除大连及宁波外，其余地区人均收入水平较 2040 情景都有较大程度回升，居民生活水平开始回暖。在消费层面，沈阳、青岛、宁波三个地区人均消费水平较 2040 情景有所下降，但下降比例不高，差值基本在 2% 以内，其余地区人均消费水平较 2040 情景有所提升。外贸出口方面，同 2040 情景基本一致，呈现一种"南升北降"的变动趋势。

五、能源强度目标方案的施政周期和达峰时间

根据能源强度目标对各样本城市的倒逼影响分析，结合不同城市的发展特点，本节给出表 8-5 所示的政策建议。北京、上海两个特大城市在 2030 目标情景下社会福利实现最大化，能源环境得到有效改善，最佳施政周期为"十三五"至"十五五"期间，排放路径偏移程度均为-0.23，各宏观经济指标较基准情景增长显著；天津、青岛、广州等城市在 2040 目标情景下实现社会福利最大化，最佳施政周期为"十三五"至"十七五"期间，排放路径偏移程度为-0.28～-0.22，除天津外，各地区经济指标均有显著提升；宁波、沈阳两地最佳情景方案为 2050 情景，施政周期稍长，为"十三五"至"十九五"期间，排放路径偏移程度均在-0.2 以上，其中沈阳地区高达-0.36，受产业结构影响，两地区人均 GDP 在最佳情景下均有下滑，但居民收入水平有所增加；武汉地区在 2020 情景下社会福利水平最高，"十三五"至"十四五"期间的施政周期可以使地区宏观经济与能源环境之间实现互利发展的局面。保定、南昌两地在模拟期内并没有出现最佳目标方案，能源经济环境的"回弹效应"拐点并没有出现。

表 8-5 能源强度目标政策建议

城市	最佳能源强度目标方案	能源强度目标方案的最佳施政周期	排放路径偏移程度	排放达峰时间及峰值周期变动情况	人均 GDP 变动率	居民收入水平变动情况
北京	截至 2030 年，较 2015 年能源强度累积下降 28%	"十三五"至"十五五"期间	-0.23	2027 年；峰值周期缩短 6 年	0.12%	1.12%
天津	截至 2040 年，较 2015 年能源强度累积下降 41%	"十三五"至"十七五"期间	-0.25	2035 年；峰值周期缩短 11 年	-0.18%	-0.65%
上海	截至 2030 年，较 2015 年能源强度累积下降 28%	"十三五"至"十五五"期间	-0.23	2035 年；峰值周期缩短 4 年	0.63%	0.47%
宁波	截至 2050 年，较 2015 年能源强度累积下降 52%	"十三五"至"十九五"期间	-0.21	2040 年；基准情景下无峰值	-0.46%	0.72%

续表

城市	最佳能源强度目标方案	能源强度目标方案的最佳施政周期	排放路径偏移程度	排放达峰时间及峰值周期变动情况	人均GDP变动率	居民收入水平变动情况
青岛	截至2040年，较2015年能源强度累积下降38%	"十三五"至"十七五"期间	-0.23	2032年；峰值周期缩短3年	0.48%	0.48%
广州	截至2040年，较2015年能源强度累积下降38%	"十三五"至"十七五"期间	-0.22	2033；峰值周期缩短4年	0.56%	0.81%
武汉	截至2020年，较2015年能源强度累积下降16%	"十三五"至"十四五"期间	-0.27	2045；基准情景下无峰值	0.10%	0.13%
昆明	截至2040年，较2015年能源强度累积下降38%	"十三五"至"十七五"期间	-0.27	2041；峰值周期缩短6年	0.49%	0.47%
重庆	截至2040年，较2015年能源强度累积下降38%	"十三五"至"十七五"期间	-0.28	2044；基准情景下无峰值	0.39%	0.32%
沈阳	截至2050年，较2015年能源强度累积下降52%	"十三五"至"十九五"期间	-0.36	2037；基准情景下无峰值	-0.61%	0.52%
大连	截至2040年，较2015年能源强度累积下降38%	"十三五"至"十七五"期间	-0.32	2033；峰值周期缩短7年	0.35%	0.46%
保定	无	无	无	无	无	无
南昌	无	无	无	无	无	无

第四节　结论与建议

以中国13个低碳试点城市为研究样本，在CGE模型的基础上，引入带有技术累积机制的能源强度控制模块，构建包含13个样本城市的CGE模型，模拟评估包括基准情景、"十三五"能源强度目标情景、2030能源强度目标情景在内的多种目标情景下对地区碳排放路径、峰值水平、经济水平及社会福利水平的影响，结论与建议如下。

1）能源强度的倒逼影响呈现明显的空间差异性。从发展程度来看，经济发达地区受能源强度目标的倒逼影响明显要小于经济欠发达地区。对于北京、上海等发达城市而言，地区经济结构相对稳定，产业结构合理，技术密集型的区位优势比较明显，由于低能耗的经济发展方式，能源强度约束并不会对其经济产生太大的负面作用；而对于保定、南昌等相对欠发达的地区而言，劳动密集型及能源依赖性的产业驱动特征明显，能源强度目标将对这些地区的工业产生比较大的冲击，造成劳动力资本流失，产业资本外流，这将对地区整体经济产生比较大的不利影响。从产业结构方面来看，以第二产业为主的地区受能源强度目标的倒逼影响明显高于以第三产业为主的地区。第二产业的经济产出依赖高额的能源要素投入。能源强度目标限制下，第二产业必将最先受到影响，为了保证社会福利最大化，满足经济产出及能源强度目标的基本要求，高能耗产业的发展空间将大幅缩减，这将对沈阳、保定等以第二产业为主的城市带来较大的冲击。

2）不同能源强度目标下，碳排放路径及峰值将发生不同程度偏移。总体而言，能源强度目标将对地区碳排放路径造成负向偏移，碳排放峰值时期将明显提前，峰值周期将不同程度缩减。具体来看，2020 情景下，各样本城市碳排放路径均有不同程度偏移，平均偏移率约为-0.21，峰值周期平均缩短 3 年；2030 情景下，碳排放路径将进一步偏移，平均偏移率达到-0.26，峰值周期平均缩短 4 年；2040 情景下，碳排放路径偏移程度稍有降低，平均偏移率为-0.24，峰值周期平均缩短 3 年；2050 情景下，碳排放路径开始较大程度偏移，平均偏移率达到-0.28，峰值平均周期也大幅缩短 6 年。

3）能源强度目标情景下，各地区能源环境"回弹效应"开始显现。从模拟结果来看，在不同能源强度目标情景下，各地区能源环境将发生不同程度的变化，且这种变化呈现一定程度上的周期效应。在 2020 情景及 2030 情景下，大部分地区投入产出的能源依赖性问题得以初步解决，二氧化碳排放总量较基准情景显著较少。当能源强度目标进一步加大，施政周期进一步延长，部分城市二氧化碳排放总量开始出现反弹倾向，虽然排放总量依旧低于基准情景，但是较 2020 及 2030 情景下有较大程度回升。通过进一步分析发现，不同政策情境下能源环境的"回弹效应"受地区产业结构及发展程度影响，以第三产业为主的地区其"回弹效应"更显著，发生时间更早，且经济发达地区较欠发达地区更容易出现回弹倾向。由此可见，政策过度实施可能会对部分地区经济产生一定的负面效应，最佳施政周期不应该超过各地区的"回弹效应"点。

4）能源强度目标情景下，各地区经济出现倒 N 形发展趋势。研究结果表明，各能源强度目标情景将对大部分地区的宏观经济环境产生一定的负面影响，影响程度将随施政周期及地区产业结构发生变化。从产业结构方面来看，工业密集型城市其经济环境受各目标情景的负面影响较为显著，能源强度目标极大限制了地区能源要素投入量，在社会福利最大化前提下，工业产出总量不得不受到抑制，产业结构的优化升级必将在最初阶段为社会带来一定的经济负担。从施政周期来看，在各目标情景下，随着施政周期的不断延长，各地区经济较基准情景的差值比例将呈不同方向变动。总体而言，地区经济反映情况在施政周期内普遍出现一种先下降后升高再下降的倒 N 形趋势。

第九章　能源-经济-环境协调发展的最优政策设计

能源约束趋紧、生态环境恶化已逐渐成为制约我国经济高速增长的刚性约束，针对我国现阶段能源环境与经济发展的突出矛盾，构建基于 Kaya 等式和 CGE 模型的中国能源-经济-环境混合模型，模拟研究不同政策变量调整对能源经济结构变化的敏感程度及各变量对二氧化碳减排成本的有效性，设计能源-经济-环境协调发展的最优政策组合。

第一节　问题提出与文献梳理

一、问题提出

能源约束趋紧、生态环境恶化已逐渐成为制约我国经济高速增长的刚性约束，如何在经济、能源、环境三者之间寻求最佳平衡点，是中国现阶段经济结构全面转型必然面临的问题[9,306-308]。中国地域辽阔，不同地区发展程度迥异，加之新时期我国社会主要矛盾关系的转变，不同政策的协同制定及差异化实施应成为中国面对社会主义新时期下能源经济环境问题的重要政策选择。

对于发达国家而言，由于工业化起步早，能源经济环境的矛盾在工业革命时期已经显现，这就促使发达国家在污染治理、政策制定等方面做出明显改善。在一系列不同政策的干预下，发达国家在 20 世纪末已基本完成了对环境改善及经济发展道路的探索，经济水平已发展到一定高度，这就为其在新时期下对能源环境问题的改善及减排政策福利效应的全面评估提供了充足机会。相较于发达国家，由于经济发展的滞后性和不稳定性，大部分发展中国家工业化进程仍在推进，这使他们不得不"瞻前顾后"，一方面要考虑经济发展的持续性，另一方面不得不考虑工业化进程带来的能源环境问题。中国作为发展中国家，同样面临着经济发展与能源环境改善的双重矛盾。党的十九大报告提出，必须树立和践行"绿水青山就是金山银山"的建设理念，阐释了经济发展与环境保护的辩证关系，科学破解了经济发展和环境保护的"两难"悖论，为能源、经济、环境协调发展提供了强大的理论指引和思想武器[9,306-308]。

要正确地处理好能源、经济、环境问题，就要深入了解三者之间的矛盾关系及变化规律。从理论上看，能源既是社会生产发展的主要动力来源，也是人类赖以生存和发展的物质基础；经济是人类依靠能源及环境资源进行生产流通环节的投入产出总和；环境是人类进行能源经济活动的载体，三者相互依存，相互影响。一般来说，三者的主要矛盾关系表现为经济生产规模扩大，能源资源消耗越多，环境污染也就越严重。当然，三者之间的矛盾也并不是一成不变的，其主要受到经济规律及自然规律的制约。受经济规律的制约主要体现在生产活动中对客观经济规律的遵守，在生产布局上，如果只顾经济效应，侧重于社会整体的生产过程而不关注能源及环境的关系，就会产生大量的能源资源浪费，带来严重的环境负担；反之，如果在生产过程中坚持经济发展与资源节约、环境保护协同规划，则会在保证能源及环境效益的前提下获取经济利益。受自然规律的影响主要体现在经济的再生产，社会经济规模的扩大，需要从环境中获取能源资源，经济发展的高低与否，一定程度上取决于当下环境的能源资源存量多少。社会的生产过程在转化为经济效益的同时需要产生一定的废弃物排放，这就使得环境承载力成为经济发展的又一制约性因素。遵循客观的自然规律，掌握自然资源的再生机制及生态平衡规律，避免盲目开采及过度排放，就会促使能源、经济、环境三者之间产生良性循环，实现经济再生产及资源再生产的统一。因此，要正确处理好能源经济环境的矛盾问题，化感性认识为理性思考，就不得不兼顾三者利益及其矛盾的各种对立面，这就为不同政策的联合实施提供了理论依据[9,306-308]。

所谓政策的联合实施包含两个方面，一是不同政策的协同化制定，如制定节能减排政策要考虑在保证经济及其他各方面稳定发展的前提下，实现减排效益最大化；二是不同地区政策的差异化实施，即针对不同地区的发展现状，制定不同的能源经济环境联合实施方案。本章研究将从这两个方面入手，通过 Kaya 等式与传统 CGE 模型相结合，构建出我国能源经济环境模型，以产业结构、外贸程度、能源强度为模拟变量，分析我国国民生产总值、社会总资本存量、劳动投入量、能源消耗量和二氧化碳排放量等参数的敏感程度，以及不同模拟方案的成本有效性，在此基础上提出多种优化组合方案，探讨各种组合策略在能源环境改善及经济发展中具有的现实意义[9,306-308]。

二、文献梳理

20 世纪 20 年代，开始出现了对于能源与经济的综合研究，这在当时被称为能源经济学。1973 年，世界能源危机爆发，发达国家经济发展受到严重影响，西方学者开始注重能源经济学的研究。Kraft 等[326]实证分析了美国 20 世纪 40～70 年代的能源消费和经济增长的关系，Solow[327]、Stiglitz[328]、Heal[329]等均利用经济增长模型完成了对能源资源开采及利用的最优路径的探索。在能源-经济的两元研究中，能源消费和经济增长的双向因果关系被认为是切实存在的。贺小莉等[330]以中国 30 个省份 1990～2011 年面板数据为基础，论证了中国能源消费与经济增长的正相关非线性关系，并且指出随着经济的进一步发展，能源消费对经济增长的变化将会更加敏感。郭晶等[331]在对能源消费与经济增长的动态变化关系研究中指出，能源消费与经济增长的关系存在着动态性、非同步性和周期性的特征，这也说明了中国经济增长与能源消费依旧存在一定程度上的动态非平衡性。

随着工业化进程的加快，化石能源的大量开发利用导致了生态环境的恶化，人们开始逐渐从经济学视角探究环境问题，环境经济两元研究体系逐渐形成。Nordhaus[332,333]对环境约束与经济增长之间关系的研究被认为是环境经济两元研究的先河。20 世纪 90 年代，Grossman 等[334]对 66 个国家的不同地区的 14 种污染物质在 12 年间的变动趋势进行了深入的研究，结果显示环境污染度程度与人均收入的变动情况呈现倒 U 形关系，这就是著名的环境库兹涅茨曲线假说。在随后的十几年时间里，国内外不少学者均对该假说做了充分的论证，包括 Stockey[335] 利用 AK 模型对收入及环境质量关系的研究，以及刘荣茂[336]、王敏[337] 等对中国环境污染与经济增长之间倒 U 形关系的验证。由于地区发展的不均衡性，环境污染与经济增长之间的关系在不同地区呈现出较为明显的差异，李茜等[338] 就曾验证出经济增长与环境污染的双向传导作用存在着显著的区域差异。

进入 20 世纪 90 年代后，在相关领域研究的不断深入下，国际上许多能源研究机构和环保机构开始加紧合作，构建出能源、经济、环境三元研究体系（3E 系统分析）。Nick[339] 认为，政府如果只单方面注重能源在经济方面的作用，盲目地促进生产和消费增加，其结果只会造成更多的环境污染。因此，综合考虑能源、经济、环境三个方面，才能真正意义上解决社会发展过程中面临的经济增长与环境污染的矛盾问题。Ivan 等[340] 在可持续发展战略的能源指标体系研究中曾指出，应该从经济增长、社会发展及环境保护三个方面评价国家的可持续发展战略。3E 系统的多元分析方法为中国应对气候变化和新时期下可持续发展问题打开了崭新的大门。胡绍雨[341] 通过对中国能源、经济与环境三个系统协调发展系数的测算，指出在当下中国社会环境中，产业结构的失衡、地方政策实施力度的趋缓必将产生局部地区环境与经济发展的不协调。赵芳[342] 指出，环境、资源的公共性与不明晰的产权安排，使得环境资源利用中存在着广泛的不经济性，这种不经济性同样体现在不完善的市场与价格机制的制定上，这就直接导致了中国 3E 系统非协调发展现象的产生。中国地域面积较大，地区差异化显著，苏静等[343] 在对中国 30 个省域 3E 系统协调度的测算分析下，发现有 26 个省域 3E 系统协调水平处于不同程度的失调状态，并且协调水平存在很大的空间依赖性。逯进等[344] 通过 3E 系统耦合机制分析得出了耦合度由东到西的递减态势，这在一定程度上说明了空间视角对中国 3E 系统分析的必要性[9,306-308]。

从研究方法上来看，CGE 模型及 Kaya 恒等式是进行 3E 系统分析的两个有力工具。CGE 模型主要分为两大类：静态 GCE 模型及动态 CGE 模型。静态 CGE 模型通过构建社会整体的供需及市场关系，在一系列优化条件下，分析在特定时期内能源经济环境的关系问题。刘亦文等[345] 利用静态 CGE 模型仿真分析了三种场景下能源技术变动对中国宏观经济变量、产业资本收益率、产业发展及节能减排的影响程度。赵伟等[346] 也在能源经济环境分析中采用静态 CGE 模型对"十二五"规划部署以来的中长期的宏观环境、产业演化与结构调整路径进行情景模拟。动态 CGE 模型通过与基准情景的对比，分析一段时间内相关研究变量变动程度，郭正权等[347] 运用动态 CGE 模型对中国未来十几年间经济增长态势及能源消费趋势进行了预测分析。Kaya 模型的应用成果多集中在对能源环境影响因素的分析上，张伟等[348] 曾在中国产业结构及能源结构的分析中利用 Kaya 等式得到了能源使用效率主要受二次产业的影响。还有部分研究集中于对具体行业及具体省份的影响因素研究[349,350]。

纵观上述文献，不难发现，无论是能源-经济和环境-经济的二元系统分析，还是能源-经济-环境的三元系统分析，关于如何实现经济的可持续发展仍是一个高度关注、有待探讨的问题。现有研究成果虽已证实了 3E 之间的各种协同关系，但从微观层面具体分析 3E 影响因素进而给出最优化的政策组合建议的研究成果较少。从研究方法看，多数研究成果在研究方法的选择上多集中于 CGE 模型、因素分解模型等单一模型，单一的研究方法在解决多重问题时难免会不够全面。基于此，本章基于中国 135 个行业部门投入产出数据，构建 CGE 模型扩展模型，以产业结构、外贸程度、能源效率、劳动投入量、能源使用量、二氧化碳排放量等具体参数指标，对中国 3E 系统的相互作用进行实证分析，设计最优化组合方案，满足不同发展程度地区的差异化需求。

第二节　理论框架与模型构建

一、理论框架

CGE 模型是进行经济系统分析的有力工具，它通过一组方程来描述经济市场中供给与需求的关系，并在各优化条件下得出在各个方面都达到均衡的一组数量和价格[131]。本节通过将 CGE 模型与 Kaya 等式相结合，通过模型框架设计及核心函数设定，构建中国四部门能源经济的混合模型。以 2012 年投入产出数据为依据（截至 2017 年年底，能获得的最新投入产出数据为 2012 年），运用 GAMS 程序，对模型变量进行求解，并对相关数据进行模拟分析[9,306-308]。

1. 模型框架设计

图 9-1 是本节构建的四部门经济结构的基础框架。图 9-1 中，企业、政府、居民及国外（进出口）为部门主体，国民收入主要取决于国内消费、投资、政府支出及净出口，国外经济活动通过进出口方式进行。中间投入、能源、资本及劳动共同构成了要素市场，通过国内生产及外贸进口提供，满足企业、政府、居民及出口需求。资金的循环流动通过要素市场将四个经济部门联系在一起：资金以劳务的形式通过要素市场由企业流向居民，向政府支出税收后，居民将剩余收入用于个人消费及储蓄；企业通过要素市场购买劳务及生产要素，用于转增资本及再生产，通过产品和劳务的购买，资金由政府和居民

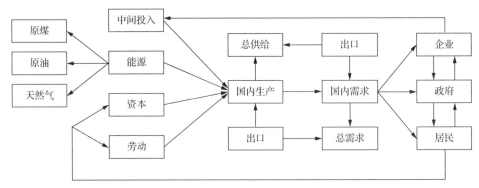

图 9-1　四部门经济结构的基础框架

流向企业；政府以各项税收为主要资金流入，以企业及居民的转移支付为主要的资金流出；最后，出口会产生资金流入，进口会产生资金流出[9,306-308]。

2. Kaya 等式变量分解

本节借鉴日本学者 Yoichi Kaya 提出的用以表达碳排放量与相关变量关系的 Kaya 恒等式进行变量分解后，与 CGE 模型相结合，构建中国能源经济环境模型。Kaya 等式表示为

$$CO_2^{\Sigma}排放量 = PE \times \frac{GDP}{PE} \times \frac{E}{GDP} \times \frac{CO_2^E}{E} \tag{9-1}$$

式中，PE 为人口总数，反映了碳排放在社会环境中的规模效应；$\frac{GDP}{PE}$ 为人均 GDP，是分析一个国家宏观经济环境的重要指标；$\frac{E}{GDP}$ 为能耗强度，指一定时期内单位 GDP 的能源消费量，它反映了经济增长对能源消费的依赖程度，是衡量一个国家能源利用效率的重要指标，与经济增长方式、能源消费构成及能源技术水平等密切相关；$\frac{CO_2^E}{E}$ 为单位能源消费量的碳排放强度，每种能源的碳排放系数是一定的，能源种类不同，碳排放量会有差异，它反映了能源结构与碳排放量之间的关系。

式（9-1）中二氧化碳排放量被分解为与人类生产活动相关的四个要素。综上可见，Kaya 等式将碳排放影响因素概括为人口、经济、能源和技术四个方面。本节选取产业结构、能源强度及贸易程度为自变量，地区生产总值、劳动人口投入量、能源消费总量及二氧化碳排放量为因变量，模拟不同政策变量调整下，能源经济环境的变动情况[9,306-308]。

二、模型设计与数据处理

本节以一般均衡理论为主要依据，在传统的 CGE 模型基础上引入带有技术累积机制的能源模块，主要模块函数设计如下。

1. 生产模块

生产模块函数设定采用恒替代弹性（constant elasticity of substitution，CES）生产函数，这是 CGE 模型中使用最频繁的非线性函数。其标准格式如下：

$$q = f(x_1, x_2) = A(\delta_1 x_1^{\rho} + \delta_2 x_2^{\rho})^{\frac{1}{\rho}} \tag{9-2}$$

式中，q 为总产出；x_1 和 x_2 分别为相应的两个要素投入；A 为生产效率或者规模因素，即经济学上的全要素生产率；ρ 与替代弹性相关，也可理解为两个要素之间的替代弹性参数；δ_1 和 δ_2 分别为两个投入要素的份额参数，它们与总产出中两个要素各自投入量的贡献度有关。

一般而言，总产出等于各要素投入总量之和，即所有要素贡献份额相加等于 1，因而有 $\delta_1 + \delta_2 = 1$。在 CGE 模型中，CES 生产函数又常被直接写为

$$q = f(x_1, x_2) = A\left[\delta_1 x_1^\rho + (1-\delta_1)x_2^\rho\right]^{\frac{1}{\rho}} \tag{9-3}$$

在微观经济学中，企业在生产过程中始终寻求最经济的投入状态，即遵循投入成本 c 的最小化原则。因此，当给定产量 q 后，企业行为表现为

$$\min c = \delta_1 x_1 + \delta_2 x_2 \tag{9-4}$$

$$\text{s.t.} \; f(x_1, x_2) = A(\delta_1 x_1^\rho + \delta_2 x_2^\rho)^{\frac{1}{\rho}} = q \tag{9-5}$$

用拉格朗日乘数法可以求得企业最经济的要素投入量：

$$\min_{x_1, x_2, \lambda} L = \omega_1 x_1 + \omega_2 x_2 - \lambda\left[A(\delta_1 x_1^\rho + \delta_2 x_2^\rho)^{\frac{1}{\rho}} - q\right] \tag{9-6}$$

本章中，生产模块投入产出要素被简化为劳动、资本、能源及中间投入四部分，由于 CGE 模型中 CES 生产函数通常只包含两个投入，过多的投入要素会导致各要素投入之间的替代弹性一致，因此本章采取 CES 五层嵌套构建生产模块函数，如图 9-2 所示。

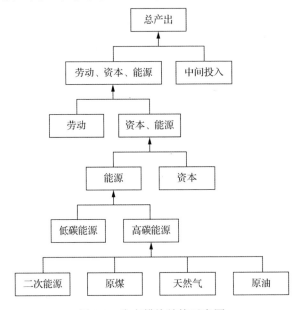

图 9-2　生产模块结构示意图

2. 外贸模块

本章 CGE 模型基于四部门经济体构建，国内生产活动需要的中间投入商品不仅来自国内的产出，也有一部分来自国外进口；同样，国内产出不仅用于满足国内需求，同时也用于出口创汇。针对开放经济结构，在 CGE 模型中通常将生产活动与商品区分开来，其中商品被分为国内生产用于出口部分 QE，国内生产用于国内销售部分 QD 及市

场上销售的进口商品 QM（分配结构如图 9-3 所示）。国内总产出 Q 如何在出口及国内供给之间分配，取决于国际价格及国内价格的相对水平，即受汇率的影响。本节采用 CET 函数对国内产出商品的分配情况予以描述，如下[9,297,298]：

$$QA_i = \alpha_{ti}\left[\delta_{ti}QD_i^{\rho_{ti}} + (1-\delta_{ti})QE_i^{\rho_{ti}}\right]^{\frac{1}{\rho_{ti}}}, \ \rho_{ti} > 1 \tag{9-7}$$

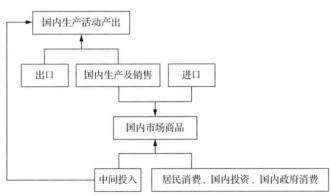

图 9-3　外贸模块结构示意图

在该函数中，QD 和 QE 为不完全替代品，国内生产用于国内销售的部分 QD 价格记为 PD，出口部分 QE 价格记为 PE。给定产量 QA 后，企业会根据该函数分配 QD 和 QE 以实现效用最大化，国内价格 PD 和出口价格 PE 相对值的变化会影响产品在国内销售和出口分配上的相对值，函数表示为

$$\frac{PD_i}{PE_i} = \frac{\delta_{ti}}{(1-\delta_{ti})}\left(\frac{QE_i}{QD_i}\right)^{1-\rho_{ti}} \tag{9-8}$$

国内市场销售的商品 QQ 分为进口商品 QM 及国内生产部分 QD。由于 QD 和 QM 的不完全替代性，本章用"阿明顿条件"表示它们之间的 CES 函数关系：

$$QQ_i = \alpha_{ei}\left[\delta_{ei}QD_i^{\rho_{ei}} + (1-\delta_{ei})QM_i^{\rho_{ei}}\right]^{\frac{1}{\rho_{ei}}} \tag{9-9}$$

由于同类商品之间的替代性较强，ρ_{ei} 应介于 0～1。同比于 CET 函数，国内产出商品价格 PD 与进口商品价格 PM 的相对值也会影响国内商品与进口商品的分配情况，函数表示为

$$\frac{PD_i}{PM_i} = \frac{\delta_{ei}}{(1-\delta_{ei})}\left(\frac{QM_i}{QD_i}\right)^{1-\rho_{ei}} \tag{9-10}$$

3. 收入模块与支出模块

由于相关参数获取难度较大，现有文献中可借鉴成果较少，因此本章对收入和支出两部分建模采用一般线性函数[9,306-308]。

收入模块由居民收入、企业收入和政府收入三部分组成，其中居民收入包括居民劳动收入、居民资本收入及政府和企业对居民的转移支付[347]；企业收入包括企业当季各

部门总的资本收入及企业的国外投资收益；政府收入包括商品间接税收入、商品关税收入、居民所得税、企业所得税及国外收益[351]。

支出模块与收入模块相对应，同样由居民、企业及政府支出三部分组成。居民支出包含居民储蓄及产品消费，企业支出包含对居民的转移支付、企业储蓄、资本投入及国外投入，政府支出主要包含对居民和企业的转移支付、政府储蓄、产品消费及国外投入[9,306-308]。

4. 能源模块

能源模块以第七章第二节为依据，将 Kaya 公式分解后的细分变量进行函数表达，并与 CGE 模型相结合，构成混合模型的能源模块。该模块主要包括碳排放量的核算，产业结构、外贸程度及能源强度的函数表达等。在碳排放量计算中，考虑到数据获取的难易程度及计算结果的准确性，本节选取煤炭、石油、天然气三种主要化石能源的一次消费量，采用排放系数法核算碳排放总量，函数表达如下：

$$CO_{2i} = \sum_j E_{i,j} \times \theta_j \quad (j=\text{coil,oil,gas}) \tag{9-11}$$

式（9-11）表示碳排放总量 CO_{2i} 等于部门 i 各能源（煤炭、石油、天然气）消费量 $E_{i,j}$ 与相应能源碳排放系数 θ_j 乘积的总和。

5. 均衡模块

（1）国际收支平衡

本章选择国外储蓄为外生变量，汇率为内生变量的闭合原则，这意味着进出口可以通过汇率的改变来影响整个经济，其中国际总支出等于进口商品、企业国外投入及政府国外投入三者总值之和；国际总收入等于商品出口、企业国外收入、政府国外收入三者总值之和加上国外储蓄。

（2）储蓄投资平衡

本章储蓄投资闭合规则采用新古典主义闭合原则，即储蓄由投资决定，经济中所有储蓄都将转化为投资。

（3）产品市场均衡

产品市场均衡满足总需求等于总供给。

（4）劳动力市场均衡

假设工资为内生变量，受到经济政策影响后，经过工资的充分调整，可以实现劳动力市场的出清。

（5）资本市场均衡

假设资本价格为内生变量，受到经济政策影响后，由于资本价格的变化，企业可以调整资本存量，资本实现自由流动，最终实现资本的充分利用。

6. SAM 表构建

社会经济核算矩阵（social accounting matrix，SAM）是 CGE 模型的数据基础，本

研究以 2012 年 135 个部门的投入产出表为依据（截至 2017 年年底，能获得的最新投入产出数据为 2012 年），将产业部门整合为农业、重工业、轻工业、建筑业、交通运输及仓储业、第三产业、煤炭、石油、天然气、二次能源、其他能源 11 个部门，要素账户包括劳动力及资本，机构账户包括居民、企业及政府。本章所构建的社会经济核算矩阵中的数据大部分来自中国 2012 年投入产出表，其余少部分数据来自中国财政统计年鉴及中国统计年鉴。由于数据来源差异及相应的统计误差，初始 SAM 表为非平衡状态，采取直接交叉熵法进行调平[9,306-308]。

第三节　能源-经济-环境政策模拟分析

根据本章所构建的中国能源经济环境模型，分别模拟第二产业比例下调 1%、3%、5%，第三产业比例上调 0.5%、1%、2% 及外贸比例下调 1%、3%、5% 时，我国经济环境及能源环境的变化趋势。

一、能源-经济-环境分析

1. 产业结构对能源经济环境的影响分析

表 9-1 为产业结构模拟结果。结果显示，第二产业比例下调会显著影响二氧化碳减排量，当比例分别下调 1%、3%、5% 时，二氧化碳排放量将分别减少 0.79%、1.98%、3.86%，降幅显著。实际上，我国目前产业结构依旧存在第二产业比例过高，第三产业比例较低的情况，大量的高耗能产业是碳排放的主要来源，如何限制高耗能产业继续扩张，促进新型工业发展，是近年来国家主要关注的问题。适当调整产业结构，引导高耗能产业转型升级，将为温室气体排放带来极大改善。换个角度分析，产业结构升级，可以减少社会整体对化石能源的依赖，第二产业比例下调 1% 时，能源消费量就会减少 0.75%，并且随着第二产业比例的继续下调，能源消费量将呈现持续下降的趋势。能耗减少会从根本上带动工业由能源密集型向资源节约型方向转变。其他变量中，GDP、社会总资本存量、劳动投入量与工业结构存在明显的正向非线性关系。第二产业比例下调会对社会经济产生比较明显的负面影响，GDP 及社会总资本存量减少，社会劳动投入量也会相应下滑。从宏观视角来看，单纯的去工业化发展所带来的减排收益难以平衡由此所带来的经济损失，社会经济体的非帕累托最优状态明显，效率降低及过度的工业产业链缩减是经济效用流失的重要原因；从微观视角来看，第二产业比例下调造成经济社会全要素生产率下降，生产要素的不均衡分配使得大量投资流向非产出性部门，社会总资本存量降低，企业较低的资本存量造成对廉价劳动力的过度依赖，扭曲了社会劳动资源的分配，过于廉价的劳动报酬带来劳动人口失业，社会总劳动投入量减少，总体消费能力下降。

表9-1　产业结构模拟结果

变量	第二产业比例调整/%			第三产业比例调整/%		
	−1	−3	−5	0.50	1	2
GDP	−0.56	−1.72	−3.64	1.21	2.34	4.56
社会总资本存量	−0.23	−1.09	−2.98	0.46	0.87	1.76
劳动投入量	−0.33	−1.13	−3.01	0.57	1.02	2.13
能源消费量	−0.75	−2.01	−4.03	−0.61	−1.36	−2.12
二氧化碳排放量	−0.79	−1.98	−3.86	−0.34	−0.71	−1.18
碳排放强度	−0.12	−0.51	−0.81	−0.74	−1.47	−2.81

注：数字前负号表示下降，否则为上升，下同。

第三产业方面，产业结构的服务型转变对推进经济社会发展具有显著的积极作用。当第三产业比例上调 0.5% 时，GDP 相应提高 1.21%，社会总资本存量提高 0.46%，劳动投入量增加 0.57%。第三产业的发展将提高社会整体资源配置效率，大部分"资本红利"流向以服务业为主的高经济产出集群，经济增长动力由工业产出为主向全要素生产率提升转换，高 GDP 回报率是此时产业结构"正向"转变的主要体现。此外，高新技术产业集群的聚集会吸引大量投资涌入，尤其对于大中型城市而言，第三产业比例上升将带来的大量国内资本及外来资本投入实现了生产要素的良性配置，促使经济空间集聚效应形成，社会总资本存量提升明显。与此同时，新兴产业的萌发及外来企业的进驻，扩大了原有的市场范围，加速了技术及知识溢出，为人力资本带来充分的交流实习机会，经济"集聚效应"带来的企业规模报酬递增使高劳动报酬供给成为可能，这就为劳动投入量的增加提供了充分解释。从能源环境方面看，第三产业比例的提升限制了传统高耗能产业的发展空间，产业的结构性转变撬动了企业的绿色化发展，摆脱了对能源的过度依赖，能源消费量持续走低。新兴工业及新型能源企业的加入，弱化了经济社会以环境换增长的路径依赖，碳排放量及碳排放强度都明显好转。

从敏感度分析，能源总消费量及二氧化碳排放量对工业调整最为敏感，当第二产业比例分别下调 1%、3%、5% 时，能源消费总量降幅可以达到 0.75%、2.01%、4.03%，二氧化碳排放量降幅将达到 0.79%、1.98%、3.86%。工业排放是社会碳排放总量的主要组成部分，能源是工业尤其是高耗能产业投入产出的主要消耗品，当第二产业比例缩减时，带来了高密度能源聚集群的"稀释效应"，能源消费弹性大幅缩紧，因此碳排放量等的高敏感度是第二产业减少的必然反映。反观第三产业，GDP、社会总资本存量等经济变量对第三产业结构的调整更为敏感。当第三产业比例上升 0.5%、1%、2% 时，GDP 总量涨幅均超过了 1%，达到了 1.21%、2.34%、4.56%，碳排放强度降幅也达到了 0.74%、1.47%、2.81%。第三产业的发展促进了资本聚集效应的形成，高经济产出集群的加入为社会总产出带来巨大贡献。"结构红利"及"人口红利"的双向影响，催生了社会经济的高弹性倾向，为 GDP 等的高敏感度提供了依据。我国目前正处于城镇化快速推进期，加快经济体制改革，促进产业结构优化升级是社会主义现代化建设的首要任务。在扩展第三产业发展空间的同时，适当淘汰高耗能产业，降低传统重工业的发展空间，可以促使能源经济环境的协调发展。若盲目下调工业结构比例或单纯发展第三产业，将会使能源环境与经济矛盾愈加凸显[9,306-308]。

2. 外贸程度对能源经济环境的影响分析

表 9-2 是外贸程度模拟结果。结果显示，外贸程度的下降与各变量均呈现正相关关系。从经济水平看，降低外贸占比会拉低社会的经济发展水平，GDP 及社会总资本存量都有明显程度下降，劳动投入量减少，人口失业率增加。降低出口贸易比，将造成现有要素分配机制的失衡，资本产生净向流出，外资经济逐渐解体。受政策限制干预，地区将产生外资的"排他效应"，这种外贸经济的"边缘化发展"，直接导致地区经济结构的异质性转变。对本地区经济技术的过度依赖，使得经济创新活力丧失，企业开始走向"老龄化"发展。资本撤出带来的全要素生产率降低致使社会整体劳动投入量呈递减趋势。再看能源环境方面，外贸程度下降将带来二氧化碳排放量及能源消费量的减少，能源环境呈现绿色发展趋势。中国是加工贸易大国，2015 年，我国加工贸易出口已占出口总额的 35.1%，外贸程度的下降，一定程度上缓解了粗放式加工贸易带来的能源浪费，摆脱了以"能源换外资"的路径依赖，为温室气体排放量及能耗的降低提供了可能。

表 9-2　外贸程度模拟结果

变量	外贸程度调整/%		
	-1	-3	-5
GDP	-0.76	-1.82	-3.97
社会总资本存量	-0.35	-1.23	-3.02
劳动投入量	-0.45	-1.26	-3.13
能源消费量	-0.07	-0.14	-0.37
二氧化碳排放量	-0.12	-0.45	-1.32
碳排放强度	-0.04	-0.23	-0.45

从敏感度分析，虽然外贸程度比例的下调会带来能源及环境的改善，但趋势并不明显。当外贸程度下降 1% 时，带来的二氧化碳排放量及能源强度降幅仅有 0.12% 及 0.04%，敏感度不高。但是相较于能源环境变量而言，GDP 及劳动投入量等经济指标更为敏感，当外贸程度下降 1% 时，GDP 降幅就已经达到了 0.76%，劳动投入量也下降了 0.45%，这意味着过度下调外贸结构是在以"环境换发展"。在我国碳排放构成中，工业排放占据首要位置，占比约为 68%；其次为交通及生活能耗，约占 24%；而外贸带来的碳排放占比则相对较小。我国是进出口大国，截至 2015 年，我国外贸占 GDP 比例已超 60%，约占国际市场份额的 13.4%，对外贸易收紧带来的国际收支失衡，致使资本流出大于收益流入，对经济结构的影响将异常明显[9,306-308]。

3. 能源效率对能源经济环境的影响分析

表 9-3 是能源效率模拟结果。结果显示，三种不同化石燃料能源效率的提高，均会

推动社会经济的绿色发展。能源效率在一定程度上反映了社会整体的能源技术水平，能源技术进步，将带动能源企业及传统高能耗工业的内部升级，效率大幅提升，高产出回报为企业技术的持续进步及经济的规模化发展提供了有力保障。由于能源效率的改善，企业将减少在能耗品上的成本，有利于扩大企业资金流动空间，这意味着将有更多的资金剩余转向劳动者报酬，带来社会整体劳动力的增加。另外，能效提高缓解了对能源消费品的过度依赖，传统粗放式经济增长向集约型经济增长方式转变，二氧化碳排放量显著降低，环境与发展之间的矛盾趋于平缓。

表 9-3 能源效率模拟结果

变量	能源效率提高/%		
	煤炭	石油	天然气
GDP	0.03	1.42	1.06
社会总资本存量	0.05	1.21	1.19
劳动投入量	0.07	1.32	1.08
二氧化碳排放量	−2.45	−2.01	−1.89

从敏感度分析来看，三种能源中，煤炭效率的提高对二氧化碳排放的改善最为明显，达到了 2.45%。长久以来，煤炭占据着中国能源消费结构的首要位置，电力、热力等行业一直是煤炭消费大户，对二氧化碳排放的贡献极大。马丽梅[352]曾在研究中指出，国内电力行业大量引进价格低廉的低卡进口煤与优质煤掺杂使用进行供电以降低成本，而这些进口煤尤其是褐煤对空气污染极为严重，褐煤进口量的增加变相提高了能源消耗结构中煤炭占据的比例。煤炭效率的改善，将有效缓解电力行业在控制成本上的"投机取巧"，大幅降低由混合煤带来的空气污染问题。而对于石油而言，其对经济的增长贡献更大，其中 GDP 增幅达到了 1.42%。由于开采技术的进步及运输效率的提升，石油已逐渐代替煤炭成为主要的能源消耗品，其比煤炭更高的发热量有效提升了企业的生产效率，从长期来看，将为社会发展带来巨大的经济贡献。天然气对各变量指标敏感程度较为均衡，均在 1%～2%，主要原因在于，中国目前的天然气使用量相对偏低，能源消耗品依旧以煤炭和石油为主，天然气在经济及能源环境方面的优势还没有完全凸显，随着天然气使用的不断推广，其对经济及环境的贡献将会进一步提升[9,306-308]。

二、成本有效性分析

由于下调工业结构及外贸程度等带来的能源环境改善会在一定程度上使整体经济呈现下滑趋势，因此本章以各经济变量的变化率与二氧化碳排放量的下降幅度之比作为各经济变量的边际减排损失，衡量政策变量调整的成本有效性，计算结果如表 9-4 和表 9-5 所示。

1. 工业结构调整下的二氧化碳边际减排损失分析

表 9-4 显示，随着第二产业比例的不断下调，各经济变量的边际减排损失呈上升趋

势。以 GDP 为例，当第二产业比例下调 1%时，二氧化碳边际减排损失为 0.71；下调 3%时，边际减排损失为 0.87；下调 5%时，边际减排损失为 0.94。第二产业下调初期，较小的降幅并未瓦解工业化带来的经济优势，要素分配依然趋向于工业产出为主，此时并未对经济发展带来较大波动，减排损失在可控范围之内。随着第二产业比例不断下调，经济变量敏感性逐渐增加，此时工业化经济逐渐解体，大面积工业聚集区消失，工业企业发展空间被挤压，要素分配开始失衡，社会经济呈现倒退发展趋势。当第二产业比例持续下调时，能源环境的改善与经济发展之间逐渐失衡，原本相同的减排量需要更多的"经济牺牲"为代价，这就使得边际减排损失逐渐增大[9,306-308]。

表 9-4　工业结构调整下的二氧化碳边际减排损失

变量	第二产业比例调整比例/%		
	−1	−3	−5
GDP	0.71	0.87	0.94
社会总资本存量	0.29	0.55	0.77
劳动投入量	0.42	0.57	0.78

2. 外贸程度调整下的二氧化碳边际减排损失分析

表 9-5 显示，随着外贸程度的不断下调，边际减排损失呈逐渐下降趋势。以 GDP 为例，当外贸程度下调 1%时，边际减排损失为 6.33；下调 3%时，边际减排损失为 4.04；下调 5%时，边际减排损失为 3.01。外贸结构调整初期，外贸限制使得资本外流，大量外资撤出造成了社会经济状态的失衡，资本存量降幅明显，由于对温室气体减排量的低贡献程度，此时的减排损失必然过高。随着外贸比例的不断下调，虽然对外资影响依然持续存在，但是外资撤出留下的经济空缺变相地为国内资本投资带来发展空间，内贸比例的提升在一定程度上缓解了经济的下降趋势。当碳排放量保持同比例下降时，由于内贸比例的提升带来的经济降幅放缓，反而使得外贸下调的边际减排损失呈现下降趋势[9,306-308]。

表 9-5　外贸程度调整下的二氧化碳边际减排损失

变量	外贸程度调整比例/%		
	−1	−3	−5
GDP	6.33	4.04	3.01
社会总资本存量	2.92	2.73	2.29
劳动投入量	3.75	2.8	2.37

三、最优组合策略分析

本章在结合上述模拟变量设定的前提下，列出了总计 27 种不同策略组合，并得出了不同组合方式下各变量的变动情况（表 9-6）。数据结果显示，大部分组合策略都是在改善碳排放量的同时，使得经济变量呈现下降趋势，这种策略对于工业化发展中期的中国不是可取方案。除此之外，仅有四种组合策略是在保证经济增长的前提下实现了碳排放量的减少（脱钩模式），分别为"-1，1，-1""-1，2，-1""-1，2，-3""-3，2，-1"组合策略（表 9-6 中斜体下划线表示）[9,306-308]。

表 9-6　各种组合策略模拟结果（%）

组合策略	GDP	社会总资本存量	劳动投入量	能源使用量	二氧化碳排放量	碳排放强度
-1, 0.5, -1	-0.11	-0.12	-0.21	-1.43	-1.25	-0.9
-1, 1, -1	1.02	0.29	0.24	-2.18	-1.62	-1.63
-1, 2, -1	3.24	1.18	1.35	-2.94	-2.09	-2.97
-1, 0.5, -3	-1.17	-1	-1.02	-1.5	-1.58	-1.09
-1, 0.5, -5	-3.32	-2.79	-2.89	-1.73	-2.45	-1.31
-1, 1, -3	-0.04	-0.59	-0.57	-2.25	-1.95	-1.82
-1, 1, -5	-2.19	-2.38	-2.44	-2.48	-2.82	-2.04
-1, 2, -3	2.18	0.3	0.54	-3.01	-2.42	-3.16
-1, 2, -5	0.03	-1.49	-1.33	-3.24	-3.29	-3.38
-3, 0.5, -1	-1.27	-0.98	-1.01	-2.69	-2.44	-1.29
-3, 1, -1	-0.14	-0.57	-0.56	-3.44	-2.81	-2.02
-3, 2, -1	2.08	0.32	0.55	-4.2	-3.28	-3.36
-3, 0.5, -3	-2.33	-1.86	-1.82	-2.76	-2.77	-1.48
-3, 0.5, -5	-4.48	-3.65	-3.69	-2.99	-3.64	-1.7
-3, 1, -3	-1.2	-1.45	-1.37	-3.51	-3.14	-2.21
-3, 1, -5	-3.35	-3.24	-3.24	-3.74	-4.01	-2.43
-3, 2, -3	1.02	-0.56	-0.26	-4.27	-3.61	-3.55
-3, 2, -5	-1.13	-2.35	-2.13	-4.5	-4.48	-3.77
-5, 0.5, -1	-3.19	-2.87	-2.89	-4.71	-4.32	-1.59
-5, 1, -1	-2.06	-2.46	-2.44	-5.46	-4.69	-2.32
-5, 2, -1	0.16	-1.57	-1.33	-6.22	-5.16	-3.66
-5, 0.5, -3	-4.25	-3.75	-3.7	-4.78	-4.65	-1.78
-5, 0.5, -5	-6.4	-5.54	-5.57	-5.01	-5.52	-2
-5, 1, -3	-3.12	-3.34	-3.25	-5.53	-5.02	-2.51
-5, 1, -5	-5.27	-5.13	-5.12	-5.76	-5.89	-2.73
-5, 2, -3	-0.9	-2.45	-2.14	-6.29	-5.49	-3.85
-5, 2, -5	-3.05	-4.24	-4.01	-6.52	-6.36	-4.07

　　注：组合策略中，三位数字分别表示第二产业比例、第三产业比例及外贸程度变动的百分比，其中带有负号的表示下调。例如，"-1，0.5，-1"表示第二产业比例下调 1%，第三产业比例上调 0.5%，外贸程度下调 1%。

　　1）四种组合策略中，"-1，1，-1"策略成效最不显著，其无论对经济增长还是能源环境的改善都不十分敏感。在这种组合条件下，虽然能保证社会效率为正值，但是依旧存在帕累托改进，没有达到对生产要素的有效利用，没有体现地区发展的异质性问题。这种组合条件下所产生的社会经济状况正是现阶段中国大部分地区所面临的经济发展陷阱，如何摆脱这种困境，必须在制定策略时考虑到地区经济发展的非均衡性。

2）"-1，2，-1"组合策略对经济变量最为敏感，GDP 增幅可以达到 3.24%，对碳排放的改善也有 2.09%的贡献。在这种组合策略下，经济发展被看作城镇化推进的先决条件，大量的生产要素被优先分配于以经济产出为主的企业部门，国民产出是该策略下地区意志的首要体现。能源环境问题作为经济发展的衍生品，必然对城镇化发展产生一定影响，但是相较于经济发展的优先级，能源环境在该种组合策略下将给予更少的关注，经济投入量相对较少，但依然能保证能源环境的良性发展。该组合策略更适用于正在尝试城镇化发展的经济欠发达地区，经济发展是这些地区的首要任务，在能源环境方面可以允许承担更少的责任。

3）"-1，2，-3"组合策略对各变量敏感程度相对较为均衡，能够在保证 GDP 增幅为 2.18%的前提下，实现碳排放量 2.42%的降幅。这种组合策略对生产要素的分配相对均衡，投入产出并没有过分地偏向任何部门，发展环境趋于稳定，其对经济发展的倾向并不强烈，经济呈现出常态化发展趋势。该组合策略在能源环境方面的重视程度与经济增长相近，没有过分地增加环境投入，碳排放量处于一种稳定下降态势。这种组合策略适用于我国大多数追求均衡发展的二线地区，城镇化快速推进期已经度过，更加注重新时期下能源环境与经济环境的协调发展。

4）"-3，2，-1"组合策略更加倾向于能源环境的改善，碳排放量数据最为敏感，达到了 3.28%的降幅，在四种组合策略中最高，同时 GDP 也能稳定在 2.08%的增幅。该组合策略强调能源环境的改善大于一切，社会大量生产要素向能源方向集中，环境的改善成为其首要解决的问题。在环境改善的同时，少部分要素流向经济产出，旨在保证经济的平稳发展，避免经济倒退效应的产生。这种组合策略特别适合于城镇化进程已经完成、经济发达的一线地区，这些地区更加注重能源环境及生活条件的改善，其对绿色生活环境的向往要大于对经济发展的需求，由于经济的高度发展，其在环境改善方面将承担更大的责任。

第四节　结论与建议

本章将 CGE 模型与 Kaya 等式相结合，构建中国能源经济环境 CGE 模型，并从产业结构、外贸程度、能源效率三个方面模拟碳排放量及社会整体经济的变化情况。整体来看，第二产业比例下调将减少社会整体的能源依赖，带动经济环境向集约型发展，但是单纯的去工业化发展同样会带来严重的经济负增长问题；第三产业比例增加将拉动社会全要素生产率提升，促使经济"聚集效应"产生，经济增长态势显著，与此同时，其对传统工业行业发展空间的挤压也会对社会能源环境改善带来积极影响；外贸程度下调会减少由于粗放式加工贸易带来的二氧化碳排放量，但是过度的外贸限制将对社会整体资本及投资水平产生负面影响；能源效率的改进体现了能源技术的进步，显著降低了社会总能源消费量，能源环境问题改善明显，技术的进步提高了企业的生产效率，对社会产出值的增加具有一定贡献。结合本章分析结果，给出以下结论及建议[9,306-308]：

1）产业结构、外贸程度及能源效率的改变均在一定程度上对能源经济环境产生影响。第二产业占比及能源效率对能源环境影响最大，第三产业占比及外贸程度对经济环境敏感程度更高。因此，在相关政策制定及实施时，应当多角度、多层面考虑问题。要想在保证经济稳定发展的前提下改善能源经济环境，就必须多管齐下，在加快经济结构优化的同时大力发展节能技术，积极开发利用新能源设备，以经济政策为主、技术措施为辅，实现多种政策手段的有效组合。

2）根据模拟结果显示，碳减排力度并非越大越好，要根据地区实际情况进行适当的环境改善。相关部门关于减排方案的选择将对减排成本带来直接影响，过度的碳减排要求会使得政策的有效性出现差异，同样减排成本并不一定会取得与之相应的减排成果。因此，在政策制定上，要结合不同地区，考查政策实施的有效性，在保证减排成本维持在可控范围基础上，完成相关减排策略的实施。另外，由于各经济变量的敏感程度不一，因此在政策实施时要循序渐进，避免减排成本过度波动，增加减排成本及难度。

3）单一的碳减排方案的实施，很大程度上依赖于经济发展的"让步"，这就会使经济发展与能源环境之间一直处于一种非均衡状态。然而，政策的联动实施，可以在保证减排成本有效性的前提下实现碳排放量的有效控制。针对不同地区的经济差异，不同政策组合也可以实现对不同地区的差异化覆盖。经济发达地区应承担起更大的减排责任，在政策选择方面更加倾向于能源领域，辅以经济领域；对于中等发达地区，应兼顾经济发展及能源环境改善；对于经济欠发达地区，应当更加注重地区的经济发展，在保证能源环境的前提下，优先发展经济[9,306-308]。

第十章 中国典型城市低碳化转型发展的路径选择

城市是一个复杂的综合体，城市产业结构、发展水平、发展阶段、资源禀赋不同，城市碳排放及其影响因素也存在较大的空间差异性，碳减排政策对不同城市的经济和社会发展的影响效果也不同，城市达峰时间、施政周期，以及减排成本也不尽相同。因此，需要根据城市特点，从城市群协调发展的角度规划、设计低碳发展路径，既要制定差异化的政策措施，又要多种政策手段有效组合，在保证经济发展的前提下，实现区域内要素合理配置，促进整个区域的良性发展[9,306-308]。

第一节 低碳城市发展路径：空间—经济—技术—社会

单一的碳减排方案的实施，很大程度上依赖于经济发展的"让步"，这就会使经济发展与能源环境之间一直处于一种非均衡状态。然而，政策的联动实施，可以在保证减排成本有效性的前提下实现碳排放量的有效控制[9,307]。当然，低碳城市是一个相互联系的复杂系统，仅从减少碳排放这一方面不足以实现城市的低碳化发展，应从城市管理、经济发展、能源使用、技术创新等多个方面，空间、经济、技术、社会等多个维度开展低碳城市建设（图10-1）。

一、低碳城市的空间性路径

中国城市总体上属于高密度的空间开发模式，如北京、上海、广州等中国特大城市中心区的人口密度与世界主要大城市相比位居前列。这种模式产生了正、负两个方面的影响。积极的影响体现在有利于公交出行比的提升，促进了低碳城市交通系统的发展；但是由于城市建设用地指标的严格控制，造成了中国城市中心城区高度拥挤的现象和向外疏解的迫切要求，城市单中心、强聚集的格局有待进一步优化。

1. 城市空间结构优化

城市空间结构规划是一个地区发展模式及发展方向的主要体现，低碳发展的基本原则决定了城市紧凑型的空间形态，即常说的"三高城市"（高密度、高容积率、高层）。城市的空间规划可分为三种层次，即小规模空间规划，包括社区、园区、校区等；中规模空间规划，即乡镇规划；大规模空间规划，即常说的城市总体布局，包括区位格局、政治格局等。从功能上看，小规模空间规划是城市空间规划的基础也是起点，中规模空间规划是城市空间战略布局的核心组成部分，应成为政府施政布政的主要方向和落脚点。紧凑型的空间形态促进了城市物质资源及土地资源的集约化利用，多功能复合型的城镇使得人口更为集中，交通能耗也将得到缓解。

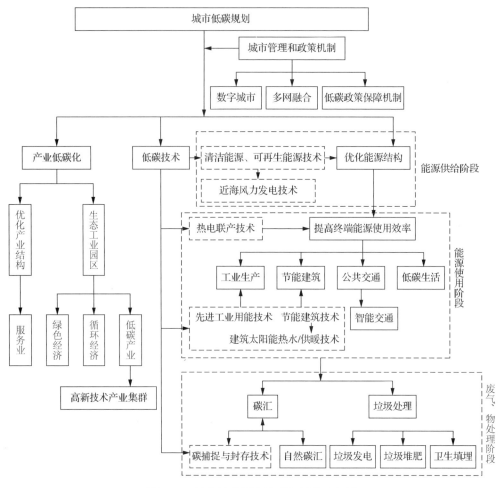

图 10-1 城市低碳经济转型发展的路径图

低碳城市空间规划应该重点关注以下两个方面：一是社区层面的低碳规划，通过政府引导及市场调节的双重作用，在新区建设上实现居住、就业、休闲、娱乐的临近匹配，充分考虑居民生活的便捷性及服务可达性，尽量保证配套设施在步行或骑行的可接受范围之内，减少交通拥挤及交通能耗；二是城市层面的低碳规划，进一步提高土地整体利用效率，压缩城市空间密度，打造高容积率低建筑密度、高绿化覆盖率低交通密度的"双高双低"型城市发展模式。

2. 城市交通系统优化

随着人们物质生活水平的不断提高，居民汽车拥有量大幅攀升，在快速城镇化过程中，城市空间的不合理拓展，造成居民出行距离延长，交通依赖性增加，交通排放量显著上升，城市交通系统能耗和碳排放量成为城市碳排放量的重要组成部分。基于低碳城市发展模式的交通规划应从政治、文化、技术、观念等多角度入手，通过改善城市空间布局，创新交通工具技术水平，提高公共交通利用率等构建低碳城市的绿色交通体系。城市低碳交通规划要注重三个方面：一是交通规划要与居民生活配套设施紧密结合。城市空间结构很大程度上受制于城市交通体系，倡导区域公共交通导向的走廊式空间规划是迎合城市绿色轨道交通的明智之举。二是坚持轨道及公共交通优先的城市交通体系，大力发展步行及骑行的慢速交通系统，合理布局城市，缩短居民出行距离，降低居民出行的汽车依赖性。三是发展现代科技，降低汽车碳排放。鼓励新能源汽车的大范围普及，通过税收、财政等手段鼓励新能源汽车的发展及采购，减少石油在汽车中的利用率，以达到节能减排的目的。

二、低碳城市的经济性路径

目前我国的经济发展仍依赖于第二产业，而第二产业是高能耗、高排放的产业，从经济发展的角度进行低碳城市建设。首先，要优化产业结构，大力发展高新技术产业和第三产业，推进城市生态工业园区建设，在生产过程中提高能源的使用效率，从清洁生产和资源循环利用的方向推进产业升级；其次，要调整和转换经济驱动要素，从根本上解决经济的能源依赖问题。

1. 产业发展结构调整

产业低碳化是城市低碳经济发展的重点。相较于中大型一线城市而言，欠发达地区的经济增长很大程度上依赖经济发展方式的转变，主要体现在第二产业比例大幅上升，第一产业比例大幅下降及第三产业比例小幅上升，这种工业型的产业驱动形式造成了二氧化碳排放量的显著升高。前面预测结果显示，相较于北京、上海等发达城市而言，保定、沈阳等地区二氧化碳排放量在未来30年内呈持续上升态势，这与地区的经济产出形式及产业结构的阶段性调整有很大关系。根据环境库兹涅茨曲线，欠发达地区从工业化初期逐渐向工业化中后期过渡时，三次产业结构体现为第二产业和第三产业的先后快速增长，碳排放量也因此表现为先增加后降低的发展形势。因此，从区域低碳发展角度出发，实现地区产业结构的持续优化，尽快发展为以第三产业为主导的产业格局，将为低碳城市建设带来持续的推动力。

除此之外，三次产业结构的内部优化同样对地区能源环境问题的改善起到一定的积极影响。城市发展过程中，第二产业各部门结构突出表现为制造业比例的大幅增加，各传统部门如食品加工、纺织、金属冶炼、能源加工等都属于能源资源密集型产业，能源依赖性较高，适当减少该部门比例，提高生物医药、通信设备、装备制造等知识技术密集型的产业比例，可以有效促进区域碳排放量的减少。在工业领域中，创新生产技术、改善工业制造流程、提高企业管理效率都可以提高企业生产及能源使用效率，降低部门产出的能源依赖，实现产业产出的绿色化转变。

制定符合时代导向的低碳产业规划，可以在带动能源技术发展的同时有效改善城市能源体系架构，加快促进城市低碳产业结构的形成。产业结构调整一是要以技术创新为手段，加大技术的研发投入，支持清洁能源、可再生能源等新能源技术的开发，整合利用企业的资金及资源优势，开展科技产业园、科技孵化器、高新技术园区等科技产业园的建设；二是注重政府与企业的交流互动，充分考虑企业的实际发展状况，维持产业调整与经济发展在相同轨道运行。

2. 经济驱动要素调整

我国大部分城市，特别是欠发达地区，区域发展模式依旧较为传统，资源、生产要素及市场是这些地区企业区位选择的主要驱动因素，推动区域经济发展是城市发展的核心，而环境、居民生活质量等则很容易被忽视。盲目地增加经济产出水平，扩大经济密度会使能源、经济、环境三方失衡，"生态依赖性"的经济驱动形式会使城市陷入"先污染后治理"的经济陷阱中，最终多演变为区域经济的恶性循环发展。要实现城市的低碳发展，就要从经济驱动要素入手，从根本上解决经济的能源依赖问题。

区域低碳发展模式中，知识技术应成为经济驱动的核心要素，创新应成为城市不断发展的主要驱动力。不断突破现有技术，学习新知识，可以大幅提高企业生产效率，降低企业要素投入成本。交通运输技术的进步，可以为企业区位选择带来更大的灵活性，如此一来，城市环境质量、居民生活水平等便可以成为城市规划重点关注的一环。当企业形象和区域知识流、信息流及知名度相挂钩时，在此基础上打造的创新驱动形式将成为影响企业核心竞争力的重要因素，进而成为企业进行区位选择的重要因子。低碳发展模式下，经济、信息、人文、空间等因素必将整合，成为经济驱动的主要因素。

三、低碳城市的技术性路径

低碳技术是实现城市低碳经济转型发展的途径和保障，加强技术创新对发展清洁能源、提高能源使用效率和实现高碳产业的低碳经济转变起着重要的支撑作用。通过技术创新可以为城市提供新能源，还可以为城市构建低碳交通、低碳建筑和低碳环境提供保障和支持。

1. 工业节能技术

在生产中影响能源利用效率的因素有很多，如产业结构、技术水平、管理方式等。在高能耗的行业中，技术水平和生产设备是影响能源使用效率的主要因素，因此技术进步对能源使用效率的影响是显著的，先进的能源转换技术可以减少能源的浪费，如太阳能光伏发电、风能、核能、生物质能等能源转换技术的利用。典型行业节能技术的应用可以直接降低能耗，如钢铁行业的干熄焦、高炉煤气干式除尘、转炉煤气干式除尘的"三干"技术和钢铁行业水的综合利用，以副产煤气为代表的二次能源利用，以高炉渣、转炉渣为代表的固体废弃物综合利用的"三利用"技术。

2. 建筑节能技术

对建筑的节能应分为两方面：一是对新开发项目在规划中的节能要求；二是对旧建筑的节能改造。在新开发项目的规划中要推广并应用中国绿色建筑标识，在设计中引入低碳理念，应用可再生能源的采集和利用技术改变建筑物的能源使用结构。充分利用太阳能、浅层地热等可再生能源用于建筑的供热供暖系统，充分考虑建筑的通风采光问题，尽可能利用自然光。建筑过程中使用低碳材料，减少建筑物建造中的能耗[353]。对旧建筑的改造可采用建筑保温隔热技术、高能效制冷、采暖技术等，从外墙的保温、建筑的通风、遮阳、窗体改造等方面进行。

3. 道路交通技术

当前汽车产业依赖的汽油和柴油属于高碳的化石燃料，私家车数量的不断增加是城市交通碳排放持续上升的主要原因。因此，完善城市公共交通、倡导新能源汽车是城市低碳发展的重要措施。通过公共交通建设达到降低城市碳排放强度的目的，要从建设高效便捷的交通网络和减少高能耗交通工具的使用两方面进行。发展城市轨道交通，可以加快推进交通网络建设，轨道交通可以替代其他交通方式，有效提升城市交通效率。城市公共交通能源使用上，要推动液化天然气公交车和出租车的使用。在城市交通建设方面，智能交通是未来的发展趋势，智能交通系统（intelligent transportation system，ITS）是一种综合的一体化交通管理系统，它可以有效地利用现有交通设施，减少交通负荷和环境污染，提高运输效率。智能交通可以缓解目前城市道路拥堵的问题，提供更加便捷和环保的交通环境。新能源汽车采用非常规的车用燃料作为动力来源，其先进的控制和驱动技术也可大大降低碳排放[354]。

4. 碳捕捉与封存技术

减少碳排放主要从减少二氧化碳排放和碳汇两方面进行。碳汇包括自然碳汇和CCS技术，自然碳汇包括草地碳汇、耕地固碳和森林碳汇。目前城市碳汇主要通过加大城市绿化建设，增加碳汇载体实现，政府要合理规划绿地位置，增加绿地面积，对城市屋顶进行绿化。研究证明，屋顶绿化率与空气中的碳浓度呈反向相关关系，屋顶绿化面积的提高会在一定程度上缓解城市的热岛效应[355]。

CCS技术是一种将排放源产生的二氧化碳进行收集、运输并安全存储到某处，使其长期与大气隔离的过程，主要由捕获、运输和封存三个环节组成。捕获是指从化石燃料燃烧产生的烟气中分离出二氧化碳，并将其压缩的过程；运输指将捕捉的二氧化碳通过管道或运输工具运至存储地；封存是指将二氧化碳注入如地下地质结构、废弃油气田、深海中封存[356]。由于技术条件和成本的限制，我国的碳封存技术刚刚起步，仍需要积极参与国际合作并加强自主研发，推进碳捕捉技术示范区建设。

5. 垃圾处理方式

城市垃圾包括生活垃圾、建筑垃圾、工业垃圾。垃圾处理是城市建设和发展的重要组成部分。目前城市垃圾的处理方式包括填埋、露天堆放和焚烧，这些做法都会严重破坏城市环境，而且垃圾处理与碳排放之间有着密切的联系，填埋垃圾产生的填埋气体是温室效应很强的气体。减少垃圾处理工程中碳排放的方法有垃圾中废弃物的回收再利用、垃圾发电、垃圾堆肥和卫生填埋。城市垃圾处理是一个复杂的问题，不能仅仅依靠一两个方法，需要综合处理，建立法规制度，同时要发展高新技术，使得垃圾能够更好地处理，能源能够更好地利用。

四、低碳城市的社会性路径

城市的政策、制度、社会机制和城市居民的生活行为方式是影响城市能源消耗和二氧化碳排放的重要因素[357]。低碳城市的社会性路径主要表现为城市管理和政策机制及低碳生活方式两个方面。

1. 城市管理和政策机制

城市管理是对城市的运行和发展进行决策引导、规范协调的行为，是低碳规划的执行和保障机制。低碳政策对于城市的低碳经济转型起促进作用，如在新能源的推广上，由于目前技术水平的限制，新能源的成本比较高，还不能达到市场化运作，这就需要政府制定相应的鼓励政策，增加对新能源的研发投入，通过技术进步降低成本，从而达到对新能源的推广。

数字城市建设和多网融合技术是未来城市和城市网络的发展趋势，对城市的低碳化建设起促进作用。"数字城市"即以 RS、GIS、GPS 等现代空间信息技术为主要手段，开发、整合和利用各类城市信息资源，将城市经济、社会、生态系统在计算机中进行虚拟表达[358]。多网融合技术指的是电信网、广播电视网、有线电视网、局域网、电力信息网、卫星网、固定电话网、移动网、物联网等统一在同一物理媒体上进行传输。数字城市建设为城市的发展提供了全新的城市规划、建设和管控手段，通过搭建地理信息公共平台，可以为城市提供综合信息，数字城市应用系统的建设可以促进城市各职能部门信息化管理水平，数字城市应用系统的延展可以为城市居民提供平民化、大众化的公共服务，为实现城市低碳化发展打造更好的建设平台。多网融合技术为城市管理和居民生活提供便利，可以实现居住区的智能化，而且在建筑改造项目中采用多网融合技术可以合理利用资源，做到节材、节地。

2. 低碳生活方式

工业化与城镇化进程加快，城市碳排放大幅度逐年增长，对城市生态环境和居民生活环境有着重大的影响。城市高碳生活方式源于人们更多地享受电气化、自动化技术提供的便利和愉悦，如全自动家用电器、大排量私家汽车等现代化生活交通工具在给人们生活带来便利的同时，也对城市碳排放做出了巨大的"贡献"。因此，政府和媒体要加大低碳宣传力度，培养居民低碳意识，参与城市低碳建设。从日常生活着眼，引导居民低碳生活应该注意什么，怎样减少碳排放，如在住宅中推广节能灯节能电器、减少空调的使用时间和强度、倡导低碳装饰、避免过度装修、在交通出行上提倡使用公共交通工具、温水洗衣自然晾晒、购物使用布袋子、尽量不用塑料袋等，促成公众消费观念和价值观念的转变。

在低碳城市的发展路径中，提高公众对低碳生活的认知，倡导全民参与，自觉践行低碳生活方式，通过示范和宣传获得广泛的公共支持，是实现低碳城市发展目标的重要途径[359]。

第二节　中国典型城市碳减排路径选择

在城市低碳经济转型发展路线图的框架下，针对不同城市的资源禀赋和区位差异，选择不同的政策组合与实现路径，经济发达的城市承担更多的减排义务，带动经济欠发达城市协同发展；城市群内合理配置要素，实现低碳化流动和转移。

一、京津冀城市群碳减排路径选择

以北京、天津和保定为代表的京津冀地区城市群，城市间发展不平衡。就北京而言，其第三产业发展迅猛，城镇化水平相对较高，生活和交通两个领域的碳排放占碳排放总量的比例最大。因此，北京需要普及低碳消费理念，倡导简约适度、绿色低碳的生活方式，从而促进民众日常生活向低碳模式转变。另外，优化交通网络结构，大力推广使用新能源车辆，可以进一步减少该地区的交通碳排放[9,308]。

天津已经进入了第二产业向第三产业转型的关键期，完成经济结构调整是当前城市发展的重点任务。因此，天津的低碳发展政策应该首先瞄准第三产业，创新良好的融资环境，加快发展以现代服务业为主的第三产业，降低第二产业能源消费量。另外，天津的港口贸易比较发达，应进一步调整以制造业为主的对外贸易结构，提高能源利用效率，实现港航贸易的低碳化发展[9,308]。

与北京和天津相比，保定现阶段的经济发展和城镇化进程均处于相对较低水平。因此，该地区现阶段的紧急任务是推动经济快速发展，提高城镇化水平。同时，鉴于发展阶段差异，适当允许保定承担比北京和天津更少的碳减排任务，遵循该地区当前的经济发展规律，不能盲目扩大第三产业，以免造成过度城镇化现象。保定的经济发展重点仍然集中于第二产业，推动工业产业升级，进一步做好工业节能降耗，加大企业技术改造力度，建立技术改造服务体系，在保证该地区经济发展水平稳步提高的同时降低碳排放力度[9,308]。

二、东北地区城市群碳减排路径选择

东北地区城市群中，城市产业结构主要以工业产业为主，能源消耗较高，二氧化碳排放量较大。根据上述政策模拟结果我们可以看出，以产业结构调整为主的低碳政策对地区二氧化碳排放量有比较明显的抑制作用。优化工业结构，改革"高能耗、高产出"产业，淘汰"高能耗、低产出"产业，促进诸如煤炭类产业的集约化发展，将有助于地区摆脱能源依赖式的发展惯性，推进工业产业向资源节约型产业转型。另外，在城镇化进程中，加速生产要素向服务型产业流动，扩大第三产业的发展空间，将有助于弥补由于工业产能降低带来的经济损失，保证二氧化碳排放量在可接受的前提下实现地区经济的稳步发展[9,308]。

相对于大连而言，沈阳地区第二产业比例更高，工业依赖性更强。作为传统的工业型城市，高能源密集度的城镇化发展模式为地区带来了比较突出的能源环境问题。对于该地区，从产业方面进行经济结构调整并不能完全解决地区能源环境与经济发展之间的矛盾，需要多管齐下，从生活、技术等多方面综合改善，以产业结构优化为主，生活能源消费改善为辅，在技术创新驱动下，实现 3E 的协调发展。大连产业结构已逐渐向服务型产业过渡，工业密集型已开始向技术密集型转变，对于该地区应更多地注重城市空间结构的优化，打造符合时代发展特点的新型绿色城市空间体系，着力改善生活用能消费，从城市空间规划角度实现地区发展的绿色化转变[9,308]。

三、环渤海城市群碳减排路径选择

以青岛为代表的环渤海城市群，其经济发展情况和城镇化程度均处于较高水平，第三产业逐渐代替第二产业成为该区域经济发展的主导产业。对于该城市群，应当坚持"金山银山"与"绿水青山"并重，在社会经济发展中实现城市低碳转型[9,308]。

环渤海地区城市群以青岛为例，其城镇化水平较高，经济较为发达，产业结构已逐渐向第三产业转移。对于该地区而言，经济发展与环境保护应当并举，既不能过分注重经济发展，忽视环境影响，也不能单单追求环境效益而导致经济发展缓慢，其当下首要任务应当是加快完成产业结构转型，尽快确立起以第三产业为主导的产业格局，完成城镇化进程中重要的转型阶段。从模拟分析结果看，对该地区增加第三产业投资，将对地区经济和碳排放量的减少都有显著的影响。因此，如何发展好第三产业，切实实现高耗能产业的淘汰，推进地区产业结构成功向资源节约型过渡，是诸如青岛等地在中国经济"新常态"下实现绿色发展应首要考虑的问题[9,308]。

作为国家准一线城市，青岛近几年发展速度较快，上海合作组织成员国元首理事会的举办无疑为青岛的发展带来了前所未有的发展机遇，也是青岛面向世界打造国际型城市的良好契机。青岛应当积极借鉴国外及国内先进城市的发展经验，从城市空间规划入手，打造迎合时代发展特点的低碳化城市，努力向世界一流城市看齐。青岛具有很好的旅游资源禀赋，应当积极完善城市公共交通体系，增进交通便利性，降低私家车使用频率，做到交通便利与环境保护的合二为一。城市规划要注重主要景点及生活服务型场所的可达性及便利性，合理安排住宅用地及事业用地，避免因为空间规划的不合理及交通出行时间的增长带来的不必要的能源环境问题[9,308]。

四、长三角城市群碳减排路径选择

长三角城市群地理空间优越，城镇化发展程度较高，整体经济水平位于众多城市群首列。该城市群产业结构先进，第三产业是其经济发展的主导产业，工业部门的能源消费和二氧化碳排放比例较低。因此，该区域应当更加注重环境保护，承担更多的碳减排任务。控制居民生活能源消费，引导居民转变消费观念，培养低碳消费行为与习惯，营造绿色低碳的生活方式[9,308]。

上海作为长三角城市群的代表性城市，以及国际化都市和国内经济发展中心，其经济总量位居我国首位，经济发展早已摆脱工业化束缚，服务型、技术密集型已是上海经济发展的主要形式。城市空间结构、产业特点、技术创新已基本达到世界级城市要求。今后，上海需要把更多的精力投入节能环保领域，在区位因素影响下承担较大的环境治理义务，为其他地区的经济发展及环境保护减轻负担。样本城市中，宁波地区经济发展情况要明显低于上海，其应当借助区位优势，充分吸收上海地区的经济辐射，建立与上海地区的经济共同体，转变产业发展模式，在上海经济辐射作用的影响下，加快城镇化进程，优化城市空间结构，尽快建立以技术密集型、知识密集型为主的新型产业格局，拓宽城市发展道路，同上海打造绿色发展的经济共同体[9,308]。

五、珠三角城市群碳减排路径选择

珠三角地区是我国最早进行改革发展的城市群，其无论产业结构还是市场体系都较为成熟。较其他城市群而言，该地区贸易往来更为频繁，贸易总额远高于其他地区。由于市场体系较为成熟，对该地区实施以市场手段为主的减排政策，不仅能够起到减排作用，而且能够降低减排成本，减少企业由于减排而造成的利益损失。从模拟结果来看，调整人民币汇率等经济手段，对该地区经济及碳排放总量的影响是极为显著的。由于对市场体制的依存度较高，因此适应市场需求，采用经济型减排政策，将能够大大增加政策效力，适应地区发展[9,308]。

样本城市中，广州作为珠三角地区的代表性城市，其经济发展特点同样带有浓厚的外贸色彩。在前面的分析中，广州地区的经济发展现状及发展形势都仅次于北京和上海，与北方发达城市不同的是，广州对外贸易程度更高，经济市场更为成熟。对于该地区而言，低碳城市发展应当做好以下几个方面：一是能源供给方面推广低污染能源使用，控制高排放能源消费，以产业及资金优势发展可再生能源，在能源生产、能源输送、能源转换等方面实现低碳化转型；二是严格项目准入，缩小高能耗产业发展空间，培育技术密集型等低碳产业集群发展，带动社会整体经济向低能耗、高能效方向转变；三是充分发挥市场的资源配置作用，通过市场手段调节社会能源使用量及污染排放量，以科技创新为动力，政府政策为引导，统筹兼顾，构建高经济收益、高科技含量、低资源消耗的可持续的经济社会环境；四是完善交通管理政策，推广公共交通体系建设，改造交通设施以提高出行效率，鼓励新能源汽车的发展和使用，建设低碳交通体系[9,308]。

六、长江中游城市群碳减排路径选择

以武汉和南昌为代表的长江中游地区城市群,其整体发展水平在众多城市群中位于中下游。模拟分析的结果表明,该区域的政策敏感性较弱,应该通过构建多种政策联合实施模式来满足各个城市的不同要求。就该城市群而言,首先需要优化产业结构,加快工业产业低碳化改造,适当扩大第三产业发展规模;其次,要推广应用绿色清洁能源,研发低碳技术,缓解城市交通碳排放压力[9,308]。

武汉作为中国重要的交通枢纽、内陆主要的代表性城市,其经济发展水平位居我国前列。根据武汉低碳行动规划纲要,计划在五年内实现碳排放峰值,碳排放量控制在 1.73 亿 t。根据前面的模拟情况来看,按照目前经济发展形势,武汉还远不能达到预计目标要求。结合地区实际发展状况,武汉在实现城市低碳化发展上应着力开展四大工程建设:一是打造低碳产业工程,以高新技术产业、现代服务业为着力点,提高产业的低碳化水平,改造传统高碳产业,实现产业的绿色化转型;二是打造低碳能源工程,降低煤炭等高污染能源的使用比例,鼓励非化石能源、新型能源及混合能源的发展和使用,在企业及居民中逐步提高天然气及电力的使用比例,从能源供给角度入手完成能源结构的低碳化转变;三是打造低碳生活工程,改造生活能源消费结构,实现交通、建筑、生活、企事业单位四大领域的低碳化,进而达到社会整体的低碳化要求;四是开展低碳科技创新工程,以企业为主体,在政府的引导作用下打造产学研相结合的低碳创新体系,增加能源技术的研发力度,为社会各界构建一个低碳创新的研发平台[9,308]。

与武汉相比,南昌经济发展程度较低,在长江中游城市群中的影响程度也远不及武汉,但作为国家低碳试点城市,结合南昌地区的经济发展特点及发展阶段,提出以下路径选择建议:一是加快产业转型,降低煤炭等高能耗能源的使用比例,实现用能标准转变,推广天然气等低能耗、高能效的能源使用,实现经济与环境的协调发展;二是强化节能指标,根据国家污染排放条例,实施污染排放总量控制,严格管控环评标准,确保主要污染物指标均被纳入环评中;三是优化空间格局,从低碳空间治理入手,制定科学的城市规划方案,促进经济发展向绿色化转变;四是整治燃煤锅炉,对于规模较大的需要进行技术改进及规模缩减,对于规模较小的应加快淘汰,并切实落实"煤改电""煤改气"工程建设;五是建设低碳交通,严格控制移动能源污染,推广新能源汽车及公共交通的使用普及[9,308]。

七、川渝城市群碳减排路径选择

川渝地区城市群以重庆和昆明为例,各城市发展水平存在显著差异。作为中国西部地区唯一直辖市和国家中心城市之一,重庆经济发展迅速,产业结构以第二产业为主导。该地区能源消费量较大,适当采取市场激励性的碳减排政策可以从一定程度上减少温室气体排放。结合低碳城市发展路径及重庆地区经济发展特点,重庆实现绿色化发展需要完成以下几步:第一,地区经济发展方式的重点应当向资源及环境保护方向靠拢,加快经济增长的集约型转变，以改善能源资源的利用效率，在城镇化中后期实现能源供给及能源使用的供需均衡，鼓励资源开发等产业集群建设；第二，推进循环经济体系建设，社会发展重点转向以资源节约为特点的生态城市建设，在追求社会稳步发展的同时降低工业产值能耗，提高能源的再生循环利用率；第三，从社会生活角度，倡导绿色生活方式，树立绿色消费理念，降低城市居民生活能源消费，建立循环性城市发展体制，实现生活环境与经济环境的协调发展[9,308]。

对昆明而言，旅游产业是当地的支柱型产业。随着游客数量的逐年增长，该地区交通部门所产生的二氧化碳排放量也日益增多，所以昆明等旅游型城市在低碳化发展中，首先应关注的问题是如何平衡旅游业经济发展与碳足迹增多之间的矛盾，减轻旅游业在生活和交通领域的碳排放。针对这种情况，本章对昆明地区低碳路径选择的思考是：第一，产业方面严格环境准入制度，收紧新增产业及迁移产业的环境标准，对于已建成的"两高"行业，需严格控制产能，降低固有及新增排放总量；第二，积极调整能源结构，在社会各界推广清洁能源及新型能源的发展和使用，加快高污染能源的淘汰；第三，强化生活能源管理，完善生活用能制度，改变社会消费理念；第四，重点加强交通污染防治，严格执行机动车环保管理规定，推进公共交通、新能源交通及智慧交通体系建设，控制高排放车辆准入及放行，淘汰黄牌老旧车辆[360]，逐步实现城市交通低碳化[9,308]。

第十一章　中国城市低碳化发展的对策建议

在对试点城市碳排放影响因素分析的基础上，针对典型城市碳排放现状和碳减排情景分析与达峰路径模拟结果，借鉴国外低碳城市的发展经验，提出我国城市低碳化发展的若干对策和建议。

第一节　加强政策引导，健全相关法律法规

从国外低碳发展的经验看，政策、法规是影响城市能源消耗和二氧化碳排放的重要因素，是城市低碳化发展的重要基础。通过对欧、美、日等国低碳化发展有关政策的梳理，分析这些国家相关政策，包括财政政策、碳排放交易政策等，比较分析中国现有的低碳化发展相关政策，探讨未来中国城市低碳化发展的对策。

一、国际低碳化发展相关政策

西方国家应对气候变化的政策各有倾向，欧洲国家更倾向于征税，美国更倾向于颁发许可证，日本更倾向于立法。下面从法律手段、管制手段、财政手段与排放权交易机制四个方面对各国现有的低碳化发展政策措施进行梳理。

1. 对碳排放或能源消费实施的法律手段

日本在应对气候问题的政策上，一直是立法先行，1993 年出台了《环境基本法》，随后又出台了《地球温暖化对策推进法》及一系列的能源立法，形成了包括能源政策基本法、煤炭立法、石油立法、天然气立法、电力立法、新能源利用立法等为核心内容的能源法律制度体系。欧盟国家在应对气候变化的问题上一直采取积极态度，以英国为代表，2004 年《能源法》中对涉及能效、节能、可再生能源等减缓气候变化的措施做出了更详细的规定，2008 年又出台了《气候变化法》，这是欧盟成员国中为应对气候变化唯一制定了专门法律的国家。不同于英国采用专门立法的模式，欧盟其他成员国多采用分散立法的模式，如德国针对改变能源结构问题制定了一系列法律，包括《可再生能源法》《热电联产法》《能源节约法》《可再生能源供热法》，德国侧重于通过可再生能源的立法来减少温室气体排放。美国更倾向于综合型的立法模式，2009 年通过的《清洁能源与安全法》包括清洁能源、能源效率、全球变暖减缓、排放贸易、温室气体标准、向清洁能源经济转化、气候变化的适应、农业和林业的抵消八个方面。

2. 对碳排放或能源消费实施的管制手段

管制手段是指通过排放限额、排放标准和供电配额等方式对管制对象的二氧化碳排

放量或能源利用水平进行控制的监管手段。欧盟对能源、钢铁、水泥、造纸、制砖等行业实行二氧化碳排放限额制度，并对超额排放的企业进行罚款。美国在全国范围内实行水污染排放许可证制度，对城市空气污染规定了排污总量，如果有新企业加入，那么该地区的其他污染源必须减少排放量。日本对能耗较高的单位要限制其进行整改，对整改后仍不达标的企业进行曝光、罚款等处理[361]。此外，美国、欧盟等国家和地区对供电商也实行可再生能源发电配额制度来减少二氧化碳排放。一些国家对机器设备、交通工具、建筑物等的能效和排放标准出台了规定。

3. 对碳排放或能源消费实施的财政手段

财政手段主要是通过与能源环境相关的税收、补贴、资助等方式对碳排放或能源消费进行控制。芬兰自 1990 年开始征税，是世界上最早实施碳税政策的国家。丹麦是最早对家庭和企业能源消费、排放二氧化碳行为均征税的国家。英国于 2001 年开始征税包括天然气、煤炭和电力在内的"气候变化税"，并根据能源种类的不同设定不同的税率。日本将碳税纳入立法，并于 2005 年形成了最终方案，日本的碳税收入主要用于执行新能源开发、节能技术等相关的环保政策，日本政府还制定了针对节能设备推广和开发的补贴政策。

4. 碳排放权交易制度

排放权交易是在排放限额的基础上进行的直接管制和经济激励相结合的减排手段，一般也称"限额-交易"制度[362]。如果企业的排放量超过限额，就必须通过设备改造、超额罚款等高成本的方式进行生产，而排放权交易是通过排放限额的买卖来降低全社会的减排成本。2005 年欧盟的碳排放交易体系开始正式实施，它也是目前世界上最大的排放权交易体系。美国和日本也都建立或试行了碳排放交易市场，美国虽然没有形成联邦层面的碳排放交易体系，但是各个州就减少碳排放都发起了一些重要的行动，并于 2003年成立了芝加哥气候交易所。

二、中国低碳化发展相关政策

我国政府高度重视气候变化问题，并积极采取了一系列的应对措施。

1. 明确提出减排目标

我国政府早在十六大期间就提出了建设资源节约型、环境友好型社会的战略目标。《中华人民共和国国民经济和社会发展第十一个五年规划纲要》中提出将主要污染物化学需氧量和二氧化硫排放量在 2005 年的基础上减少 10%，单位 GDP 能耗比 2005 年降低 20%左右的目标。2009 年在哥本哈根气候大会上，我国政府承诺到 2020 年单位国内生产总值二氧化碳排放比 2005 年下降 40%～45%。《中华人民共和国国民经济和社会发展第十二个五年规划纲要》中提出将 2015 年单位生产总值能耗在 2010 年的基础上降低

16%的目标。2012 年国务院发布的《节能减排"十二五"规划》中提出将 2015 年万元国内生产总值能耗下降到 0.869t 标准煤（按 2005 年价格计算）的目标。2017 年国务院发布的《能源发展"十三五"规划》要求将能源消费总量控制在 50 亿 t 标准煤以内，单位国内生产总值能耗较 2015 年要下降 15%。

2. 出台一系列政策法规

我国在能源方面颁布了一系列的法律法规，于 1997 年颁布了《中华人民共和国节约能源法》，之后又陆续出台了《重点用能单位节能管理办法》《节约用电管理办法》等配套法规。2006 年颁布了《中华人民共和国可再生能源法》。2008 年颁布了修订后的新的《中华人民共和国节约能源法》，此后又颁布了《中华人民共和国循环经济促进法》《中华人民共和国可再生能源法》等相关法律文件。在应对气候变化方面颁布了一些针对性的文件，2007 年颁布了《中国应对气候变化国家方案》，规定了 2010 年的减排目标及具体的实施措施。2008~2013 年每年发布的《中国应对气候变化的政策与行动》白皮书中，都制定了一系列的具体措施，以应对气候变化和促进碳减排。2015 年，国务院发布《生态文明体制改革总体方案》，并于同年出台新修订的《中华人民共和国大气污染防治法》，以宏观调控为主引导社会行为。2016 年，面对国家突出的交通环境问题，国务院及各省份均先后颁布了有关新能源汽车的相关政策，北京、江苏、上海等地出台了《新能源汽车推广条例》，国家工信部编制的《汽车产业中长期发展规划》明确提出了我国未来新能源汽车的发展方向。2017 年，《"十三五"节能环保产业发展规划》正式印发，标志着我国能源产业发展将进入新阶段，低碳社会发展也将进入新模式。

3. 一些地方实行碳管制制度

我国并没有在国家层面上实行排放限额、排放标准和供电配额等方式的管制手段，只是明确规定了各省（自治区、直辖市）单位国内生产总值二氧化碳排放下降指标，并建立了相应的目标责任评价考核制度。但是北京、上海、深圳和广东省都制定了总量控制和碳排放配额管理制度。北京实行总量控制制度，依据碳排放总量控制目标和年度减排指标对全市重点排放单位实行配额管理。上海以国家控制温室气体排放的约束性指标为依据，并结合其经济发展目标和能源消费总量，确定全市的碳排放量，对碳排放量达到规定规模的单位实施配额管理。深圳对特区内的重点碳排放企业和单位实施碳排放量管控，以控制碳排放总量为前提，并结合管控单位的产业政策、行业特点和碳排放量等因素，确定碳排放配额。广东省将年排放二氧化碳 1 万 t 以上的企业和单位纳入配额管理，依据国家控制温室气体排放的总体目标，以及广东省的发展目标和能源消费量确定配额发放总量。

4. 碳排放权交易制度

中国目前并没有建立碳排放权交易制度，但是在《中华人民共和国国民经济和社会发展第十二个五年规划纲要》中提出了积极应对全球气候变化，逐步建立碳排放权交易市场的目标。2013 年 12 月 26 日,天津排放权交易所正式成立,它是中国首家综合性环境能源交易平台,但它不是政府或国有模式的交易平台,业务也更倾向于低碳方案咨询。北京、上海、深圳和广东省也都开始制定碳排放权交易制度,如上海实行碳排放权交易制度主要交易碳排放配额,并将交易平台设在上海环境能源交易所。

三、进一步完善中国相关政策法规

1. 制定应对气候变化法

中国虽然陆续出台了《中华人民共和国节约能源法》《中华人民共和国可再生能源法》《中华人民共和国清洁生产促进法》等减缓温室气体排放的能源与环境立法,但是并没有针对气候变化的专门立法。英国、美国和日本针对气候变化问题都出台了专门的法律,如英国的《气候变化法》、美国的《清洁能源与安全法》、日本的《地球温暖化对策推进法》。中国作为温室气体排放大国,承担着相应的国际责任,应当制定专门的法律应对气候变化。中国的气候变化立法应当起到政策性和引导性的作用,它是应对气候变化的综合性、整体性法律,应当包括:应对气候变化的国家战略和规划,应对气候变化的体制、机构,政府、非政府组织、企业和公民的责任,碳排放量监测、统计和公开制度,减缓温室气体排放的主要领域及具体措施等内容。

2. 建立碳排放配额管理制度

我国并没有建立国家层面的总量控制和碳排放配额管理制度,只有北京、上海、深圳和广东省开始实行了碳排放配额管理。欧盟是实行碳排放配额管理比较成功的国家,欧盟将其减排目标具体到了人均 2500～2800kg 原油的水平,并综合考虑成员国的经济、能源结构和技术水平的差异,按照"共同但有区别"的原则,将减排目标差别化地分配给各个成员国,使欧盟顺利地完成减排目标。借鉴欧盟的经验,我国应当明确各地区、各城市的减排目标,将目标细化、具体化。城市的减排配额应当充分考虑该城市在人口规模、经济水平、能源结构、技术水平等方面的差异,按照"共同但有区别"的原则差别化地分配。

3. 建立碳排放权交易制度

在总量控制和碳排放配额管理制度的基础上制定碳排放权交易制度,将碳排放权交易引入市场机制,利用市场来合理地分配资源,并降低碳减排政策实施的成本。借鉴欧洲、美国的碳排放权交易制度,在合理制定碳排放配额的基础上,建立完善的碳排放交易规则,建立审查监督制度,对进入交易平台的企业、项目执行严格的登记、核实和授信审查。对初始配额可以采取无偿的形式,以后逐年降低无偿配额的比例,从而更大程度上促进减排,可以通过严格的无偿配额分配流程和分配细则对配额的分配进行监督。同时,金融市场是碳交易顺利实施的保障,政府要提供相应的投资、税收、信贷等配套政策,以鼓励金融机构参与碳交易活动,为碳交易市场提供更多的金融衍生品。

4. 建立相关的财政税收政策

碳税是减少碳排放的间接控制手段，欧盟和日本实施碳税政策的效果表明征收碳税是减少二氧化碳排放的有效政策工具。借鉴国外征收碳税的经验，我国的碳税政策首先要选择合理的征收对象，按照能源结构，煤炭、石油、天然气等化石燃料是主要的碳源，发达国家的征收范围主要是石油、天然气、煤炭和电力，有些国家未将电力纳入征收范围，主要是为了避免双重征税[363]；其次，要合理地设置税率，可以根据不同的能源种类设置不同的税率，同时税率的设置应当考虑减排目标和纳税主体的接受度；最后，要建立相关的优惠政策，如将节能设备和产品研发类企业纳入所得税优惠项目，制定节能环保型交通、建筑及节能环保改造项目的税收优惠政策，对购置节能设备的企业在一定额度内抵免当年新增所得税的优惠政策[5]。

第二节　转变经济增长方式，优化产业结构

前文中的实证分析和模拟预测结果都表明，第二产业比例较高的城市碳能源强度和二氧化碳强度也偏高，降低第二产业的比例，城市二氧化碳排放量会有所减少。因此，产业结构的调整是减缓城市碳排放，促进城市低碳化发展的有效途径。

目前，我国发布实施的《促进产业结构调整暂行规定》和《产业结构调整指导目录》两项政策对产业结构调整的方向和重点做出了明确的规定，但只是对产业调整的框架和方向做出了规定，没有明确制定有关产业结构调整的实施措施和具体实施过程中的保障性和激励性措施。同时，城市的产业结构调整是一个更加复杂的过程，因为涉及资本、产业和产品在区域和区域之间、城市和城市之间存在高度的流动性，城市间的产业结构会存在相互影响，城市自身的特点、城市的支柱型产业都会影响产业结构的调整政策。因此，城市的产业结构调整政策应当充分考虑城市的区位特点、经济水平、技术水平和产业特点，从规划、保障性措施、激励性措施和金融投资政策等多方面建立产业结构调整政策。

一、政府制定产业结构调整规划

产业结构调整的总体思路是：促进高能耗产业向节能型产业发展；提高制造业的加工深度，增加技术附加值，降低能耗成本；大力发展低碳产业，发展高新技术产业，促进产业结构由资本密集型向技术密集型转变。政府要制定产业结构调整的长期规划和框架指南来推动产业结构优化。由于不同城市的经济水平、技术水平、产业特点不同，政府在制定产业结构调整规划时要充分考虑城市的特点，结合城市的经济水平、技术水平、产业特点等因素制定合理的规划。以青岛为例，青岛工业产业的支柱地位明显，虽然近些年第三产业的比例不断增加，但是内部结构并不合理，仍以传统服务业为主体，金融、信息、物流等现代服务业功能尚有欠缺。青岛的产业结构调整应当突出抓好现代服务业

和新兴服务业发展；推动高新技术产业发展，用高新技术设备改造传统产业，提升产品的附加值；建设生态工业园区，重点发展低碳产业，促进产业结构向低能耗和低排放的绿色经济和循环经济发展。

二、制定促进产业结构调整的保障措施

日本的产业政策一直采用立法先行的方式，对产业结构调整的保障措施也同样采用法律手段，建立了促进产业结构调整的相关法律。中国目前没有针对产业结构调整的专门法律，应当加快推进有关产业结构调整的立法。同时，要加强政策引导作用，设定行业准入标准，对化工、水泥等行业，设定环保、安全、能耗等方面的行业准入门槛；要严格控制不符合产业发展规划和准入标准的投资项目；对生产淘汰类产品和采用淘汰类工艺、技术、设备的企业，要依据有关规定，限期停产或予以关闭。政府还应当为高新技术型企业提供技术创新和管理咨询服务，促进高新技术产业发展。通过产学研的形式，利用大学、科研机构的技术优势为企业提供技术指导、项目论证、产品开发等服务，增强企业的技术水平，增加企业的技术升级速度，利用高新技术和先进技术促进传统产业的升级改造；要促进企业管理水平和整体素质的提升，同样依靠产学研相结合的形式，通过社会上权威的咨询、认证机构和专家为企业提供管理咨询、诊断、策划服务和质量认证，促使企业的管理水平和整体素质得到提高。

三、建立促进产业结构调整的激励机制

针对产业结构调整的激励机制主要是指财政激励措施，促进产业结构调整的财政激励措施包括税收减免和补贴等。税收优惠政策主要包括：对开发高新技术与应用高新技术的企业和行业，政府提供一定程度的税收优惠；对从事新能源开发和节能技术研发的企业，提供金融机构的优惠贷款政策；对使用新能源、可再生能源进行生产的企业，给予税收优惠；对从事节能设备、低碳技术或产品研发的企业，给予一定比例的税前抵扣；对从事低碳或无碳技术开发、咨询、服务业务的企业，可以免征营业税。针对产业结构调整的补贴政策，政府首先要将促进产业结构调整列入财政预算，增加政府的拨款金额，建立针对产业结构优化的专项基金，加大对产业结构调整的政府资金支持力度；政府针对大、中小企业分别提供财政补贴，对大企业的节能促进项目、新能源开发项目给予财政补贴，对小企业引进先进生产设备、节能设备提高能源利用率等项目给予财政补贴；对生产节能产品的企业给予奖励，并将这些产品纳入政府采购体系中。通过税收优惠和财政补贴政策鼓励高能耗产业向节能型产业发展，推动高新技术产业和低碳产业的发展，推动产业结构由资本密集型向技术密集型转变。

四、建立促进产业结构调整的投融资政策

产业结构调整和低碳产业的发展都需要大量的资金和技术投入，建立相应的投融资机制是促进产业结构调整的有效措施。政府应当按照融资主体、融资渠道、融资方式多

元化、多渠道的模式建立相应的投资机制。低碳产业的发展可以按照"谁投资，谁受益"的原则，开放市场，建立统一开放、竞争有序的市场体系，为产业发展、结构优化构建灵活、高效、可持续的融资机制。政府还要引导银行、非银行金融机构、大型企业和机构投资者研究开发低碳发展和金融互动下的金融衍生品，如低碳产业的投资基金和风险投资基金、养老基金长期投资的低碳金融产品、商业银行对低碳项目的贷款支持、政策性银行对低碳项目的金融支持等[5]。

第三节 提高能源利用效率，优化能源结构

煤炭是二氧化碳排放的主要来源，我国的能源消费结构中煤炭所占的比例又较大，高碳化的能源消费特征使得这些城市的碳能源强度和二氧化碳排放强度偏高。根据碳排放影响因素相关性分析可知，万元 GDP 能耗、能源结构与二氧化碳排放之间存在显著的影响关系，降低万元 GDP 能耗及能源结构中煤炭的比例，城市二氧化碳排放量会有所减少。因此，能源结构的调整、能源利用效率的提高是减缓城市碳排放，促进城市低碳化发展的有效途径。

一、控制煤炭消费总量，增加优质能源比例

能源结构与城市二氧化碳排放量之间有着显著的影响关系，但是能源结构又受到资源特点和技术水平的限制，不可能在短期内得到调整，因此城市的低碳化发展必须处理好各类能源在能源消费中所占的比例，在保证能源总体消费的基础上，加大优质能源的比例，最大限度地实现低碳化发展。优化能源结构的总体思路是：增加天然气、电力等优质能源的消费比例，减少煤炭的直接使用，优化能源结构，控制煤炭消费总量。控制电力煤炭用量，增加水电、风电、太阳能光伏等发电比例，对基本达到寿命期的燃煤电厂，要将其改造为燃气电厂，控制市区内燃煤电厂的总量。用优质能源代替民用和工业用煤，减少市区内的炼焦用煤量。禁止新建燃煤锅炉，已经建成的燃煤锅炉要逐步改用液化石油气、天然气和电力等优质能源。扩建市区内的天然气管网，用天然气替代煤炭采暖、生产锅炉用煤及部分轻柴油。市区内大型公共建筑采用直燃机供热制冷，并发展轨道交通，增加新能源公交车。

二、推广洁净煤技术，提高煤炭利用效率

洁净煤技术以减少污染和提高煤炭利用效率为目的，包括煤炭加工、燃烧、转化和污染控制等新技术。洁净煤技术大大减轻了煤炭燃烧过程中所造成的环境污染，目前该技术已被世界各国应用于减少温室气体排放和解决环境问题。通过洁净煤技术的推广，可以达到提高煤炭利用效率和减少二氧化碳排放的目的，是城市低碳化发展的有效路径。推广洁净煤技术可以包括以下几方面：推广先进的煤炭加工技术，减少原料煤的含灰量；推广先进的煤炭燃烧技术，提高煤炭的利用效率；鼓励研发煤炭的液化和气化技

术；通过投入建设洁净煤技术实验中心，促进先进技术的国产化和产业化发展。

三、制定节能措施，提高能源利用效率

制定节能措施，开展节能活动，提高能源效率是减缓二氧化碳排放，实现城市低碳化发展的有效途径。政府相关部门要高度重视节能问题，制定相关节能措施。第一，要强化政府职能，制定具体、有效、可操作的节能法规体系；第二，政府要明确节能目标，加大财政支持力度，加大对节能课题、节能技术研究和开发的资金支持力度；第三，加强监督和管理，制定节能考核制度，建立考核指标体系，制定和推行用能设备最低能效标准，制定能效标识制度，推行节能产品认证制度，加速淘汰高能耗、高污染的产品和设备；第四，建立促进能源回收利用的激励措施，鼓励用能企业加大对能源的回收再利用力度；第五，加强宣传教育，培养居民节能意识。

四、开发新能源，降低化石能源比例

新能源和可再生能源的开发和利用是从根本上解决能源结构问题，提高能源效率的有效方式。加强对太阳能、风能、核能、生物质能等新能源技术的研发，推动新能源、可再生能源产业的发展，不仅可以补充化石能源的消费，还可以有效减少二氧化碳排放量。政府要加大对新能源、可再生能源技术的投入，鼓励企业与科研机构进行合作，重视新能源技术的实验、示范和推广，以促进新技术的成果转化。制定新能源、可再生能源产业的财政补贴政策，财政补贴是许多国家推动新能源发展的常用手段，政府可以通过对新能源、可再生能源产业的投资者进行补贴、对新能源设备的产出产品进行补贴和对新能源消费者进行补贴等方式推进新能源、可再生能源的发展。政府还可以对新能源、可再生能源产业实施贴息贷款政策，通过政府设立专项基金，制定针对新能源项目发展的贴息贷款政策，扶持新能源、可再生能源产业发展，对新能源行业的贷款实行利息补贴政策，减少企业成本，减轻企业负担。

第四节 利用市场推进减排，理顺能源价格

碳排放影响因素相关性分析结果显示，能源价格变动会影响能源结构变动，而能源结构与二氧化碳排放量之间存在显著影响关系。因此，能源价格会间接影响城市碳排放。理顺能源价格，完善能源价格机制是城市低碳化发展的重要途径。

一、渐进式推进能源价格市场化改革

目前我国的能源价格总体上是依据供给成本由政府定价，它不能反映资源的稀缺程度，也不能起到激励作用。要实现能源的有效利用和能源产业的协调发展，就需要制定合理的能源价格机制，但是能源价格的波动又会对其他产业及物价指数带来很大的影

响,因此能源价格的市场化要采用渐进式的推行方式,政府逐步放宽对能源价格的管制。政府要逐步放宽对能源价格、煤电价格的控制,改革石油价格体制,煤炭价格要逐步实现市场定价,取消电煤的指导价,逐步建立以供需关系为基础的能源价格市场化定价机制。充分发挥价格的杠杆作用,利用能源价格引导能源生产与消费,能源价格改革要建立在市场竞争的基础上,使能源价格市场化改革得以逐步推进。

二、制定灵敏的能源价格机制

能源价格改革要从价格机制入手,建立能够灵敏地反映市场变化和供需关系的能源价格机制。通过建立能源价格联动机制,将能源价格与可替代能源价格挂钩,与国际市场挂钩,实现能源产品间的相互替代与互补,实现化石能源与可再生能源间的替代与互补,实现能源生产与消费结构的优化。推进电力价格改革,实行差别电价的方式,限制高耗能企业的用电量,对居民可以推行分段电价和季节电价制。推进天然气价格改革,建立反映市场供需和资源稀缺度的动态价格调整机制,理顺天然气价格,将天然气价格与可替代能源价格挂钩,从而增加天然气供应,抑制不合理需求。对风能、太阳能等可再生能源的上网电价给予政策优惠,由于新能源企业的运行成本较高,为支持新能源产业的发展,政府要从税收、价格等方面给予优惠和扶持。

三、制定配套的财政税收和补贴政策

市场化的价格机制是优化资源配置的有效途径,但是中国的能源市场面对的外部环境、化石能源的损耗,可再生能源的利用,各种经济实体的准入等问题,都需要政府通过税收和补贴政策予以干预,只有这样才能保证能源价格市场化改革的顺利推行。除了整体性放宽能源价格以外,政府还要采用多种税收补贴政策对能源价格进行干预,包括:对高耗能的能源密集型企业产出的产品征税,而对耗能较少的替代性工艺和产品给予补贴;取消对高污染、高耗能的资源型产品的出口退税政策;对可再生能源和新能源的产出产品和能源消费进行补贴。无论是税收还是补贴政策,都是通过调控能源价格来影响消费决策,从而达到提高能源效率、优化能源消费结构的目的。

四、完善能源行业监管机制

随着能源价格市场化改革的推进,政府要适当转变管理职能,从能源价格的定价方向协调、监督方转变,灵活运用税收、补贴、储备等方式,间接调控能源价格。政府对能源价格的监管要以市场化为原则,以节约能源为目的,建立规范化、科学化、透明化的定价程序。政府要完善能源行业的监管机制,加强监管立法,为能源行业的监管提供法律保障;完善监审制度,强化对成本的监控管理,使成本监审成为定价的前提条件;实行价格听证制度,增强能源价格决策的透明度。政府还要灵活地运用税收、补贴制度,当能源价格损害消费者利益时,要采取相应的税收制度调节;当能源价格损害企业利益时,要采取合理有效的财政补贴制度,使市场的调节机制得以充分发挥[5]。

第五节　制定科学的城市规划，创新规划理念

我国目前正处在快速城市化阶段，城市规划对城市发展有着先导性作用，对城市的基础设施、建筑、交通、空间布局等方面有着直接的引导和控制作用，因此对于城市的低碳化发展，在规划阶段就应当引入"低碳"理念。将"低碳"理念融入城市规划体系，将低碳化发展目标体现在城市规划的各个要素上，明确低碳城市的定位，将低碳目标落实到城市空间布局、交通模式、基础设施建设等方面。结合城市的发展水平、技术水平、产业特点等因素，建立一套可操作、可推广的城市规划体系。

一、明确低碳发展的总体目标

城市的低碳化发展需要设定一个总体目标，即减排目标，但要充分考虑该城市的人口数量、经济水平、能源结构、技术水平等因素，设定合理的城市低碳化发展总目标。依据不同城市的发展水平，低碳化发展的总体目标可以设定为碳排放总量，也可以设定为人均二氧化碳排放量或碳排放强度。虽然城市的碳排放总量、人均二氧化碳排放量和碳排放强度都会经历先上升后下降的变化过程，但是城市所处的发展阶段不同，其碳排放总量、人均二氧化碳排放量和碳排放强度的变动趋势也不同。因此，应当依据城市的发展水平选择合理的发展目标。当城市处在快速发展时期时，多数城市的碳排放总量和人均二氧化碳排放量都处在上升阶段，即使采用积极的低碳发展政策，也很难在短期内降低碳排放总量和人均二氧化碳排放量，因此大多数城市可以将降低碳排放强度作为低碳城市发展的总体目标，如天津、重庆、青岛、宁波和保定；对于少数成熟发达城市，如北京、上海、广州，可以将降低人均二氧化碳排放量作为城市低碳化发展的总体目标。

二、明确低碳发展的重点领域

低碳城市规划应当具有可操作性、可推广性，它是一个综合、全面的城市发展规划。低碳城市规划要将低碳发展目标落实到城市空间布局、低碳交通、低碳建筑、低碳技术等重点领域。城市的空间布局和土地利用是城市规划的重要部分，而城市在空间上的大规模扩张以及不合理的布局，会增加居民的出行次数和距离，增加能耗和碳排放。因此，城市要在空间布局上实现低碳化，就要考虑区域内的功能平衡和人口密度，在一定的区域内合理配置功能组合，形成人口密度在合理水平上的紧凑型城市发展模式。在合理的空间布局基础上，发展低碳交通和低碳建筑，确定优先发展公共交通的理念，推进交通网络建设，推广以天然气、生物燃料等优质能源替代汽油、柴油等高碳能源的交通工具。随着人们生活水平的提高，近年来建筑能耗的增加速度加快，因此控制建筑领域的碳排放是城市低碳规划的重点领域，重点控制建筑运行过程中的碳排放，并对公共建筑和居民建筑实行差异化的控制标准。同时，城市的低碳化发展需要技术的支撑，要加大对低碳技术研发和推广的支持力度，推进清洁煤技术、可再生能源技术、节能技术和碳捕捉

封存技术等低碳技术的研发和应用。

三、建立低碳发展的保障机制

城市的低碳化发展需要政府、企业、非政府组织和公民的共同参与，政府要负责协调各个利益相关者，以保障城市低碳化发展的顺利推进，因此政府需要制定完整的实施保障机制，以保障低碳城市规划的顺利实施。建立低碳城市规划评价指标体系，明确责任单位和控制内容，建立相应的考核评估体系，对规划的落实情况进行评估。制定促进城市低碳化发展的政策措施，在城市的职责范围内针对低碳交通发展，制定车辆的准入、购置、停车费等方面的政策，并鼓励清洁能源汽车的购置；针对企业制定淘汰落后产能政策，鼓励企业采用高新技术，为企业提供技术补贴和税收优惠政策；制定促进低碳技术推广的政策措施。建立碳排放评估和监测机制，对城市碳排放进行监测，为低碳城市规划的制定和调整提供依据。建立舆论导向机制，通过宣传、教育等方式培养公众的低碳理念，使公众积极参与到城市的低碳建设中，引导公众购买和使用低碳、节能产品，养成低碳、节约的生活方式和消费方式。

四、制定差异化的发展战略

1. 资源开发型城市

实施开发与保护并举方针。坚持在开发中保护、在保护中开发，对资源开发做好科学规划。按照综合开发、深度加工、高效利用的原则，使资源利用达到最大效率和碳排放量最少。

在开发中推广先进适用的开采技术、工艺和设备，提高矿山回采率、选矿和冶炼回收率及劳动生产率，减少物资能源消耗和污染物排放。在油气开采与加工、煤炭采掘与转化及其他矿业开采与加工企业中，大力推广清洁生产技术。

建立资源开发补偿制度。健全资源开发与生态环境补偿的市场调节机制，明确企业是资源补偿、生态环境保护与修复的责任主体，实行污染者付费制度，开展跨地域、跨行业的生态补偿试点工作，对资源开采过程中形成的生态环境破坏和资源损失等外部问题，资源开发企业应承担相应的责任，逐步使资源价格合理化，有效抑制能源过度消费，用价格杠杆优化高耗能项目的产业布局。

2. 工业主导型城市

严格执行环评。加强节能环保评估审查，提高产业准入门槛，将二氧化碳排放指标纳入战略环评过程中，逐步淘汰钢铁、有色、煤炭、电力、化工、建材等领域落后生产能力，有效遏制高耗能、高排放行业过快增长，加强对重点耗能企业和重点排放企业的监管，引导工业城市的产业升级；对企业碳排放进行配额，促使企业加强节能减排的生产、销售和管理体系的建设；坚持走新型工业化道路，大力发展第三产业。

改革考核指标。以《中华人民共和国节约能源法》规定的"国家实行节能目标责任制和节能考核评价制度"为原则，改革政绩考核指标体系，引入资源、能源节约和生态环境保护的指标。因此，要求工业主导型城市的地方政府需积极发展生态工业园、实现工业园区化、产业生态化；打造多产业横向发展与产业链纵向延伸相结合的循环型工业体系，构建工业循环网络，实现以企业"小循环"、产业"中循环"、城市"大循环"为特色的区域循环经济体系。

3. 综合型城市

申请建立国家低碳城市发展示范区。在技术研发推广平台的基础上，构建低碳发展技术服务体系，整合市场现有的低碳技术，开展技术咨询、推广服务、宣传培训等工作，促进成熟技术的普遍应用；加强国际间交流与合作，在充分利用清洁发展机制的基础上，创建新的国际技术合作与资金机制，引进、吸收、推广和再创新国外先进低碳技术，实现与国际接轨；在电力、交通、建筑、冶金、化工、石化等能耗高、污染重行业先行试点。由此，向国家申请低碳城市发展示范区，成为探索低碳城市发展路径的先导者。

开展国内碳交易的试点工作，采用经济手段降低碳排放。利用综合型城市的区位优势和中心地位，设立区域性的碳排放交易所，打造碳排放交易平台，先以自愿原则为基础，探索碳交易的规律和特点，在时机成熟时，扩大交易的范围和规模。采用碳税及其他经济手段，对减少碳排放、促进低碳经济有重要作用，也是国际上的普遍趋势，应积极研究这些经济手段的可行性、方案设计及其可能影响，并优先考虑对高耗能行业及其产品征收碳税，以促使企业减少碳排放。这对从制度层面上探索建立适合我国国情的碳减排经济政策有重要意义。

4. 旅游型城市

全面推行旅游行业 ISO 14000 环境管理体系认证。力求将旅游开发与生态保护、城市建设、可持续发展相结合，以城市自身作为旅游开发的载体，注重旅游资源的科学开发利用，实现旅游产业的清洁化、绿色化和可持续发展；大力发展生态旅游、农业观光旅游，通过规划、设计、施工把农田建设、农场管理、产品生产、原料加工与游客参与融为一体，达到改善生态环境、增加就业机会、向游客提供高质量旅游产品的目的，使农业发挥保证粮食安全以外的更多功能，促进区域的开放，提高当地居民的收入水平，最终缩小城乡差别，打造城乡一体化，实现区域的可持续发展。

科学规划开展清洁发展机制的实施区域。旅游型城市相对于其他城市有在生态建设方面的优势，因此必须增强其碳汇功能，尤其是提高森林的碳净固定量，并适当增加灌木林、针叶混交林、针阔叶混交林等平均净生产量较高的植被的覆盖面积，以此来吸收更多的二氧化碳；积极推进建立森林碳汇计量和监测体系，规划适合开展清洁发展机制下的造林再造林碳汇项目的优先实施区域[5]。

参 考 文 献

[1] 史一卓. IPCC 发布第五次评估报告综合报告[N]. 中国气象报，2014-11-04（001）.

[2] 董思言，高学杰. 长期气候变化：IPCC 第五次评估报告解读[J]. 气候变化研究进展，2014，10（1）：56-59.

[3] 周广艳. 我国节能减排政策评价研究[D]. 青岛：青岛科技大学，2010.

[4] 柴发合，罗宏，裴莹莹. 发展低碳经济的战略思考[J]. 生态经济，2010（11）：89-93，97.

[5] 宋艳蕾. 中国典型城市碳排放情景分析与干扰方案模拟研究[D]. 青岛：青岛科技大学，2014.

[6] 薄凡，庄贵阳. "低碳+" 战略引领新时代绿色转型发展的方向和路径[J]. 企业经济，2018（1）：19.

[7] 习近平. 决胜全面建成小康社会夺取新时代中国特色社会主义伟大胜利：中国共产党第十九次全国代表大会上的报告[M]. 北京：人民出版社，2017.

[8] 徐行. 现代化建设的新阶段、新目标与时代内涵[J]. 学习与实践，2017（11）：5-10.

[9] 徐海涛. 面向决策支持的城市群碳排放空间差异分析及政策仿真模拟研究[D]. 青岛：青岛科技大学，2018.

[10] 邱立新，雷仲敏，王小兵. 基于公共政策视角的节能减排政策评价与优化研究[M]. 北京：科学出版社，2016.

[11] 李佳倩，王文涛，高翔. 产业结构变迁对低碳经济发展的贡献：以德国为例[J]. 中国人口·资源与环境，2016，26（S1）：26-31.

[12] 史学飞，孙钰，崔寅. 基于熵值-主成分分析法的天津市低碳经济发展水平评价[J]. 科技管理研究，2018，38（3）：247-252.

[13] 王明喜，胡毅，郭冬梅，等. 低碳经济：理论实证研究进展与展望[J]. 系统工程理论与实践，2017，37（1）：17-34.

[14] 董静，黄卫平. 西方低碳经济理论的考查与反思：基于马克思生态思想视角[J]. 当代经济研究，2018（2）：37-45，97.

[15] 邹浩. 实现绿色发展的低碳经济之路[J]. 学术交流，2016（3）：110-114.

[16] 劳燕玲. 我国低碳经济发展的机遇、挑战及策略研究：基于国际气候合作的背景[J]. 湖北社会科学，2017（8）：90-95.

[17] DUTT K. Governance, institutions and the environment-income relationship: a cross-country study[J]. Environment Development & Sustainability A Multidisciplinary Approach to the Theory & Practice of Sustainable Development, 2009, 11(4):705-723.

[18] SUSAN S S. Determinants of carbon dioxide emissions: Empirical evidence from 69 countries[J]. Applied Energy,2011,88(1): 376-382.

[19] SHAHBAZ M, SOLARIN S A, OZTURK I. Environmental Kuznets Curve hypothesis and the role of globalization in selected African countries[J]. Ecological Indicators, 2016, 67:623-636.

[20] LIDDLE B. What are the carbon emissions elasticities for income and population? Bridging STIRPAT and EKC via robust heterogeneous panel estimates[J]. Mpra Paper, 2015, 31:62-73.

[21] UGUR K P. Renewable energy consumption, urbanization, financial development, income and CO_2 emissions in Turkey: Testing EKC hypothesis with structural breaks [J]. Journal of Cleaner Production, 2018, 187: 770-779.

[22] SHAHBAZ M, SHAFIULLAH M, PAPAVASSILIOU V G, et al. The CO_2 – growth nexus revisited: A nonparametric analysis for the G7 economies over nearly two centuries[J]. Energy Economics, 2017, 65:183-193.

[23] APERGIS N, CHRISTOU C, GUPTA R. Are there environmental kuznets curves for US state-level CO_2, emissions?[J]. Renewable & Sustainable Energy Reviews, 2017, 69(s 3-4):551-558.

[24] Georgiev E, Mihaylov E. Economic growth and the environment: reassessing the environmental Kuznets Curve for air pollution emissions in OECD countrie [J]. Letters in Spatial and Resource Sciences, 2014,5:121-125.

[25] DAVID I S. Progress on the Environmental Kuznets Curve ? [C] . Working Papers in Ecological Economics 1960. Center for Resource and Environmental Studies Ecological Economics Programme . The Australian National University, 1996 .

[26] De BRUYN S M, OPSCHOOR J B. Developments in the Throughout-Income Relationship:Theoretical and Empirical Bservations[J] . Ecological Economics, 1997, 20(3):255-268.

[27] 李玉文，徐中民，王勇，等. 环境库兹涅茨曲线研究进展[J]. 中国人口·资源与环境，2005（5）：11-18.

[28] 林伯强. 拆解绿色壁垒[J]. 董事会，2011（8）：62-63.

[29] 倪外. 基于低碳经济的区域发展模式研究[D]. 上海：华东师范大学，2011.

[30] 刘卫东，张雷，王礼茂，等. 我国低碳经济发展框架初步研究[J]. 地理研究，2010，29（5）：778-788.

[31] 刘建，高维新. 国际碳税制度建立的主要内容及对我国的启示[J]. 对外经贸实务，2018（5）：46-49.

[32] RIVERS N, SCHAUFELE B. Salience of carbon taxes in the gasoline market [J]. Journal of Environmental Economics & Management, 2015, 74:23-36.

[33] ROSS M T. The future of the electricity industry: implications of trends and taxes[J]. Energy Economics, 2018, 73:393-409.

[34] CALDERÓN S, ALVAREZ A C, LOBOGUERRERO A M, et al. Achieving CO_2, reductions in Colombia: Effects of carbon taxes and abatement targets[J]. Energy Economics, 2015, 56(4):575-586.

[35] RAJBHANDARI S, LIMMEECHOKCHAI B. Impact of carbon tax in the energy system development of Nepal and Thailand[J]. Energy Procedia, 2017, 138:835-840.

[36] FARRELL N. What factors drive inequalities in carbon tax incidence? decomposing socioeconomic inequalities in carbon tax incidence in Ireland[J]. Papers, 2015, 142:31-45.

[37] BECK M, RIVERS N, WIGLE R, et al. Carbon tax and revenue recycling: Impacts on households in British Columbia [J]. Social Science Electronic Publishing, 2015, 41:40-69.

[38] DESCATEAUX P, ASTUDILLO M F, AMOR M B. Assessing the life cycle environmental benefits of renewable distributed generation in a context of carbon taxes: The case of the Northeastern American market[J]. Renewable & Sustainable Energy Reviews, 2016, 53:1178-1189.

[39] SÁ S A D, DAUBANES J. Limit pricing and the (in)effectiveness of the carbon tax[J]. Journal of Public Economics, 2016, 139(5):28-39.

[40] 顾高翔，王铮. 全球性碳税政策作用下多国多部门经济增长与碳排放的全球治理[J]. 中国软科学，2015（12）：1-11.

[41] 程敏. 美国征收碳关税的应对政策：碳税与碳关税经济效应比较研究[J]. 技术经济与管理研究，2015（10）：90-94.

[42] 李焱，王孟孟，黄庆波. 航海碳税影响我国海运出口贸易的传导机制[J]. 中国航海，2015，38（4）：106-109，115.

[43] 许士春，张文文. 不同返还情景下碳税对中国经济影响及减排效果：基于动态 CGE 的模拟分析[J]. 中国人口·资源与环境，2016，26（12）：46-54.

[44] 魏朗，郑巧精. 开征碳税对我国区域经济的影响[J]. 税务与经济，2016（6）：88-93.

[45] 黄蕊，刘昌新，王铮. 碳税和硫税治理下中国未来的碳排放趋势[J]. 生态学报，2017，37（9）：2869-2879.

[46] SCHMALENSEE R, STAVINS R N. Lessons learned from three decades of experience with cap-and-trade[J]. Social Science Electronic Publishing, 2015, 11(1):59-79.

[47] 王科，陈沫. 中国碳交易市场回顾与展望[J]. 北京理工大学学报（社会科学版），2018，20（2）：24-31.

[48] OESTREICH A M, TSIAKAS I. Carbon emissions and stock returns: Evidence from the EU Emissions Trading Scheme[J]. Journal of Banking & Finance, 2015, 58:294-308.

[49] OKE A E, AIGBAVBOA C O, DLAMINI S A. Carbon emission trading in south african construction industry[J]. Energy Procedia, 2017, 142:2371-2376.

[50] PRADHAN B K, GHOSH J, YAO Y F, et al. Carbon pricing and terms of trade effects for China and India: A general equilibrium analysis[J]. Economic Modelling, 2017, 63:60-74.

[51] HIBBARD P J, TIERNEY S F, DARLING P G, et al. An expanding carbon cap-and-trade regime? A decade of experience with RGGI charts a path forward [J]. Electricity Journal, 2018, 31(5):1-8.

[52] JEFFREY C, PERKINS J D. Reply to discussion of "the association between energy taxation, participation in an emissions trading system, and the intensity of carbon dioxide emissions in the European Union" [J]. International Journal of Accounting, 2015, 50(4):397-417.

[53] DASKALAKIS G. Temporal restrictions on emissions trading and the implications for the carbon futures market: Lessons from the EU emissions trading scheme[J]. Energy Policy, 2018, 115:88-91.

[54] THOMPSON W, JOHANSSON R, MEYER S, et al. The US biofuel mandate as a substitute for carbon cap-and-trade[J]. Energy Policy, 2018, 113:368-375.

[55] 赵明楠，刑涛. 碳排放权交易对汽车生产企业的影响[J]. 中国人口·资源与环境，2015，25（S1）：454-457.

[56] 贾云赟. 碳排放权交易影响经济增长吗[J]. 宏观经济研究，2017（12）：72-81，136.

[57] 黄志平. 碳排放权交易有利于碳减排？：基于双重差分法的研究[J]. 干旱区资源与环境，2018，32（9）：32-36.

[58] 康增奎，赵欣冉. 我国碳排放权交易问题研究[J]. 理论学刊，2015（4）：61-68.

[59] 沈洪涛，黄楠，刘浪. 碳排放权交易的微观效果及机制研究[J]. 厦门大学学报（哲学社会科学版），2017（1）：13-22.

[60] 朱德莉. 碳排放权交易机制的风险挑战及其法律应对[J]. 自然辩证法研究，2018，34（4）：78-83.

[61] BRUNORI E, FARINA R, BIASI R. Sustainable viticulture: The carbon-sink function of the vineyard agro-ecosystem[J]. Agriculture Ecosystems & Environment, 2016, 223:10-21.

[62] HADDEN D, GRELLE A. Changing temperature response of respiration turns boreal forest from carbon sink into carbon source[J]. Agricultural & Forest Meteorology, 2016, 223:30-38.

[63] EZE S, PALMER S M, CHAPMAN P J. Upland grasslands in Northern England were atmospheric carbon sinks regardless of management regimes[J]. Agricultural & Forest Meteorology, 2018, 256-257:231-241.

[64] 姜霞，黄祖辉. 经济新常态下中国林业碳汇潜力分析[J]. 中国农村经济，2016（11）：57-67.

[65] 罗小锋，薛龙飞，李兆亮. 林业碳汇经济效益评价及区域协调性分析[J]. 统计与决策，2017（2）：121-125.

[66] 薛龙飞，罗小锋，李兆亮，等. 中国森林碳汇的空间溢出效应与影响因素：基于大陆 31 个省（市、区）森林资源清查数据的空间计量分析[J]. 自然资源学报，2017，32（10）：1744-1754.

[67] 何培民，刘媛媛，张建伟，等. 大型海藻碳汇效应研究进展[J]. 中国水产科学，2015，22（3）：588-595.

[68] 胡志华，李大明，徐小林，等. 不同有机培肥模式下双季稻田碳汇效应与收益评估[J]. 中国生态农业学报，2017，25（2）：157-165.

[69] 徐敬俊，覃恬恬，韩立民. 海洋"碳汇渔业"研究述评[J]. 资源科学，2018，40（1）：161-172.

[70] 张乾柱. 硅酸盐岩风化碳汇与中国热带季风区花岗岩流域碳循环[J]. 科学技术与工程，2018，18（15）：19-27.

[71] 张玉周. 中国人口年龄结构变动对能源消费的影响研究：基于省际动态面板数据的 GMM 分析[J]. 中国人口·资源与环境，2015，25（11）：69-74.

[72] LANTZ V, FENG Q. Assessing income, population, and technology impacts on CO_2, emissions in Canada: Where's the EKC?[J]. Ecological Economics, 2006, 57(2):229-238.

[73] ANDERW K J. Does foreign investment harm the air we breathe and the water we drink[J]. Organization Environment,2007(20) : 137 -156.

[74] PERKINS R, NEUMAYER E. Fostering environment efficiency through transnational linkages? Trajectories of CO_2 and SO_2, 1980–2000[J]. Environment and Planning, 2008, 40(12):2970-2989.

[75] MARCOTULLIO P J, SARZYNSKI A, ALBRECHT J, et al. A top-down regional assessment of urban greenhouse gas emissions in Europe[J]. AMBIO, 2014, 43(7):957-968.

[76] 郭郡郡，刘成玉. 城市化对碳排放量及强度的影响[J]. 城市问题，2012（5）：21-28.

[77] 胡雅楠，宗海静，王顺昊. 中国城市化进程中影响碳排放的因素分析[J]. 科技致富向导，2012（14）：347-348.

[78] 许泱，周少甫. 我国城市化与碳排放的实证研究[J]. 长江流域资源与环境，2011，20（11）：1304-1309.

[79] 谢守红，徐西原. 中国城市化与碳排放关系的动态计量分析[J]. 人口与发展，2013，19（2）：26-32.

[80] 金瑞庭，王桂新. 中国人口城市化与碳排放关系的实证研究：基于 1978—2009 年时间序列数据的计量检验[J]. 人口与发展，2013，19（1）：38-43.

[81] 夏堃堡. 发展低碳经济　实现城市可持续发展[J]. 环境保护，2008（3）：33-35.

[82] 韩坚，魏玮. 多维视角下低碳城市理论内涵及其发展研究综述[J]. 国外社会科学，2011（6）：45-49.

[83] 张英. 低碳城市内涵及建设路径研究[J]. 工业技术经济，2012，31（1）：19-22.

[84] 刘钦普. 国内低碳城市的概念及评价指标体系研究评述[J]. 南京师大学报（自然科学版），2014，37（2）：1-6.

[85] 樊靓. 低碳城市发展研究[D]. 杭州：浙江工业大学，2010.

[86] 罗栋燊. 低碳城市建设若干问题研究[D]. 福州：福建师范大学，2011.

[87] 潘海啸，汤諹，吴锦瑜，等. 中国"低碳城市"的空间规划策略[J]. 城市规划学刊，2008（6）：57-64.

[88] FONG W K. Energy consumption and carbon dioxide considerations in the urban planning process[J]. Energy Policy, 2007(11):3665-3667.

[89] GLAESER E L, KAHN M E. The greenness of cities: Carbon dioxide emissions and urban development[J]. Journal of Urban Economics, 2010, 67(3): 404-418.

[90] 顾朝林，谭纵波，刘宛. 低碳城市规划：寻求低碳化发展[J]. 建设科技，2009（15）：40-41.

[91] 胡鞍钢，管清友. 中国应对全球气候变化的四大可行性[J]. 清华大学学报（哲学社会科学版），2008（6）：120-132，158.

[92] 陈飞，诸大建. 低碳城市研究的内涵、模型与目标策略确定[J]. 城市规划学刊，2009（4）：7-13.

[93] 于雯静. 济南建设低碳城市路径研究[D]. 济南：山东师范大学，2012.

[94] 刘书英. 我国低碳经济发展研究[D]. 天津：天津大学，2012.

[95] 程厚德，李春. 善治视野下的国外低碳城市发展经验及启示[J]. 中国行政管理，2014（11）：32-35.

[96] 李超骕，马振邦，郑憩，等. 中外低碳城市建设案例比较研究[J]. 城市发展研究，2011，18（1）：31-35.

[97] 张书颖. 中国低碳城市：从"理念"进入实质性发展[J]. 高科技与产业化，2012（9）：86-89.

[98] 宋德勇，张纪录. 中国城市低碳发展的模式选择[J]. 中国人口·资源与环境，2012，22（1）：15-20.

[99] 刘文玲，王灿. 低碳城市发展实践与发展模式[J]. 中国人口·资源与环境，2010，20（4）：17-22.

[100] 沈逸斐. 城市化背景下我国低碳城市的发展路径研究[J]. 中国外资，2011（20）：201-202.

[101] 叶凌. 国家标准《绿色建筑评价标准》修订稿征求意见[J]. 建筑科学，2012，28（10）：97.

[102] 沈建国，宁登. 城市指标与城市管理：联合国人居署"城市指标项目"回顾与展望[J]. 城市发展研究，2004（3）：42-46，52.

[103] 杜栋，庄贵阳，谢海生. 从"以评促建"到"评建结合"的低碳城市评价研究[J]. 城市发展研究，2015，22（11）：7-11.

[104] 周枕戈，庄贵阳，陈迎. 低碳城市建设评价：理论基础、分析框架与政策启示[J]. 中国人口·资源与环境，2018，28（6）：160-169.

[105] 朱婧，刘学敏，张昱. 中国低碳城市建设评价指标体系构建[J]. 生态经济，2017，33（12）：52-56.

[106] 李云燕，羡瑛楠，殷晨曦. 低碳城市发展评价方法模式研究：以四直辖市为例[J]. 生态经济，2017，33（12）：46-51.

[107] 朱丽. 2000—2015 年广州城市低碳可持续发展进程研究[J]. 生态环境学报，2018，27（5）：957-963.

[108] 邱立新，袁赛. 中国典型城市碳排放特征及峰值预测：基于"脱钩"分析与 EKC 假设的再验证[J]. 商业研究，2018（7）：50-58.

[109] MICHIEL DE N, REN van der K, DAAN P van S. International comparisons of domestic energy consumption [J]. Energy Economies, 2003, 25:359-373.

[110] 郭朝先. 中国二氧化碳排放增长因素分析：基于 SDA 分解技术[J]. 中国工业经济，2010（12）：47-56.

[111] 顾阿伦，吕志强. 经济结构变动对中国碳排放影响：基于 IO-SDA 方法的分析[J]. 中国人口·资源与环境，2016，

26（3）：37-45.

[112] 张乐勤，陈素平，荣慧芳，等. 基于 IPAT 模型的安徽省不同情景碳排放趋势测度分析[J]. 地理与地理信息科学，2012，28（2）：60-64，93.

[113] 胡林林，贾俊松，毛端谦，等. 基于 IPAT 模型的江西旅游业碳排放分析[J]. 广东农业科学，2013，40（20）：168-170，177.

[114] 朱宇恩，李丽芬，贺思思，等. 基于 IPAT 模型和情景分析法的山西省碳排放峰值年预测[J]. 资源科学，2016，38（12）：2316-2325.

[115] 王丽，欧阳慧，马永欢. 经济社会发展对环境影响的再认识：基于 IPAT 模型的城市碳排放分析[J]. 宏观经济研究，2017（10）：161-168.

[116] 秦军，唐慕尧. 基于 Kaya 恒等式的江苏省碳排放影响因素研究[J]. 生态经济，2014，30（11）：53-56.

[117] 戴小文，何艳秋，钟秋波. 基于扩展的 Kaya 恒等式的中国农业碳排放驱动因素分析[J]. 中国科学院大学学报，2015，32（6）：751-759.

[118] ŠTREIMIKIENĖ D, BALEZENTIS T. Kaya identity for analysis of the main drivers of GHG emissions and feasibility to implement EU "20‐20‐20" targets in the Baltic States[J]. Renewable & Sustainable Energy Reviews, 2016, 58:1108-1113.

[119] LIMA F, NUNES M L, CUNHA J, et al. A cross-country assessment of energy-related CO_2, emissions: An extended Kaya Index Decomposition Approach[J]. Energy, 2016, 115:1361-1374.

[120] 代如锋，丑洁明，董文杰，等. 中国碳排放的历史特征及未来趋势预测分析[J]. 北京师范大学学报（自然科学版），2017，53（1）：80-86.

[121] YORK R，ROSA E A, DIETZ T. Stirpat, ipat and impact: analytic tools for unpacking the driving forces of environmental impacts[J]. Ecological Economics, 2003, 46(3): 351-365.

[122] 武翠芳，熊金辉，吴万才，等. 基于 STIRPAT 模型的甘肃省交通碳排放测算及影响因素分析[J]. 冰川冻土，2015，37（3）：826-834.

[123] 黄蕊，王铮，丁冠群，等. 基于 STIRPAT 模型的江苏省能源消费碳排放影响因素分析及趋势预测[J]. 地理研究，2016，35（4）：781-789.

[124] SHAHBAZ M, LOGANATHAN N, MUZAFFAR A T, et al. How urbanization affects CO_2, emissions in Malaysia? The application of STIRPAT model[J]. Renewable & Sustainable Energy Reviews, 2016, 57:83-93.

[125] 王凯，邵海琴，周婷婷，等. 基于 STIRPAT 模型的中国旅游业碳排放影响因素分析[J]. 环境科学学报，2017，37（3）：1185-1192.

[126] IBRAHIM S S, CELEBI A, OZDESER H, et al. Modelling the impact of energy consumption and environmental sanity in Turkey: A STIRPAT framework[J]. Procedia Computer Science, 2017, 120:229-236.

[127] 黎孔清，马豆豆，李义猛. 基于 STIRPAT 模型的南京市农业碳排放驱动因素分析及趋势预测[J]. 科技管理研究，2018，38（8）：238-245.

[128] 黄文若，魏楚. 碳排放强度：影响因素与中国的应对策略：基于 Divisia 分解的实证研究[J]. 学习与实践，2011（9）：32-38.

[129] 王圣，王慧敏，陈辉，等. 基于 Divisia 分解法的江苏沿海地区碳排放影响因素研究[J]. 长江流域资源与环境，2011，20（10）：1243-1247.

[130] 路正南，杨洋，王健. 基于 Laspeyres 分解法的中国碳生产率影响因素解析[J]. 工业技术经济，2014，33（8）：82-90.

[131] 张永强，张捷. 广东省经济增长与碳排放之间的脱钩关系：基于 Laspeyres 分解法的实证研究[J]. 生态经济，2017，33（6）：46-52.

[132] 张伟，张金锁，邹绍辉，等. 基于 LMDI 的陕西省能源消费碳排放因素分解研究[J]. 干旱区资源与环境，2013，27（9）：26-31.

[133] 庞军，张浚哲. 中欧贸易隐含碳排放及其影响因素：基于 MRIO 模型和 LMDI 方法的分析[J]. 国际经贸探索，2014，30（11）：51-65.

[134] 梁大鹏，刘天森，李一军. 基于 LMDI 模型的金砖五国二氧化碳排放成本及其影响因素比较研究[J]. 资源科学，2015，37（12）：2319-2329.

[135] 方伟成，孙成访，周新萍. 基于 GFI 模型广东能源消费变动的因素分解分析[J]. 东莞理工学院学报，2013，20（5）：80-85.

[136] 张清，林涛. 基于 GFI 模型的工业能源强度变动因素分解研究[J]. 安全与环境学报，2015，15（5）：292-295.

[137] FREIRE-GONZÁLEZ J. Environmental taxation and the double dividend hypothesis in CGE modelling literature: A critical review[J]. Journal of Policy Modeling, 2018, 40:194-223.

[138] FARAJZADEH Z, BAKHSHOODEH M. Economic and environmental analyses of Iranian energy subsidy reform using Computable General Equilibrium (CGE) model[J]. Energy for Sustainable Development, 2015, 27(1):147-154.

[139] HANNUM C, CUTLER H, IVERSON T, et al. Estimating the implied cost of carbon in future scenarios using a CGE model: The Case of Colorado[J]. Energy Policy, 2017, 102:500-511.

[140] CHOI Y, LIU Y, LEE H. The economy impacts of Korean ETS with an emphasis on sectoral coverage based on a CGE approach[J]. Energy Policy, 2017, 109:835-844.

[141] MENG S, SIRIWARDANA M, MCNEILL J, et al. The impact of an ETS on the Australian energy sector: An integrated CGE and electricity modelling approach [J]. Energy Economics, 2018, 69:213-224.

[142] DUARTE R, SÁNCHEZ-CHÓLIZ J, SARASA C. Consumer-side actions in a low-carbon economy: A dynamic CGE analysis for Spain[J]. Energy Policy, 2018, 118:199-210.

[143] 李创. 基于 CGE 模型的碳税政策模拟分析[J]. 工业技术经济，2014，33（1）：146-153.

[144] 周晟吕. 基于 CGE 模型的上海市碳排放交易的环境经济影响分析[J]. 气候变化研究进展，2015，11（2）：144-152.

[145] 任松彦，汪鹏，赵黛青，等. 基于 CGE 模型的广东省重点行业碳排放上限及减排路径研究[J]. 生态经济，2016，32（7）：69-73.

[146] 王锋，陈进国，刘娟，等. 碳税对江苏省宏观经济与碳减排的影响：基于 CGE 模型的模拟分析[J]. 生态经济，2017，33（9）：31-36.

[147] 石玉淳. 基于 LEAP 模型的大连市工业能源消费分析研究[D]. 大连：大连海事大学，2014.

[148] 杨花，杜斌，吕锋骅，等. 基于 IPCC 排放清单和 LEAP 模型的山西省 CO_2 排放研究[J]. 环境污染与防治，2014，36（3）：103-109.

[149] 崔和瑞，魏朋邦. 钢铁行业节能减排政策情景研究：基于 LEAP 模型[J]. 北京理工大学学报（社会科学版），2016，18（6）：1-9.

[150] 杨顺顺. 基于 LEAP 模型的长江经济带分区域碳排放核算及情景分析[J]. 生态经济，2017，33（9）：26-30.

[151] EMODI N V, EMODI C C, MURTHY G P, et al. Energy policy for low carbon development in Nigeria: A LEAP model application[J]. Renewable & Sustainable Energy Reviews, 2017, 68:247-261.

[152] 赵立祥，汤静. 基于 LEAP 模型的北京公交集团碳减排政策情景研究[J]. 科技管理研究，2018，38（2）：252-259.

[153] KAYA Y. Impact of carbon dioxide emission control on GNP growth: interpretation of proposed scenarios[A]. Presented at the IPCC Energy and Industry Subgroup[C]. Paris: Response Strategies Working Group, Paris, 1990.

[154] MARCOTULLIO P J, SARZYNSKI A, ALBRECHT J, et al. The geography of urban greenhouse gas emissions in Asia: A regional analysis[J]. Global Environmental Change, 2012, 22(4):944-958.

[155] 田成诗，郝艳，李文静，等. 中国人口年龄结构对碳排放的影响[J]. 资源科学，2015，37（12）：2309-2318.

[156] 李国志，李宗植. 人口、经济和技术对二氧化碳排放的影响分析：基于动态面板模型[J]. 人口研究，2010，34（3）：32-39.

[157] 杨文芳. 人口增长、城市化对 CO_2 排放的影响[J]. 中国人口·资源与环境, 2012, 22（S1）: 284-288.

[158] 宋晓晖, 张裕芬, 汪艺梅, 等. 基于 IPAT 扩展模型分析人口因素对碳排放的影响[J]. 环境科学研究, 2012, 25（1）: 109-115.

[159] BRUYN S M D, OPSCHOOR J B. Developments in the throughput-income relationship: theoretical and empirical observations[J]. Ecological Economics, 1997, 20(3):255-268.

[160] 王星. 中国城镇化对碳排放的影响: 基于省级面板数据的分析[J]. 城市问题, 2016（7）: 23-29.

[161] 王星, 刘高理. 甘肃省人口规模、结构对碳排放影响的实证分析: 基于扩展的 STIRPAT 模型[J]. 兰州大学学报（社会科学版）, 2014, 42（1）: 127-132.

[162] 彭希哲, 朱勤. 我国人口态势与消费模式对碳排放的影响分析[J]. 人口研究, 2010, 34（1）: 48-58.

[163] 张丽峰. 北京人口、经济、居民消费与碳排放动态关系研究[J]. 干旱区资源与环境, 2015, 29（2）: 8-13.

[164] 陈佳瑛, 彭希哲, 朱勤. 家庭模式对碳排放影响的宏观实证分析[J]. 中国人口科学, 2009（5）: 68-78, 112.

[165] 王钦池. 基于非线性假设的人口和碳排放关系研究[J]. 人口研究, 2011, 35（1）: 3-13.

[166] De BRUYN S M, van den Bergh, J.C.J.M, et al. Economic growth and emissions: reconsidering the empirical basis of environmental Kuznets curves[J]. Ecological Economics, 1996, 25(2):161-175.

[167] 吴振信, 闫洪举. 经济增长、产业结构对环渤海经济圈碳排放的影响分析: 基于空间面板数据模型[J]. 中国管理科学, 2014, 22（S1）: 724-730.

[168] 冷雪. 碳排放与我国经济发展关系研究[D]. 上海: 复旦大学, 2012.

[169] 吴振信, 谢晓晶, 王书平. 经济增长、产业结构对碳排放的影响分析: 基于中国的省际面板数据[J]. 中国管理科学, 2012, 20（3）: 161-166.

[170] 邱立新, 徐海涛. 中国城市群碳排放时空演变及影响因素分析[J]. 软科学, 2018, 32（1）: 109-113.

[171] 徐成龙, 任建兰, 巩灿娟. 产业结构调整对山东省碳排放的影响[J]. 自然资源学报, 2014, 29（2）: 201-210.

[172] 苏方林, 黎文勇. 产业结构合理化、高级化对碳排放影响的实证研究: 基于西南地区面板数据[J]. 西南民族大学学报（人文社科版）, 2015, 36（11）: 114-119.

[173] 仲伟周, 姜锋, 万晓丽. 我国产业结构变动对碳排放强度影响的实证研究[J]. 审计与经济研究, 2015, 30（6）: 88-96.

[174] 原嫄, 席强敏, 孙铁山, 等. 产业结构对区域碳排放的影响: 基于多国数据的实证分析[J]. 地理研究, 2016, 35（1）: 82-94.

[175] 王长建, 汪菲, 张虹鸥. 新疆能源消费碳排放过程及其影响因素: 基于扩展的 Kaya 恒等式[J]. 生态学报, 2016, 36（8）: 2151-2163.

[176] 张利, 雷军, 张小雷. 1952 年-2008 年新疆能源消费的碳排放变化及其影响因素分析[J]. 资源科学, 2012, 34（1）: 42-49.

[177] 任晓松, 赵涛. 中国碳排放强度及其影响因素间动态因果关系研究: 以扩展型 KAYA 公式为视角[J]. 干旱区资源与环境, 2014, 28（3）: 6-10.

[178] 胡彩梅, 韦福雷, 吴莹辉, 等. 中国能源产业技术创新效率对碳排放的影响研究[J]. 资源开发与市场, 2014, 30（3）: 300-304, 370.

[179] 薛俊宁. 中国能源价格、技术进步和碳排放关系研究[D]. 济南: 山东大学, 2015.

[180] 林善浪, 张作雄, 刘国平. 技术创新、空间集聚与区域碳生产率[J]. 中国人口·资源与环境, 2013, 23（5）: 36-45.

[181] 张小平, 王龙飞. 甘肃省农业碳排放变化及影响因素分析[J]. 干旱区地理, 2014, 37（5）: 1029-1035.

[182] 李建豹, 黄贤金, 吴常艳, 等. 中国省域碳排放影响因素的空间异质性分析[J]. 经济地理, 2015, 35（11）: 21-28.

[183] 程叶青, 王哲野, 张守志, 等. 中国能源消费碳排放强度及其影响因素的空间计量[J]. 地理学报, 2013, 68（10）: 1418-1431.

[184] 李志强, 刘春梅. 碳足迹及其影响因素分析: 基于中部六省的实证[J]. 中国中部经济发展研究, 2009（2）: 115-127.

[185] 梅林海，杨慧. 基于 kaya 公式的中国碳排放因素的灰关联分析[J]. 云南财经大学学报，2011，27（4）：66-70.

[186] 陈盈，李函昱，田立新. 江苏省能源消费结构对碳排放影响的效应与趋势：基于 LMDI 和 Logistics 模型的实证研究[J]. 数学的实践与认识，2016，46（21）：158-170.

[187] 郑宇花，迟远英. 煤炭价格对我国能源消费、碳排放与宏观经济的影响[J]. 煤炭工程，2016，48（1）：142-145.

[188] 朱妮，张艳芳. 陕西省能源消费结构、产业结构演变对碳排放强度的冲击影响分析[J]. 干旱区地理，2015，38（4）：843-850.

[189] 张伟，朱启贵，高辉. 产业结构升级、能源结构优化与产业体系低碳化发展[J]. 经济研究，2016，51（12）：62-75.

[190] 王子敏，范从来. 城市化与能源消耗间关系实证研究[J]. 城市问题，2012（8）：8-14.

[191] 郭郡郡，刘成玉，刘玉萍. 城镇化、大城市化与碳排放：基于跨国数据的实证研究[J]. 城市问题，2013（2）：2-10.

[192] 王雅楠，赵涛. 基于 GWR 模型中国碳排放空间差异研究[J]. 中国人口·资源与环境，2016，26（2）：27-34.

[193] 卢祖丹. 我国城镇化对碳排放的影响研究[J]. 中国科技论坛，2011（7）：134-140.

[194] 胡建辉，蒋选. 城市群视角下城镇化对碳排放的影响效应研究[J]. 中国地质大学学报（社会科学版），2015，15（6）：11-21.

[195] 杨晓军，陈浩. 全球化、城镇化与二氧化碳排放[J]. 城市问题，2013（12）：12-20.

[196] 胡雷，王军锋. 我国城镇化对二氧化碳排放的长期影响和短期波动效应分析[J]. 干旱区资源与环境，2016，30（8）：94-100.

[197] 朱勤，魏涛远. 居民消费视角下人口城镇化对碳排放的影响[J]. 中国人口·资源与环境，2013，23（11）：21-29.

[198] 陈珍启，林雄斌，李莉，等. 城市空间形态影响碳排放吗？：基于全国 110 个地级市数据的分析[J]. 生态经济，2016，32（10）：22-26.

[199] 秦波，邵然. 城市形态对居民直接碳排放的影响：基于社区的案例研究[J]. 城市规划，2012，36（6）：33-38.

[200] CHEN H, JIA B, LAU S S Y. Sustainable urban form for Chinese compact cities: Challenges of a rapid urbanized economy[J]. Habitat International, 2008, 32(1):28-40.

[201] GROSSMAN G M, KRUEGER A B. Environmental impacts of a North American free trade agreement [R]. National Bureau of Economic Research, 1991.

[202] 刘爱东，曾辉祥，刘文静. 中国碳排放与出口贸易间脱钩关系实证[J]. 中国人口·资源与环境，2014，24（7）：73-81.

[203] 王美昌，徐康宁. 贸易开放、经济增长与中国二氧化碳排放的动态关系：基于全球向量自回归模型的实证研究[J]. 中国人口·资源与环境，2015，25（11）：52-58.

[204] 邓光耀. 国际贸易对中国各行业能源消费碳排放的影响研究[J]. 统计与决策，2017（4）：116-119.

[205] 白艳萍，赵乐微. 出口贸易对碳排放影响三种效应分析：以我国主要工业行业为例[J]. 生态经济，2015，31（2）：50-54.

[206] 杨志江，朱桂龙. 技术创新、环境规制与能源效率：基于中国省际面板数据的实证检验[J]. 研究与发展管理，2017，29（4）：23-32.

[207] AŞICI A A, ACAR S. How does environmental regulation affect production location of non-carbon ecological footprint?[J]. Journal of Cleaner Production, 2018, 178:927-936.

[208] JORGE M L, MADUEÑO J H, MARTÍNEZ-MARTÍNEZ D, et al. Competitiveness and environmental performance in Spanish small and medium enterprises: is there a direct link? [J]. Journal of Cleaner Production, 2015, 101:26-37.

[209] 任小静，屈小娥，张蕾蕾. 环境规制对环境污染空间演变的影响[J]. 北京理工大学学报（社会科学版），2018，20（1）：1-8.

[210] 邝嫦娥，田银华，李昊匡. 环境规制的污染减排效应研究：基于面板门槛模型的检验[J]. 世界经济文汇，2017（3）：84-101.

[211] 齐绍洲，徐佳. 环境规制与制造业低碳国际竞争力：基于二十国集团"波特假说"的再检验[J]. 武汉大学学报（哲

学社会科学版），2018，71（1）：132-144.

[212] LLOP M. Measuring the influence of energy prices in the price formation mechanism[J]. Energy Policy, 2011, 117:39-48.

[213] MÉNDEZ M R, BOQUETE Y P. Revisiting environmental kuznets curves through the energy price lenses[J]. Energy Policy, 2016, 95:32-41.

[214] 何凌云，杨雪杰，尹芳，等. 能源价格及资源税杠杆的减排效应比较研究[J]. 资源科学，2016，38（7）：1383-1394.

[215] 江洪，陈振环. 能源价格指数对能源效率调节效应的研究[J]. 价格理论与实践，2016（9）：104-106.

[216] 邱强，顾尤莉. 国际能源价格波动对我国碳排放影响的效应研究：基于岭回归分析[J]. 国际商务研究，2017，38（5）：35-46.

[217] 钟帅，沈镭，赵建安，等. 国际能源价格波动与中国碳税政策的协同模拟分析[J]. 资源科学，2017，39（12）：2310-2322.

[218] VALIZADEH J, SADEH E, JAVANMARD H, et al. The effect of energy prices on energy consumption efficiency in the petrochemical industry in Iran[J]. Alexandria Engineering Journal, 2017.

[219] 施卫东，程莹. 碳排放约束、技术进步与全要素能源生产率增长[J]. 研究与发展管理，2016，28（1）：10-20.

[220] 周银香，吕徐莹. 中国碳排放的经济规模、结构及技术效应：基于 33 个国家 GVAR 模型的实证分析[J]. 国际贸易问题，2017（8）：96-107.

[221] 武晓利. 环保技术、节能减排政策对生态环境质量的动态效应及传导机制研究：基于三部门 DSGE 模型的数值分析[J]. 中国管理科学，2017，25（12）：88-98.

[222] 魏玮，文长存，崔琦，等. 农业技术进步对农业能源使用与碳排放的影响：基于 GTAP-E 模型分析[J]. 农业技术经济，2018（2）：30-40.

[223] NDUAGU E I, GATES I D. Economic assessment of natural gas decarbonization technology for carbon emissions reduction of bitumen recovery from oil sands[J]. International Journal of Greenhouse Gas Control, 2016, 55.

[224] SHIN J, LEE C Y, KIM H. Technology and demand forecasting for carbon capture and storage technology in South Korea[J]. Energy Policy, 2016, 98:1-11.

[225] SHABBIR I, MIRZAEIAN M. Carbon emissions reduction potentials in pulp and paper mills by applying cogeneration technologies[J]. Energy Procedia, 2017, 112: 142-149.

[226] ALCALDE J, SMITH P, HASZELDINE R S, et al. The potential for implementation of Negative Emission Technologies in Scotland[J]. International Journal of Greenhouse Gas Control, 2018, 76:85-91.

[227] CILLIS D, MAESTRINI B, PEZZUOLO A, et al. Modeling soil organic carbon and carbon dioxide emissions in different tillage systems supported by precision agriculture technologies under current climatic conditions[J]. Soil & Tillage Research, 2018, 183:51-59.

[228] 李永江. 温室气体清单编制的思路和基本原则[J]. 印制电路信息，2010（10）：56-59，64.

[229] 余艳春，虞明远，宋国华，等. 我国公路运输温室气体排放清单研究[J]. 交通节能与环保，2012，8（3）：16-22.

[230] 李剑玲，黄海峰. 中国低碳工业化管理研究[J]. 中国市场，2012（10）：95-98.

[231] 罗超. 我国低碳经济的发展和政策措施[D]. 大连：东北财经大学，2012.

[232] 袁敏，康艳兵，刘强，等. 2020 年我国钢铁行业 CO_2 排放趋势及减排路径分析[J]. 中国能源，2012，34（7）：22-26.

[233] OECD. Indicators to measure decoupling of environmental pressure from economic growth[R]. Paris: OECD, 2002.

[234] 李忠民，庆东瑞. 经济增长与二氧化碳脱钩实证研究[J]. 福建论坛（人文社会科学版），2010（2）：67-72.

[235] PETRI T. Towards a theory of decoupling: degrees of decoupling in the EU and the case of road traffic in Finland between 1970 and 2001[J]. Transport Policy,2005,12(2):137-151.

[236] 戴红彬，陕西经济增长影响因素研究[J]. 陕西行政学院学报，2018，32（3）：89-95.

[237] 周少甫，蔡梦宁. 城市化、碳排放与经济增长关系的实证分析[J]. 统计与决策，2017（2）：130-132.

[238] LEVIN A, LIN C F, CHU C S J. Unit root tests in panel data: asymptotic and finite-sample properties[J]. Journal of

Econometrics, 2002, 108(1):1-24.

[239] 陈强. 高级计量经济学及 Stata 应用[M]. 北京：高等教育出版社，2014.

[240] PETERS G P, MARLAND G, QUÉRÉ C L, et al. Rapid growth in CO_2 emissions after the 2008—2009 global financial crisis[J]. Nature Climate Change, 2012, 2(1):2-4.

[241] ANDERSSON F. International trade and carbon emissions: The role of Chinese institutional and policy reforms[J]. Journal of Environmental Management, 2017, 205(1):29-39.

[242] 刘祥霞，郭琦，安同信. 中国进出口商品中的隐含碳排放估算：基于投入产出法的实证研究[J]. 山东社会科学，2015（8）：150-155.

[243] PORTER M E. The Competitive Advantage of Nations. New York, The Free Press[J]. Competitive Intelligence Review, 1990, 1(1):427.

[244] PORTER M E . The competitive advantage of nations[M]. The competitive advantage of nations. Free Press, 2006.

[245] 汤飚. 论绿色经济环境下我国企业绿色竞争力的打造[J]. 商业时代，2014（25）：100-101.

[246] 石泓，付滨. 透过"元宝曲线"探析企业绿色竞争力的战略选择[J]. 生态经济，2014，30（1）：104-106.

[247] RAMANATHAN R, HE Q, BLACK A, et al. Environmental regulations, innovation and firm performance: A revisit of the Porter hypothesis[J]. Journal of Cleaner Production, 2016,155:79-92.

[248] 王丽霞，陈新国，姚西龙. 环境规制政策对工业企业绿色发展绩效影响的门限效应研究[J]. 经济问题，2018（1）：78-81.

[249] 张娟. 资源型城市环境规制的经济增长效应及其传导机制：基于创新补偿与产业结构升级的双重视角[J]. 中国人口·资源与环境，2017，27（10）：39-46.

[250] 余东华，孙婷. 环境规制、技能溢价与制造业国际竞争力[J]. 中国工业经济，2017（5）：35-53.

[251] 王军，耿建. 企业绿色竞争力评价模型构建及应用[J]. 统计与决策，2012（22）：169-171.

[252] 李琳，王足. 我国区域制造业绿色竞争力评价及动态比较[J]. 经济问题探索，2017（1）：64-71，81.

[253] 刘海滨，周佳宁. 煤炭资源型城市绿色竞争力影响因素识别研究[J]. 中国煤炭，2018，44（3）：15-19，38.

[254] BALASSA B. Trade liberalization and revealed comparative advantage[J]. Manchester School, 1965, 33(2):99-123.

[255] AMABLE B. International specialisation and growth[J]. Structural Change & Economic Dynamics, 2000, 11(4):413-431.

[256] YEATS A J. On the appropriate interpretation of the revealed comparative advantage index: Implications of a methodology based on industry sector analysis[J]. Weltwirtschaftliches Archiv, 1985, 121(1):61-73.

[257] LAURSEN K. Revealed comparative advantage and the alternatives as measures of international specialization[J]. Eurasian Business Review, 2015, 5(1):99-115.

[258] LOESSE J E, YAYA K. Energy consumption, economic growth and carbon emissions: Cointegration and causality evidence from selected African countries[J]. Energy,2016,114: 492-497.

[259] 李鹏涛. 中国环境库兹涅茨曲线的实证分析[J]. 中国人口·资源与环境，2017，27（S1）：22-24.

[260] 姚增福，刘欣. 要素禀赋结构升级、异质性人力资本与农业环境效率[J]. 人口与经济，2018（2）：37-47.

[261] 曹丽斌，蔡博峰，王金南. 中国城市产业结构与 CO_2 排放的耦合关系[J]. 中国人口·资源与环境，2017，27（2）：10-14.

[262] 林伯强，王锋. 能源价格上涨对中国一般价格水平的影响[J]. 经济研究，2009，44（12）：66-79，150.

[263] 林善浪，张作雄，刘国平. 技术创新、空间集聚与区域碳生产率[J]. 中国人口·资源与环境，2013，23（5）：36-45.

[264] NGUYEN T A T, CHOU S Y. Impact of government subsidies on economic feasibility of offshore wind system: Implications for Taiwan energy policies[J]. Applied Energy, 2018, 217:336-345.

[265] 伍红，李姗姗. 绿色发展指标下促进生态文明先行示范区建设的税收政策完善[J]. 税务研究，2018（1）：88-92.

[266] 方齐云，陶守来. 基于人口与城镇化视角的中国碳排放驱动因素探究[J]. 当代财经，2017（3）：14-25.

[267] 杨春平, 陈诗波, 谢海燕. "飞地经济": 横向生态补偿机制的新探索: 关于成都阿坝两地共建成阿工业园区的调研报告[J]. 宏观经济研究, 2015 (5): 3-8, 57.

[268] 约翰·梅纳德·凯恩斯. 就业利息和货币通论[M]. 2 版. 徐毓枬, 译. 北京: 商务印书馆, 1983.

[269] ROTHSCHILD M, STIGLITZ J. Equilibrium in competitive insurance markets: an essay on the economics of imperfect information[J]. Uncertainty in Economics, 1976, 90(4):629-649.

[270] 林毅夫. 产业政策与我国经济的发展: 新结构经济学的视角[J]. 复旦学报 (社会科学版), 2017, 59 (2): 148-153.

[271] 田国强. 林毅夫、张维迎之争的对与错: 兼谈有思想的学术与有学术的思想[J]. 比较, 2016 (6): 203-219.

[272] 吴敬琏. 我国的产业政策: 不是存废, 而是转型[J]. 中国流通经济, 2017, 31 (11): 3-8.

[273] 张维迎. 我为什么反对产业政策: 与林毅夫辩[J]. 比较, 2016 (6): 174-202.

[274] 顾昕. 重建产业政策的经济学理论[J]. 比较, 2016 (6): 220-236.

[275] 张娟. 资源型城市环境规制的经济增长效应及其传导机制: 基于创新补偿与产业结构升级的双重视角[J]. 中国人口·资源与环境, 2017, 27 (10): 39-46.

[276] 李斌, 陈斌. 环境规制、财政分权与中国经济低碳转型[J]. 经济问题探索, 2017 (10): 156-165.

[277] 洪源, 袁葜健, 陈丽. 财政分权、环境财政政策与地方环境污染: 基于收支双重维度的门槛效应及空间外溢效应分析[J]. 山西财经大学学报, 2018, 40 (7): 1-15.

[278] 张华. 环境支出、地区竞争与环境污染: 对环境竞次的一种解释[J]. 山西财经大学学报, 2018, 40 (12): 1-14.

[279] 冯雪艳, 师磊, 凌鸿程. 财政分权、产业结构与环境污染[J]. 软科学, 2018, 32 (11): 25-28.

[280] 臧传琴, 陈蒙. 财政环境保护支出效应分析: 基于 2007—2015 年中国 30 个省份的面板数据[J]. 财经科学, 2018 (6): 68-79.

[281] 姜楠. 环保财政支出有助于实现经济和环境双赢吗?[J]. 中南财经政法大学学报, 2018 (1): 95-103.

[282] 辛冲冲, 陈志勇. 财政分权、政府竞争与地方政府科技支出: 基于中国省级面板数据的再检验[J]. 山西财经大学学报, 2018, 40 (6): 1-14.

[283] DINARDO J, TOBIAS J L. Nonparametric density and regression estimation[J]. Journal of Economic Perspectives, 2001, 15(4):11-28.

[284] 孙才志, 李欣. 基于核密度估计的中国海洋经济发展动态演变[J]. 经济地理, 2015, 35 (1): 96-103.

[285] 王惠, 卞艺杰, 王树乔. 出口贸易、工业碳排放效率动态演进与空间溢出[J]. 数量经济技术经济研究, 2016, 33 (1): 3-19.

[286] 李婧, 谭清美, 白俊红. 中国区域创新生产的空间计量分析: 基于静态与动态空间面板模型的实证研究[J]. 管理世界, 2010 (7): 43-55, 65.

[287] 林光平, 龙志和, 吴梅. 中国地区经济 σ -收敛的空间计量实证分析[J]. 数量经济技术经济研究, 2006 (4): 14-21, 69.

[288] 熊灵, 齐绍洲. 金融发展与中国省区碳排放: 基于 STIRPAT 模型和动态面板数据分析[J]. 中国地质大学学报 (社会科学版), 2016, 16 (2): 63-73.

[289] 赵桂梅, 赵桂芹, 陈丽珍, 等. 中国碳排放强度的时空演进及跃迁机制[J]. 中国人口·资源与环境, 2017, 27 (10): 84-93.

[290] 赵巧芝, 闫庆友, 赵海蕊. 中国省域碳排放的空间特征及影响因素[J]. 北京理工大学学报 (社会科学版), 2018, 20 (1): 9-16.

[291] ELHORST J P. Dynamic spatial panels: models, methods, and inferences[J]. Journal of Geographical Systems, 2012, 14(1):5-28.

[292] 苏美蓉, 陈彬, 陈晨, 等. 中国低碳城市热思考: 现状、问题及趋势[J]. 中国人口·资源与环境, 2012, 22 (3): 48-55.

[293] 魏宵, 孟科学. 武汉城市圈经济辐射机理探析: 基于复杂性系统论视角[J]. 华东经济管理, 2016, 30 (5): 73-80.

[294] 朱小会, 陆远权. 环境财税政策与金融支持的碳减排治理效应: 基于财政与金融相结合的视角[J]. 科技管理研究, 2017, 37 (3): 203-209.

[295] 马晓君, 董碧滢, 于渊博, 等. 东北三省能源消费碳排放测度及影响因素[J]. 中国环境科学, 2018, 38 (8): 3170-3179.

[296] 韩秀艳, 孙涛, 高明. 新型城镇化建设、能源消费增长与碳排放强度控制研究[J]. 软科学, 2018, 32 (9): 90-93.

[297] 任小静, 屈小娥, 张蕾蕾. 环境规制对环境污染空间演变的影响[J]. 北京理工大学学报 (社会科学版), 2018 (1): 1-8.

[298] IRANDOUST M. The renewable energy-growth nexus with carbon emissions and technological innovation: Evidence from the Nordic countries[J]. Ecological Indicators, 2016, 69:118-125.

[299] JORDAAN S M, ROMO-RABAGO E, MCLEARY R, et al. The role of energy technology innovation in reducing greenhouse gas emissions: A case study of Canada[J]. Renewable & Sustainable Energy Reviews, 2017, 78:1397-1409.

[300] 茆三芹. 基于 GWR 模型的耕地利用时空演变及驱动因素研究[D]. 武汉: 华中农业大学, 2013.

[301] 王俊智. 基于 GWR 模型的耕地利用时空演变及驱动力分析[D]. 乌鲁木齐: 新疆大学, 2016.

[302] 魏小琴. 兰州市耕地面积变化及成因分析[D]. 兰州: 甘肃农业大学, 2018.

[303] FOTHERINGHAM A S, BRUNSDON C, CHARLTON M. Geographically weighted rregression [M]. New York: Wiley, 2002.

[304] 白艳萍, 赵乐微. 出口贸易对碳排放影响三种效应分析: 以我国主要工业行业为[J]. 生态经济, 2015, 31 (2): 50-54.

[305] 武义青. 把低碳发展作为京津冀协同发展的重要抓手[J]. 乡音, 2014 (7): 15-16.

[306] 邱立新, 徐海涛. 能源、经济与环境协调发展的最优政策设计: 基于 CGE 模型的实证研究[J]. 南京财经大学学报, 2018 (5): 78-89.

[307] 邱立新, 徐海涛. 能源经济环境协调发展的最优政策设计: 基于 CGE 模型的实证研究[J]. 科学与管理, 2018 (5): 33-45.

[308] 邱立新, 徐海涛. 基准情境与干扰情境下中国典型城市碳排放趋势预测[J]. 城市问题, 2019 (3): 12-22.

[309] 曹洪刚, 佟昕, 陈凯, 等. 中国碳排放的区域差异实证研究: 基于 2000—2011 年省际面板数据的研究[J]. 工业技术经济, 2015 (11): 84-96.

[310] JONES C M, KAMMEN D M. Quantifying carbon footprint reduction opportunities for U.S. households and communities [J]. Environmental Science & Technology, 2011, 45(9): 4088-4095.

[311] JONES C M, KAMMEN D M. Spatial distribution of U.S. household carbon footprints reveals suburbanization under-mines greenhouse gas benefits of urban population density [J]. Environmental Science & Technology, 2014, 48(2): 895-902.

[312] 刘莉娜, 曲建升, 黄雨生, 等. 中国居民生活碳排放的区域差异及影响因素分析[J]. 自然资源学报, 2016, 31 (8): 1364-1377.

[313] 岳婷, 龙如银. 中国省域生活能源碳排放空间计量分析[J]. 北京理工大学学报 (社会科学版), 2014, 16 (2): 40-46.

[314] 郭文, 孙涛. 人口结构变动对中国能源消费碳排放的影响: 基于城镇化和居民消费视角[J]. 数理统计与管理, 2017, 36 (2): 295-312.

[315] 颜艳梅, 王铮, 吴乐英, 等. 中国碳排放强度影响因素对区域差异的作用分析[J]. 环境科学学报, 2016, 36 (9): 3436-3444.

[316] 胡艳兴, 潘竟虎, 王怡睿. 基于 ESDA-GWR 的 1997—2012 年中国省域能源消费碳排放时空演变特征[J]. 环境科学学报, 2015, 35 (6): 1896-1906.

[317] 王秋贤, 高志强, 宁吉才. 基于公平的中国省域碳排放差异模型构建探讨: 以中国 2010 年碳排放为例[J]. 资源科学, 2014 (5): 998-1004.

[318] 胡敏. 全球创新发展下地缘政治经济进化与全球治理研究[D]. 北京: 中国科学院大学, 2015.

[319] 朱永彬, 王峥, 石莹. 中国平稳增长路径下减排控制研究[M]. 北京: 科学出版社, 2016: 79-83.

[320] 陈诗一. 中国碳排放强度的波动下降模式及经济解释[J]. 世界经济, 2011（4）：124-143.

[321] LONG R Y, SHAO T X, CHEN H. Spatial econometric analysisof China's province-level industrial carbon productivity and its influencing factors[J]. Applied Energy,2016,166: 210-219.

[322] VALERIA C, FRANCESCO C. Environmental regulation and the export dynamics of energy technologies[J]. Ecological Economics, 2008, 66(2-3):447-460.

[323] 李玮. 倒逼机制：企业节能减排中的政府角色探析[J]. 理论学刊, 2011（3）：77-80.

[324] 张茉楠. "碳关税"对中国转型形成强大倒逼机制[J]. 中国经贸导刊, 2011（11）：41-43.

[325] 朱亮峰，黄国良，张亚杰. 煤炭市场倒逼机制下我国能源结构走势的研究[J]. 价格理论与实践, 2014（3）：57-59.

[326] KRAFT J, KRAFT A.On the relationship between energy aNP[J]. Energy Development, 1978(3):401-403.

[327] SOLOW, ROBERT M. The Economics of Resources or the Resources of Economics[J]. American Economic Review,1974,2:1-14.

[328] STIGLITZ, JOSEPH E. Monopoly and the Rate of Extraction of Exhaustible Resources[J].American Economic Review,1976,4:655-661.

[329] HEAL G M, DASGUPTA P. Economic theory and exhaustible resources[M]. Cambridge: Cambridge University Press,1979.

[330] 贺小莉，潘浩然. 基于 PSTR 模型的中国能源消费与经济增长非线性关系研究[J]. 中国人口・资源与环境, 2013, 23（12）：84-89.

[331] 郭晶，王涛. 中国能源消费与经济增长关系的实证分析[J]. 统计与决策, 2017（4）：138-141.

[332] NORDHAUS W D, STAVINS R N, WEITZMAN M L. Lethal model 2:the limits to growth revisited[J].Brookings Papers on Economic Activity, 1992(2):1-59.

[333] NORDHAUS W D. Regional dynamic general equilibrium model of alternative climate-change strategies[J]. American Economic Review, 1996(86): 741-765.

[334] GROSSMAN G, KRUEGER A. Environmental impacts of a North American free trade agreement. CEPR Discussion Paper, 1991(644).

[335] STOKEY. Are there limits growth[J].International Economic Review, 1998,39(1):1-31.

[336] 刘荣茂，张莉侠，孟令杰. 经济增长与环境质量：来自中国省际面板数据的证据[J]. 经济地理, 2006（3）：374-377.

[337] 王敏，黄滢. 中国的环境污染与经济增长[J]. 经济学（季刊）, 2015, 14（2）：557-578.

[338] 李茜，胡昊，罗海江，等. 我国经济增长与环境污染双向作用关系研究：基于 PVAR 模型的区域差异分析[J]. 环境科学学报, 2015, 35（6）：1876-1886.

[339] NICK D. HANLEY, PETER G, et al. The impact of a stimulus to energy efficiency on the economy and the environment: A regional computable general equilibrium analysis[J]. Renewable Energy, 2006,31(2):161-171.

[340] IVAN V, LUCILLE L. Energy indicators for sustainable development[J]. Energy Policy, 2007, 32(6):912-919.

[341] 胡绍雨. 我国能源、经济与环境协调发展分析[J]. 技术经济与管理研究, 2013（4）：78-82.

[342] 赵芳. 能源-经济-环境非协调发展原因的经济学解释[J]. 中国人口・资源与环境, 2008, 18（4）：67-72.

[343] 苏静，胡宗义，唐李伟. 我国能源-经济-环境（3E）系统协调度的地理空间分布与动态演进[J]. 经济地理, 2013, 33（9）：19-24.

[344] 逯进，常虹，汪运波. 中国区域能源、经济与环境耦合的动态演化[J]. 中国人口・资源与环境, 2017, 27（2）：60-68.

[345] 刘亦文，胡宗义. 能源技术变动对中国经济和能源环境的影响：基于一个动态可计算一般均衡模型的分析[J]. 中国软科学, 2014（4）：43-57.

[346] 赵伟，田银华，彭文斌. 基于 CGE 模型的产业结构调整路径选择与节能减排效应关系研究[J]. 社会科学, 2014（4）：55-63.

[347] 郭正权，郑宇花，张兴平. 基于 CGE 模型的我国能源-环境-经济系统分析[J]. 系统工程学报, 2014, 29（5）：581-591.

[348] 张伟，朱启贵，高辉. 产业结构升级、能源结构优化与产业体系低碳化发展[J]. 经济研究，2016（12）：62-75.

[349] 戴小文，何艳秋，钟秋波. 基于扩展的 Kaya 恒等式的中国农业碳排放驱动因素分析[J]. 中国科学院大学学报，2015，32（6）：751-759.

[350] 曹俊文，曹玲娟. 江西省农业碳排放测算及其影响因素分析[J]. 生态经济，2016，32（7）：66-68.

[351] 郑玉歆，樊明太. 中国 CGE 模型及政策分析[M]. 北京：社会科学文献出版社，1999.

[352] 马丽梅，张晓. 中国雾霾污染的空间效应及经济、能源结构影响[J]. 中国工业经济，2014（4）：19-31.

[353] 刘晓，成艾华. 武汉低碳城市发展的路径选择研究[J]. 中国科技投资，2011（7）：50-53.

[354] 王臻. 新能源汽车在中国的现状及发展趋势初探[J]. 汽车与驾驶维修（维修版），2018（4）：69.

[355] 刘春娥. 加州科学院绿色屋顶探析[J]. 黑龙江工业学院学报（综合版），2018（4）：62-64.

[356] 张国钧，侯红串，侯养全，等. 气候变化科技：碳捕捉与封存的技术介绍和实施研究[J]. 太原科技，2010（2）：26-30.

[357] 陈润羊，周一虹. 西部地区低碳城市发展模式研究：以甘肃省兰州市为例[J]. 资源开发与市场，2013，29（2）：170-173.

[358] 盖宏伟，冯昭. 中国低碳城市发展模式构建[J]. 城市，2011（2）：26-29.

[359] 陈蔚镇. 低碳城市发展的框架、路径与愿景[M]. 北京：科学出版社，2010.

[360] 冯霞. 城市居民低碳生活意识教育何以必要[J]. 法制与社会，2012（22）：233-234.

[361] 庄贵阳. 中国经济低碳发展的途径与潜力分析[J]. 国际技术经济研究，2005，8（3）：79-87.

[362] 付允，马永欢，刘怡君，等. 低碳经济的发展模式研究[J]. 中国人口·资源与环境，2008，18（3）：14-18.

[363] 张坤民. 中国走低碳发展之路：必要性与可行性——写在首届世界低碳与生态经济大会暨技术博览会召开之际[J]. 鄱阳湖学刊，2009（3）：5-13.

附　　录

附录 1　低碳城市评价指标体系

附表 1-1　中国低碳城市评价体系

一级指标	二级指标
城市低碳发展规划指标	城市低碳发展总体规划
	城市低碳发展专项规划
媒体传播指标	全国性媒体宣传该城市低碳经济成果的报道力度
	地方媒体对该城市低碳经济成果的传播力度
	其他方式传播力度
新能源与可再生能源、低碳产品应用率	新能源与可再生能源占一次能源消耗的比例
	以太阳能产品等为代表的低碳产品使用率、普及率
城市绿地覆盖率指标	城市绿地覆盖率
	人均绿地面积
低碳出行指标	千人公共交通工具拥有量
	新能源汽车使用情况
城市低碳建筑指标	城市绿色建筑比例
	城市绿色建筑示范工程数量
城市空气质量指标	年度内达到国家空气质量一级标准的天数
城市直接减碳指标	产业发展减碳指数
	森林碳汇增加指数
公众满意度和支持率	公众对该城市的满意度和支持率
一票否决指标	年度内是否出现严重违反低碳经济发展的事件

附表 1-2　中国城市低碳发展排位指标体系

一级指标	二级指标	成分指标
经济低碳指标	低碳生产指标	碳生产力与能耗强度
	低碳消费指标	低碳消费系数
社会低碳指标	低碳人口指标	人均碳排放水平
	低碳就业指标	碳的就业岗位贡献度
资源低碳指标	低碳能源指标	非化石能源比例
	森林碳汇指标	森林覆盖率
环境低碳指标	污水排放指标	COD 的排放强度
	毒气排放指标	二氧化硫的排放强度
设施低碳指标	低碳交通指标	出行公交偏好与公交效率
	低碳建筑指标	建筑物能耗密度
政策低碳指标	低碳政策指标	低碳规划与产业政策措施
	规划监管指标	碳排放管理、监测、统计体系建设

附表 1-3　绿色低碳重点小城镇建设评价指标（试行）[①]

类型	项目	指标
社会经济发展水平（10分）	公共财政能力	人均可支配财政收入水平（%）
	能耗情况	单位 GDP 能耗
	吸纳就业能力	吸纳外来务工人员的能力（%）
	社会保障	社会保障覆盖率（%）
	特色产业	本地主导产业有特色、有较强竞争力的企业集群，并符合循环经济发展理念
规划建设管理水平（20分）	规划编制完善度	镇总体规划在有效期内，并得到较好落实，规划编制与实施有良好的公众参与机制
		镇区控制性详细规划覆盖率
		绿色低碳重点镇建设整体实施方案
	管理机构与效能	设立规划建设管理办公室、站（所），并配备专职规划建设管理人员，基本无违章建筑
	建设管理制度	制定规划建设管理办法，城建档案、物业管理、环境卫生、绿化、镇容秩序、道路管理、防灾等管理制度健全
	上级政府支持程度	县级政府对创建绿色低碳重点镇责任明确，发挥领导和指导作用，进行了工作部署，并落实了资金补助
	镇容镇貌	居住小区和街道：无私搭乱建现象
		卫生保洁：无垃圾乱堆乱放现象，无乱泼、乱贴、乱画等行为，无直接向江河湖泊排污现象
		商业店铺：无违规设摊、占道经营现象；灯箱、广告、招牌、霓虹灯、门楼装潢、门面装饰等设置符合建设管理要求
		交通与停车管理：建成区交通安全管理有序，车辆停靠管理规范
建设用地集约性（10分）	建成区人均建设用地面积	现状建成区人均建设用地面积（m²/人）
	工业园区土地利用集约度（注：无工业园区此项不评分）	工业园区平均建筑密度
		工业园区平均道路面积比例（%）
		工业园区平均绿地率（%）
	行政办公设施节约度	集中政府机关办公楼人均建筑面积（m²/人）
		院落式行政办公区平均建筑密度
	道路用地适宜度	主干路红线宽度（m）
资源环境保护与节能减排（26分）	镇区 API 指数	年 API 不大于 100 的天数（天）
	镇域地表水环境质量	镇辖区水Ⅳ类及以上水体比例（%）
	镇区环境噪声平均值	镇区环境噪声平均值[dB(A)]
	工矿企业污染治理	认真贯彻执行环境保护政策和法律法规，辖区内无滥垦、滥伐、滥采、滥挖现象
		近三年无重大环境污染或生态破坏事故
	节能建筑	公共服务设施（市政设施、公共服务设施、公共建筑）采用节能技术
		新建建筑执行国家节能或绿色建筑标准，既有建筑制订节能改造计划并实施
	可再生能源使用	使用太阳能、地热、风能、生物质能等可再生能源，且可再生能源使用户数合计占镇区总户数的15%以上

[①]　资料来源：http://www.mohurd.gov.cn/wjfh/20110928_206429_html。

续表

类型	项目	指标
资源环境保护与节能减排（26分）	节水与水资源再生	非居民用水全面实行定额计划用水管理
		节水器具普及使用比例（%）
		城镇污水再生利用率（%）
	生活污水处理与排放	镇区污水管网覆盖率（%）
		污水处理率（%）
		污水处理达标排放率100%
		镇区污水处理费征收情况
	生活垃圾收集与处理	镇区生活垃圾收集率（%）
		镇区生活垃圾无害化处理率（%）
		镇区推行生活垃圾分类收集的小区比例（%）
基础设施与园林绿化（18分）	建成区道路交通	建成区道路网密度适宜，且主次干路间距合理
		非机动车出行安全便利
		道路设施完善，路面及照明设施完好，雨箅、井盖、盲道等设施建设维护完好
	供水系统	饮用水水源地达标率100%
		居民和公共设施供水保证率（%）
	排水系统	新镇区建成区实施雨污分流，老镇区有雨污分流改造计划
		雨水收集排放系统有效运行，镇区防洪功能完善
	园林绿化	建成区绿化覆盖率（%）
		建成区街头绿地占公共绿地比例（%）
		建成区人均公共绿地面积（m²/人）
公共服务水平（9分）	建成区住房情况	建成区危房比例（%）
	教育设施	建成区中小学建设规模和标准达到《农村普通中小学校建设标准》要求，且教学质量好，能够为周边学生提供优质教育资源
	医疗设施	公立乡镇医院至少一所，建设规模和标准达到《乡镇卫生院建设标准》要求，且能够发挥基层卫生网点作用，能够满足居民预防保健及基本医疗服务需求
	商业（集贸市场）设施	建成区至少拥有集中便民集贸市场一座，且市场管理规范
	公共文体娱乐设施	公共文化设施至少一处：文化活动中心、图书馆、体育场（所）、影剧院等
	公共厕所	建成区公共厕所设置合理
历史文化保护与特色建设（7分）	历史文化遗产保护	辖区内历史文化资源，依据相关法律法规得到妥善保护与管理
		已评定为"国家级历史文化名镇"，并制定《历史文化名镇保护规划》，实施效果好
	城镇建设特色	城镇建设风貌与地域自然环境特色协调
		城镇建设风貌体现地域文化特色
		城镇主要建筑规模尺度适宜，色彩、形式协调
		已评定为"特色景观旅游名镇"，并依据相关规划及规范进行建设与保护

附录 2　2005～2015 年中国能源消费及二氧化碳排放相关数据

附表 2-1　中国一次能源消费量及二氧化碳排放总量（标准煤）

单位：万 t

年份	能源消耗总量	煤炭	石油	天然气	碳排放总量	煤炭	石油	天然气
2005	242027.7	189231.16	46523.68	6272.86	579252.7834	425632.7257	140056.9501	13563.10769
2006	265268.45	207402.11	50131.73	7734.61	634146.6418	466504.1708	150918.7838	16723.68718
2007	288083.85	225795.45	52945.14	9343.26	687466.1223	507875.832	159388.3981	20201.89221
2008	293679.68	229236.87	53542.04	10900.77	700371.3837	515616.5285	161185.3323	23569.5229
2009	307555.29	240666.22	55124.66	11764.41	732710.8656	541324.2681	165949.7218	25436.8756
2010	326747.09	249568.42	62752.75	14425.92	781452.9801	561347.755	188913.6623	31191.5628
2011	354531.39	271704.19	65023.22	17803.98	845381.5189	611137.1666	195748.7859	38495.5663
2012	363130.61	275464.53	68363.46	19302.62	867135.5031	619595.2016	205804.3926	41735.9089
2013	374387.87	280999.36	71292.12	22096.39	894442.0785	632044.5507	214620.9606	47776.5672
2014	377689.92	279328.74	74090.24	24270.94	903809.7686	628286.8686	223044.5451	52478.3549
2015	377886.51	273849.49	78672.62	25364.4	907644.7011	615962.5341	236839.5452	54842.6218

附表 2-2　中国工业 41 个行业部门 2005~2015 年一次能源消费总量（标准煤）

单位：万 t

年份	2005	2006	2007	2008	2009	2010	2011	2012	2013	2014	2015
（一）采掘业	5175.07	5918.64	6510.15	6926.79	8553.15	9421.36	9212.45	9584.96	10201.40	8942.52	7573.66
煤炭开采和洗选业	2217.54	2552.23	2925.91	3033.77	4754.50	4958.87	5251.61	5418.13	5770.84	4495.57	3467.86
石油和天然气开采业	1902.56	2297.00	2306.90	2516.73	2418.45	2550.34	2375.50	2350.07	2553.58	2625.48	2558.14
黑色金属矿采选业	368.56	400.28	444.76	551.40	520.88	1031.78	756.67	710.75	812.64	778.80	634.82
有色金属矿采选业	222.97	246.12	215.27	193.05	195.38	211.70	242.40	233.47	223.03	215.94	192.29
非金属矿采选业	454.39	566.94	614.43	629.79	661.75	664.54	585.92	592.48	607.99	581.62	513.90
开采辅助活动								278.66	230.73	242.39	193.33
其他采矿业	8.99	1.77	2.93	1.80	2.30	4.13	0.35	1.51	2.60	2.64	1.54
（二）制造业	94284.37	104113.18	116381.22	121415.56	132396.65	139161.15	150914.39	150821.17	156241.99	158137.57	153558.98
农副食品加工业	1671.89	1794.51	2103.88	2290.48	2284.40	2328.91	2280.57	2196.79	2139.93	1824.24	1895.91
食品制造业	855.00	955.28	966.07	1062.85	1122.07	1123.66	1106.83	1131.40	1121.64	960.33	946.35
酒、饮料和精制茶制造业	986.01	1037.98	1116.50	1168.31	1166.56	1149.70	1161.95	1093.14	1121.86	1005.40	907.37
烟草制品业	116.96	105.55	93.33	86.51	73.34	75.35	97.60	64.58	61.22	51.94	45.74
纺织业	2077.26	2081.09	2141.06	2078.41	2057.23	2059.96	1961.73	1675.81	1628.24	1287.56	1246.57
纺织服装、服饰业	279.47	318.99	331.87	337.58	327.14	332.72	292.72	291.51	256.04	235.36	212.09
皮革、毛皮、羽毛及其制品和制鞋业	149.22	222.52	220.63	214.74	203.12	180.08	155.22	173.65	157.05	137.99	131.81
木材加工和木、竹、藤、棕、草制品业	430.14	453.35	465.26	504.75	540.21	523.74	511.67	490.71	462.84	493.21	388.23
家具制造业	46.35	79.17	84.21	97.81	96.08	100.95	86.18	80.93	77.61	68.96	75.90
造纸和纸制品业	1783.64	1841.67	1907.69	2108.83	2297.08	2296.11	2261.02	1961.51	1770.99	1404.38	1226.13
印刷和记录媒介复制业	67.33	94.66	97.69	106.67	99.14	101.56	79.47	78.42	90.34	106.14	104.67
文教、工美、体育和娱乐用品制造业	53.96	78.61	75.69	77.95	73.88	73.93	50.13	116.60	121.71	138.56	130.66
石油加工、炼焦和核燃料加工业	8587.46	9345.62	10395.12	10682.61	12318.68	11075.24	11931.61	11953.37	11770.37	12197.44	12765.11

续表

年份	2005	2006	2007	2008	2009	2010	2011	2012	2013	2014	2015
化学原料和化学制品制造业	16279.69	18314.47	20017.18	19881.34	20575.89	23527.08	25951.57	26175.60	27426.03	28449.91	30088.77
医药制造业	652.29	766.47	840.81	904.54	821.91	890.25	938.76	960.08	961.98	950.11	934.97
化学纤维制造业	595.02	562.61	561.91	513.37	466.33	473.23	471.45	472.74	478.73	426.75	439.73
橡胶和塑料制品业	803.02	972.60	974.93	1044.71	994.42	1037.56	904.02	822.39	791.38	720.83	685.14
非金属矿物制品业	17955.22	18425.04	20314.66	21504.93	22418.67	24510.99	27054.89	26294.35	26565.39	27198.43	25319.25
黑色金属冶炼及压延加工业	35049.54	39434.73	45827.19	48206.39	55928.95	58624.94	64825.95	66991.34	71505.78	73344.01	69064.68
有色金属冶炼及压延加工业	2035.79	2554.51	2861.02	3079.57	3146.72	3131.87	3196.75	3058.37	3162.26	3117.21	3079.40
金属制品业	496.61	661.25	727.42	791.90	740.78	701.65	609.46	808.44	820.89	682.56	648.53
通用设备制造业	1115.98	1306.64	1488.31	1687.45	1739.19	1754.23	2192.11	1357.82	1198.57	1150.37	1118.45
专用设备制造业	522.31	604.99	647.52	692.06	700.07	784.93	688.84	547.05	569.70	570.87	470.35
汽车制造业								723.57	728.97	709.76	476.51
铁路、船舶、航空航天和其他运输设备制造业	759.52	884.42	921.29	1052.75	1038.19	1069.82	1069.94	379.26	348.16	267.72	245.81
电气机械和器材制造业	423.39	565.46	561.00	582.10	558.35	583.23	502.91	454.07	441.00	356.59	323.32
计算机、通信和其他电子设备制造业	284.41	396.16	384.58	377.87	345.84	356.43	252.67	226.24	217.99	213.06	220.03
仪器仪表制造业	59.67	70.33	71.80	64.40	68.63	75.99	56.50	55.28	55.73	46.94	42.18
其他制造业	138.14	164.30	169.12	172.25	145.82	137.09	133.24	75.38	76.93	62.78	62.63
废弃资源综合利用业	11.99	14.28	22.13	42.53	48.22	80.20	77.98	75.27	89.13	105.94	100.84
金属制品、机械和设备修理业								35.76	23.14	15.23	15.52
(三)电力、燃气及水的生产和供应业	2031.19	1737.31	1817.59	2051.70	2011.63	2282.24	2213.98	2075.53	1724.72	1093.42	970.43
电力、热力生产和供应业	1669.71	1371.90	1455.74	1774.39	1814.33	2125.10	2095.56	1954.66	867.43	1010.94	868.06
燃气生产和供应业	330.87	331.63	333.00	248.33	168.52	121.40	91.27	88.97	117.46	61.88	80.75
水的生产和供应业	30.69	38.15	28.87	29.01	28.70	35.74	27.15	31.90	25.53	20.60	21.67

单位：万 t

附表 2-3　中国工业 41 个行业部门 2005～2015 年碳排放总量（标准煤）

年份	2005	2006	2007	2008	2009	2010	2011	2012	2013	2014	2015
（一）采掘业	11875.09	13642.26	14865.55	15814.42	18703.15	20850.60	20263.02	21182.59	22534.55	20157.41	17241.49
煤炭开采和洗选业	4471.86	5142.69	5875.22	6173.77	9356.53	9788.50	10544.82	10918.45	11687.69	9293.50	7249.24
石油和天然气开采业	5031.85	6164.12	6082.97	6466.30	6161.03	6429.50	5913.36	5763.54	6229.94	6360.01	6176.68
黑色金属矿采选业	879.80	962.50	1062.89	1303.51	1240.02	2630.97	1920.04	1777.31	2052.64	1978.27	1602.80
有色金属矿采选业	490.78	546.93	461.69	426.92	436.25	470.63	557.08	535.29	515.80	498.12	449.86
非金属矿采选业	982.12	1271.97	1375.49	1439.19	1504.55	1520.73	1326.64	1383.81	1389.41	1328.61	1178.41
开采辅助活动								801.53	653.59	692.67	544.91
其他采矿业	18.55	5.13	7.39	4.20	5.00	10.27	1.08	2.97	5.48	6.02	3.23
（二）制造业	225154.62	249434.35	279248.23	290954.57	319201.52	336966.85	365126.56	366454.09	380529.31	387259.29	376102.68
农副食品加工业	3317.85	3581.85	4145.04	4489.26	4493.85	4582.67	5725.55	4302.44	4194.07	3591.17	3923.22
食品制造业	1707.77	1903.42	1921.01	2121.09	2224.98	2226.58	2169.96	2207.44	2192.73	1882.16	1858.12
酒、饮料和精制茶制造业	1914.47	2033.90	2187.06	2255.16	2249.96	2214.49	2229.34	2100.51	2149.72	1933.25	1751.68
烟草制品业	235.37	215.62	193.14	181.53	153.52	156.74	197.94	134.51	127.83	108.12	95.52
纺织业	4066.51	4090.90	4201.46	4093.82	4020.76	4039.44	3809.23	3233.20	3136.75	2496.14	2442.55
纺织服装、服饰业	619.07	696.34	721.12	731.71	715.51	726.97	636.43	618.91	537.71	490.24	446.48
皮革、毛皮、羽毛及其制品和制鞋业	334.03	482.73	479.09	463.80	436.17	387.18	325.02	361.12	324.21	284.50	270.17
木材加工和木、竹、草制品业	839.04	898.97	922.63	1002.16	1067.96	1028.30	995.74	954.78	902.83	956.76	760.87
家具制造业	112.00	183.96	190.95	222.96	221.70	236.63	195.68	181.50	173.35	155.55	175.24
造纸和纸制品业	3485.23	3601.92	3713.74	4113.09	4429.19	4418.15	4324.70	3737.24	3385.88	2694.81	2356.20
印刷和记录媒介复制业	155.72	221.02	222.85	252.65	232.17	236.86	180.46	175.98	200.16	232.02	228.56
文教、工美、体育和娱乐用品制造业	137.84	196.98	191.12	198.80	186.39	184.88	119.34	264.36	270.67	302.04	285.08
石油加工、炼焦和核燃料加工业	22454.38	24400.25	26937.53	27711.52	32077.65	28696.56	30875.55	30838.89	30412.85	31412.18	32938.04

续表

年份	2005	2006	2007	2008	2009	2010	2011	2012	2013	2014	2015
化学原料和化学制品制造业	36186.24	41224.72	44834.62	44462.73	45957.26	53970.88	59105.81	59549.87	62407.73	65461.35	68968.65
医药制造业	1264.54	1497.05	1636.49	1770.12	1617.20	1746.25	1824.20	1863.71	1863.97	1838.33	1810.32
化学纤维制造业	1256.94	1229.72	1255.48	1096.50	957.36	953.40	917.16	904.45	912.28	813.34	837.39
橡胶和塑料制品业	1715.41	2103.15	2083.18	2208.54	2096.78	2201.12	1865.91	1689.83	1623.04	1483.03	1414.48
非金属矿物制品业	37259.73	38051.71	41844.39	44455.39	46194.70	51644.58	57063.99	55864.20	56424.44	58040.62	54398.12
黑色金属冶炼及压延加工业	94300.51	105921.50	123207.20	129047.24	149754.18	156820.90	173017.78	179086.75	191087.20	196132.29	184654.42
有色金属冶炼及压延加工业	4710.74	5791.35	6552.34	7074.59	7247.83	7289.32	7424.57	7075.12	7294.28	7170.00	7130.09
金属制品业	1195.57	1555.23	1691.57	1836.50	1727.27	1632.76	1392.09	1810.46	1869.03	1543.84	1482.77
通用设备制造业	2716.69	3125.93	3575.14	4038.41	4205.90	4216.42	5490.27	3512.89	3071.19	2973.38	2909.67
专用设备制造业	1197.06	1373.92	1466.07	1595.94	1622.49	1812.40	1560.31	1244.77	1344.73	1370.62	1140.76
汽车制造业								1734.67	1746.53	1699.04	1173.75
铁路、船舶、航空航天和其他运输设备制造业	1768.64	2034.01	2147.23	2549.20	2487.62	2560.88	2569.98	880.58	799.66	604.41	558.27
电气机械和器材制造业	996.73	1363.63	1348.16	1375.41	1329.87	1386.09	1150.76	1029.88	996.57	815.34	746.06
计算机、通信和其他电子设备制造业	725.38	1049.65	985.52	963.27	881.15	898.43	597.78	529.30	507.50	495.00	510.21
仪器仪表制造业	149.87	180.32	177.72	156.57	169.28	189.21	135.27	130.27	133.08	113.10	103.00
其他制造业	309.53	380.80	386.98	387.44	329.52	316.09	310.57	166.95	167.83	137.32	138.41
废弃资源综合利用业	29.33	33.09	50.16	99.62	113.93	193.26	187.31	176.72	214.49	255.70	237.26
金属制品、机械和设备修理业								93.33	56.11	39.67	40.91
(三)电力、燃气及水的生产和供应业	4518.21	3792.83	3916.70	4395.63	4187.41	4568.20	4412.21	4126.26	3481.04	2326.80	2066.93
电力、热力生产和供应业	3558.92	2816.86	2963.05	3643.18	3664.25	4160.02	4130.33	3843.52	1814.76	2128.69	1825.75
燃气生产和供应业	893.02	899.87	888.05	684.89	452.54	325.13	221.16	214.17	281.20	150.34	189.64
水的生产和供应业	66.44	89.37	65.63	67.60	70.48	83.04	60.72	68.57	57.03	47.77	51.69

附表 2-4　2005～2015 年中国工业高耗能行业碳排放贡献量（标准煤）

单位：万 t

年份	煤炭开采和洗选业	石油和天然气开采业	农副食品加工业	纺织业	造纸和纸制品业	石油加工、炼焦和核燃料加工业	化学原料和化学制品制造业	非金属矿物制品业	黑色金属冶炼及压延加工业	有色金属冶炼及压延加工业	通用设备制造业	电力、热力生产和供应业
2005～2006	674.656	1051.087	244.057	7.5170	113.442	1980.921	4552.013	972.596	11788.240	1187.643	460.012	-623.439
2006～2007	751.616	26.327	613.405	117.789	128.816	2729.697	3823.076	3897.284	17178.380	698.498	435.518	171.388
2007～2008	218.058	546.091	366.670	-123.168	391.941	745.378	-304.025	2456.187	6382.678	501.301	477.465	651.514
2008～2009	3439.365	-251.451	-11.952	-41.573	365.046	4252.388	1552.292	1885.827	20675.490	154.455	124.485	81.341
2009～2010	402.806	334.215	87.584	5.360	-1.860	-3230.003	6682.404	4360.462	7215.186	-34.381	36.253	617.694
2010～2011	582.840	-438.033	-107.660	-191.700	-67.329	2217.457	5541.471	5362.826	16568.610	150.846	1075.240	-58.029
2011～2012	334.983	-62.823	-186.419	-553.450	-571.793	56.220	509.9518	-1609.950	5784.037	-320.758	-2121.050	-277.395
2012～2013	712.559	497.783	-111.387	-91.722	-363.612	-472.489	2845.054	575.770	12066.220	239.982	-410.076	-2196.360
2013～2014	-2608.342	174.793	-620.069	-658.286	-702.127	1101.638	2342.902	1347.739	4914.019	-103.766	-124.043	301.227
2014～2015	-2135.899	-162.871	144.700	-79.890	-342.283	1463.377	3763.648	-4023.570	-11442.500	-87.247	-82.752	-300.690

附表 2-5　2005～2015 年中国工业高耗能行业碳排放贡献率

单位：%

年份	煤炭开采和洗选业	石油和天然气开采业	农副食品加工业	纺织业	造纸和纸制品业	石油加工、炼焦和核燃料加工业	化学原料和化学制品制造业	非金属矿物制品业	黑色金属冶炼及压延加工业	有色金属冶炼及压延加工业	通用设备制造业	电力、热力生产和供应业
2005～2006	1.229	1.915	0.445	0.014	0.207	3.609	8.292	1.772	21.475	2.164	0.838	-1.136
2006～2007	1.410	0.049	1.150	0.221	0.242	5.119	7.170	7.309	32.218	1.310	0.817	0.321
2007～2008	1.690	4.232	2.841	-0.954	3.037	5.776	-2.356	19.032	49.458	3.885	3.700	5.048
2008～2009	10.635	-0.778	-0.037	-0.129	1.129	13.149	4.800	5.831	63.933	0.478	0.385	0.251
2009～2010	0.826	0.686	0.180	0.011	-0.004	-6.627	13.710	8.946	14.803	-0.071	0.074	1.267
2010～2011	0.912	-0.685	-0.168	-0.300	-0.105	3.469	8.668	8.389	25.917	0.236	1.682	-0.091
2011～2012	1.540	-0.289	-0.857	-2.544	-2.628	0.258	2.344	-7.401	26.588	-1.474	-9.750	-1.275
2012～2013	2.609	1.823	-0.408	-0.336	-1.332	-1.730	10.419	2.109	44.188	0.879	-1.502	-8.043
2013～2014	-27.844	1.866	-6.619	-7.027	-7.495	11.760	25.011	14.381	52.457	-1.108	-1.324	3.216
2014～2015	-55.696	-4.247	3.773	-2.083	-8.925	38.159	98.141	-104.919	-298.375	-2.275	-2.158	-7.841

附录 3　能源换算系数、碳排放系数及各城市能源消费和碳排放相关数据

附表 3-1　各类能源能量换算系数和碳排放系数

能源名称	能量换算系数	碳排放系数/（kgC/GJ）
原煤	20908kJ/（5000kcal）/kg	25.8
洗精煤	26344kJ/（6300kcal）/kg	25.8
煤制品	21353kJ/（5100kcal）/kg	26.7
焦炭	28435kJ/（6800kcal）/kg	29.2
其他煤气	20515kJ/（4900kcal）/m³	32.9
汽油	43070kJ/（10300kcal）/kg	18.9
煤油	43070kJ/（10300kcal）/kg	19.6
柴油	42652kJ/（10200kcal）/kg	20.2
燃料油	41816kJ/（10000kcal）/kg	21.1
其他油品	37681kJ/（9000kcal）/L	20.0
液化石油气	50179kJ/（12000kcal）/kg	17.2
天然气	38931kJ/（8900kcal）/m³	15.3
焦炉煤气	20934kJ/（5000kcal）/m³	12.1
高炉煤气	2985kJ（713kcal）/m³	70.8

附表 3-2　能源折标准煤参考系数

能源名称	折标准煤系数
炼厂干气	1.5714kg 标准煤/kg
液化天然气	1.7572kg 标准煤/kg
热力	0.03412kg 标准煤/百万 J
电力	0.1229kg 标准煤/kWh

附表 3-3　北京分产业能源消费总量（万 t）及万元 GDP 能耗（t）（标准煤）

年份	能源消费总量	第一产业	第二产业	第三产业	生活消费	万元 GDP 能耗
1980	1907.7	66.8	1400.3	297.6	143.0	13.715
1981	1902.6	53.3	1339.4	334.9	175.0	13.668
1982	1920.4	55.7	1346.2	338.0	180.5	12.398
1983	1984.7	73.4	1379.4	313.6	218.3	10.839
1984	2144.1	85.8	1470.9	347.3	240.1	9.899

续表

年份	能源消费总量	第一产业	第二产业	第三产业	生活消费	万元 GDP 能耗
1985	2211.4	90.7	1488.3	351.6	280.8	8.601
1986	2400.0	95.7	1612.0	380.4	311.9	8.424
1987	2475.8	89.0	1647.8	424.7	314.3	7.576
1988	2612.6	111.7	1748.1	412.2	340.6	6.369
1989	2653.2	114.4	1735.9	427.0	375.9	5.818
1990	2709.7	105.7	1720.1	515.3	368.6	5.411
1991	2872.0	126.7	1807.6	542.0	395.7	4.795
1992	2987.5	143.6	1888.1	552.4	403.4	4.213
1993	3264.6	133.6	2150.9	561.0	419.1	3.684
1994	3385.9	143.6	2234.1	574.8	433.4	2.956
1995	3533.3	120.4	2328.4	632.7	451.8	2.344
1996	3734.5	110.8	2477.0	698.1	448.6	2.087
1997	3719.2	95.7	2369.6	799.8	454.1	1.792
1998	3808.1	96.2	2400.5	856.4	455.0	1.603
1999	3906.6	86.9	2370.7	971.8	477.2	1.459
2000	4144.0	104.8	2424.8	1080.9	533.5	1.311
2001	4229.2	105.4	2366.6	1196.2	561.0	1.198
2002	4436.1	103.0	2414.6	1334.5	584.0	1.127
2003	4648.2	99.9	2476.7	1391.0	680.6	1.062
2004	5139.6	85.6	2664.2	1638.0	751.8	1.029
2005	5049.8	85.4	2363.7	1771.7	829.0	0.902
2006	5399.3	91.1	2421.2	1962.8	924.2	0.686
2007	5747.7	95.1	2434.6	2198.4	1019.6	0.637
2008	5786.2	95.2	2215.6	2394.3	1081.1	0.588
2009	6008.6	97.1	2206.5	2527.3	1177.7	0.554
2010	6359.5	98.5	2364.1	2654.4	1242.5	0.532
2011	6397.3	98.3	2160.1	2818.9	1320.0	0.419
2012	6564.1	98.1	2082.1	2967.0	1416.9	0.399
2013	6723.9	97.3	2079.2	3109.1	1438.3	0.38
2014	6831.2	91.7	1998.4	3236.5	1504.6	0.36
2015	6852.6	84.6	1902.7	3312.6	1552.7	0.338
2016	6961.7	80.4	1870.8	3414.4	1596.1	0.275

附表 3-4　北京各具体能源消费量（标准煤）　　　　　单位：万 t

年份	原煤	焦炭	原油	汽油	煤油	柴油	燃料油	天然气总消耗	热力	电力
1995	1059.53	480.09	929.10	30.29	62.46	49.26	278.78	2.69	63.16	9.77
1996	1131.59	487.00	979.46	28.25	40.99	46.11	321.07	2.72	96.17	15.32
1997	1086.96	466.45	985.07	27.71	130.07	47.63	278.79	3.61	129.19	20.88
1998	1912.68	468.70	918.59	121.10	134.34	93.98	221.00	42.56	162.21	26.44
1999	1893.40	428.68	1028.31	135.81	162.44	102.00	162.43	86.45	195.23	32.00
2000	1543.42	436.24	1078.18	156.85	173.04	118.27	128.03	144.97	228.25	37.55
2001	1517.89	417.33	1000.73	204.07	190.18	150.84	111.99	222.64	284.40	44.64
2002	1458.24	367.06	1068.96	223.26	213.60	158.79	101.76	276.37	297.18	49.08
2003	1541.22	425.72	1038.14	243.10	202.96	160.88	94.43	281.83	318.02	52.51
2004	2099.62	442.70	1156.24	291.91	278.62	205.25	95.66	359.37	360.95	57.70
2005	2192.17	386.04	1142.31	346.12	278.62	205.25	94.11	426.13	393.11	64.62
2006	2182.67	338.65	1137.34	409.28	344.10	258.62	68.64	540.65	400.96	70.71
2007	2131.95	347.94	1358.47	477.79	407.73	279.79	61.22	620.31	444.29	77.21
2008	1957.32	225.62	1591.10	500.23	467.22	330.15	36.47	805.12	494.40	81.21
2009	1903.40	205.91	1661.36	535.00	503.11	349.97	60.57	923.03	522.89	86.52
2010	1881.90	214.14	1594.73	546.67	577.72	345.93	95.26	994.59	564.95	96.01
2011	1689.70	32.33	1578.72	573.54	617.81	351.32	106.64	978.33	598.43	99.16
2012	1616.95	31.26	1532.64	610.28	650.53	313.61	111.35	1221.20	629.15	107.45
2013	1442.33	0.77	1244.19	623.30	701.94	282.52	11.85	1314.21	670.54	112.22
2014	1240.41	0.62	1478.05	648.32	746.85	286.26	8.05	1512.18	686.84	115.16
2015	824.00	0.43	1416.51	680.89	801.00	265.70	7.01	1933.42	718.35	117.09
2016	601.30	0.20	1172.88	692.10	874.41	251.63	6.63	2131.99	758.00	125.39

附表 3-5　北京各类能源终端消费产生的二氧化碳排放量和二氧化碳排放总量

单位：万 t

年份	原煤	洗精煤	其他煤气	煤制品	焦炭	汽油	煤油	柴油	燃料油	液化石油气	其他油品	炼厂干气	天然气	热力	电力	总排放
2001	2822.1	17.1	2293.1	8.5	1181.6	596.9	576.9	467.0	355.1	95.6	499.9	47.2	481.4	696.8	1093.6	10632.8
2002	2711.2	9.5	2167.7	0.8	1039.3	653.0	647.9	491.6	322.6	98.6	832.8	52.9	597.6	728.1	1202.4	10697.6
2003	2865.5	7.0	2233.3	5.7	1205.3	711.1	615.7	498.1	299.4	108.6	924.8	46.8	609.4	779.2	1286.5	10994.2
2004	3903.7	9.8	2220.4	7.1	1253.4	853.9	845.2	635.4	303.3	136.9	1086.2	59.1	777.0	884.3	1413.6	12046.5
2005	4075.7	0.6	2121.9	5.1	1093.0	1012.4	845.2	635.4	298.4	145.8	1167.0	160.8	921.4	963.1	1583.2	12314.3
2006	4058.1	0.1	1755.1	31.2	958.8	1197.2	1043.8	800.7	217.6	145.1	1168.6	174.4	1169.0	982.4	1732.4	12863.0
2007	3963.8	0.1	1788.8	9.3	985.1	1397.6	1236.8	866.2	194.1	213.2	1060.4	244.3	1341.2	1088.5	1891.7	14067.2
2008	3639.1	0.5	1023.8	8.8	638.8	1463.2	1417.2	1022.1	115.6	206.1	949.1	294.5	1740.8	1211.3	1989.7	14818.5
2009	3538.8	0.3	1269.6	7.5	583.0	1564.9	1526.1	1083.5	192.0	154.6	924.9	288.9	1995.8	1281.1	2119.8	15476.9
2010	3498.9	0.8	1055.5	25.5	606.3	1599.0	1752.4	1071.0	302.0	128.2	873.6	263.3	2150.5	1384.1	2352.3	15772.6
2011	3141.5	0.2	1076.7	18.6	91.5	1677.6	1874.1	1087.7	338.1	129.1	1099.1	268.0	2115.3	1466.2	2429.5	15070.2
2012	3006.3	0.5	1152.3	22.1	88.5	1785.1	1973.5	970.9	353.0	131.3	1152.3	293.7	2640.5	1563.3	2631.5	15423.5
2013	2681.6	0.7	986.2	9.2	2.2	1823.2	2129.3	874.7	37.6	105.6	936.7	252.2	2841.6	1689.5	2713.6	14129.1
2014	2306.2	0.4	1065.3	16.6	1.8	1896.4	2265.5	886.2	25.5	95.1	824.2	229.6	3269.6	1772.6	2826.7	15093.0
2015	1532.0	0.2	869.7	10.1	1.2	1991.6	2429.7	822.6	22.2	116.3	762.3	189.6	4180.4	1806.3	2963.2	15236.7
2016	1118.0	0.4	912.5	8.7	0.6	2024.4	2652.4	779.0	21.0	120.6	801.7	201.4	4609.8	1891.5	3012.6	14729.9

附表 3-6　上海分产业能源消费总量（万 t 标准煤）及万元 GDP 能耗（标准煤）　　　单位：t

年份	能源消费总量	第一产业	第二产业	第三产业	生活消费	万元 GDP 能耗
2000	5226.81	103.37	3593.64	1068.85	460.94	1.135
2001	5548.53	113.84	3698.17	1281.30	455.21	1.117
2002	5897.19	109.13	3802.13	1507.47	478.45	1.074
2003	6396.66	111.83	4064.61	1692.12	528.09	1.004
2004	7057.01	108.35	4339.05	2018.63	590.98	0.905
2005	7796.9	61.09	4864.56	2231.99	639.26	0.862
2006	8375.26	58.88	5107.48	2497.63	711.26	0.825
2007	9193.58	60.44	5464.98	2872.14	796.02	0.78
2008	9639.54	62.54	5548.04	3139.36	889.6	0.751
2009	9846.97	62.57	5501.33	3339.46	943.62	0.704
2010	10501.04	63.19	6072.25	3367.65	997.94	0.678
2011	11131.41	64.88	6442.28	3575.33	1048.92	0.589
2012	11183.99	68.25	6262.81	3725.52	1127.41	0.552
2013	11456.08	72.94	6374.75	3789.85	1218.54	0.528
2014	11281.72	70.40	6227.77	3835.88	1147.67	0.482
2015	11549.55	69.99	6243.33	4012.19	1224.03	0.463
2016	11861.72	71.20	6171.32	4291.17	1328.02	0.427

附表 3-7　上海各具体能源消费量（标准煤）　　　单位：万 t

年份	原煤	焦炭	原油	燃料油	汽油	煤油	柴油	天然气	热力	电力
2001	3292.92	689.52	1935.80	703.74	202.07	87.65	337.76	43.89	134.14	68.98
2002	3346.50	608.66	2035.63	742.46	235.56	152.47	345.01	57.59	152.04	75.20
2003	3584.00	609.85	2482.22	880.12	297.58	152.20	420.11	66.10	172.58	86.49
2004	3674.59	573.76	2631.90	939.95	325.21	247.42	504.97	142.18	178.69	95.49
2005	3803.30	612.48	2810.06	1094.24	356.58	328.59	480.26	248.98	199.19	107.25
2006	3673.71	636.71	2618.40	1151.15	395.41	385.46	540.55	335.83	204.04	115.36
2007	3756.88	708.83	2456.58	1212.32	440.92	434.73	607.86	369.47	221.28	124.90
2008	3902.87	694.01	2787.98	1126.78	501.01	473.01	622.25	399.00	230.81	132.57
2009	3789.48	658.30	2767.46	1061.15	571.67	519.57	704.06	445.82	218.43	134.38
2010	4196.88	696.57	3037.92	1063.28	611.18	587.19	741.72	598.63	244.88	150.91
2011	4387.23	693.73	3049.62	964.36	695.78	589.30	776.58	737.22	261.54	155.98
2012	4073.65	653.92	3157.99	914.52	761.23	592.59	829.08	856.25	273.46	166.33
2013	4058.07	621.99	3731.16	861.65	783.59	643.71	809.91	969.44	290.52	173.36
2014	3497.06	636.11	3203.02	794.52	849.04	663.19	799.09	963.32	307.64	168.25
2015	3377.30	612.71	3608.80	771.77	894.16	752.55	818.70	1029.55	328.41	172.74
2016	3304.08	579.88	3534.68	830.67	938.53	861.95	819.18	1051.23	346.65	182.63

附表 3-8　上海各类能源终端消费产生的二氧化碳排放量和二氧化碳排放总量

单位：万 t

年份	煤炭	焦炭	洗精煤	煤制品	焦炉煤气	其他煤气	燃料油	汽油	煤油	柴油	液化石油气	其他石油制品	炼厂干气	天然气	热力	电力	总排放
2001	6122.3	1952.3	223.3	1.8	171.1	289.4	2231.2	591.1	265.9	1045.7	276.8	734.5	305.1	94.9	328.7	1690.1	12303.2
2002	6221.9	1723.3	418.1	6.0	145.1	311.1	2353.9	689.0	462.5	1068.1	264.3	950.8	352.4	124.5	372.5	1842.3	12643.3
2003	6663.5	1726.7	242.6	8.2	186.8	348.0	2790.4	870.4	461.7	1300.6	287.0	949.6	420.5	142.9	422.8	2118.9	13956.2
2004	6831.9	1624.5	231.0	22.4	192.9	317.5	2980.1	951.3	750.5	1563.3	233.5	1203.8	430.9	307.4	437.8	2339.6	15009.0
2005	7071.2	1734.1	72.5	73.7	200.8	451.2	3469.2	1043.0	996.8	1486.8	249.3	1636.9	471.4	538.3	488.0	2627.7	16339.5
2006	6830.2	1802.7	36.7	5.9	200.5	341.6	3649.7	1156.6	1169.3	1673.5	283.6	2665.6	474.1	726.1	499.9	2826.3	17008.2
2007	6984.9	2006.9	158.2	12.0	215.1	340.5	3843.6	1289.7	1318.7	1881.9	307.8	2885.0	439.0	798.9	542.1	3060.1	18124.6
2008	7256.3	1965.0	232.4	23.1	211.2	336.9	3572.4	1465.5	1434.8	1926.4	322.6	2736.4	482.1	862.7	565.5	3248.0	18483.2
2009	7045.5	1863.9	255.0	23.6	206.0	277.2	3364.3	1672.2	1576.0	2179.7	349.4	2838.2	538.7	963.9	535.2	3292.2	18665.5
2010	7802.9	1972.2	271.7	42.8	210.7	202.9	3371.1	1787.7	1781.2	2296.3	378.4	2961.7	513.2	1294.4	599.9	3697.2	20305.8
2011	8156.8	1964.2	402.3	56.7	218.6	172.7	3057.5	2035.2	1787.6	2404.2	376.3	2502.6	460.2	1594.0	640.8	3821.4	20999.5
2012	7573.8	1851.5	321.6	68.1	223.2	189.6	2899.4	2226.6	1797.6	2566.7	395.6	2845.2	476.6	1851.4	675.6	4012.6	20767.1
2013	7544.9	1761.1	263.2	55.3	209.2	216.5	2731.8	2292.1	1952.6	2507.4	412.3	3056.2	440.3	2096.1	721.6	4215.7	20885.9
2014	6501.8	1801.0	186.9	35.6	236.3	234.6	2519.0	2483.5	2011.7	2473.9	405.6	3125.4	421.4	2082.9	784.1	4115.3	19873.8
2015	6279.2	1734.8	354.5	82.2	215.2	196.3	2446.9	2615.5	2282.8	2534.6	385.6	2963.7	465.8	2226.1	823.9	4201.3	24783.2
2016	6143.0	1641.8	206.2	58.2	231.3	182.5	2633.6	2745.3	2614.6	2536.1	396.6	2815.6	490.6	2273.0	862.2	4415.4	24968.3

附表 3-9　广州分产业能源消费总量（万 t 标准煤）及万元 GDP 能耗（标准煤）　单位：t

年份	能源消费总量	第一产业	第二产业	第三产业	生活消费	万元 GDP 能耗
2001	2242.93	23.69	1609.36	425.35	184.53	0.79
2002	2353.42	28.63	1625.43	483.62	215.74	0.73
2003	2772.86	32.81	1813.38	664.08	262.59	0.74
2004	3484.77	46.50	2129.33	984.48	324.46	0.78
2005	4029.29	48.07	2462.22	1127.69	391.31	0.78
2006	4412.79	50.42	2644.45	1263.51	454.41	0.73
2007	4865.92	75.71	2812.12	1470.09	488.00	0.68
2008	5224.55	84.81	2938.74	1675.03	525.97	0.63
2009	5586.36	87.88	3037.00	1865.51	595.97	0.61
2010	6034.39	94.03	3104.36	2178.77	657.23	0.56
2011	6370.53	98.51	3214.38	2342.05	715.59	0.51
2012	6693.36	103.05	3183.58	2619.85	786.88	0.49
2013	5333.57	41.40	2506.98	2020.47	764.72	0.35
2014	5496.46	38.36	2484.39	2122.74	850.97	0.33
2015	5688.89	41.23	2570.54	2182.66	894.46	0.31
2016	5852.60	41.70	2554.75	2312.44	943.71	0.30

附表 3-10　广州各具体能源消费量（标准煤）　单位：万 t

年份	原煤	焦炭	汽油	柴油	燃料油	液化石油气	电力	热力
2001	1047.07	37.61	118.13	203.50	365.06	43.78	9.24	292.39
2002	1148.00	39.80	133.88	207.35	380.00	52.68	10.09	356.57
2003	1000.21	47.80	212.76	319.14	589.91	108.18	6.45	308.23
2004	1157.63	61.49	342.38	492.93	784.28	192.55	7.50	252.11
2005	1326.79	57.79	410.09	577.90	786.80	298.57	8.56	163.89
2006	1412.45	61.94	438.83	619.87	644.18	364.15	9.34	187.43
2007	1455.16	69.79	493.05	734.61	592.46	462.68	11.15	203.60
2008	1466.64	66.97	648.01	786.97	577.69	491.64	12.85	220.90
2009	1449.52	71.34	738.78	880.83	603.62	615.45	13.00	235.22
2010	1524.50	66.17	890.22	1020.42	617.98	672.75	14.36	271.28
2011	1595.41	63.91	963.56	1074.02	634.88	680.50	13.72	300.82
2012	1433.35	57.56	1043.34	1159.99	609.36	708.26	13.07	296.45
2013	1420.63	30.13	1088.07	1268.30	677.92	697.32	13.60	269.68
2014	1178.77	44.57	1149.98	1330.01	712.10	735.36	13.90	324.63
2015	1069.50	54.62	1208.94	1386.02	765.54	816.24	13.87	308.53
2016	1025.47	50.65	1270.18	1434.28	843.01	859.22	13.85	310.87

附表 3-11　广州各类能源终端消费产生的二氧化碳排放量和二氧化碳排放总量　单位：万 t

年份	原煤	焦炭	汽油	柴油	燃料油	液化石油气	热力	电力	总排放
2001	1946.75	106.49	345.56	630.03	1157.42	135.79	198.77	777.26	8753.49
2002	2134.39	112.71	391.61	641.97	1204.80	163.38	242.40	838.66	9514.56
2003	1859.62	135.34	622.35	988.06	1870.29	335.53	284.18	980.81	11314.72
2004	2152.31	174.12	1001.48	1526.09	2486.55	597.16	185.71	1185.48	13853.25
2005	2466.81	163.65	1199.55	1789.13	2494.52	925.99	125.22	1209.93	14490.17
2006	2626.06	175.39	1283.60	1919.09	2042.36	1129.35	122.01	1324.18	15168.03
2007	2705.48	197.61	1442.20	2274.29	1878.40	1434.95	140.41	1488.35	17927.43
2008	2726.82	189.64	1895.49	2436.42	1831.57	1524.75	141.00	1553.84	19435.20
2009	2695.00	202.01	2161.00	2726.97	1913.77	1908.72	159.91	1620.85	20275.64
2010	2834.40	187.35	2603.96	3159.13	1959.29	2086.45	184.41	4829.24	25075.15
2011	2966.22	180.97	2818.47	3325.09	2012.88	2110.48	204.50	5181.28	26178.70
2012	2664.93	162.99	3051.83	3591.25	1931.98	2196.56	201.65	5314.12	26747.74
2013	2641.28	85.32	3182.67	3926.55	2149.34	2162.64	178.20	5489.12	27009.14
2014	2491.61	126.21	3363.78	4117.60	2257.69	2280.61	235.41	5648.47	27506.61
2015	1988.44	154.65	3536.24	4291.00	2427.13	2531.45	221.45	5921.58	27828.26
2016	1435.63	143.43	3715.37	4440.41	2672.75	2664.74	220.13	6017.79	28122.70

附表 3-12　天津分产业能源消费总量（万 t）及万元 GDP 能耗（t）（标准煤）

年份	能源消费总量	第一产业	第二产业	第三产业	生活消费	万元 GDP 能耗
1996	2374.07	70.72	1735.50	311.33	256.52	2.11
1997	2312.79	44.76	1605.60	420.96	241.47	1.82
1998	2353.71	44.00	1588.62	437.27	283.82	1.71
1999	2352.21	53.61	1435.11	535.14	328.35	1.56
2000	2553.60	58.17	1570.08	635.23	290.12	1.50
2001	2724.32	68.83	1694.78	608.05	352.66	1.41
2002	2966.56	76.64	1935.92	575.96	378.04	1.37
2003	3017.40	59.60	2032.00	510.68	415.12	1.17
2004	3391.92	58.49	2352.44	549.38	431.61	1.09
2005	3496.31	62.79	2387.19	585.46	460.87	0.89
2006	3870.90	65.65	2705.14	619.03	481.08	0.86
2007	4213.73	67.99	2968.06	660.24	517.44	0.80
2008	4606.24	67.13	3227.71	733.20	578.19	0.68
2009	5023.03	71.91	3484.93	797.31	668.89	0.66
2010	5860.20	78.19	4229.19	881.82	671.01	0.63
2011	6551.11	87.38	4834.50	932.94	696.29	0.57
2012	7054.97	94.20	5161.27	1016.81	782.69	0.54
2013	7694.82	99.20	5647.54	1104.01	844.07	0.53
2014	7955.00	101.42	5794.56	1163.80	895.22	0.50
2015	8078.04	105.05	5721.45	1237.85	1013.69	0.47
2016	8041.43	109.68	5562.62	1309.13	1060.00	0.44

附表 3-13　天津各具体能源消费量（标准煤）

单位：万 t

年份	原煤	焦炭	洗精煤	焦炉煤气	原油	汽油	煤油	柴油	燃料油	液化石油气	炼厂干气	其他石油制品	天然气	热力	电力
2001	1882.18	125.09	27.66	36.46	1070.52	171.08	16.80	267.26	124.95	112.79	74.50	127.32	104.94	131.07	21.12
2002	2092.18	145.21	28.66	37.46	965.13	139.43	23.00	267.83	127.12	113.79	75.50	128.32	86.18	137.81	23.32
2003	2289.57	139.06	29.66	38.46	1072.81	156.59	27.38	282.37	162.12	114.79	76.50	129.32	96.56	145.77	25.93
2004	2506.17	318.66	30.66	39.46	1123.69	174.67	22.10	329.35	162.72	115.79	77.50	130.32	113.72	159.47	29.25
2005	2715.38	320.32	31.66	40.46	1233.08	175.04	22.25	354.28	160.99	116.79	78.50	131.32	120.23	163.17	45.89
2006	2720.99	525.62	32.66	41.46	1286.44	188.10	24.07	359.95	153.03	117.79	79.50	132.32	149.23	168.95	51.67
2007	2804.84	648.65	33.66	42.46	1357.37	206.22	28.52	380.07	128.05	118.79	80.50	133.32	189.79	177.98	59.29
2008	2837.75	698.66	34.66	43.46	1129.07	218.89	26.68	422.21	132.13	119.79	81.50	134.32	223.97	193.97	62.29
2009	2942.67	843.81	35.66	44.46	1206.65	266.37	30.50	442.33	135.22	120.79	82.50	135.32	241.00	210.14	67.10
2010	3433.49	644.92	36.66	45.46	2238.32	301.81	31.49	486.00	205.28	121.79	83.50	136.32	304.97	223.62	87.65
2011	3758.65	689.19	37.66	46.46	2505.79	327.49	36.09	525.52	214.23	122.79	84.50	137.32	346.07	234.81	93.59
2012	3784.36	857.47	38.66	47.46	2206.64	373.37	43.27	551.03	174.76	123.79	85.50	138.32	433.31	263.92	100.39
2013	3770.55	928.15	39.66	48.46	2513.12	312.29	82.57	473.05	124.19	124.79	86.50	139.32	502.61	285.30	97.64
2014	3590.99	927.09	40.66	49.46	2290.29	333.74	88.06	487.30	111.72	125.79	87.50	140.32	605.02	297.75	101.26
2015	3242.09	878.82	41.66	50.46	2309.65	388.05	96.79	514.98	134.49	126.79	88.50	141.32	842.16	317.74	104.60
2016	3021.60	861.91	42.66	51.46	2048.04	403.88	120.68	539.64	64.76	127.79	89.50	142.32	985.00	327.99	105.89

附表 3-14　天津各类能源终端消费产生的二氧化碳排放量和二氧化碳排放总量

单位：万 t

年份	原煤	焦炭	洗精煤	焦炉煤气	原油	汽油	煤油	柴油	燃料油	液化石油气	炼厂干气	其他石油制品	天然气	热力	电力	总排放
2001	3499.4	354.2	27.7	36.5	3217.1	500.4	51.0	827.4	396.1	112.8	74.5	127.3	226.9	619.1	712.3	9072.5
2002	3889.8	411.2	143.7	48.4	2900.4	407.8	69.8	829.2	403.0	108.8	33.8	592.6	186.3	678.1	799.1	9097.5
2003	4256.8	393.7	143.7	48.4	3224.0	458.0	83.1	874.2	514.0	59.4	41.6	486.4	208.8	746.8	884.8	10012.6
2004	4659.5	902.2	125.2	49.1	3376.9	510.9	67.0	1019.6	515.9	46.9	41.9	433.6	245.9	808.9	991.8	11298.0
2005	5048.5	906.9	228.4	49.3	3705.6	512.0	67.5	1096.8	510.4	54.1	42.2	417.9	260.0	885.4	1124.2	12107.7
2006	5058.9	1488.2	307.4	51.5	3866.0	550.2	73.0	1114.4	485.2	49.3	46.7	427.2	322.7	945.6	1265.9	12958.6
2007	5214.8	1836.5	274.2	40.4	4079.1	603.2	86.5	1176.7	406.0	55.7	100.6	447.0	410.4	982.3	1452.7	13813.2
2008	5276.0	1978.1	227.5	40.3	3393.0	640.3	80.9	1307.1	418.9	54.4	91.2	738.8	484.3	1040.1	1526.2	13578.7
2009	5471.1	2389.1	268.3	38.6	3626.2	779.1	92.5	1369.4	428.7	58.6	106.3	741.6	521.1	1161.2	1644.0	14677.2
2010	6383.6	1826.0	268.5	32.6	6726.5	882.8	95.5	1504.6	650.8	124.3	163.4	598.4	659.4	1338.8	1927.0	18729.3
2011	6988.2	1951.3	295.1	37.3	7530.4	957.9	109.5	1627.0	679.2	176.8	215.0	815.4	748.3	1435.0	2058.5	20591.7
2012	7036.0	2427.8	316.5	39.6	6631.4	1092.1	131.3	1705.9	554.1	198.5	264.1	846.4	936.9	1585.3	2254.2	20515.4
2013	7010.3	2627.9	356.9	42.8	7552.4	913.5	250.5	1464.5	393.7	245.6	293.5	889.7	1086.7	1623.5	2105.5	21299.5
2014	6676.4	2624.9	331.6	49.0	6882.7	976.2	267.1	1508.6	354.2	289.7	342.6	854.6	1308.2	1701.4	2314.2	20598.4
2015	6027.8	2488.2	402.9	46.2	6940.9	1135.1	293.6	1594.3	426.4	332.3	376.3	901.2	1820.9	1825.0	2578.9	20727.2
2016	5617.8	2440.4	389.2	51.0	6154.7	1181.4	366.1	1670.7	205.3	351.1	401.2	935.6	2129.8	1947.1	2674.1	19766.1

附表 3-15　重庆分产业能源消费总量（万 t）及万元 GDP 能耗（t）（标准煤）

年份	能源消费总量	第一产业	第二产业	第三产业	生活消费	万元 GDP 能耗
2001	2031.34	181.26	1401.56	168.52	280.00	1.03
2002	2074.52	190.86	1445.33	173.42	264.91	0.93
2003	2208.26	190.76	1574.03	173.77	269.70	0.86
2004	2340.30	163.93	1558.81	351.27	266.29	0.77
2005	3211.91	194.79	2324.42	397.30	295.40	0.93
2006	3438.95	217.33	2429.90	469.99	321.73	1.00
2007	3799.07	222.74	2698.04	556.81	321.48	0.92
2008	4099.71	224.21	2888.79	624.61	362.10	0.71
2009	5291.89	228.73	3983.74	664.70	414.72	0.81
2010	5861.23	258.43	4359.64	800.39	442.77	0.74
2011	6524.65	279.02	4862.23	869.91	513.49	0.65
2012	7022.25	310.30	5010.62	1038.45	662.88	0.62
2013	5905.34	117.61	3903.33	1179.81	704.59	0.46
2014	6632.88	79.96	4600.05	1089.68	863.19	0.47
2015	6935.18	83.65	4659.75	1176.47	1015.31	0.44
2016	6943.29	88.08	4503.49	1343.99	1007.73	0.40

附表 3-16　重庆各具体能源消费量（标准煤）

单位：万 t

年份	原煤	洗精煤	其他洗煤	焦炭	汽油	煤油	柴油	燃料油	其他石油制品	天然气	热力	电力	其他能源
2001	1111.62	112.96	52.79	185.59	94.38	12.26	93.11	5.86	0.17	353.25	28.23	32.76	12.64
2002	1312.45	188.54	50.96	184.27	96.24	12.55	99.67	4.63	0.64	362.96	2.20	32.90	26.79
2003	832.27	180.49	58.94	182.35	96.92	12.62	105.46	3.87	0.42	379.18	3.46	33.18	11.89
2004	1024.59	23.65	19.38	185.95	112.36	18.44	245.42	5.49	1.34	401.79	43.38	34.92	8.51
2005	1166.58	49.53	40.32	376.90	114.05	18.10	260.53	3.89	11.20	464.17	49.91	39.66	288.34
2006	1229.03	49.18	54.75	319.74	126.86	33.86	270.42	2.99	11.75	514.58	48.36	46.11	340.19
2007	1142.25	72.18	50.84	314.13	127.20	39.74	338.31	10.29	12.25	562.72	68.04	51.10	402.13
2008	1994.60	124.51	67.20	332.65	142.12	44.79	373.11	11.63	10.28	635.08	69.39	55.27	437.09
2009	2278.60	113.23	35.70	324.54	133.22	50.12	396.86	10.76	10.09	649.97	67.95	62.06	413.50
2010	1864.74	587.43	115.06	290.91	151.00	61.48	491.61	12.23	1.69	743.07	78.90	73.23	505.88
2011	2005.17	745.42	137.74	366.99	213.31	77.66	578.47	13.39	1.43	813.96	89.01	82.52	360.39
2012	2881.79	838.94	146.05	281.34	224.36	100.23	676.94	15.40	9.16	681.49	99.49	74.74	456.32
2013	3049.00	851.07	155.24	246.96	278.48	86.49	746.59	17.66	11.34	664.47	106.65	67.04	512.87
2014	3220.13	800.72	146.83	208.43	316.88	93.45	828.78	18.93	10.77	736.55	114.59	73.64	441.78
2015	3734.60	823.84	138.68	199.02	385.34	117.15	892.53	15.79	8.25	827.53	117.99	76.76	389.26
2016	3524.61	866.84	169.54	143.88	369.98	123.07	927.98	15.66	9.87	945.36	123.37	76.77	312.54

附表 3-17　重庆各类能源终端消费产生的二氧化碳排放量和二氧化碳排放总量

单位：万 t

年份	原煤	洗精煤	其他洗煤	焦炭	汽油	煤油	柴油	燃料油	其他石油制品	天然气	热力	电力	其他能源	总排放
2001	2066.75	264.62	103.37	525.46	276.05	37.18	288.26	18.57	0.45	763.79	69.17	802.69	27.33	5243.69
2002	2440.15	441.68	99.78	521.74	281.52	38.07	308.56	14.67	1.74	784.78	5.40	806.09	57.93	5802.11
2003	1547.37	422.81	115.41	516.30	283.50	38.30	326.51	12.27	1.14	819.87	8.49	812.98	25.71	4930.65
2004	1904.94	55.41	37.96	526.47	328.65	55.93	759.80	17.39	3.64	868.75	106.28	855.53	18.40	5539.15
2005	2168.93	116.02	78.95	1067.14	333.60	54.90	806.58	12.32	30.33	1003.62	122.29	971.58	623.45	7389.70
2006	2285.04	115.20	107.22	905.28	371.08	102.70	837.21	9.47	31.81	1112.61	118.49	1129.60	735.56	7861.27
2007	2123.70	169.09	99.56	889.41	372.07	120.55	1047.38	32.61	33.17	1216.71	166.69	1252.02	869.48	8392.45
2008	3708.40	291.67	131.59	941.83	415.72	135.86	1155.10	36.87	27.83	1373.15	170.00	1354.04	945.07	10687.13
2009	4236.43	265.25	69.90	918.89	389.68	152.02	1228.63	34.11	27.33	1405.36	166.47	1520.40	894.07	11308.54
2010	3466.96	1376.12	225.32	823.65	441.67	186.48	1521.98	38.77	4.59	1606.66	193.30	1794.11	1093.81	12773.42
2011	3728.06	1746.22	269.73	1039.06	623.94	235.57	1790.89	42.44	3.87	1759.94	218.08	2021.77	779.23	14258.79
2012	5357.88	1965.32	294.76	796.56	656.26	304.04	2095.74	48.83	24.79	1473.51	279.01	1847.95	986.65	16131.32
2013	5668.77	1993.72	313.31	699.22	814.56	262.35	2311.37	55.98	30.71	1436.71	272.04	1980.98	1108.92	16948.65
2014	5986.94	1875.78	296.34	590.14	926.89	283.47	2565.84	60.01	29.15	1592.57	301.56	2128.55	955.21	17592.46
2015	6943.46	1929.94	279.89	563.49	1127.16	355.37	2763.20	50.05	22.33	1789.27	338.80	2191.72	841.65	19196.33
2016	6553.04	2030.66	342.16	407.38	1082.22	373.31	2872.95	49.64	26.73	2044.06	387.05	2291.70	675.77	19136.67

附表 3-18　青岛分产业能源消费总量及万元 GDP 能耗（标准煤）　　单位：万 t

年份	能源消耗总量	第一产业	第二产业	第三产业	生活消费	万元 GDP 能耗
2005	1827.41	63.67	1190.41	334.98	238.35	0.677868
2006	1901.98	64.37	1139.18	401.25	297.18	0.593145
2007	2058.05	65.07	1148.29	528.57	316.12	0.543509
2008	2178.47	66.66	1196.85	570.34	344.62	0.491067
2009	2430.64	67.78	1111.92	852.91	398.03	0.49703
2010	2652.13	78.56	1154.86	978.54	440.17	0.468061
2011	2791.20	83.36	1201.42	1018.91	487.51	0.421912
2012	2978.28	89.14	1263.21	1124.57	501.36	0.407866
2013	3087.05	94.32	1215.32	1243.63	533.78	0.385563
2014	3265.09	97.51	1301.54	1296.57	569.47	0.375639
2015	3432.52	102.31	1336.75	1403.67	589.79	0.36906
2016	3510.01	104.25	1268.53	1515.89	621.34	0.350605

附表 3-19　青岛各具体能源消费量（标准煤）　　单位：万 t

年份	原煤	焦炭	原油	汽油	煤油	柴油	燃料油	天然气	热力	电力	能源总消耗
2005	931.61	169.26	296.62	15.63	2.06	32.01	262.45	138.26	93.36	17.96	1995.13
2006	1063.65	134.93	354.22	18.69	1.74	32.95	89.87	150.29	109.69	21.42	2033.01
2007	1086.70	175.49	367.11	24.27	1.79	29.08	108.44	145.50	121.53	21.60	2145.39
2008	1201.90	156.73	1068.09	30.92	1.49	28.54	107.27	175.96	121.11	22.98	2989.13
2009	1137.72	149.93	1557.60	59.60	1.10	31.33	130.19	192.58	115.92	23.97	3478.65
2010	1250.00	137.86	1976.56	45.03	0.48	26.45	99.25	169.31	109.90	24.32	3978.16
2011	1186.09	140.15	1842.95	29.79	0.48	20.07	99.33	184.36	109.05	25.52	3773.68
2012	1144.14	114.19	2016.16	24.50	0.37	23.33	93.89	201.21	110.20	28.41	3910.91
2013	1117.68	102.05	2163.86	24.41	0.08	21.63	116.79	213.65	103.41	27.27	4035.45
2014	1002.74	97.57	2213.25	19.27	0.06	17.64	33.51	251.87	94.18	25.54	3856.40
2015	916.17	118.26	1845.85	21.10	0.06	19.72	29.38	242.35	96.62	25.99	3406.61
2016	907.89	91.60	2172.04	18.60	0.07	18.36	23.27	248.67	73.50	26.56	3725.40

附表 3-20　青岛各类能源终端消费产生的二氧化碳排放量和二氧化碳排放总量

单位：万 t

年份	原煤	焦炭	洗精煤	煤制品	焦炉煤气	原油	汽油	煤油	柴油	燃料油	液化石油气	炼厂干气	其他石油制品	天然气	热力	电力	总排放
2005	1732.1	479.2	157.4	148.4	10.8	891.4	45.7	6.3	99.1	832.1	7.6	22.8	678.5	0.0	357.7	604.5	6073.4
2006	1977.6	382.0	256.5	159.6	9.1	1064.5	54.7	5.3	102.0	284.9	6.6	22.6	641.5	325.0	494.2	714.6	6500.6
2007	2020.4	496.9	166.5	189.9	8.5	1103.2	71.0	5.4	90.0	343.8	7.5	23.4	602.9	314.6	446.4	787.8	6678.2
2008	2234.6	443.7	192.4	194.5	8.1	3209.8	90.4	4.5	88.3	340.1	5.8	86.2	541.2	380.5	506.6	873.8	9200.5
2009	2115.3	424.5	69.8	197.8	7.0	4680.9	174.3	3.3	97.0	412.8	6.8	95.3	505.1	416.4	515.0	781.1	10502.3
2010	2324.0	390.3	45.0	190.0	8.7	5939.9	131.7	1.4	81.9	314.7	52.5	165.7	445.7	366.1	572.6	882.2	11912.5
2011	2205.2	396.8	41.0	205.3	9.1	5538.4	87.1	1.5	62.1	314.9	60.8	195.4	405.6	31.1	601.8	941.4	11097.5
2012	2127.2	323.3	36.8	225.1	10.6	6058.9	71.7	1.1	72.2	297.7	84.6	212.7	358.9	109.3	636.0	989.2	11615.4
2013	2078.0	288.9	38.9	267.9	12.5	6502.8	71.4	0.2	67.0	370.3	78.5	230.1	312.2	135.2	670.2	1037.0	12161.1
2014	1864.3	276.3	43.6	241.4	13.6	6651.2	56.4	0.2	54.6	106.3	80.8	254.7	265.5	138.0	704.4	1084.9	11836.0
2015	1703.4	334.8	51.8	236.5	11.7	5547.1	61.7	0.2	61.1	93.1	71.6	269.0	218.7	146.7	738.6	1132.7	10678.7
2016	1688.0	259.4	59.4	224.2	10.7	6527.4	54.4	0.2	56.8	73.8	64.6	284.9	206.4	158.4	787.5	1201.4	11657.4

附表 3-21　宁波分产业能源消费总量及万元 GDP 能耗（标准煤）　　　单位：万 t

年份	能源消费总量	第一产业	第二产业	第三产业	生活消费	万元 GDP 能耗
2001	1018.33	18.21	687.65	221.23	91.24	0.80
2002	1086.51	19.14	718.97	243.09	105.31	0.75
2003	1312.95	27.81	896.15	263.17	125.82	0.75
2004	1423.31	27.14	975.82	295.67	124.68	0.67
2005	1897.44	44.70	1384.16	345.40	123.18	0.78
2006	2163.86	56.70	1539.40	374.43	193.33	0.75
2007	2434.41	61.00	1896.24	251.28	225.89	0.71
2008	2804.93	64.00	2053.04	421.89	266.00	0.71
2009	2973.99	64.47	2165.72	429.80	314.00	0.69
2010	3284.17	61.88	2547.50	415.94	258.85	0.63
2011	3781.45	63.47	2960.68	485.90	271.40	0.62
2012	4093.48	65.16	3210.24	531.54	286.54	0.62
2013	4422.26	68.78	3475.62	576.36	301.50	0.62
2014	4668.90	72.31	3662.47	605.47	328.65	0.61
2015	4966.02	74.21	3866.71	673.86	351.24	0.62
2016	5231.62	72.16	4015.31	769.31	374.84	0.60

附表 3-22　宁波各具体能源消费量（标准煤）　　　单位：万 t

年份	原煤	焦炭	汽油	煤油	柴油	燃料油	液化石油气	天然气	电力	热力
2001	679.40	6.00	5.90	2.06	14.51	170.83	4.31	7.01	126.89	195.77
2002	952.91	6.53	6.66	2.64	17.29	170.51	3.66	6.69	163.84	197.58
2003	1099.84	6.95	8.42	2.85	25.24	180.47	5.80	8.36	200.79	199.40
2004	1261.27	7.35	11.07	4.95	53.63	138.26	6.00	7.05	237.74	201.21
2005	1327.60	7.82	19.70	4.35	50.05	138.71	8.41	7.89	268.49	163.43
2006	1731.86	93.87	16.08	4.28	41.14	122.15	9.19	8.55	313.55	205.98
2007	2227.12	88.43	15.42	3.01	41.44	104.96	9.99	10.51	367.12	261.46
2008	2208.49	213.61	15.34	2.27	35.60	90.75	9.17	34.94	384.94	237.41
2009	2341.46	203.92	13.75	1.73	30.37	74.68	8.72	47.14	400.25	189.56
2010	2695.48	160.04	13.73	1.78	31.71	60.29	31.68	128.41	459.04	179.26
2011	3090.52	186.63	4.58	1.47	20.56	55.76	61.59	156.11	505.30	222.13
2012	2858.22	178.98	9.73	1.22	22.03	46.27	61.26	183.23	533.32	215.71
2013	3024.75	169.85	9.35	1.10	20.41	42.40	63.44	200.44	570.27	217.52
2014	2762.80	158.97	8.94	1.04	18.58	52.48	38.04	228.39	607.21	219.34
2015	2475.82	166.84	8.88	1.04	16.68	52.10	57.54	233.03	644.16	221.15
2016	2492.55	176.04	8.83	0.86	15.14	67.19	62.15	205.67	681.11	222.96

附表 3-23　宁波各类能源终端消费产生的二氧化碳排放量和二氧化碳排放总量

单位：万 t

年份	原煤	煤制品	焦炭	汽油	煤油	柴油	燃料油	液化石油气	焦厂干气	其他石油制品	天然气	热力	电力	总排放
2005	2468.31	3.18	22.15	57.61	13.20	154.96	439.78	26.09	249.07	922.28	16.57	400.40	808.44	12807.50
2006	3219.92	2.82	265.78	47.05	12.99	127.35	387.27	28.51	262.09	358.73	18.48	504.65	944.11	13150.81
2007	4140.71	3.98	250.39	45.10	9.14	128.30	332.77	30.97	255.85	307.58	22.73	640.58	1105.42	14490.71
2008	4106.07	10.20	604.79	44.87	6.89	110.22	287.73	28.42	247.70	346.04	75.54	581.64	1159.07	15134.35
2009	4353.29	18.90	577.35	40.22	5.24	94.03	236.77	27.04	244.72	809.57	101.92	464.42	1205.17	16675.69
2010	5011.49	21.57	453.11	40.15	5.41	98.18	191.14	98.24	387.25	944.47	277.64	439.18	1382.19	18783.34
2011	5745.97	33.44	528.40	13.41	4.47	63.67	176.79	191.01	538.72	1516.33	337.55	544.21	1521.48	21126.91
2012	5314.07	35.09	506.75	28.47	3.71	68.21	146.69	189.98	461.49	1373.28	396.18	528.49	1605.84	19595.93
2013	5623.69	35.35	480.89	27.34	3.33	63.19	134.43	196.76	498.65	1155.40	433.40	532.93	1717.10	20502.98
2014	5136.66	56.71	450.09	26.15	3.16	57.51	166.39	117.97	458.03	1046.58	493.82	537.37	1828.35	19428.45
2015	4603.11	129.56	472.38	25.98	3.14	51.63	165.18	150.37	501.18	1082.46	503.86	541.81	1939.60	19376.74
2016	4634.21	175.21	498.43	25.82	2.62	46.86	213.03	248.94	626.80	1076.21	444.70	546.25	2050.85	19078.50

附表 3-24　保定分产业能源消费总量（万 t）及万元 GDP 能耗（t）（标准煤）

年份	能源消费总量	第一产业	第二产业	第三产业	万元 GDP 能耗
2005	892.85	13.93	747.76	131.16	0.83
2006	929.85	21.65	770.12	138.08	0.77
2007	938.77	24.84	761.80	152.13	0.68
2008	923.25	32.41	741.93	148.91	0.58
2009	923.34	32.41	741.93	149.00	0.53
2010	1019.05	32.85	834.82	151.38	0.50
2011	1127.02	61.15	893.22	172.64	0.46
2012	1166.82	68.16	912.45	186.21	0.43
2013	1209.90	72.13	935.21	202.56	0.46
2014	1279.00	74.62	979.85	224.53	0.46
2015	1325.32	78.63	1015.45	231.24	0.44
2016	1390.61	83.52	1063.58	243.51	0.45

附表 3-25　保定各具体能源消费量（标准煤）

单位：万 t

年份	原煤	洗精煤	其他洗煤	煤制品	焦炭	汽油	煤油	柴油	燃料油	液化石油气	天然气	热力	电力
2005	786.15	104.98	0.02	1.25	65.36	20.67	0.28	17.76	0.36	0.74	10.30	35.51	11.03
2006	819.86	94.82	0.07	4.60	77.39	34.43	0.43	38.79	0.48	2.93	31.31	39.67	12.13
2007	864.91	149.99	0.07	5.01	90.86	36.43	0.33	45.26	0.97	2.77	34.38	35.14	13.31
2008	740.48	282.36	0.01	3.29	85.96	25.16	0.25	39.52	0.34	3.26	18.69	28.23	17.50
2009	834.81	282.36	0.01	5.77	86.44	40.98	0.29	65.20	0.54	4.93	27.03	28.23	17.50
2010	1054.50	250.89	0.02	5.42	67.44	43.44	0.59	60.71	0.31	4.31	26.67	23.60	20.53
2011	1260.05	245.84	0.56	8.06	74.64	56.52	0.20	73.79	0.54	6.45	35.46	23.69	25.32
2012	1183.91	307.11	0.69	5.23	52.81	41.69	0.17	48.50	0.27	3.71	28.62	19.94	25.88
2013	828.98	347.26	1.92	1.78	64.05	47.44	4.92	81.81	8.44	3.20	28.27	17.28	28.16
2014	646.50	376.70	1.25	4.60	56.88	22.55	0.11	23.69	0.29	0.41	25.12	14.62	30.44
2015	786.87	406.14	1.42	5.01	66.33	22.14	1.75	19.22	1.79	2.45	23.60	11.96	32.72
2016	819.86	435.57	1.60	3.82	77.39	34.43	0.43	38.79	0.48	2.93	31.31	9.30	35.00

附表 3-26　保定各类能源终端消费产生的二氧化碳排放量和二氧化碳排放总量

单位：万 t

年份	原煤	洗精煤	其他洗煤	煤制品	焦炭	高炉煤气	汽油	煤油	柴油	燃料油	液化石油气	天然气	热力	电力	总排放
2005	1461.63	245.92	0.04	2.45	185.04	14.16	60.47	0.85	54.99	1.13	2.29	22.27	87.00	270.23	2408.47
2006	1524.30	222.11	0.15	9.03	219.10	15.94	100.72	1.30	120.10	1.52	9.09	67.70	97.18	297.18	2685.42
2007	1608.06	351.38	0.14	9.85	257.26	16.49	106.57	0.99	140.12	3.07	8.60	74.33	86.08	326.00	2988.94
2008	1376.72	661.45	0.03	6.46	243.38	26.96	73.60	0.76	122.34	1.09	10.10	40.42	69.15	428.73	3061.18
2009	1552.10	661.45	0.03	11.34	244.74	26.96	119.85	0.88	201.84	1.72	15.29	58.45	69.15	428.73	3392.53
2010	1960.56	587.75	0.04	10.65	190.95	22.18	127.06	1.80	187.94	0.97	13.38	57.66	57.83	502.91	3721.67
2011	2342.71	575.92	1.20	15.85	211.34	8.17	165.34	0.60	228.44	1.70	20.00	76.66	58.05	620.27	4326.25
2012	2201.14	719.43	0.68	10.28	149.52	25.73	121.95	0.50	150.15	0.85	11.51	61.89	48.85	634.05	4136.54
2013	1541.25	694.43	0.80	0.69	181.34	28.56	138.76	14.93	253.28	26.75	9.94	61.13	42.33	689.92	3684.11
2014	1201.99	742.98	0.91	0.70	161.06	31.40	65.95	0.33	73.34	0.91	1.26	54.32	35.82	745.79	3116.75
2015	2068.29	791.53	1.02	9.72	242.53	34.23	137.22	3.49	204.89	3.90	12.81	76.22	29.30	801.66	4416.79
2016	2156.80	840.07	1.13	10.24	253.61	37.06	143.11	3.68	215.80	3.87	13.38	80.68	22.78	857.52	4639.75

附录 4　各城市碳排放量核算结果

单位：万 t

年份	北京	天津	保定	上海	宁波	广州	青岛	南昌	重庆	昆明	沈阳	大连	武汉
1995	8614.6	7185.6	833.9	9920.5	3881.0	5706.0	1768.1	535.2	3657.1	1239.6	931.3	3891.3	3875.6
1996	8969.4	6941.9	806.0	10244.9	4176.8	5924.2	1733.1	499.9	3820.2	1436.6	962.5	4235.7	4068.2
1997	8980.2	7405.3	849.6	10617.8	4365.7	6075.3	1679.4	480.0	4162.4	1346.5	1104.4	4872.6	4266.5
1998	9489.1	7287.9	828.3	10774.5	4625.9	6319.7	1568.3	483.7	4316.8	1401.4	1151.3	5280.3	3997.8
1999	9731.9	7697.8	906.7	11054.7	5129.7	6876.6	1702.9	578.6	4621.3	1453.3	1280.0	5909.3	3900.9
2000	10572.9	8700.9	797.4	11880.7	6793.8	7426.5	2267.8	496.2	4702.1	1467.4	1505.1	6991.7	4107.8
2001	10632.8	9072.5	685.5	12303.2	7342.1	7777.5	2479.5	618.9	4895.4	1590.4	1621.0	7154.0	3752.9
2002	10697.6	9097.5	742.3	12643.3	7936.6	8433.5	2939.0	696.7	5046.8	1831.9	1699.1	7371.3	4081.3
2003	10994.2	10012.6	818.5	13956.2	9027.4	10049.7	3234.4	775.4	5367.9	2057.0	1884.5	8874.6	4599.9
2004	12046.5	11298.0	1360.8	15009.0	11302.6	12482.1	4261.1	875.5	6006.4	1498.7	2331.4	9647.6	5214.0
2005	12314.3	12107.7	2037.0	16339.5	12807.5	13155.0	4093.4	887.0	7241.5	1717.4	2820.9	10656.7	6480.1
2006	12863.0	12958.6	2275.0	17008.2	13150.8	13721.8	4202.6	1132.1	7943.0	2722.0	3607.6	11792.8	6944.7
2007	14067.2	13813.2	2560.2	18124.6	14490.7	16298.7	4452.9	814.8	9266.4	3039.8	3451.2	11972.6	6753.6
2008	14818.5	13578.7	2536.3	18483.2	15134.4	17740.4	6797.8	876.0	9644.0	2996.1	3924.3	13269.3	6712.0
2009	15476.9	14677.2	2867.7	18665.5	16675.7	18494.9	8331.3	766.3	10470.0	3314.3	4371.0	14420.5	6594.5
2010	15772.6	18729.3	3138.7	20305.8	18783.3	20061.5	9602.5	1096.4	11841.1	3460.9	4848.4	14948.0	7415.4
2011	15070.2	20591.7	3638.6	20999.5	21126.9	20792.9	8698.0	1147.9	13096.7	3514.7	4918.0	13597.2	7866.5
2012	15423.5	20515.4	3427.2	20767.1	19595.9	21232.0	9146.0	1160.6	13921.4	3468.6	4919.8	14073.6	7142.2
2013	14129.1	21299.5	4228.3	20885.9	20503.0	21341.8	9592.3	1196.8	14769.5	3658.5	5340.4	13433.9	8307.2
2014	15093.0	20598.4	4560.1	19873.8	19428.5	23888.7	9228.0	1152.4	15601.4	3829.4	5065.3	13194.2	8743.9
2015	16013.4	20655.1	4351.4	21830.6	22117.0	22527.8	10315.4	1256.8	14565.9	4061.2	5682.6	15664.2	8377.3

附录 5 2017～2050 年样本地区 GDP 预测值

单位：万亿元

年份	北京	天津	保定	大连	沈阳	上海	宁波	广州	南昌	武汉	重庆	昆明	青岛
2017	2.71	1.84	0.33	0.93	0.90	2.88	0.89	2.12	0.41	1.12	1.70	0.45	1.09
2018	2.92	1.98	0.35	1.00	0.97	3.09	0.96	2.30	0.44	1.21	1.85	0.48	1.17
2019	3.13	2.12	0.38	1.07	1.04	3.30	1.02	2.49	0.48	1.30	2.01	0.52	1.25
2020	3.36	2.27	0.40	1.14	1.11	3.51	1.09	2.68	0.51	1.40	2.17	0.56	1.33
2021	3.59	2.42	0.42	1.21	1.19	3.74	1.15	2.88	0.54	1.49	2.34	0.60	1.41
2022	3.82	2.57	0.45	1.29	1.27	3.97	1.22	3.09	0.58	1.60	2.52	0.65	1.49
2023	4.07	2.73	0.47	1.37	1.35	4.21	1.30	3.31	0.61	1.70	2.70	0.69	1.58
2024	4.32	2.90	0.50	1.45	1.43	4.46	1.37	3.53	0.65	1.81	2.89	0.74	1.67
2025	4.58	3.07	0.52	1.53	1.51	4.71	1.45	3.77	0.68	1.92	3.09	0.79	1.76
2026	4.84	3.24	0.55	1.62	1.60	4.97	1.52	4.01	0.72	2.04	3.29	0.84	1.85
2027	5.11	3.42	0.58	1.71	1.69	5.24	1.60	4.25	0.76	2.16	3.50	0.89	1.94
2028	5.39	3.60	0.60	1.80	1.78	5.51	1.69	4.51	0.80	2.28	3.72	0.94	2.03
2029	5.67	3.79	0.63	1.89	1.88	5.79	1.77	4.77	0.84	2.41	3.94	1.00	2.13
2030	5.96	3.98	0.66	1.98	1.98	6.08	1.86	5.04	0.89	2.53	4.17	1.05	2.22
2031	6.26	4.18	0.69	2.08	2.08	6.38	1.94	5.32	0.93	2.67	4.40	1.11	2.32
2032	6.57	4.38	0.72	2.18	2.18	6.68	2.03	5.60	0.97	2.80	4.65	1.17	2.42
2033	6.88	4.58	0.75	2.28	2.28	6.99	2.12	5.89	1.02	2.94	4.90	1.23	2.52
2034	7.20	4.79	0.78	2.38	2.39	7.31	2.22	6.19	1.06	3.08	5.15	1.30	2.62
2035	7.52	5.01	0.82	2.49	2.50	7.63	2.31	6.50	1.11	3.23	5.41	1.36	2.72
2036	7.85	5.22	0.85	2.59	2.61	7.96	2.41	6.82	1.16	3.38	5.68	1.43	2.83
2037	8.19	5.45	0.88	2.70	2.73	8.30	2.51	7.14	1.21	3.53	5.96	1.50	2.93
2038	8.54	5.67	0.92	2.82	2.84	8.64	2.61	7.47	1.26	3.68	6.24	1.57	3.04
2039	8.89	5.91	0.95	2.93	2.96	9.00	2.71	7.81	1.31	3.84	6.53	1.64	3.15
2040	9.25	6.14	0.99	3.05	3.08	9.35	2.82	8.15	1.36	4.00	6.83	1.71	3.26
2041	9.62	6.38	1.02	3.16	3.21	9.72	2.92	8.51	1.42	4.17	7.13	1.78	3.37
2042	9.99	6.63	1.06	3.28	3.33	10.09	3.03	8.87	1.47	4.34	7.44	1.86	3.49
2043	10.37	6.88	1.10	3.41	3.46	10.47	3.14	9.24	1.53	4.51	7.75	1.94	3.60
2044	10.76	7.13	1.13	3.53	3.59	10.86	3.26	9.61	1.58	4.69	8.08	2.02	3.72
2045	11.15	7.39	1.17	3.66	3.73	11.25	3.37	10.00	1.64	4.86	8.41	2.10	3.83
2046	11.55	7.65	1.21	3.79	3.86	11.66	3.49	10.39	1.70	5.05	8.74	2.18	3.95
2047	11.96	7.92	1.25	3.92	4.00	12.06	3.61	10.79	1.76	5.23	9.08	2.26	4.07
2048	12.37	8.19	1.29	4.05	4.14	12.48	3.73	11.19	1.82	5.42	9.43	2.35	4.20
2049	12.79	8.47	1.33	4.19	4.29	12.90	3.85	11.61	1.88	5.61	9.79	2.43	4.32
2050	13.22	8.75	1.38	4.33	4.43	13.33	3.97	12.03	1.94	5.81	10.15	2.52	4.45